삼계교 사상 연구

프라즈냐 총서
27

삼계교 사상 연구

| 신행의 사상과 실천, 신라불교와의 관계를 중심으로 |

법공法空 著

운주사

추천사

삼계교는 중국 수나라 시대의 신행信行 선사가 지장교의地藏教義를 중심으로 시작한 것이다. 중국에서의 지장신앙 사상은 육조六朝 시대의 진(晋, 265~316) 때 이미 인도에서 중국으로 전해진 것으로 보이는데, 지장교의의 근본경전인 구역『대방광십륜경大方廣十輪經』 8권이 번역된 시기는 북량(北涼, 397~439) 때였다고 한다. 이때부터 이 경을 의지한 지장신앙이 번성하여 육조 시대와 수나라를 거쳐 당나라에 이르면서 약 400년 동안 관음, 미륵, 미타신앙 등과 함께 널리 신앙되었으니, 얼마나 많은 사람들이 지장신앙에 의해 구제되었는지 모를 정도였다.

삼계교는 중국에서 몇 번씩 포교활동을 금지당하는 등의 곡절을 겪다가, 드디어 수 문제 개황 20년(600)에 칙명으로 금단되기에 이른다. 그러다 세월이 흘러 당나라 시대로 바뀌면서 다시 그 생명이 되살아나게 되었다. 여기에 삼계교에서 근본경전으로 삼고 있는『대방광십륜경』이 삼장법사 현장(玄奘, 600~664)에 의하여 신역『대승대집지장십륜경大乘大集地藏十輪經』으로 새롭게 번역되었을 때 신라 출신의 신방神昉법사가 필수筆受의 역할로 이에 참여하였다. 신방법사는 현장법사의 문하에 있었던 유식학자이지만, 또 한편으로는 삼계교에도 지대한 관심을 쏟다가 나중에는 마침내 삼계교 실천 운동의 중심인물로 활약하면서 하루 여섯 번의 예참(六時禮懺)으로 정근 고행하는 행업을 닦았다. 그는 일찍부터 『지장십륜경』을 공부하였고, 평소의 생활은 항상 분소의糞掃衣를 입고 걸식하여 먹었으며(乞食爲業), 매양 여러 곳의 많은 사람들에게 『지장십륜경』을 강설하였다고 한다. 이처럼 신라의 신방법사야말로 당 시대의 초기에 있어서 지장교의와 삼계교가 새롭게 맺어지는 데 커다란 역할을 하였다. 따라서 그는 중국에서 지장신앙의 흥륭에 중흥적인 역할을 한 인물이었던 것이다.

삼계교에서는 수행법으로 참회의 예불과 발원과 회향을 요소로 하는 예참을 중요시하였으므로, 삼계교의 사람들은 모두 주야 육시의 예참 행법을 수행하였다. 특히 부처님 가신 지가 오래되는 말법시대의 어지러운 세상에 살아가는 근기가 약한 중생들이 행해야 할 예참이야말로 다른 어느 보살들보다도 훨씬 뛰어난 대비원大悲願을 지니신 지장보살을 의지하는 예참이어야만 한다고 하여, 지장예참을 행하기를 권하는 풍조가 당 초기에 가장 성행하였다. 그리고 이러한 신앙의 중심적 존재가 바로 신라 출신의 신방법사임이 알려지게 된 것이다. 따라서 특히 삼계교를 연구하는 저자에게 앞으로 신라 스님으로 중국에서 활약한 신방법사에 대한 연구를 더 한층 심화시켜 주기를 기대해 보는 바이다.

저자인 법공法空 스님은 해인승가대학을 졸업하고 일본에 유학하여 교토 하나조노대학(花園大學) 선학과, 동 대학원 수사 과정을 거치고, 이어서 교토 불교대학 대학원에서 박사학위를 받은 진지하고 학구적인 스님이다. 이 서문을 쓰고 있는 필자가 1994년 일본 교토 불교대학에 교환교수로 가 있을 때, 거기서 공부하고 있던 법공 스님과 자주 만나서

차를 마시거나 식사를 함께 하면서 연구하고 논문을 쓰는 것을 화제로
많은 시간을 보내곤 하였는데, 그가 매우 열심히 공부하고 있음을
익히 보고 알고 있었다. 아마도 그런 인연으로 해서, 일본에서의 학업을
마치고 한국에 돌아와 동국대 경주캠퍼스에서 후학들을 가르치면서
그 학업의 업적을 세상에 알리고자 하는 기회에 서문을 부탁해 오기에,
훌륭한 논문이 세상에 나오게 됨을 찬탄하고자 서문을 쓰게 되었다.
이 학술적 연구서를 통해 아직 한국에서는 널리 연구되고 있지 않은
삼계교의 역사와 신방법사의 행적을 밝히는 데 기여하기를 기대하며
축하하는 바이다.

전 동국대학교 교수, 현 삼각산 경국사 환희당 한주

호암顯菴 인환印幻 적음

서문

중춘仲春의 계절이 청류淸流에 고탁敲濯하길 10여 성상, 드디어 집적된 『삼계교 사상 연구』가 세간에 나오게 되었다. 춘삼월의 학위수여가 엊그제 같은데…… 더 노력하였더라면 더 일찍 나왔을 것을, 하는 아쉬움을 뒤로 한 채 이나마도 다행으로 생각하고 있다. 핑계를 대자면, 지난 십 년 동안 『인도학불교학연구』지에의 검증작업을 거치고자 했기 때문이었다.

필자가 '삼계교 사상'에 정신없이 빠져든 것은 우연만은 아니었다. 그것이 일본 유학 시절, 석사논문인 『삼계교 사상 연구』로 이어짐은 오히려 중국의 초기선학자인 야나기다 세이잔(柳田聖山) 선생도 수긍하는 눈치였다. '초기선종사'와의 교차 부분은 매력 있는 내용일 것이라 격려하였고, 매끄럽게 수정의 도움을 준 분은 마침 교환교수로 온 인환 스님이었다. 스님의 학은에 감사드린다.

한 편씩 소논문의 집적의 기쁨도 차치하고 박사논문의 독창성이 부족하다고 추궁해대던 후쿠하라(福原隆善) 지도교수의 질타와 동시에 자료의 한계성을 느끼고 있을 그때, 야나기다 선생과 민영규 연세대 명예교수와의 임제대학(花園大) 상봉은 저자에게는 천우신조 그 이상의 것이었다. 돈황 출토의 삼계교 자료로서 야부키 케이키(矢吹慶輝, 1879~1939)의 연구 성과를 주시한 민 교수는 한국 초기선종사의 초석과 관련하여 삼계교의 한국으로의 유입에 착안하였으며, 특히 신라불교와의 연관성에 대한 확신은 『삼국유사』에서 신라유학승의 활동을 주목함으로써 그 디딤돌을 놓기에 이른다. 선생의 디딤돌을 시작으로, 삼계교 사상이 한국불교사에서도 그 족적이 밝혀지고 있다는 것 하나만으로도 이 논고의 역사적 사명은 충분하지 않나 생각해 본다.

삼계교 사상은 불교적인 관점을 벗어나서, 그야말로 전반적인 사상사적인 관점에서 취급되어져야 마땅할 것이다. 일본의 경우만 해도 삼계교 사상이 종교(불교)사적인 부분을 넘어서 정치, 경제, 사회, 복지, 음악, 미술 등의 제반분야에서 폭넓게 비추어지고 있는 것은, 삼계교가 당시의 시대를 냉철히 파악하고 그 사회에 시기적절한 구제책을 제시했기 때문일 것이다. 따라서 획기적이며 혁신적인 그 사상은 곧바로 동북아시아의 불교가 추구했던 메시아적인 부름을 이어받아 신라와 일본에도 급속도로 번지게 되었고, 당시의 봉건적인 사회체제 아래서 민중의 부음을 전하여 사회의 지배계급으로 하여금 민중의식을 고취시킨 거대한 하나의 횃불이 되었던 것이다.

이 책의 내용에 대한 이해를 돕기 위해 신행의 삼계교 성립과 배경, 의의 등을 몇 가지로 정리해 살펴보겠다.

①과도사상의 파문을 일으킨 신행: 객체인 불佛보다 주체(자신)를 믿는 기機의 문제로 돌입했다.
②종교문화 접촉의 의의: 이민족의 다른 이상을 통일해 융합과 조화를 실현하였다.
③사해四海 통일의 기운: 중국 역사상 최초 통일에 대해 심각한 반성과

격렬한 구도를 실현하였다.

④타종교가 일시에 가세함: 삼계교의 부흥기에 마니교, 조로아스터교, 이슬람교, 기독교 등이 가세했다.

⑤인도·중국불교의 특색: 불타론에서 경전의 번역과 교의의 해석으로 방향을 전환했다.

⑥종파 형성의 시기: 신행은 천태종의 지의, 지론종의 혜원, 삼론종의 길장, 화엄종의 두순, 정토종의 도작, 선종의 혜가를 전후한 시기에 삼계교를 창시했다.

⑦번역 경전의 정비: 신행 출생 200년 이전에 화엄, 열반, 법화, 유마, 사익, 승만경 등이 역출되었다.

⑧위경의 급증: 삼계교 교의가 이단시되었지만, 그 성립 배후엔 위의僞疑경이 급증했다.

⑨말법과 보법: ㉠말법관은 수·당의 사상으로, 말법불교의 선두이자 종파로 독립한 것은 신행의 삼계교이다. ㉡삼계교는 인人(機)의 관찰을 주로 하여 '대근기행', '약병상당藥病相當'을 주장했다. ㉢삼계교는 하열의 기機에 상당하므로, 하열에 대한 상법이라는 사상도 처음 주장(普法)했다.

⑩보법보불普法普佛: 삼계교의 보불보법의 교의에 의하면, 기성의 불佛은 물론 미완성의 불佛도 그 불타관에 넣어 현실의 미혹한 중생도 내존內存의 부처될 의미로서 '여래장불' 내지 '불성불'이라 하였으며, 장래 그 가능성의 개발로 실현될 부처이므로 '당래불'이라 하였다. 또는 중생은 그대로 불을 관觀하고 있으므로 중생은 모두 '불상佛想불'이라 하여, 이 세계에 불佛이 아닌 것은 없다고 하는 보불사상을 고취했

다. 항차 본래 불교에서는 인정하지 않는 부처가 아닌 부처, 즉 '사마邪魔
불'도 부처라 인정했다.

⑪별법별불別法別佛: 삼계교에서는 부모를 살해하는 오역죄나 불의
정법을 비방하는 방법죄謗法罪, 또 올바른 도를 행하는 수행자를 비방
하는 중죄나 올바른 신앙을 발할 수 없는 일천제 등은 제불(佛)의
힘이나 제법(法)으로도 구제할 수가 없다고 한다. 이들을 구제하는
유일의 길은, 차별견差別見을 치료하는 약, 즉 보불보법에 의뢰하는
것 이외에 길이 없다고 주장한다.

아직 한국 불교학계에서는 삼계교에 대한 연구가 활발하지 못하다.
그러면서도 암암리에 삼계교적인 사상과 교리와 실천 등을 행하고
있는 부분은 많은 것 같다. 앞으로는 보다 나은 연구가 많이 제출되기를
바라며, 그러기 위해서는 광범위한 자료의 탐색, 거시적인 연구 방향과
함께 그 실적들이 다방면적으로 연구되어야 할 것이다. 보잘것없는
졸저를 기반으로 하여 많은 삼계교 관련 서적이 출간되었으면 하는
바람이다.

본 연구의 집적을 완성된 형상체로 만드는데 도움을 주신 운주사
김시열 사장님과 난해한 교정 작업에 심혈을 기울인 임헌상 편집장님께
감사드리며, 특히 일본어를 한국어로 번역하는 작업에 도움을 주신
길상화 보살님과 교정에 도움 주신 이상훈, 김정숙, 월명화 님 등
여러분들께 감사의 마음을 전한다.

2014년 11월

금곡산하 송림사에서 아양승 법공

추천사 • 5
서문 • 9
서장 • 19

제1장 삼계교와 지장신앙 • 25

  1. 서론 • 25

  2. 불교의 지옥관 • 27

    1) 초기불전에 나타나 있는 지옥관 • 27

    2) 대승경전에 나타난 지옥관 • 31

  3. 삼계교와 지장신앙의 발전 • 33

    1) 삼계교와 지장삼부경 • 33

    2) 『점찰경』과 그 영향 • 48

  4. 결론 • 66

제2장 삼계교와 정토종의 관계 • 69

  1. 서론 • 69

  2. 도작의 교의와 혜찬慧瓚 • 71

    1) 도작의 시대적 배경 • 71

    2) 혜찬과 그의 제자 • 76

    3) 도작의 교의教義 • 81

  3. 신행의 수행과 영유靈裕 • 87

1) 신행의 수행 • 87

2) 영유의 사상과 업적 • 90

4. 신행과 회감 • 98

1) 회감과『군의론』• 98

2)『군의론』과 역방취제 • 103

5. 결론 • 117

제3장『상법결의경』과 삼계교 사상의 전개 • 119

1. 서론 • 119

2. 경록의 문제 • 121

3. 수・당 제가諸家에 나타난『상법경』관 • 123

1) 천태종의『상법경』관 • 124

2) 삼론 길장의『상법경』관 • 130

3) 화엄종의『상법경』관 • 134

4) 정토종・선종의『상법경』관 • 136

5) 삼계교의『상법경』관 • 140

4.『상법경』과『수원왕생경』과의 관계 • 143

5.『상법경』에 대한『유가법경경』의 특징 • 147

6. 결론 • 150

제4장 삼계교와『유마경』사상 · 153

　1. 서론 · 153

　2.『유마경』사상의 발전과 삼계교 · 154

　　1) 신행에 의한『유마경』의 계보 · 154

　　2)『유마경』과 여래장 사상 · 156

　3.『유마경』의 사상과 삼계교 · 162

　　1)『유마경』의 종지와 삼계교의 보살행 · 162

　　2)『유마경』의 발보리심과 삼계교의 보리심 · 167

　　3)「불국품」의 사상과 삼계교의 정토관 · 173

　4. 결론 · 188

제5장 삼계교와 무진장원 · 191

　1. 서론 · 191

　2. 중국사회와 사원의 경제관 · 192

　　1) 남북조 시대의 사회 경제관 · 192

　　2) 당대 사원의 경제개념 · 206

　3. 삼계교와 무진장행법 · 211

　　1) 무진의 기원과 목적 · 211

　　2) 삼계교도의 무진장행施 · 219

　　3)『신행유문』에 보이는 무진장법행 · 224

　　4) 돈황 자료『대승법계무진장법석』의 내용 · 231

　4. 무진장원의 탄압 · 238

　　1) 무진장원의 폐쇄 원인 · 238

　　2) 무진장원의 폐쇄 연대 · 244

　　3) 무진장원 폐쇄 이후의 동향 · 246

　　5. 결론 · 248

제6장 불교의 성명聲明과 삼계교의『칠계불명경』· 253

　　1. 서론 · 253

　　2. 불전상의 의식작법 · 254

　　　　1) 불전상의 음악론 · 254

　　　　2) 베단타학파의 의례 부정의 논리 · 258

　　3. 의례 음악의 발전과 인도의 의식작법 · 262

　　　　1) 불교의례의 음악화로서의 발전 · 262

　　　　2) 인도의 의식작법 · 264

　　4. 중국의 의례수용과 삼계교의『칠계불명경』· 272

　　　　1) 중국의 의례수용과 정착 · 272

　　　　2) 삼계교의『칠계불명경』의 근원과 영향 · 273

　　　　3)『칠계불명경』과『예시작법』· 282

　　　　4)『예시작법』과『서방참회법』· 289

　　5. 결론 · 294

제7장 신라불교와 삼계교 · 297

　　1. 서론 · 297

　　2. 원광과 삼계교 · 299

　　　　1) 원광과 점찰보의 개시 · 299

　　2) 원안·소우와 삼계교 • 302

　　3) 승옹·자장과 삼계교 • 306

　3. 의상과 삼계교 • 309

　　1) 의상과 지론종 상주남도파 • 309

　　2) 종남산 지상사와 삼계교의 탑비 • 311

　　3) 의상의 귀국과 부석사 • 314

　4. 원효와 삼계교 • 316

　　1) 원효의 삼계교 접근 • 317

　　2) 원효의 전기 자료 고찰 • 321

　　3) 원효의 천제불성론과 삼계교 • 332

　　4) 원효의『유심안락도』와 삼계교 • 339

　　5) 원효의 복전福田과 삼계교 • 343

　5. 경흥과 삼계교 • 351

　　1) 경흥의 전기와 저작 • 351

　　2) 경흥의『연의술문찬』에서의 삼계교 비판논리 • 355

　6. 결론 • 363

제8장 불교 문학 사상사에 나타나 있는 삼계교 사상 • 365

　1. 서론 • 365

　2.『명보기』의 내용과 삼계교 • 366

　　1) 당림·고경 및 신행의 관계 • 366

　　2)『명보기』의 구성내용에 보이는 삼계교 신앙 • 368

　3.『영이기』와 삼계교 사상 • 371

1)『영이기』를 주로 한 삼계교의 연구사 • 371

2)『영이기』와 삼계교에서 본 걸식승 등의 활동 • 373

4.『명보기』와『영이기』의 관계 • 382

1)『명보기』의 성격과 삼계교 사승師僧 • 382

2)『명보기』와『영이기』에 의한 저자의 의식 • 390

5. 미술사에서 볼 수 있는 삼계교의 지옥변상도 • 396

6. 결론 • 399

결론 • 401

참고문헌 • 413

서장

삼계교三階教에 대한 연구는, 다량의 자료가 돈황에서 출토된(1900년) 이래 손 빠르게 그 연구에 착수한 야부키 케이키(矢吹慶輝, 1879~1939) 에 의해 처음으로 이 세상의 빛을 보게 되었다.

삼계교란, 중국 남북조 시대에서 수대隋代에 걸쳐 활동한 신행(信行, 540~594)의 사상과 그 실천을 바탕으로 하여 정토종淨土宗, 선종禪宗과 함께 일어난 혁신적인 불교종파의 하나로, 후에 그 세력을 약 400여 년간 지속한, 민중불교의 첨단을 걸었던 불교종파를 말한다.

이러한 삼계교는 삼계三階, 삼계사三階師, 삼계중三階衆, 삼계부三階 部로 불리는 등 종파 성립 이전의 호칭도 있었지만, 삼계종三階宗이라 불러도 무리가 없을 정도로 타 종파와 비교해도 뒤지지 않는 교학과 실천을 겸비한 뛰어난 종파이며, 근세에 '삼계교'라 불린 것은 좌좌목월 초佐佐木月樵 및 야부키의 덕분이다.

이 책에서 시도하려는 것은, 신행의 저작 등을 통하여 그의 사상과 실천 및 활동이 후대까지 미치게 되었던 그 영향에 대하여 고찰하는 것인데, 이러한 삼계교의 연구에는 이미 많은 학자들이 그 중요성에 눈을 떠 뛰어난 성과를 발표하고 있다. 먼저 야부키의 종합적 성과 이전의 연구들을 들면 다음과 같다.

길상의운吉祥宜運, 「신행선사의 삼계교」(1917)

구천교신龜川教信, 「신행선사의 염불에 대하여」(1919)

하야법운河野法雲, 「신행선사의 삼계불법」(1909)

좌좌목월초佐佐木月樵, 「삼계교와 정토교」(1913)

금률홍악今律洪嶽, 「신행선사의 사적 및 그 교의 1, 2」(1915)

암기고현岩崎敲玄, 「신행선사의 삼계교」(1917)

이 연구들은 삼계교의 개념적인 발표였으나, 야부키의 『삼계교의 연구(三階教之研究)』 발표 이후는,

신전희일랑神田喜一郎, 「삼계교에 관한 수당隋唐의 고비古碑」(1922)

신전희일랑, 「화도사 탑비塔碑에 대하여」(1922)

고웅의견高雄義堅, 「용대龍大도서관 소장 삼계교 자료에 대하여」(1924)

이등유황伊藤裕晃, 「신행선사의 삼계불법」(1925)

대옥덕성大屋德城, 『삼계불법』 상·하 2권(1925)

총본선륭塚本善隆, 「신행의 삼계교단과 무진장에 대하여」(1926)

상반대정常磐大定, 「삼계교의 모태母胎로서의 보산사寶山寺」(1927)

대곡승진大谷勝眞, 「삼계모某선사 행장시말行狀始末에 대하여」(1938)

등의 자료 중심 논문으로 변화하는 것과 함께, 다방면적인 연구로 진전하여 각기 뛰어난 실적을 남기고 있다.

특히 근래에 서본조진西本照眞의 『삼계교의 연구』(1998)는 새로운

자료의 검토와 수집에 의해 삼계교 연구에 일보 전진한 연구 성과를 보여준다.

그런데 삼계교는 역사적으로 탄압의 그늘에 있었기에, 그에 대한 충분한 자료의 수집과 정리가 되기까지는 다방면에 있어 연구자의 노력이 필요할 것이다. 다행히 돈황 발견 이래 다각도로 행하여진 삼계교의 연구는, 야부키의 문제점도 들추어지게 되어 조금씩 발전하게 되었다.

따라서 본서의 연구방향은 '사상사학적思想史學的' 검토를 위주로 하고, 선학先學들의 삼계교 연구를 계승하여 삼계교의 전반적 교학과 실천성, 그리고 탄압의 역사성과 함께 문학사적인 궁금점 등을 조사할 것이며, 특히 신라불교와의 관련성도 발굴 조사하여 전반적인 의문점들을 풀어나가려고 한다.

돌이켜 보면, 삼계교는 빗발치는 탄압에 의해 때로는 잠시 자취를 감춘 적도 있었지만, 결코 외부적인 탄압으로 삼계교의 사상을 역사상에서 완전히 지울 수는 없었다. 그 이유로 생각할 수 있는 것은, 삼계교도가 자신들의 종파성을 유지하기 위해 보다 민중에 접근하여 실천적으로 활동한 필사의 노력이 있었기 때문이며, 이러한 확증들은 역사적 문헌상에도 적지 않게 표출되고 있다.

한편, 당시 삼계교와 불교종파(정토, 선종, 화엄) 등과의 교류를 검토하고, 또한 그 사상을 밑바탕으로 하여 행하여진 '실천'과 민중들에게 끼친 그 '영향'의 범위는 어디까지 검증이 가능한가에 대한 문제를 집중적으로 탐구하여, 그것을 사상사적으로 자리 매김하는 것을 최대의 주안점으로 했다.

　이를 위해서 우선 본서를 관철하는 말법·보법 사상이 기존의 불교에 대해 지극히 특이한 성격을 가지고 대립한 견해 및 사상(제2장, 제3장, 제4장) 등을 분석해, 그 원인은 어디에 있는지를 구명할 것이다.

　다음으로, 신행은 신불교의 선두로서, 민중의 구제를 위해 취락불교를 목표로 한 실천적인 불교를 지향하였다. 그 민중을 구하기 위한 실천행(제1장, 제5장, 제6장) 중에서, 특히 무진장원을 탄생시킨 원인이라고 생각되는 당시의 빈곤상에 대해 파악하고 신행의 기본 사상이 '교단의 사회적 운영' 내지 '대 사회적인 면', 즉 당시 불교의 사회적 실천방향의 제시에 일익을 담당하였음을 고찰해 보고자 한다. 이러한 민중을 위한 혁신적 열풍은 당시 통일을 염원한 신라로 급속히 입수되었다고 생각되며, 그 최초 선각자인 원광법사의 발자취를 통하여 그 파급효과(제7장)를 고찰하려 하였다.

　또한 마지막 부분(제8장)에서는, 탄압의 역사성에도 불구하고 아이러니컬하게 더더욱 문학과 예술학적으로의 발전을 꾀하지 않을 수 없었던 (스토리텔링적인 재료 등으로 인한) 소설 내지 미술사적인 자취를 열거하여 남다른 각도에서 민중과 친밀한 성격을 표방한 삼계교의 또 다른 면을 고찰하려 하였다.

　이러한 모든 연구는 삼계교가 즐겨 사용한 소의경전, 즉 『십륜경』, 『상법결의경』, 『대승법계무진장법석』, 『칠계불명경』 등 여러 경전의 문헌학적인 연구와 함께 제반 사상과의 관련성, 나아가 수·당 시대의 옛 비문이나 탑비, 경제학, 미술사 등의 범위까지 주의 깊게 살피는 것으로 하였다. 특히 삼계교의 사상사가 유전 변천한 형태를 동북아시아 불교와 관련 지어 삼계교에서 행한 수행(1일 한 끼와 6번의 예참수행)

과 함께 행하였던 고유 의례나 그 영향이 전해졌다고 생각되는『명보
기』,『삼국유사』,『일본영이기』등의 문학사적 탐구는 이 책의 독자성
이라고 할 수 있다.

제1장 삼계교와 지장신앙

1. 서론

지장신앙은 하나의 신앙형태로서 여러 종파에서 믿어 왔다. 그 연원을 추스르기는 멀지만, 그 모두의 근본이 되는 개념을 생각할 때 우리는 먼저 정토종·천태종·진언종 등에서 말하는 지옥을 연상할 수 있다. 그러나 여기에서는 어디까지나 삼계교의 지장신앙을 생각하면서, 지장신앙 내지 사상과 삼계교와는 어떠한 관계에 있는가를 고찰해 보고자 한다.

특히 야부키의 "삼계교와 『지장십륜경』(이하 『십륜경』)은 개교開教 이래 친분이 있다"[1]라고 하는 것과 "방昉 법사를 삼계사師"[2]라 하는 것은 삼계교사에서 큰 의미를 지닌 것이라 할 수 있다.

그런데 왜 삼계교에서는 『지장십륜경』을 그렇게 (『삼계불법』 4권

---

1 矢吹慶輝, 『삼계교의 연구』(이하 『연구』), pp.638~639.
2 위와 같음.

중 백수십 회) 많이 인용하지 않으면 안 되었는가? 그 이유를 밝힐
수 있는 것은 신방神昉의 말인 "십륜경은 차토(중국)에서 말법의 가르침
(十輪經者, 則此土末法之敎也)"[3]이란 문장과 『십륜경』의 "오탁악세의
무불無佛세계에 있어서, 유정을 성취하며, 본원本願은 예토穢土에 접해
서 악한 중생을 성취시킨다"[4]라는 말의 취지 때문일 것이다. 즉 그것은
말법악세의 암흑시대를 살아가는 민중을 지탱하는 하나의 가르침이라
는 것과 "악한 중생을 성취한다"라고 하는 삼계교의 근본정신이 있기
때문이다.

주지하는 바와 같이, 삼계교는 삼계(시時·처處·인人)에 의한 철저한
말법관으로부터 이 지장신앙에 가탁假託한 것이지만, 지장신앙은 결코
삼계교의 독단적인 것만은 아니다. 그럼에도 불구하고 여기에서 삼계
교와 지장신앙이 굳게 연결된 부분을 고찰하려 하는 것은, 지장신앙의
그것이 우리들이 인식하고 있는 종파(정토·천태·진언) 이외에, 삼계교
에도 상당 부분 영향이 있었다는 것을 밝히려고 하는 것이다.

따라서 본장에서는 『십륜경』의 삼계교에서의 위치를 염두에 두면
서, 삼계교도와 지장신앙의 관계를 고찰해야 할 것이다. 그런데 그
이전에 『십륜경』에 나타나고 있는 불교에 대한 지옥관은 대관절 어느
곳에서부터 유래한 것일까? 잠시 그 연원에 대해서 살펴보겠다.

---

3 『대정신수대장경』(이하 대정장) 13, p.777상.
4 矢吹慶輝, 위와 같음.

2. 불교의 지옥관

1) 초기불전에 나타나 있는 지옥관

초기불교 경전에 지옥이 설해져 있는 것을 보면 『담마빠다』(法句經)나 『숫타니빠다』(經集)에서도 지옥의 염라왕(主宰者)에 대해서는 아무것도 말하고 있지 않다. 그러나 이러한 지옥 사상은 불교에 고유한 것이 아니며, 고대 인도에서부터 사자死者의 세계에 대한 생각의 소산이다.

그것의 오랜 것은 『리그베다』로 거슬러 올라가는데, 그곳에서의 주재자는 불교의 염라왕閻羅王에 해당하는 '야마'(死者의 왕)가 설해진다.[5] 『리그베다』에 의하면 사자의 주처主處는 하늘이었다. 인간이 죽으면 혼은 육체를 떠나 부모가 통한 길로 나아가, 영원의 빛이 있는 장소로 불려가 신들과 똑같은 광명을 받는다고 믿고 있었다.

다음으로 『아타르바베다』에 의하면 더욱 구체적으로 묘사되는데, 사자는 풍신風神의 시원한 바람에 의지해 천국에 옮겨져 찬물을 뒤집어 쓰고 완전히 원래의 육체를 회복해, 최고의 하늘인 부조父祖들과 만나 거기서 '야마'와 같이 산다. 또한 '야마'는 최초에 죽은 인간으로서, 천국으로의 길을 처음 내어 천국의 왕자라고 하는데,[6] 이러한 내용들을 보면 대승불교의 지옥관은 상당히 변한 것을 알 수 있다. 어쨌든 '야마', 즉 염마는 Yama의 음사音寫로 그 '야마'의 나라는 불교에서 보이는 극고極苦의 세계가 아니고 오히려 즐거움이 충만한 이상의 낙토로 생각되어졌다.

---

5 石田瑞麿, 「지옥의 노트」(『書齋의 窓』 310호), pp.24~30.

6 위와 같음.

28

그러나 지옥의 관념이 이것과는 별도로 있어서 지옥을 의미하는 나락가(那落迦, Naraka), 나락奈落또는 니리泥梨, 니리야(泥梨耶, Niraya) 등으로 음사되고 있는 것에 주목해야 한다. 다만 이곳에서의 지옥은 '야마'의 천국에 대립하는 세계로, 여자 악마나 마술사, 살인마 등이 사는 곳으로 되어, 빛이 없는 암흑의 맨 아래 세계이므로 '야마'의 낙토樂土와는 전혀 관계가 없다. 그런데 다시 후기의 베다 경전에 의하면 '야마'는 인간의 선악행위를 판정하는 것이 되어, 사후의 심판자 라 하는 지위를 부여받기에 이른다. 말하자면 지옥의 염마왕과 같은 성격이 부여되는 것이다.

이와 같은 변화의 이유에 대해서는 서아시아의 고대신앙이 지옥의 관념을 키웠으며, 특히 수메르 족의 구루신앙이 크게 영향을 끼쳤다고 한다. 구루는 돌아올 수 없는 나라라고 하여, 이것이 기원전 10세기경 인도에 이르러, 이 사상의 단층을 메워버리는 역할을 해냈다고 하는 것이다. 어쨌든 기원전 수세기경에 구전에 의해 전해지는 서사시 『마하 바라타』에 의하면, '야마'의 성격은 확실히 고정화되어 공포의 신, 죽음의 신이 된다.

여기에 이르러 겨우 우리들의 기억을 돌이킬 지옥의 풍경이 펼쳐진 다. 즉 죽은 죄인을 괴롭히며, 또 죄인을 무는 벌레, 씹히어 피의 강에 집어던지는 개, 열사熱砂·검엽림劍葉林 등의 여러 양상을 지닌 것으로 그려져 있다.

이것으로 미루어 볼 때 불교에 수용된 '야마'는 두 개로 나뉘어, 하나는 하늘에 올라 야마천이 되고, 하나는 땅에 숨어 염마왕이 되어 지옥의 주재자가 된 것으로 볼 수 있다. 그 천상세계와 지옥이란,

불교의 업보 사상과 합쳐 이 사상의 교화와 고취에 지대한 역할을
분담하게 되었던 것이다.[7]

그러나 초기 경전이 설하는 곳에는 염마왕이 지배하는 지옥의 기술은
꽤나 단순한 것으로 봐도 좋다. 예를 들어 『담마빠다』에 의하면 염마의
이름만 기록될 뿐이고, 그 지옥의 모습에 대해서는 겨우 작열灼熱의
철환으로 괴롭혀진다고 하는 표현뿐 다른 것은 보이지 않고 있다.
그런데 이것이 『숫타니빠다』의 「코카리야」의 장에는, 코카리야가 사
리불과 목건련을 비방한 죄로 홍련지옥에 떨어진 것을 기록한 뒤,
광대한 10개의 지옥 이름이 게偈에 앞선 산문 부분에 나타나고 있다.
그 열 개의 지옥명은 이른바 앗부다지옥, 니랏부다지옥. 아바바지옥,
아하하지옥, 아타타지옥, 황련지옥, 백수련지옥, 청련지옥, 백련지옥,
홍련지옥 등으로 나타나 있다.[8]

이렇게 『숫타니빠다』, 『담마빠다』에 의한 초기 지옥의 양상은, 후대
의 지옥이 그 형태를 정리해 가는 경우 거의 그대로 짜 넣어져, 이
두 개의 지옥에 관한 양상이 기본적이라고 하는 것을 이해할 수 있다.

여기서 주지의 지옥 양상에 대해서 구체적으로 말할 생각은 없으며,
삼계교가 지장신앙을 상당히 부흥시킨 관계는 후에 상세히 논할 것이
다. 지금은 다만 지장신앙이 초기에서 대승으로 이어지는 지옥 사상
(관)의 교학적, 실제적 발전과 어떻게 연관되었나? 하는 그 대략적
자취를 보기로 할 것이다.

그렇다면 이러한 다양한 지옥이 생기고, 지옥이 죄인을 벌하는 것이

---

7 岩本 裕, 「지옥세계의 전개」(『지옥의 세계』), pp.46~49.

8 石田瑞麿, 앞의 책.

30

며, 그 풍경이야 어쨌든 지옥에 떨어지는 원인은 어떻게 되는 것일까?

결론적으로 말하자면, 초기 지옥의 양상에 있어서 지옥에 떨어지는 원인은 아직 미숙한 것을 알 수 있다. 전술한 '코카리야'의 설화에서 본다면 "여러 탐욕의 대상에 마음을 빼앗겨 신앙심이 없고, 물건만 아까워하고, 불친절해서 이기적이며, 사람과 틀어지는 말을 해서, 말로써 사람을 훼방하는 것"처럼, 악구·양구·악의에 의한 비방·허언 등 극히 기본적인 원인밖에 보이지 않는다.

그런데 『중아함경』 권20의 「오천사경五天使經」을 보면, 지옥 사상에 관해 조금 더 정비되고 확장되어 내용적으로도 꽤 풍부해진 것을 알 수 있다. 이 경은 그 이름과 같이, 염마왕의 천사로서 명계冥界로부터 이 세계에 보내진 다섯 천사를 말하지만, 실은 이 천사의 보고에 의해 생전의 죄를 물어 죄인이 떨어지는 지옥을 나타내는 것이 그 목적이다.[9]

어쨌든 초기경전의 『아함경』에서는 몇 개의 지옥을 기재한 경전을 들고 있는데, 그것들을 보면,

①사문四門지옥: 『천사경』, 『철성니리경鐵城泥梨經』, 『니리경泥梨經』, 『증일아함경』 「선취품善聚品」

②8대大지옥·16소小지옥: 『증일아함경』 「팔난품八難品」, 『증일아함경』 「칠일품七日品」

③10지옥: 『숫타니빠다』, 『잡아함경』 1278

등의 세 계통으로 나누어진다.[10]

그리고 이것들을 종합해서 말한 것이 『장아함경』 권19의 『세기경世

9 中村 元, 『붓다의 말씀』, pp.119~121.
10 石田瑞麿, 「지옥의 노트」(『書齋의 窓』 311호), pp.50~54.

記經』「지옥품」과 그의 이역異譯인『대루탄경大樓炭經』,『기세경起世經』,『기세인본경起世因本經』 등이지만, 이들의 지옥설은『대지도론』, 『삼법도론三法度論』,『십주비바사론十住毘婆沙論』,『유가사지론』 등에도 등장하게 되었다. 이 지옥을 섬부주(贍部州 또는 염부제)의 밑에 있다고 하여 불교적 세계관 속으로 위치를 정한 것은『대비바사론』으로,『구사론』의 지옥은 이것을 잇고 있다. 또한 지옥을 한층 더 인용한 것은『정법염처경』과『관불삼매경』 등인데, 특히 전자는 원신源信의 『왕생요집』에 많이 인용된 경전이다. 그러면 대승경전에서의 지옥은 어떤 모습을 하고 있는 것일까?

2) 대승경전에 나타난 지옥관

중국에서 지옥을 설하는 경전이 나타난 것은 5~6세기경 인도나 중앙아시아에서 편찬된 것과 때를 같이하여 6~7세기에 유입되었다고 보면 크게 틀림이 없다. 6세기의『경율이상』에는 7종, 그리고 7세기의『법원주림』에는 15종의 지옥에 관련한 경전의 인용이 기록되고 있다.[11]

그러나 중국의 지옥관은 명계관이나 도교신道敎神 또는 유교적 윤리관이 뒤섞여 단순하지만은 않다. 즉 염마대왕, 지장, 도명화상, 지옥변, 목련설화, 우란분 행사, 유가염구과범瑜伽焰口科範에 의한 시아귀施餓鬼 의례 등 여러 양상을 띠고 있는 것이다. 또 이러한 불교로의 유입보다 먼저, 중국에도 명계가 있어 이것들이 불교의 영향을 받아 구유九幽나 24옥獄이라는 도교의 지옥으로도 발전하지만, 여기서는 염마와 지장에

---

11 松村 巧,『세기경』지옥품 제4(『아가마』 68호).

32

관해서만 보기로 하겠다.

염마는 당의 구전소설인 『명보기冥報記』에서는 태산부군의 위에 위치하지만 『염마왕수기경授記經』, 즉 『불설예수시왕생칠경』(이하 『시왕경』)에서는 제5번째의 평등왕으로서 염마왕이 위치하고 있는 것이다. 그런데 『십륜경』에 의하면 염마왕이 지장의 화신으로 설해져, 지옥의 사자死者를 구제하는 부처가 되어 있는 것이다.

중국의 지장신앙이 도래한 초전初傳은 확실하지 않지만, 당의 서명사 승려 도세道世의 『법원주림』 권17에 의하면 진의 시대로부터 지장신앙이 있었다고 하므로, 3세기 후반에까지 거슬러 올라간다. 육조(六朝: 晋, 宋, 梁, 陳, 秦, 趙)에서 수의 통일을 거쳐 당대에 이르는 4백 년 사이에 지장존은 관음, 미륵, 미타와 함께 신앙되었던 것을 도세는 기록하고 있는 것이다.[12] 이것이 사실이라면, 앞의 지옥의 단어로부터 2~3세기 먼저 지장이라고 하는 말이 존재하고 있었던 것이 되는 것이다.

수나라 시대에는 신행이 지장교의를 중심으로 한 삼계교를 비롯하여, 『십륜경』에 관한 여러 종의 저술을 행하고 있지만, 그때는 이미 『점찰선악업보경』(이하 『점찰경』)이라는 지장신앙에 근거한 위경偽經이 세간에 유포하고 있었던 것을 대홍선사 법경의 『중경목록衆經目錄』 권2에 의해 밝혀지고 있다. 그리하여 다음의 당나라 시대에는 지장신앙이 더욱 발전하는 시기로, 재래 도교의 시왕十王신앙을 도입하여 지은 경전으로서 장천藏川이 저술한 『시왕경』이나 『지장시왕경』 등이 있으

---

12 澤田瑞穗, 『지옥변』 법장관동.

며, 또한 작자 미상의 『지장대도심구책법地藏大道心驅策法』도 이 시대의 작품으로 생각된다. 또한 스타인이나 페리오가 돈황에서 모집한 출토품 중에 『불설지장보살경佛說地藏菩薩經』을 비롯해 건융이나 태평홍국太平興國의 연호가 보이는 여러 종의 지장시왕도가 있어, 서역지방에 의한 지장신앙을 이야기하고 있다.[13]

그런데 더욱 중요한 것은, 이러한 지장을 중심으로 한 신앙은 중국만이 아니라 신라, 일본에도 급속히 발전되어, 여러 설화 등의 형식을 통해서 민중 속으로 깊게 신앙되었다는 것이다. 이러한 문학적인 영향에 대해서는 제8장에서 구체적으로 논하기로 하고, 지금은 삼계교의 소의경전인 『십륜경』에 주목하겠다.

3. 삼계교와 지장신앙의 발전

1) 삼계교와 지장삼부경

(1) 삼계교에 의한 『십륜경』의 위치

지장의 공덕을 설한 경전은 예로부터 많이 있었지만, 그 중요한 것으로는 지장삼경이라 해서 『십륜경』, 『점찰선악업보경』, 『지장보살본원경』의 셋이 거론된다. 그 중에서 더욱 삼계교와 깊은 관계를 갖고 있는 것은 『십륜경』이라 말 할 수 있다. 지장관계의 경전은 그 종류가 풍부하나, 어떤 것이든 그 진위에 대해서는 다소의 의문점이 있는 것은 어찌할 수가 없다. 그러나 이 중에서 『십륜경』만큼은 제일 신빙성

---

13 眞鍋廣濟, 『지장보살의 연구』, pp.14~15.

이 있다고 하겠다.

『십륜경』에는 전후 2역이 있는데, 그 전역前譯은 북량(412~439) 실역失譯의 『대방광십륜경大方廣十輪經』8권이고, 후역은 영미 2년 (651) 당 현장 역의 『십륜경』 10권이다. 초기의 삼계사師는 전자에 의거했고, 당 이후에는 양쪽 모두 병용했다. 또『삼계불법』 4권에는 전자만을 인용하고 『삼계불법밀기』에서는 후자도 언급하고 있다.[14]

실제로 신행의 시대에는 삼계교의 소의경전으로서 『삼계불법』 4권 의 인용 회수를 밝힘에 있어서 『십륜경』을 120회 인용했다고 하는 것은 『열반경』(87회), 『대집월장경』(71회) …… 『묘법연화경』(17회), 『화엄경』(15회) 등보다 훨씬 더 많이 인용된 것이 알려지고 있다.[15] 이렇게 『십륜경』이 삼계교의 교학에 얼마나 귀중한 경전이었던가를 알리는 것은, 단지 위에서 말한 인용횟수만은 아니다. 후에 논하겠지만, 실제로 중국불교의 13개 종파 중에 『지장경』(특히『십륜경』)을 소의경 전으로 삼아 깊이 사색, 실천한 종파는 삼계교 이외에는 없다고 할 수 있다.

다시 한 가지 더 지적하고 싶은 것은, 삼계교가 지장과 관계가 있다고 하는 것은 많은 정토교의 경전으로부터도 보이고 있는 것이다. 즉 삼계교가 특히 지장예참을 권장하여 설했다는 것이 『염불경』 제11 「석중의혹문釋衆疑惑門」 가운데는 다음과 같이 나타나고 있다.

물어 말하기를, 삼계교에서 지장보살을 염하는데…… 『십륜경』에

---

14 矢吹慶輝, 앞의 책, pp.593~601.
15 위와 같음.

이르시길, 일백 겁 동안 관세음보살을 염하는 것이 반 한 끼 먹는
동안 지장보살을 염하는 것만 같지 않다고 하셨다.[16]

이를 보면 삼계교도가 얼마나 지장신앙을 중하게 여겼는가를 알
수 있다. 특히 『십륜경』에 있어서도 지장보살을 염하는 것이 관세음보
살을 염하는 것보다 수승한 것이라고 강조하고 있는 것이다.[17]

그렇다면 삼계교와 『십륜경』과의 관계는 어디에 있는가?

첫째, 『삼계불법』 4권 중 『십륜경』의 인용수가 120회를 달한 점.

둘째, 삼계교 문헌 중 『십륜의의립명十輪依義立名』 2권(『대방광십륜
경학의의립명大方廣十輪經學依義立名)과 『십륜약초十輪略秒』 1권(『대방
광십륜경인집록약초출大方廣十輪經人集錄略秒出)과 같이, 삼계교가 특히
『십륜경』으로부터 경증 집성이 보이고 있는 점.

셋째, 현장의 신역 『십륜경』에 대해서, 문하의 신방 법사는 삼계교
지에 의한 『십륜경』에 서序를 찬함으로써 삼계 불법의 지남으로 했
던 점.

넷째, 정토교로부터 삼계교를 비난한 자은이 찬한 『서방요결西方要

---

16 『念佛鏡』(대정장 47, p.127중), "問曰 三階念地藏菩薩… 十輪經云, 一百劫念觀世
音不如一食頃念地藏菩薩."

17 『십륜경』에는 관세음보다 지장을 염하는 공덕이 수승하다 하고, 『군의론』에서는
일대겁 지장을 염함보다 한 번 아미타를 염함이 수승하다고 한다. 어찌 불보살의
명호에 우월이 있을까? 지극히 한마음으로 염하지 못하는 중생의 근기를 탓할지언
정! 어쨌든 이러한 점에서 보아도, 당시 지장보살과 아미타불, 관세음보살의
등의 명호를 둘러싸고 서로 자기의 교세가 타 종파보다 우세하다고 하는 갈등이
보인다.

決』과 선도·도경 공집共集의 『염불경』에서 삼계교를 지장교라 불렀던 점 등이다.[18]

이것이 사실이라면 당시의 어떠한 종파보다 더욱 적극적으로 지장신앙을 펼쳤던 것은 다름 아닌 삼계교도였던 것을 인정해도 좋을 것이다. 여기서 특히 『십륜경』을 인용하는 삼계교 문헌의 일부분을 살펴보면 다음과 같다.

> 『삼계불법』 4권 초두, 입교개종의 선언을 비롯해…… 6계근기, 행법행왕行法行王, 24단불법…… 17이명異名 등 모두 다 『십륜경』을 인용하고 있다. 오히려 중요한 삼계교적으로 전혀 『십륜경』을 인용하지 않은 장·절이 극히 드물다.[19]

또한 『십륜경』에 있어서 사용된 관용어와 그 뜻을 가려보면 다음과 같다.

> 제삼계기機의 경증經證이 되는 북량北凉 『십륜경』의 '사견성취중생邪見成就衆生', '전도중생轉倒衆生' …… '아양승亞羊僧', '이려유구려以驢唯狗驢', '일체제불불능구不能救', '작오역사중비방정법훼준차현성作五逆四重誹謗正法毀準此賢聖', '전다라栓陀羅', '타령아비지옥墮寧阿鼻地獄' 등은 삼계교의 관용어가 되고, 그 외에 뜻으로서는 '비시일체삼승근기급열반선근중생非是一切三乘根機及涅槃善根衆生', '막분일체선악지계

---

18 矢吹慶輝, 위의 책, pp.638~640.
19 矢吹慶輝, 앞의 책, pp.644~645.

파계개실보명일체파계중생莫問一切善惡持戒破戒皆悉普名一切破戒衆
生', '체두혹명염의혹명착가사승剃頭或名染衣或名着袈裟僧'을 상용하였
다. 특히 삼계교 보법의 교의에 대한 불상불(佛想佛: 보불普佛), 파계破
戒의 옹호(보경普敬: 무의행품無依行品), 삼승三乘의 공존共尊(보법普法:
유의행품有依行品) 등은『십륜경』을 그 근거로 한다. 요컨대 말법 악시惡
時에 대한 역악逆惡 중생의 구제를 설하는 것은 모두 제삼계 불법의
주장에 대응된다.[20]

이것을 보면『십륜경』을 근거로 해서 많은 삼계교의 관용구가 파생된
것을 알 수가 있다. 그런데 삼계교의 지장신앙은 현장玄奘의 시대에
이르러 보다 발전하는데, 대관절 누가 그렇게 왕성한 신앙으로 발전시
킨 것일까? 이를 위해 현장의 사족 중에 하나인 신라승 신방神昉과의
관계를 고찰해 보기로 한다.

(2) 신방과『십륜경』

신방神昉의 전기는 불명不明이나 그는『십륜경초』의 저작자로 알려져
있다. 도충道忠의『군의론』에는 신방 법사의『십륜경초』를 인용하여
다음과 같이 말한다.

신방 법사가『십륜경초』에 이르길 "무시이래로부터 오직 일체의 상인
상법上人上法을 귀히 여기고, 일체의 하인하법下人下法을 가벼이
해…… 말법중생은 별別을 버리고 보普를 행하며…… 일자는 일승근기

---

20 위와 같음.

의 중생으로……".[21]

무시이래의 애증과 중악衆惡이 있으므로 불佛은 별별을 버리고 보普
를 행하는 것을 가르치고 있는데, 이것은 이른바 삼계교의 보법 사상으
로서 그 근본을 『십륜경』에 두었다고 이해할 수 있다.[22]

신방은 현장이 영미 2년(651) 『십륜경』을 번역할 때에 그 경의 서序
에서,

하물며 정법이 이미 지나 오랫동안 상법의 말에 해당되어 정혜와
복덕과의 시기를 달리하며, 순화(醇化: 가르침의 감화)와 요풍(澆風:
요임금 덕이 천하에 퍼짐)과의 운을 달리하는 것이야 말할 것이 있겠는
가? 그런즉 일승과 삼승의 가마(駕)로 어찌 그 바퀴를 같이 할 수
있을 것인가? 만일 시기가 오는 것이, 수數에 있어 약성藥性이 틀림없는
줄을 안다면…… (연후에 고질병의 숙질을 씻어) 권실의 동귀(결과가
같음)를 체로 하여야 한다. 『십륜경』은 중국의 말법(此土末法)의 가르
침이 된다.[23]

---

21 『정토종전서』(이하『정전』6, 188), "神昉法師十輪經秒云, 從無始已來, 唯貴一切
上人上法, 輕一切下人下法… 末法衆生捨別行普… 一者一乘根機衆生…."

22 삼계교에서는 오로지 한 부처를 염하는 것을 금하고 두루 보편적으로 있는 부처를
믿을 것(보불보법 사상)을 강조하는 것이다. 따라서 『십륜경』에서는 지장보살을
힘 있게 강조하여, 삼계교의 원래의 취지(지장교라는 호칭마저 갖게 됨)와 잘
부합하고 있다.

23 대정장 13, p.777상, "況乎正法旣往, 久當像末, 定慧余福德異時, 醇化余憂風殊運,
然則一乘三乘之蘈, 安可以同其轍哉, 若識時來在數, 藥性勿違 … 體權實之同歸
衝, 十輪經者則此土末法之敎也."

라고 해서 신방이 『십륜경』을 토대로 해서 말법의 가르침을 대변하고 있음을 잘 알 수 있다. 또 그는 현장의 신역이 완성되지 않았을 때부터 이미 북량 실역失譯의 『십륜경』을 음독한 것을 알 수 있다. 즉

> 구경舊經이 도래한 것은 연대가 대개 오래이다. 다만 계보(譜第)를 유목인遺目人에 전하나 기록을 잃어, 번역의 주인은 이미 가고, 후래의 날 듣는 것 드물다. 나와 같은 자는 넋을 진채眞彩에 잃고, 나와 다른 자는 소笑를 담미淡味로 한다.(어긋나면 천리를 어긋나니, 슬퍼하지 말지어다.) 그리하여 영미 2년 신해에 돌아오는 정월 을미로 하여, 그해 12월 갑인을 다하여 번역이 비로소 끝나니, 8품 10권이 되었다. 지금 번역하는 것을 구본과 비교하면, 구본에 이미 있는 것을 지금 다시 밝혀 구본에 없는 문文을 여기에 모두 실었다.[24]

이렇게 현장의 신역은 신방의 도움으로 이후 구역과 신역이 병용되어진 것이며(특히 『십륜경』에 있어서의 그의 노력), 이것은 당연한 것이라고 말할 수밖에 없다.

그런데 여기에 하나의 의문점이 생긴다. 그것은 『십륜경』이 삼계교의 소의경전이며, 또 삼계교 보법의 교의는 따로 지장만의 편신偏信을 용인하지 않는데, 『칠계불명경』(삼계교의례) 중에는 지장의 이름을

---

24 대정장 13, p.777상, "尋舊經之年代蓋久, 但譜暗第遺目傳人失記, 飜驛之主旣往, 來默之日采聞, 同我者失契於眞彩, 異我者大笑於淡味 … 奧以永微二年次辛亥正月乙未, 盡其年十二月甲寅飜驛始畢凡八品十卷, 以今所飜比諸舊本, 舊本已有今更詳明, 舊本所無斯文具哉."

40

볼 수 없다는 것이다. 다만 『삼계불법』 권2(「돈황소전」)에 보이고 있는,

> 만일 오탁의 제악세계, 부처님 멸도 후의 공견空見과 유견有見의 중생,
> 최대로 악한 세계, 악한 시대의 악한 중생을 위하여 가르침을 일으킨즉
> 고·무상·무아·부정不淨으로, 제불보살은 석가모니불, 지장보살마하
> 살을 상수로 하여 그것을 배우되『대방광십륜경』과 아울러 대집경,
> 월장분경, 사아함경과 제부의 계율, 제부의 아비담론 등의 설에 준
> 한다.[25]

라는 내용에 대해 "신방의 설한 바와 병행되기도 하고, 일반으로 현존
삼계종 서적 중에 있어서 그 신앙을 기록한 것으로 극히 희유한 것이
된다. 짐작컨대, 삼계교와 지장신앙과의 결합은 현장 역의 『십륜경』,
실차난타 역의『지장보살본원경』의 유행에 따라, 원래 신방 법사 등에
게서 비롯되어 초당으로부터 중당을 거쳐 점차로 굳혀진 것 같다.
즉 초기의 삼계교는 오로지『십륜경』에 의했으며, 따라서 먼저『십륜
경』과의 관계를 보고, 다음에 지장교와의 관계를 모색해야만 할 것"이
라는 지적[26]은 지장신앙의 극대점에 신라의 신방 법사가 자리매김하고
있다고 보아야 할 것이다.

---

25 矢吹慶輝, 앞의 책, 641~642, "若爲五濁諸惡世界, 佛滅度後空見有見衆生, 最大惡
世界, 惡時惡衆生, 起敎卽苦無常無我不淨, 諸佛菩薩釋伽牟尼佛地藏菩薩摩訶薩
爲上首等合學之, 准依大方廣十輪經兼准依大集經月藏分經四阿含經諸部戒律諸
部阿毘曇論等說."

26 矢吹慶輝, 앞의 책, 642.

그런데 현장을 도와 『십륜경』을 번역한 신방에 대해 신랄한 악 비평이
나 있는 까닭은 무엇일까? 『자경록自鏡錄』을 살펴보면,

신방은 한때 복선사 승려로 홀연히 업도 중에 이르러 신행 선사가
큰 뱀의 몸을 받은 것을 보았는데, 몸은 모두 입으로 두루하였고,
또 삼계교를 배운 사람들로 죽은 자들도 모두 이 몸 가운데로 들어가는
것을 보았는데, 가서 나는 곳을 알지 못하였다.[27]

라고 혹독한 비난을 받고 있으며, 그러한 악평은 끊일 줄 모르게 계속
되어,

신방은 소년부터 십륜을 배워 일반인과 다른 정근을 행하며, 분소의를
입고 육시예참과 걸식을 업으로 삼으며 매일 『십륜경』과 『반야경』을
독송하였으나, 임종 시는 생신으로 지옥의 불을 뒤집어썼다.[28]

라는 최고의 악평을 하고 있다. 그러나 그 악평의 원인이야 어쨌든,
바꿔서 말한다면 그 악평이야말로 지장신앙이 강하게 전법되었으며,
그 전법의 한가운데에는 다름 아닌 신방 법사가 활약했다는 것을 의미하
는 것이리라.

---

27 『정전』 6, 301~302, "神昉福先寺僧於一時, 忽然逐業道中, 見信行禪師作大蛇身,
   遍身總是口, 又見學三階人死者, 皆入此身口中, 莫知去活."
28 위와 같음, "神昉小年以來, 聽學十輪, 精勤行異於常人, 着糞掃衣, 六時禮懺, 乞食
   爲業, 每誦十輪經, 讀誦般若者墮地獄, 畢至臨終時, 生身被地獄火燒."

그러면 이러한 『대방광십륜경』, 『십륜경』의 신·구 양兩 경전의 주註
와 소疏는 어떠한 것이 있을까 살펴보기로 하자. 그것은 『제종장소록』,
『동역전등목록』 등에 실려 있는데, 전자의 것[29]으로 다음과 같은 것이
있다.

① 십륜경의의립명十輪經依義立名 3권, 수 사문 신행 선隋沙門信行選,
출정원록出貞元錄
② 동경약초同經略抄 1권, 동상同上
③ 동경소同經疏 8권, 정우사 선靖邁師選, 제종장소록諸宗章疏錄 권2
소재
④ 동의기同義記 8권
⑤ 동의기同義記 4권
⑥ 동소同疏 1권
⑦ 동경초同經抄 3권, 대승방 선大乘昉選, 제종장소록 권2, 주진법상종
소장注進法相宗疏章 소재
⑧ 동소同疏 8권, 동상同上, 제종장소록 권2 소재
⑨ 동소同疏 3권, 의견행록依見行錄
⑩ 동경음의同經音義 1권, 이상 3부 가상可詳

여기에는 수 신행 선사에게 양종의 주소註疏, 당의 정우사靖邁師에게
4종의 해의解義, 또 당의 삼계교승 대승신방에게 4종의 주해註解가
보여, 당시 『십륜경』에 대해서 큰 관심이 있었다는 것을 알리고 있다.

---

29 眞鍋廣濟, 『지장보살의 연구』, pp.81~82.

특히 당의 삼계교승 대승신방에 4종의 주해를 알리는 그 '대승방'이라는
그 '방昉'은 신라의 '신방'으로서, 유식학승인 '신방' 연구에 더 한층
박차를 가해야 할 부분인 것이다.

(3) 『십륜경』에 나타나 있는 지장의 역량

지장의 역량은 여러 가지를 생각할 수 있지만, 여기서는 『십륜경』에
한해서 고찰하기로 한다. 이 경전에서는 한편으로 승려에 대해서 대·소
승 계율을 엄수해야만 하는 것을 명령하는 것과 동시에, 다른 쪽으로는
속인의 삼보에 대한 절대적인 존경심을 요구하고 있다. 그것은 말법시
대가 불법 쇠멸의 시대이기 때문에 계율적인 면을 엄하게 하지 않으면
도저히 그 법을 전하지 못하기 때문일 것이다. 그 내용을 보면,

나의 법을 따라 출가한 자라면 계행을 지킨 비구이든 계행을 깨뜨린
비구이든, 계행이 없는 비구이든 간에 나는 오히려 전륜왕을 비롯한
다른 국왕과 대신들이 세속의 법을 의지하여 채찍과 몽둥이로 그
몸을 때리거나 감옥에 가두어 갖은 모욕을 더하거나 내지 팔다리를
베어 그 생명을 끊는 것을 허락지 않거늘, 하물며 법에 의지하지 않는
일이겠느냐.[30]

라는 가르침을 강력하게 주장하는 교리가 설해져 있다.[31]

---

30 대정장 13, p.736하, "依我而出家者, 若持戒若破戒, 下至無戒, 我尙不許轉輪聖王
及余國王諸大臣等, 依俗正法以鞭杖等甌拷其身, 或閉牢獄, 或復呵罵, 或解支節,
或斷其命, 況依非法."

이렇게 『십륜경』에 의해서 지장은 말세 구제의 본원에 의해 악비구를 옹호하고 있는 것이 밝혀지고 있는 것이다. 그러나 『십륜경』의 지장의 힘은 거기에 머물지 않고 한걸음 더 나아간다.

정력定力에 의해서 그 불토의 일체 유정의 모든 고통(투쟁, 질병, 기근 등등)을 소멸해…… 오탁악세의 부처가 없을 때, 일체의 유정을 성숙시키면서 삼계에 도달할 때까지 그 몸을 출현해, 대법륜을 굴려 구제하는 것을 본원으로 하고 있는 것이다.[32]

또한 대변신을 지녀 중생을 구제하는 지장보살의 공덕과 교화력이 관음·미륵보다 뛰어남을 설하는 부분도 있다.

선남자여, 가령 어떤 이가 미륵, 묘길상, 관자재, 보현 등(을 공양하여도)…… 어떤 이가 일식경一食頃 동안 지장보살을 지심 귀의하여 칭명, 염송, 예배, 공양하며 원하는 바를 구하여 속득 만족한 것만 같지 못하다. 왜냐하면 지장보살은 일체 유정을 이익 안락하게 하여 모든 유정으로 하여금 소원을 만족케 하기 때문이다.[33]

---

31 지장은 말세 구제의 본원에 의해 말세의 십악 있는 것을 알리고 국왕, 대신 등 악비구를 수호해 지계의 비구를 훼방하는 등 무간죄에 떨어지는 비법非法을 열거해 파계, 무계를 다 같이 비방해서는 안 된다고 말하고 있다. 이러한 내용은 『십륜경』과 함께 『대집월장분경』 등에도 빈번히 나온다.

32 대정장 13, p.724상, "由此定力, 令彼佛土一切有情, 離諸鬪爭疾疫飢饉非時風雨苦澁辛酸諸惡色觸, 悉皆消滅… 五濁惡世, 無佛世界成熟有情."

33 대정장 13, p.726상, "善男子, 假使有人於其彌勒及妙吉祥幷觀自在普賢之類…

지장의 공덕이 관음·미륵보다 뛰어난 힘이 있고, 그뿐 아니라 모든 유정의 소원을 만족시키기에 마땅히 공양 받을 만하다는 것을 설하고 있다. 이와 같이 삼계교는 지장을 높이 평가해 당시에 널리 퍼져 있는 말법관에 기초해서, 고통받고 있는 중생구제를 인식했기에 『십륜경』에 있는 지장의 힘을 보다 크게 받아들여, 자신의 교학 발전을 위해서도 그것을 활용했던 것으로 생각된다.

(4) 『십륜경』의 자료와 연구 상황

다음은 『십륜경』의 자료에 대해서 생각해 보자면, 『십륜경』에는 앞에 열거한 일본의 『동역전등록東域傳燈錄』에 보이는 것 외에 한역의 2본과 티벳역의 1본이 있다. 먼저 한역본은 다음과 같다.

1) 북량 실역北涼失譯, 『대방광십륜경』 8권(대정장 13, p.681)
2) 당 현장 역, 『대승대집지장십륜경』(대정장 13, p.721)

1)은 역자불명으로 북량 시대(397~439)의 역출이며, 2)는 영미 2년(651)에 현장에 의해 번역되었지만, 이것은 1)의 구역舊譯에 비해 내용의 확대가 보인다. 현장 역은 야부키에 의해 『국역일체경』 대집부 5에 실려 있다.

3) 티벳트 역: Dus Pa chen Po las sa' i snying po' i' khor io bcupa

---

不如有人於一食頃 至心歸依稱名念誦禮拜供養地藏菩薩求諸所願速得滿足, 所以者何, 地藏菩薩利益安樂一切有情, 令諸有情所願滿足."

zhes bya ba theg pa chen po'i mdo(tr.by Hoshang zab mo, rNam
par mi rtog pa, D No. 239; p N905)는 한역(현장 역)의 중역重譯이다.

또 산스크리트의 단편이 『대승집보살학론大乘集菩薩學論』(Śikṣā-
samuccaya) 가운데 크시티가르바 수트라(Kṣitigarbha Sūtra)의 이름으
로 5군데 인용되고 있다.[34]

그런데 이 『십륜경』은 『대집경』의 일부인 가능성이 지적되고 있다.
(현장 역의 경제經題인 『십륜경』의 타이틀이 나타내는 것과 같이) 즉 『개원
석교록』에서는 "『십륜경』은 제13분이 된다. 처음에 말하길, 『월장
경』을 설해 끝나고, 다음에 이 경을 설한다. 이 십륜의 다음에 14분은
원래 서방에 있어서 아직 전하지 않으며, 『수미장경須彌藏經』은 제15분
이 된다"고 말하여, 제12분 『월장경』, 제13분 『십륜경』, 제14분 '미전未
傳 부분', 제15분 『수미장경』이라는 구성을 주장하고 있다. 그래서
『십륜경』과 『수미장경』이 내용적으로 밀접한 관계에 있음을 「지장보
살의 원류 사상의 연구」(서의西義 웅웅雄, 『대승보살도의 연구』)에서 논하
고 있는 것은 바로 이러한 연유이다. 이쯤에서 지장에 관한 중요한
연구 실적들을 들어보면 다음과 같다.

① 송본문삼랑松本文三郎, 「지장삼경」(『불전비평론』, 1927)
② 야부키(慶輝), 「무진장과 지장교」(『삼계교의 연구』, 1927)
③ 우계요체羽溪了諦, 「대집경과 접라제의 관계」(『종교연구』 11-5,
1936)

---

34 勝崎裕彦 편, 『대승경전 해설사전』, p.350.

④중촌 원中村 元, 「대승경전의 성립시대」(『대승불교의 성립사적연구』, 1954)

⑤진과광제眞鍋廣濟, 「지장사상의 유래」(『지장보살의 연구』, 三密堂書店, 1960)

⑥서의 웅, 「지장보살의 원류사상의 연구」(『대승보살도의 연구』, 1968)

⑦석전서마石田瑞麿, 「지옥의 노트」(『서제書齋의 창』 310~320호, 1982)

⑧채정덕태랑栬井德太郎 편, 『지장신앙』(1983)

⑨도변융생渡辺隆生, 「지장연구와 그 경전」(근천박통芹川博通 편, 『국역일체경인도선술월보』, 三藏集 2, 1975)

⑩대도건언大島建彦, 「지장신앙에 관한 문헌일람」(대도건언 편, 『민간의 지장신앙』, 1975)

⑪판본 요板本 要 편, 『지장의 세계』(1992)

⑫정방 성定方 晟, 『국역일체경인도선술월보』(三藏集, 1976)

⑬성전준치成田俊治, 「미타신앙과 육도회六道繪」(『인문학 논집』 12호, 1978)

⑭궁본정존宮本正尊 편, 『대승불교의 성립사적연구』(三省堂, 1974)

위의 자료 중 총괄적으로 궁본宮本의 말을 빌리면, "지장신앙은 오랜 지모신地母神신앙을 기원으로 하여, 4세기경 타림(Tarym) 분지의 남변南邊에 이주한 이란인 고유의 종교였던 조로아스터교의 천사 스로쉬(Srosh)의 사상에 덧붙여, 독립의 보살로서 신앙되기에 이른다. 또한 『십륜경』은 이란어족의 불승佛僧에 의해 편찬되었으며, 『지장본원경』 2권도 코탄에서 성립한 것(羽溪, 宗研, 新15-5) 같다고 한다. 다른 학설에 의하면, 『지장본원경』은 현재 장경藏經에서는 실차난타 역으로 되어 있지만 이것은 심히 의심스러워, 아미타불의 본원 등을 모방한 『십륜경』에 대해서 중국인이 보강 증대하여 현형現形을 만들었다(松本, 비평, 296, 315)고 한다. 또 『점찰경』은 위경이 아닌가 생각되고(松本, 비평, 306), 허공장보살의 공덕 이익을 설한 허공잉虛空孕보살도 소륵疏勒 지방에서 아미타불 사상의 영향 하에, 이란어족의 불교도 손에 의해 성립된 것 같다(羽溪, 宗硏, 新11, 52 이하; 松本, 비평, 164 이하)고 한다. 어쨌든 『대집경』 전체는 상당히 복잡한 변천과정을 내재하고 있다(松本, 비평, 109, 179, 195)고 설하고 있다"[35]고 한다.

이처럼 지장신앙의 원류와 그 변화과정을 나타내는 경증들의 파악이 간단치 않음을 설명하고 있다. 어쨌든 이러한 복잡한 지장신앙의 유통 속에서 더욱 발전되었을 『점찰경』과 그 영향은 어떠한지를 살펴보기로 하자.

2) 『점찰경』과 그 영향

(1) 『점찰경』과 삼계교의 관계

『점찰경』은 진위가 복잡한 경전이지만, 그 문제로 들어가기 전에 이 경전과 삼계교와의 관계는 어디에 있는 것일까? 하는 점을 먼저 고찰해 보기로 하자. 그러기 위해서는, 다시 『십륜경』 등의 여래장 경전을 염두에 둘 필요가 있다 하겠다.

망월신형望月信亨은 『점찰경』을 여래장 경전과 함께 생각하는 가운

---

35 宮本正尊, 『대승불교의 성립사적 연구』, p.491.

데, 삼계교와의 관계에 주목하고 있다. 즉『십륜경』과 같은 양토실역涼土失譯으로, 여래장 교의와 지장과의 관계를 증명할 수 있는 경전의 하나로서『금강삼매경』을 논하는 곳에서,

그 가운데에는 여래장의 법문을 설하며, 지장보살과 여래와의 문답도 있고 특히 입실제품入實際品에는 여래장이라고 하는 불명이 거론되고 있다. 이것은 여래장 그 자체를 인격화하는 것으로서, 땅 가운데의 복장을 지장보살로 표현했다는 의미로 보지 않으면 안 된다. 신행은 삼계교를 제창해 보불보법普佛普法에 돌아가야만 한다는 것을 주장해, 여래장불, 불성불佛性佛, 당래불當來佛, 불상불佛想佛 등의 보법을 설하고 있는 것도 일불일법一佛一法에 대해 편신편행偏信偏行하는 것은 옳지 않다고 주장하는 것은, 결국 여래장 사상의 발전이라고 인정해야만 한다. 신행은 수 개황 14년(54세)에 입적한 사람으로, 점찰경의 편집 연대와 거의 같은 것을 생각할 때, 당시 중국에는 여래장의 교의가 유행해, 그것이 업도業道 사상과 결부되어서 드디어는 지장교의 성립을 보게 되었다고 추측되는 것이다.[36]

라고 말하고 있다. 이렇게『점찰경』에 나오고 있는 삼계교의 여래장불 등의 관용어와 신행의 활약 시대와 맞물려『점찰경』의 편찬 연대를 생각할 때, 그 경전의 저술과 관련된(그것을 소의경전으로 사용한) 삼계교의 신행을 연상하지 않을 수 없다. 어쨌든 삼계교에 있어서『점찰경』은 여래장 사상을 생각할 때 그 교의의 특성상 같은 계통이라고

36 望月信亨,『불교경전 성립사론』, pp.485~492.

하지 않으면 안 될 것이다.

한편, 지장과 불성을 동일선상에서 관계 지으려 하는 것은『구경일승
보성론』에서도 생각할 수 있다. 즉 여래장의 9가지 비유를 드는 곳에,

불성에는 2종이 있다. 첫째는 지장과 같고, 둘째는 수과樹果와 같다.
비롯됨이 없는 세계로부터 온 자성청정심으로 무상도를 수행하니,
2종 불성에 의하여 3종신을 득출得出한다. 처음의 비유에 의해 초법신
初法身이 있음을 알고, 제2의 비유에 의해 이불신二佛身이 있음을
안다.[37]

라고 해서, 지장을 불성의 한 종류로 비유하고 있다. 그리고 그 여래장은
번뇌의 막이 덮여 있는 것으로서 이 번뇌의 막을 타개할 때에는 반드시
불성이 나타난다는 것을 말하고 있다.

그렇다면『점찰경』의 출전과 구성 시기는 언제쯤으로 볼 수 있을까?

(2)『점찰경』의 출전·구성과 진위 문제

먼저『점찰경』의 출전시기와 구성은 어떻게 되어 있는 것일까?

이 경은 현존 최고의 경전 목록인 양梁의 석승우釋僧祐 찬撰,『출삼장
기집』(15권)에는 보이지 않고, 수 문제文帝 개황 14년(594) 7월에 대흥
선사 번경사문중翻經沙門衆 법경法經 등이 찬술한『중경목록』(7권)에

---

[37] 대정장 31, p.839상, "佛性有二種, 一者如地藏, 二者如樹果, 無始世界來, 自性淸淨
心, 修行無上道, 依二種佛性, 得出三種身, 依初比喩故, 知有初法身, 依第二比喩,
知有二佛身."

보이는 것이 그 최초이다. 이후 비장방의 『역대삼보기』(15권), 언종彦
悰의 『중경목록』(5권), 도선道宣의 『대당내전록』(10권), 명전의 『대주
간정중경목록』(15권) 내지 지승智昇의 『개원석교록』(20권) 등 여러
종의 경전 목록에 보이고 있다. 지금 이것들의 경록에 기재된 것을
연대순으로 나열한다면 다음과 같다.

①『중경목록』: 개황 14년, 대흥선사번경중사분, 법경등선전이십일
경, 다이제주참차중경, 문리복잡, 진위미분, 사수경상, 차부의록(권제
2, 중경의혹5)

②『역대삼보기』: 개황 17년, 번경학사신비장방선, 우일부이권, 검군
록무목, 양경수제운, 보리등재외 국역, 사근대출망주, 제장내사류
전…… 후유바라문래운, 천축견유경(출육근경왈)

③『대당내전록』: 인덕 원년, 경사서명사석씨도선선우닐부, 검록무
목, 경수제운, 보리등재외 국역, 사근대출, 금제장내병사유전……
(권제5)

④『대주간정중경목록』: 대당천후칙불기사사문명전등선, 우외국사
문 보리등 역, 천책만세 원년 시월이십사일봉칙편행(권제1)

⑤『개원석교록』: 경오세서숭복사사문지승선, 운출육근취경, 역운대
승실의경, 역명 지장보살경, 역직운점찰경우일부이권기본견재, 사문
보리등 외국인, 부지향대 역 점찰경 일부, 장방록운, 차경검록수무목,
이경수제운, 보리등재외 국역…… 후제람자행무혹(권제7)[38]

---

38 眞鍋廣濟, 『지장보살의 연구』, pp.98~100.

　1)『중경목록』, 개황 14년, "大興善寺翻經衆沙門, 法經等選前二十一經, 多題注參

이렇게 『점찰경』은 『중경목록』으로부터 이미 문장의 이치가 복잡한 것으로 알려지며, 또한 그 진위가 아직 분명하지 않다고 해서 의혹경이 되어 번경자명飜經者名은 전혀 보이지 않고 있다. 그러나 그로부터 3년 후에 선술된 『역대삼보기』에 이르러서는 처음으로 번역자로 '보리등菩提登'의 명칭이 기록돼 그가 외국에서 역출했다고 하고 있다. 하지만 대당 측천무후의 천책 만세 원년(695)에 이르면 확실하게 보리등은 외국 사문이라 결정되어, 본래 문제가 되었던 이 경도 칙명에 의해 장경藏經에 넣어진 것이다. 그런데 다시 35년 후인 개원 18년(730)에는 "후의 모든 열람자는 미혹이 없었다(後諸覽者幸無 惑賑)"라고 하여 『개원석교록』의 저자 지승은 진경으로서의 가치를 크게 고취시켜 『지장보살경』, 『점찰경』 등 본경의 별칭을 들었다. 더욱이 명말의 우익대사藕益大師 지욱(智旭, 1596~1655)은 드디어 "이는 말세 병을 치유하는 신단이라 불가불 유통시킨다"(『閱藏知津』 제5)라고 찬탄하며, 그 자신 이

差衆錄, 文理復雜, 眞僞未分, 事須更詳, 且附疑錄(卷第二, 衆經疑惑五)."

2) 『역대삼보기』, 개황 17년, "翻經學士臣費長房選, 右一部二卷, 檢群錄無目, 兩經首題云, 菩提登在外國譯, 似近代出妄注, 今諸藏內寫流傳 … 後有婆羅門來云, 天竺見有經(出六根經曰)."

3) 『대당내전록』, 인덕 원년, "京師西明寺釋氏道宣選右一部, 檢錄無目, 經首題云, 菩提登在外國譯, 似近代出, 今諸藏內并寫流傳…(卷第五)."

4) 『대주간정중경목록』, "大唐天后勅佛記寺沙門明佺等選, 右外國沙門菩提登譯, 天冊萬歲元年十月二十四日奉勅編行(卷第一)."

5) 『개원석교록』, "庚午歲西崇福寺沙門智昇選, 云出六根聚經, 亦云大乘實義經, 亦名地藏菩薩經, 亦直云占察經右一部二卷其本見在, 沙門菩提登外國人, 不知向代譯占察經一部, 長房錄云, 此經檢錄錘無目, 而經首題云, 菩提登在外國譯 … 後諸覽者幸無惑(卷第七)."

『점찰경행법』 1권을 선술할 정도의 존중을 받은 것이다.[39]

이렇게 이 경전의 진위문제는 끊임이 없음에도 불구하고, 지욱의 『점찰경』에 대한 여러 의소義疏, 현의玄義 등의 가치는 어떻게 평가되어지고 있는가.

지욱이 『점찰경의소』와 『현의』를 찬술한 것은 35세 때이다. 『의소』의 발어에 의하면, 경의 취지에 의해 참법懺法을 일으키고 강연도 하여 의소를 지으려고 했으나 병 때문에 이룩하지 못하고, 겨우 52세가 되어서 가끔 동지 몇 명이 북천목사北天目寺의 장경당에서 모여 비니毘尼를 궁극하려고 했으며, 자신은 말법의 때에 정계를 얻으려고 한다면 이 『점찰경』 윤상輪相의 법에 있어야만 하고 다른 별법은 없다고 해, 14일간을 철야해서 이 『의소』를 썼다는 것이다.[40]

또 지욱은 『점찰경』에 대해 다음과 같은 견해를 나타냈다.

"삼계는 유심唯心이라, 심외心外에 법이 없고, 이理를 갖춰 사사를 만드네. 실로 양중兩重에 있지 않고, 다만 이것에 미혹하면 삼장三障이 완연하나, 이것을 깨달으면 삼덕三德이 법답고, 미오迷悟에 성성이 없고, 속俗을 따라 명名을 빌리네. 진실과 지귀指歸는 둘이되 둘 아니고, 둘 아니되 둘이네, 미오를 나눔에 비슷함이 있네. 미迷라 함은 이미 그 깨달은 곳을 미혹하고, 오悟라 함은 즉 그 미혹한 곳을 깨닫는 것이 되네. 이 『점찰경』은 미를 가르쳐 깨달음에 돌아가는 긴요함이 되고, 점찰이라 함은 능관能觀의 지智며, 선악업보라 함은 소관所觀의

39 위와 같음.
40 牧田諦亮, 『의경연구』, pp.108~110.

경境이며, 능관은 일심삼지一心三智에 있으며, 소관은 일경삼체一境三諦에 있네. 의장疑障을 소거하고 정신淨信을 견고히 해, 진취進趣의 방편을 개시하고 안위安慰하여 겁약怯弱을 떠나며, 『점찰경』이 석가대성의 권진勸進으로 지장자존의 청함과 비원에 따라 연설되어졌다고 하여, 이른바 혼미를 밝히는 보거寶炬, 암질癌疾을 구하는 신단神丹이라."

지욱이 『점찰경의소』, 『현의』(그 외에, 『점찰경행법』 1권, 『찬예지장보살참원의讚禮地藏菩薩懺願儀』 1권이 있음)를 찬술한 것은, 후세의 문헌에는 쉽게 기록되기 힘든 서민의 불교(여기에는 다분히 도교적 요소도 포함됨) 수용의 한 형태를 나타낸 것으로서, 근세의 불교사 연구에 있어서 중요한 자료를 남긴 것이 된다.[41]

이를 볼 때, 지욱은 『점찰경』이 어디까지나 위경이라고 해도 그 가치는 충분히 갖고 있다는 것을 거론하고 있는 점에서 보면 유익하다 할 수 있으나, 한편으로는 이 경전과 함께 삼계교 탄압 역사의 부침을 경고하고 있음을 알 수 있다.

어쨌든 『점찰경』은 신행의 활약 시대에 존재해 있었다는 사실은 틀림없지만, 당 무후 때에는 일반의 정경正經이라고 인정되어지지 않았기에, 천책만세天冊萬歲 원년에 명전明佺이 일체경(一切經, 『중경목록』)을 간행함에 이르러 처음으로 정경으로서 인정되어 장중藏中에 편입된 것이다. 이 구성과 실천에 대해서 『역대삼보기』를 보면 다음과 같은 구체적 내용이 거론되고 있다.

---

41 위와 같음.

광주의 승려가 탑참법을 행하는데…… 자박법을 행하여 멸죄로 삼고 남녀가 군집하며, 또 청주의 한 거사가 이 법을 동행했는데, 개황 13년에 어떤 이가 광주 관사에 이 일을 일러 고하였다. 관사가 물으니 그 사람이 인증해 이르길, 탑참법은 점찰경에 의하며, 자박법은 제경 중에 의하는데, 오체투지를 하는 것이 마치 태산이 무너지는 것 같으며, 광주사마 곽의가 장안에 와 기주를 향해 그 진상을 듣고…… 탑참법의 유행을 금지시켰다.[42]

이것은 수 개황의 때에 광주 또는 청주의 남녀가 군집하는 곳으로부터 『점찰경』에 의해 탑참塔懺의 법을 행한 것인데, 개황 13년(593년) 광주의 사마, 곽의가 장안에 와서 그 이유를 묻고 법경 등에게 경의 진위를 감정시켰다는 것이다. 그러나 그들은 『점찰경』이 제목록諸目錄에 그 경명과 역장譯場도 실려지지 않고, 탑참법이라고 하는 것도 다른 제경에는 보이지 않는 괴이한 것이기 때문에 행할 필요가 없다고 답했으며, 따라서 칙령으로 그 유행을 금지시켰다고 한 것이다. 법경 등에 의한 수의 『중경목록』은 그 다음해 14년(594)에 성립되었지만, 그 가운데에 『점찰경』을 의혹부에 편입했다고 하는 것은, 즉 그 감정의 결과로 인정되는 것이다. 따라서 언종의 『인수록仁壽錄』 제4와 도선의 『대당내전록』 제10에도 이것을 의위疑僞부에 나열했다. 그러나 무주간정 『중경

---

42 대정장 49, p.106하, "廣州有一僧行塔懺法… 又行自撲法以爲滅罪, 而男女合雜, 靑州亦有一居士, 同行此法, 開皇十三年, 有人告廣州官司云, 其是妖, 官司推問, 其人引證云, 塔懺法依占察經, 自撲法依諸經中五體投地如太山崩, 廣州司馬郭誼 來京向岐州, 具狀奏聞… 諸如此者不須流行."

목록』제13과『개원석교록』제7 등에는 이것을 진경이라고 인정하고
있으며, 특히『개원석교록』에는 전기前記『역대삼보기』의 전문을 기록
하고 그 원편에 이유를 붙여 진경이라고 인정한 이유를 설명하고 있다.
그 내용은 다음과 같다.

> 법문은 팔만이 있으므로, 이치 또한 많이 있다. 부처의 금구金口가
> 아니면 이러한 깊은 뜻을 나타낼 수가 없다. …… 대당의 천후천성
> 만세 원년에 동도 불수기사의 명전明佺 등에 칙명하여 이 무주간정(『중
> 경목록』)을 찬했을 때, 이미 이것을 정경에 편입했기 때문에 후의
> 모든 사람은 망설일 필요 없이 신용해야만 한다.[43]

단지『개원록』제9에는『무주록』을 평해 "비록 간정刊定이 번예함이
많으며, 그 유행을 보이고 있으나 의지하기에는 어렵다"[44]고 하고 있다.
이렇게 불신을 표하면서 지금 여기에서『무주록』을 취해『점찰경』을
진경이라고 하는 것은 철저하지 못하다고 기록하고 있는 것이다.[45]
이렇게 진경과 의경을 둘러싼 논쟁의 가운데 있어서『점찰경』의 특이성
이 보이고 있으나, 그러한 진위를 둘러싼 복잡성은『대승기신론』(이하
『기신론』)의 관련에서도 이어지고 있는 것이다.

---

43 대정장 55, p.551상, "法門八萬理乃多途, 自非金口所宜… 大唐天后天姓萬歲元年
   勅東都佛授記寺沙門明佺等, 刊定一切經錄, 以編入正經疊, 後諸覽者無惑賑."
44 위와 같음, p.565하.
45 望月信亨,『불교경전 성립사론』, pp.485~492.

(3) 『점찰경』과 『기신론』의 관계

『점찰경』과 『기신론』과의 관계에 대해 주의를 기울인 연구는 몇이 있지만, 그 중에 "『점찰경』은 말법중생을 위한 가르침으로, 목륜상木輪相에 의한 '점찰행법'인 것을 해설하여, 이것을 지장보살에의 신앙과 결합시키고 있다. 또 전통적 불교교리와의 관련에서는 주로 양토실역涼土失譯인 『대방광십륜경』과 진제 역 『기신론』, 특히 후자의 『기신론』의 교리와 사상을 배경으로 해 경설로서의 권위를 획득하려고 했던 흔적이 확실히 보이고 있다. 지금 우리가 『점찰경』과 『기신론』을 옆에 놓고 이 『점찰경』을 통독한다면 『점찰경』의 작자가, 상권에서는 목륜상에 의한 '점찰행법'을 『대방광십륜경』의 설한 바를 도입하려 한 것에서 지장보살의 공양·예참에 결부시키고 있고, 하권에서는 상권의 설한 바를 주로 『기신론』 교리의 위에 결부시키려고 하고 있다"[46]고 말한 점은 『점찰경』, 『기신론』, 『십륜경』을 둘러싼 관계를 밝히고 있는 점에서 특기할 만한 것이라 할 수 있다.

또 특히 말법사상에 수반된 정토교나 삼계교 등이 적극적으로 민중에 유행시키고 있는 점은 괄목할 만한 것인데, 『점찰경』의 다음 내용, 즉

중생의 복이 엷어 번뇌가 많고, 국토는 수없는 재난과 재해가 일고, 종종의 액란으로 두려움과 걱정으로 모든 제자 등이 선념善念을 잃고 오직 탐욕과 질투와 아만이 길고, 설사 선법을 행하더라도 흉내만 내어 세간의 이양과 명예만 구하는 것을 주로 삼는다.[47]

46 柏木弘雄, 『대승기신론의 연구』, pp.206~218.
47 대정장 17, p.901하, "衆生福薄多諸衰惱, 國土數亂災害頻起, 種種厄難怖懼逼擾,

라는 것은, 말법의 위기감에서의 중생의 근기와 불안한 당시의 시대상
황의 맞물림 속의 연관선상에서 생각할 수 있다. 즉 "혜사(慧思, 515~
577) 주변에서 시작되는 말법사상은 바로 북주 무제의 폐불 이전에
중국불교 속에 뿌리를 내렸던 것으로, 이러한 말법 도래의 위기감을
보다 훨씬 더 실천과 교의의 양면에서 표출시켰던 것이 신행에 의한
삼계 불법이며, 그것은 다음 시대에 말법상응의 교법으로서 도작과
선도의 정토교에 이어져 간다. 그러한 분위기가 일반적으로는 자기를
중심으로 하는 소극적인 참회, 멸죄, 칭명, 왕생이라고 하는 방향으로
기울어져 간 것은 사실이다. 예를 들면 제불에의 예참, 칭명을 말법시대
의 범부에게 적응하는 행법인 『불명경』의 독송, 예참, 시방삼세 제불보
살의 명호의 공덕을 밝혀 참회, 멸죄, 성불을 설하는 『대통방광경大通方
廣經』의 유행, 게다가 모든 종류의 경전에 대한 참문懺文의 유행 등에
의해서도 나타났는데, 그러한 것들은 서민 가운데에 널리 행해졌던
불교신앙의 형태를 대표하는 것으로 주목되고 있다."[48]

이러한 시각, 특히 예참과 칭명으로 인한 참회, 멸죄, 왕생이라고
하는 방향은 그 시각 자체만으로 끝남이 아니라, 그것은 다시 커다란
중국불교의 경향을 내포하고 있는 것이다. 그렇기 때문에 "구체적인
종교의례와 전통적 불교 사상과의 연결에 앞서 오히려, 삼계교의 신앙
과 의례를 고취하는 것이 『점찰경』 성립의 첫째 목적이었다는 것이
추측된다. 지장신앙과 '점찰행법'을 고취시키는 목적을 갖고, 또는

我諸弟子失其善念, 唯長貪坂嫉妬我慢, 設有像似行善法者, 但求世間利養名稱,
以之爲主."

48 柏木弘雄, 앞의 책.

그러한 신앙의 실태에 대한 경증으로서 지장신앙과 '점찰행법'과의 연결을 기획하고, 또한 그 설의 권위를 얻기 위해 『기신론』을 주축으로 한 대승불교의 전통설과의 융합을 목표로 했다고 생각할 때, 전통설로서 섭취되어진 기신론설과의 사이에 내면적인 관련이 보인다"[49]는 점 등은, 모두 삼계교도의 실천 수행법이었던 '점찰행법'과 『점찰경』의 권위를 높이려고 했던 것이 『기신론』이라고 생각할 수 있는 것이며, 『점찰경』 성립의 제일의 목적으로 종교 의례와 전통적 불교 사상과의 연결을 생각하고, 그것이 다시 삼계교의 신앙과 의례를 고취하는 것이었다는 것은 뛰어난 관점이라 할 수 있다.

그렇다면 이러한 『점찰경』을 위주로 한 삼계교의 실천 사상이, 신라시대에는 과연 언제 도입되었던 것일까? 또 그 사상이 들어왔다면 어떠한 경로와 형태로 발전해 갔으며, 또 실천 수행법인 '점찰행법'의 자취는 어떻게 나타나고 있는가. 실로 신라에 있어서 그것은 몇 사람의 행적에 의해 나타나고 있는데, 여기서는 '점찰행법'의 완성자로서 진표와, 원광의 주변에서 그 궁금증을 고찰해 보기로 한다.

(4) 신라의 점찰법회와 진표의 '점찰행법'

신라에 있어 『점찰경』의 위치는, 그 위상이 조금 다르게 행해지고 있었다. 즉 중국에서는 진위를 논하고 있었던 것에 비해, 신라에서는 경제적인 면으로써의 기능을 갖고 있는 '점찰보'의 형성이나, 또는

---

49 柏木弘雄이 신라의 진표를 논하는 곳에서 중국에 유학했다는 것, 즉 주46)의 218항은 정정할 필요가 있다. 실제로 중국에 유학한 것은 진표의 스승인 숭제로, 진표는 유학한 적이 없다.

수행적인 면을 지니고 있던 '점찰행법' 등의 보다 더 긍정적이며 실천적
인 방향으로 발전했던 역사의 기록을 지니고 있는 것이다.

　우선 신라의 점찰법회의 기록은 통일신라 이전과 그 이후로 나눠지고
있다. 먼저 이전의 기록을 보면 『삼국유사』의 진평왕 대(579~632)에
점찰법회의 설치 기록이 2~3곳에 보이며 그 이전의 시대까지는 거슬러
올라가지 않는 것을 알 수 있다. 특히 점찰법회의 고사古事는 「원광서학
조」에

　원종이 불법을 일으킨 이래 진량(뗏목: 佛이 중생을 깨달음의 경지로
　인도)은 설치되었으나, 아직 당오(當奧: 학문의 깊은 경지)는 이뤄지지
　않았다. 고로 마땅히 귀계멸참의 법으로 우매한 중생을 깨우쳐 주어야
　했다. 그리하여 (원)광은 머물던 가서가에 점찰보를 두어 상규로 삼았
　다. 때에 단월니가 있어 그 점찰보에 전지를 헌납했는데, 지금의 동평군
　전지 일백 결이 이것으로 옛 문서가 아직 존재한다.[50]

라고 기록한 것으로 미루어보아, 원광이 설치한 것은 점찰법회가 아니
고 점찰보占察寶이지만, 이 점찰보는 점찰법회를 떠나서는 존재할
수 없다. 또 점찰보는 점찰법회를 위한 일종의 계契 조직이기도 해,
친목단체를 겸한 점찰법회 운영의 작은 경제성을 띤 상설적인 기구조직
체를 점찰보라 말할 수 있을 것이다.[51] 즉 원광이 점찰보를 일으킨

---

50 『삼국유사』 권4, 「원광서학」, "原宗興法已來律始置, 而未遑當奧, 故宜以歸戒滅懺
　之法, 開曉愚迷故光於所住嘉栖寺置占察寶, 以爲恒規, 時有壇越尼, 納田於占察
　寶, 今東平郡之田一百結是也, 古籍猶存."

사실은 전기적 행적으로부터가 아니고 그가 거주했던 가서사에 남아 있는 고적古籍, 즉 백 결의 점찰보전田을 통해서 알게 된 것이다.

　그런데 여기서 특히 주목하고 싶은 것은, 원광법사가 장안에 입성했던 해(589)는 삼계교 창시자 신행이 장안의 진적사에 들어간 때와 같은 해로, 원광이 신행의 활약을 깊이 통찰했다고 하는 것은 충분히 추측할 수 있는 것이다. 그렇다면 삼계교도가 그토록 활용한『점찰경』을 원광은 어떻게 생각하고 있었던 것일까. 먼저『점찰경』과 신라승들의 관계를 추리해 보면 다음과 같다.

　『점찰경』상권은 도교의 자리박법自履縛法이며, 하권은『대승기신론』을 그대로 복사한 의경이어서『기신론』의 여래장을 지장보살에 바꿔치기한 것에 불과하다. 즉 이것은 원광이『기신론』의 의심이 가는『점찰경』을 충분히 안 연후에 활용했던 것이 된다. 이러한 가설이 허용한다면 원효가『점찰경』에 관여했다고 하는 가능성이 나오지 않을 수 없다. 원효가 먼저『점찰경』을 알고, 그것으로『대승기신론』을 체득해, 그것에 흡수되어 갔다. 그로 인해 화엄교학을 알게 되었다.[52]

　이러한 가능성은『점찰경』의 사상과 실천이 원광과 원효를 통해서 (그러한 삼계교의 실천행동이) 신라의 화엄교학과 연결되어 있음을 예시하고 있다.

　또 하나의 점찰법회의 기록은『삼국유사』권제5「선도성모수희불사

---

51 김영태, 「신라 점찰법회와 진표의 교법연구」(『동국학보』 9집), p.99이하.

52 鎌田茂雄, 『신라불교서설』, pp.67~71, 79~82.

仙桃聖母隨喜佛事」조에 나타나고 있다.

　나는 선도산 신모인데, 그대가 불전을 수리하려는 것을 기뻐해서
금 열 근을 시주하여 돕고자 한다. 내 자리 밑에서 금을 가져다가
주불 3존상을 장식하고, 벽 위에 53불과 6류 성중 및 여러 천신과
5악의 신군(신라의 오악은, 동은 토함산, 남은 지리산, 서는 계룡산, 북은
태백산, 중앙은 부악 또는 공산이라고도 한다)을, 그리고 매년 봄가을의
두 계절에 10일간 선남선녀를 모아 널리 일체 함령을 위하여 점찰법회
를 여는 것을 상례로 하라.[53]

　여기에서 보면, 점찰법회의 설치를 항규恒規라고 말하는 신모,
오악 신군 등의 도교의 신과 53불과 육류성중六類聖衆이라는 불교의
신이 혼합된 것을 알 수 있다. 그런데 특히 여기에서 말하는 53불이라는
것은, 돈황본 중 소위 칠계불명七階佛名이라고 하는 삼계교의 권행법
(勸行法: 예불참회문)[54] 가운데 대표적인 것이라고 말할 수 있는 것이다.
즉 이 시기 신라는 이미 삼계교도의 점찰경을 중심으로 해서 행하여진
점찰법회 등이 경제적 성격의 점찰보와 후에 나타난 실천참회법인
점찰행법 등과 같이 민중의 신앙심을 고취시킨 것이 『삼국유사』를
통해 알려지고 있는 것이다. 이렇게 『점찰경』의 예참 및 법회와 관련된

---

53 대정장 49, p.1011하, "我是仙挑山神母也, 喜汝欲修佛殿 願施金十斤以助之, 宣取
　金於予座下, 粧點主尊三像, 壁上繪五十三佛, 六類聖衆, 及諸天神, 五岳神君(羅時
　五岳, 謂東吐含山, 南智異山, 西雞龍, 北太伯, 中父岳, 亦云公山也) 每春秋二季之
　十日, 叢會善男善女, 廣爲一體含靈, 設占察法會以爲恒規."
54 『연구』별편, pp.179~180.

성격의 것을 본다면, 신라 통일 후의 것도 몇이 있는데, 그 출전만을
들어보기로 하자.

1) 도장사의 점찰법회:『삼국유사』권4, 사복불언조[55]
2) 홍륜사의 육륜회:『삼국유사』권5, 대성2세 부모신문대조[56]
3) 점찰예참(대산 지장방):『삼국유사』권3, 태산오만진신조[57]
4) 진표의 점찰행법:『삼국유사』권3, 관동풍악발연사조[58]

이처럼 다양한 행사가 있었던 것이다. 이 가운데 특히 오대산 지장방
의 보천寶川은 입적할 때 산에서 행하는 국가를 이익 되게 한다는
행사를 적은 것에,

적색(방)인 남대남면에 지장방을 두고, 원상圓像의 지장보살과 붉은
바탕에 팔대보살을 수위로 한 1만 지장보살상을 그려 봉안하고 복전승
福田僧 다섯 명이 낮에는 지장경과 금강반야경을 읽고, 밤에는 점찰예
참을(염송하되, 이름을) 금강사金剛社로 하여라.[59]

---

55 대정장 49, p.1007상~중.

56『삼국유사』권5,「홍륜사 육륜회」.

57『삼국유사』권4,「진표전간」.

58『삼국유사』권5,「발연수석기」.

59『삼국유사』권3, 탑상 제4,「대산오만진신」,"赤任南台南面, 置地藏房, 安圓像地藏
及赤地畵八代菩薩爲首, 一萬地藏像, 福田五員晝讀地藏經金剛般若, 夜占察禮
懺, 稱金剛社."

64

라는 기록을 남기고 있다 그런데 '낮에는 지장, 금강반야경을 봉독하고, 밤에는 점찰예참을 행한다'라고 하는 것에는 흡사 삼계교도의 행법으로서 참회, 예불, 발원, 회향을 요소로 하는 육시六時의 예참과 같은 요소가 보이고 있는 것이다. 삼계승은 모두 주야 육시예참의 행법을 닦으면서(말법 탁악의 시대에 의한 하품근기의 중생들이 행하여야 할 예참은) 마땅히 비원에 의한 다른 보살을 초과하고 있는 지장보살에 의존해야만 한다. 그러한 지장예참을 권설하는 것이 당의 초기에 성황해서, 신라의 신방도 그 중심적인 존재였다고 하는 것은 앞서 논한 바 있다.

한편, 신방보다는 후대에 입당했던 신라 사문 숭제(崇濟, 또는 順濟. 729년 진표에게 수계를 줌)는 종남산 오진사悟眞寺의 선도(善道, 정토종의 창시자 善導를 말함)의 밑에서 수학했는데, 그는 당시 당나라에서 지장예참이 성황리에 유행한 것에 무관심하지 않았고, 오히려 같은 종남산에 근거를 둔 삼계승이며 신라승인 신방이 스스로 육시예참의 행법을 수행하면서 지장교의의 선양에 크게 노력하고 있었다는 것에 영향을 받았을 것이라는 것은 추측하기가 어렵지 않다. 숭제가 당에 있을 때 선도 삼장善道三藏의 수업을 받았지만, 신라 출신인 신방이 지장교의를 중심으로 한 예참행법에 큰 감화를 받은 것은, 그의 귀국 후 제자 진표眞表에 의해서 『점찰경』의 교법에 의해 예참하고 계법을 간구하는 교시에서도 나타나고 있는 것이다. 숭제는 12세에 출가하여 제자가 된 진표를 지도할 때에 다음과 같이 가르쳤다.

진표 율사는 전주全州 벽골군碧骨郡 도나산촌都那山村 대정리大井里 사람이다. 12세 때 승려가 될 뜻을 품었는데 아버지가 허락하자, 율사는 금산수金山藪 순제 법사에게 가 머리를 깎고 승려가 되었다. 순제 법사가 『사미계법전교공양차제비법沙彌戒法傳敎供養次第秘法』 1권과 『점찰선악업보경占察善惡業報經』 2권을 주면서 말하였다. "너는 이 계법戒法을 가지고 미륵보살과 지장보살 두 분 앞으로 가서 간절히 법을 구하고 참회하여 직접 계법을 받아 세상에 널리 전파하도록 하거라."[60]

어쨌든 진표는 입당했던 숭제[61]의 가르침을 받아 『점찰경』에 의한 참회행법을 수행했고, 이로써 신라에 의한 점찰 참회계법의 실천에는 신방, 숭제, 진표라고 하는 계보가 성립될 수 있는 것이다.

신라 불교에 있어서 진표의 '점찰행법'이 더욱 중요한 것은, 계를 원하는 이는 먼저 반드시 참회법을 닦을 것이며, 그 후에 행할 점찰에 의해 참회에 의한 멸죄 성립의 가부可否를 검증하는 것이다. 만약 참회멸죄를 성취한 상이 나타난다면 상품계를 얻는 것이 되고, 아직 멸죄를 얻지 못해 장애가 남아 있는 상이 나타나면 다시 참회해서 멸죄하는 것에 의해 중품계를 얻는 것이 되지만, 그래도 멸죄한 상이 나타나지 않으면 더욱 참회하여 하품계를 얻는 것이 된다.

---

60 『삼국유사』 권4, 의해 제5 「關東楓岳鉢淵藪石記」, "眞表律師 全州碧骨郡都那山村 大井里人也. 年至十二 志求出家 父許之, 師往金山藪順濟法師處零染. 濟授沙彌 戒法 傳敎供養次第秘法一卷 占察善惡業報經二卷曰, 汝持此戒法 於彌勒地藏兩 聖前 懇求懺悔, 親受戒法 流傳於世."
61 숭제의 확실한 연대는 보이지 않는다. 그러나 그의 활동 시대는 당의 선도 삼장 (613~681)에게 배워 귀국한 것과 진표의 12세(729) 때, 그를 삭발해 수행시킨 것이 『삼국유사』 권4, 「진표간전」조에도 기록된 것이 보인다.

이렇게 본다면 진표의 점찰계법은『점찰경』에 설한 방법보다도 참회
와 점찰의 관계가 직접적으로 연결되어 있고, 게다가 점찰하는 방법이
보다 간단하며 실행하는 것이 쉽게 고쳐져 있는 것이다. 그러나 점찰의
방법은 참회법을 수습修習해야만 그 성취가 가능한 것이다. 불교경전에
나타난 어떤 좋은 방편도 그 실행이 동반되지 않을 때는 공론과 같은
것이다.[62]

그 가르침의 방편에 따라서 상구보리의 수도를 실천하며 하화중생의
교화를 일으켜 많은 사람들을 제도하는 때에 비로소 하나의 교법이
성립되는 것이다. 지장예참이 성행해서 점찰법이 크게 유행한 당 초기
도『점찰경』에 의해 참회를 행한 것을 알리고 있다. 또 명말의 우익
지욱(1596~1655)은 점찰 관계의 저술로 유명하여『점찰선악업보경의
소占察善惡業報經義疏』2권,『점찰선악업보경현의占察善惡業報經玄義』
1권을 지어 천태의 교의에 의해 해설했을 뿐만 아니라,『점찰선악업보
경행법占察善惡業報經行法』1권,『찬예지장보살참원의讚禮地藏菩薩懺
願儀』1권 등을 지어 천태의 법화삼매의 의儀를 참조해 수참修懺의
행법을 정비하였으니, 이에 따라 후세에도『점찰경』에 의한 점상수참占
相修懺이 크게 선양된 것[63]은 앞에서도 지적한 바 있다.

4. 결론

이렇게 초기경전에서 나타나고 있는 불교의 지옥이 도교나 유교적

---

62 채인환,「신라의 점찰참회계법의 실천」(關口眞大,『불교의 실천원리』), p.379.
63 위와 같음.

윤리관과 섞여 여러 사상을 동반하여 드디어 중국의 대승불교로 성립, 전파되었다. 그리고 염마는 지장의 화신이라는『십륜경』의 사상을 살펴보았다. 그런데 삼계교는 이러한『십륜경』을 소의경전으로 하면서 민중 속으로 급속히 전달된 것을 알 수 있었다. 따라서 삼계교에 있어서 지장신앙은 그 위치가 대단히 중요한 것을 고찰하였다. 이것은 다시『점찰경』,『점찰경』은 또『기신론』과의 깊은 연관성을 띄고 있는 것을 조사해 보았다. 후반부에 있어서는 지장신앙과 관계있는『점찰경』이 신라에 언제, 어떻게, 누구에 의해 전해졌는가를 살펴보았는데, 신라에서 이 경전의 역할은 심히 크다고 하지 않을 수 없다. 왜냐하면 신라의 대승보살계에는 미륵·지장신앙과 유가 사상을 근저로 하는 진표 율사의 점찰 참회계법에 의해 널리 퍼진 '유가계통의 보살계'와 함께 '범망계통의 보살계'의 2대 조류가 성행했기 때문이다.

어쨌든 이 장에서는『지장삼부경』가운데서도『십륜경』,『점찰경』등을 통해 말법시기 불교의 흥성과 함께 지장신앙이 각 종파에 확대 전파된 것을, 특히 삼계교와 관련지어 생각해 보았다. 재삼 언급하지만, 어느 누구도 실행치 않았던『지장경』을 소의경전으로까지 발전시킨 것은 삼계교의 특징이라고 아니 할 수 없으며, 그러한 지장신앙의 흐름은 신라에까지 그 실천적인 점찰보와 점찰행법을 일으켰으며, 그것은 다름 아닌『십륜경』,『점찰경』등에 의한 지장신앙의 영향임이 틀림없을 것이다. 이후 지장신앙은 여래장 사상과 함께 동북아시아에 널리 파급되어 여러 방향, 즉 문화 내지 예술방면에 있어서도 그 자취를 나타내고 있는 것이다.

제2장 삼계교와 정토종의 관계

1. 서론

정토교의 역사는 담란曇鸞, 도작道綽을 선두로 마침내 선도善導, 법연法然에 이르러 '본원염불', '선택본원염불'을 주장함으로써 하나의 종파성을 띠게 되었다. 본원염불 이외의 모든 염불은 제사諸師정토교라 하며, 보통 정영淨影, 가상嘉祥, 천태天台, 자은慈恩 등을 꼽을 수 있다.

그러나 신라의 경흥은 『무량수경연의술문찬』(이하 『연의술문찬』)에서 "제사諸師, 백여 가家가 있으며, 회감懷感의 『석정토군의론』(이하 『군의론』)에는 당시 정토교의 교의에 대하여 15가의 이설이 있다"고 설하고 있다. 그 중 14번째에서 "삼계교 설"을 이야기하고 있다는 것은, 삼계교도 역시 독자적인 정토관이 있어 정토교에 관한 한 뚜렷한 주장을 지니고 있다는 것을 알 수 있다. 특히 도작과 신행과의 교류 영향은 그 교의나 사상에 많은 유사점이 보이며, 그것은 야부키나 고웅의현高雄義賢에 의해 고찰되어 이미 잘 알려진 사실이다.[64]

삼계교는 예부터 결코 아미타불 내지 그 정토의 개념에 대한 반대까지
는 하지 않았다. 그럼에도 불구하고 정토교와 소견을 달리하여, 특히
정토교가들의 적수가 되는 것으로 인식되어진 것은, 그 유사점이 있음
에도 불구하고 대체 어떤 이유가 있는 것일까. 그 수수께끼는 좀처럼
해명되지 않으나, 그와 관련 있는 선학의 연구 성과[65]를 더듬어 가며
이야기를 진척해 나가고 싶다. 따라서 이 논고에서는 우선 도작과
신행의 정토교의 사상적 근거를 비교하여 서로의 주장점이 무엇인지,
또한 말법의 민중에 대한 준비는 어떠했는가?라는 점을 밝히는 것이
될 것이다. 두 번째는 회감이 일으킨 삼계교에 대한 반박은 근기根機를
둘러싼 논박인데, 그의 저술『군의론』을 통해서 살펴보기로 하겠다.

64『연구』468, p.575. 高雄義賢,「도작과 그 시대」(『宗學院論叢代』31권).

65 정토교와 삼계교와의 관계에 대한 연구 성과는 다음과 같다.

 1909 : 河野法雲,「신행선사의 삼계불법」(『無盡燈』14~4).

 1913 : 佐佐木月樵,「삼계교와 정토교」(『支那淨土教史』상권 271).

 1927 : 佐佐木功成,「도작선사의 사상적 배경」(『龍谷大學論叢』72).

 1934 : 道端良秀,「도작과 삼계교」(『大谷學報』15~1).

 1939 : 岸覺勇,「도작 교의의 배경 사상에 대해서」(『支那佛教史學』3~3).

 1940 : 桐溪順忍,「안락집에 나타난 인간관」(『宗學院論輯第』31).

 1958 : 山本佛骨,「신행과 도작의 교섭」(『印度學佛教學研究』6~2).

 1976 : 佐藤 健,「도작선사의 정토관」(『佛教文化研究』제22호).

 1979 : 上同,「도작 정토교에 의한 열반경의 영향」(『人文學論集』제13).

2. 도작의 교의와 혜찬慧瓚

1) 도작의 시대적 배경

남북조 말기는 중국불교 사상에 있어서 중대한 시기로, 마침내 엄청난 번영과 발전을 이루는 수당불교를 일으키는 중요한 전환기이다. 이 획기적인 시기에 전환의 계기를 부여한 것은 말할 필요도 없이 북주北齊 무제武帝의 폐불 정책이었다. 이것이 북제 불교에 끼친 영향은 대단히 큰 것(말법의 사상을 일으키는 동기가 됨)이었는데, 그 북제로부터 말법 사상의 신앙을 기저로 해서 두 개의 새로운 불교가 일어나게 된 것에는 주의를 해야 할 것이다. 그런데 그것이 다름 아닌 병주並州의 담란曇鸞을 이어받은 도작道綽·선도善導에 의한 정토교이며, 다른 하나는 신행信行 에 의해 상주 업도鄴都에서 발생한 삼계교인 것이다.

정正·상像·말末의 삼시三時 사상은 삼계교 내지 정토교 및 모든 불교에까지 중요한 영향을 미치는 것이나, 특히 앞의 두 종파에 있어서 는 그것을 교의 성립의 근본 사상으로 하여, 육조 시대의 말기에서 수당에 거쳐서 활발히 성행시켰던 것이다. 이와 관련하여 야부키도 다음과 같은 말에 주목하고 있다.

승예는 『성실론』 서문에서, 상법이라는 말은 구마라집이 이미 사용하 였고, 마명과 용수와의 출세연대를 나타내는 데 있어서 불멸 350년 출세의 마명은 '정법의 종終', 불멸 530년 출세의 용수는 '상법의 시작'에 일어났고, 또 승예는 "전 오백년 중에는 득도자가 많고 부득도자는 적어, 많음을 이름하여 정법이라 하며, 후 오백년은 오직 서로 이익을

다투고 집착에 시비하여, 득도자는 적고 부득도자는 많은데, 많은 것을 일러 상법像法이라 이름한다.[66]

그런데 말법이라는 말이 명료화되어 나타난 것은 남악 혜사 선사의 「입서원문入誓願文」이다. 「입서원문」의 성립은 『월장경』의 번역보다 수년 전으로, 그 사상의 근저는 『마하마야경』에 근거한다고 말하고 있다. 그 내용은 다음과 같다.

일체의 시방세계 중에 만일 불법이 멸하는 곳이 있을진대, 내가 지속되어 멸하지 않기를 발원하여, 그 국토인을 위하여 널리 설하며, 시방세계의 악비구와 내지 삿된 견해를 가진 이와 악한 속인 중 법을 행한다며 다투어 뇌란게 하는 자를 볼 때, 내 마땅히 그를 항복받아 설법으로 안온을 얻게 하며……[67]

이와 같이 혜사가 본 이 시기는 불법이 쇠퇴해 악행이 많이 일어난 말법시대이다. 또 이는 모든 장애를 파척하여 진실의 법을 널리 유포하는 의미에서의 말법사상인 것이다. 이처럼 말법사상의 성행은 제가들의 출현을 현현시켜, 이른바 수당隋唐의 신종파의 흥기 시대에 이르는데, 바야흐로 그 시기에 주목해야 할 것이 바로 도작(道綽, 562~645)의

66 『연구』, p.199.

67 대정장 46, p.791하, "一切十方世界中 若有佛法欲滅處 我願持讀令不滅 爲彼國土人廣說 十方世界惡比丘 及以邪見惡俗人 見行法者競惱亂 我當作助摧伏之 令說法者得安隱."

활동이다. 도작의 사상과 당시의 말법 탁란의 세상사를 알 수 있는 것은 그의 『안락집安樂集』 상권 제3문에 『대집월장경大集月藏經』을 인용하여 다음과 같이 말하는 대목이다.

> 나의 말법 중에 모든 중생들이 수행을 하나 한 사람도 득도를 이루지 못하나니…… 지금은 말법이라. 현 오탁악세에는 오직 정토의 한 문만이 통하여 길로 들어갈 수 있다.[68]

즉 도작은 오탁말법의 시기에는 정토염불이 아니면 성불하기 어렵고, 성도聖道는 난증難證이므로 결연히 성정이문판聖淨二門判을 세워야 한다고 보았으니, 도작이야말로 정토교 역사의 중요한 지위를 선언한 정토교의 독립자이다. 그런데 도작과 같이 말법사상의 근거를 갖고, 깊은 자기반성(認惡)의 시야에서 그 구제대상을 보불보법普佛普法까지로 하는 삼계교의 신행信行도 역시 같은 시대풍조를 인식한 사람이다.[69]

도작이 출생한 해(562)는 담란(476~542)의 멸후 20여 년 뒤에 해당되는데, 14세의 나이로 출가한 때는 북주 무제의 불교탄압이 행해진 다음해[70]로, 이때는 이미 말법시기에 들어서 있었다. 담란은 정토교에

---

68 『정전』 1, 693, "我未法時中, 憶憶衆生, 起行修道, 未有一人得… 當今末法, 現五濁惡世, 唯有淨土一門, 可通入路."

69 말법사상으로부터 일어난 종파에 대해서는 高雄義賢의 「말법사상과 諸家의 태도」 상·하를 참고.(『支那佛敎史學』 제1~1, 제3)

70 북주 무제北周武帝의 탄압(574)은 도작의 출가(13세) 전이며, 이때 신행은 34세로 이미 출가 후이며, 북주 무제에 의한 말법 인식을 보는 신행의 법이 이미 무르익은 시기였다고 말할 수 있다.

귀의할 때까지는 사론학四論學이나 열반 연구의 대가였다. 도작이
현중사玄中寺에서 동향의 선배 되는 담란의 비문을 보고 아미타신앙을
깊이 믿어 정토교에 들어간 것은 널리 알려진 사실이다. 이때 도작의
나이는 48세로, 그 이후 도작은 오로지 아미타불을 하루에 칠만 편을
염하였고, 또 관경(『觀無量壽經經』)을 강의한 것은 이백 편에 달한다.

　도작의 전기를 참고하는 데에 도선의 『속고승전』 권20, 가재의 『정토
론』 하, 문념·소강 공저의 『왕생서응책전往生瑞應冊傳』 이외에 『속고승
전』 권19의 「지만전智滿傳」과, 권24의 「담선전曇選傳」 등에 주의를
둘 필요성이 있다.[71] 이 중에 도작과 함께 혜찬을 스승으로 하며, 그
가르침을 받은 「지만전」에는 다음과 같은 내용이 있다.

　　도작 사문은 일찍이 큰 서원이 있어 친구를 존경해 받드니, (지)만이
　　비유해 이르길, 법에는 생멸이 있고, 도에는 기연機緣이 있으며……
　　연緣(의 체성)은 허무하나 서로 이어져 있다.[72]

여기서 지만은 무상편공無相偏空의 이치를 밝히는데, 그것은 『안락
집』 제2대문 「파이견사집破異見邪執」의 일단에서 밝히는 대승무상大乘
無相에 해당하는 것을 알 수 있다. 또 『속고승전』 「담선전曇選傳」에는,

　　(담)선이 이르길, 4권의 경을 어찌 일시에 읽지 못하는가? 도작이

71　高雄義賢, 「도작과 그 시대」.

72　(대정장 50, p.583), "有沙門道綽者 夙有弘誓 友而敬奉 因喩滿曰 法有生滅 道在機
　　緣… 緣虛無相可緣."

이르길, 경문의 차례는 다 듣지 못했으나…… 4권(의 경)은 읽어 마쳤다.[73]

라고 하여, 도작이 4권의 경을 읽어 마친 것을 알 수 있다. 또『속고승전』「담선전」에 나오는 그의 '사적기死寂記'에는 다음과 같이 나온다.

내 명이 장차 다하려는데 어느 곳에 태어날까? 이름난 수행승인 도작이 이르길, "아사리여! 서방낙토를 안양이라 하는데 그곳에 태어남이 옳다." 선(選, 曇選)이 말하길, "몸을 위하여 낙을 구하다니! 나는 너와 같이 어리석은 자가 아니다." 도작이 말하기를, "만약 그대가 태어나지 않음(無生)은 어떠한가?" 답하여 말하기를, "나를 보려는 자 때문에 태어나겠는가?" 그리고는 숨이 오랫동안 잠잠하더니 모르는 사이에 서거했는데, 그때 나이가 95세라.[74]

담선이 육체를 위한 낙樂을 추구하는 것이 좋지 않다는 것을 힐책한 것은, 『안락집』에 밝히는 정토교의 주장과 동일하다.

이상과 같이 도작의 사상은 진공묘유에 통하는 이제중도의二諦中道義이며, 무생즉생無生卽生의 정토관을 지녔음을 알 수 있다. 원래 도작은 『열반경』을 연구하는 학자였지만, 만년에 혜찬慧瓚에게 사사하여

---

73 대정장 50, p.641, "選曰 經有四卷 何不一時讀之 沙門道綽曰 經文次第 識不俱聞… 但四卷齊讀."

74 대정장 50, p.641, "吾命將盡 何處生乎 名行僧道綽曰 阿闍梨 西方樂土名爲安養 可願生彼 選曰 廣爲身求樂 吾非爾壽 綽曰 若爾可無生耶 答曰 須見我者而爲生乎 乃潛息久之 不覺已逝 時年九十有五."

공리空理를 배운 사실은 『속고승전』 권20의 다음과 같은 내용에서
알 수 있다.

> 14세에 출가하여 부처님이 남기신 전적을 종사로 삼고, 대열반부를
> 특별히 널리 전하였는데 24번이나 강의하였다. 늦게 (혜)찬 선사를
> 섬겨 이理를 극히 미세하게 닦아 쌓았다. (혜)찬 선사는 청정하고
> 검약하며 고아하고 소박하였으며, 깨달음과 지혜(慧悟)로 하늘을 열
> 었다.[75]

그러면 도작의 스승인 혜찬은 어떠한 인물이며, 신행과의 관계는
어떤 인연이 있었을까? 그에 대하여 살펴보기로 한다.

2) 혜찬과 그의 제자

『속고승전』 권18의 「혜찬전」에 의하면 그는 창주滄州인으로서 출가
후 선정비니禪定毘尼를 배웠고, 북주 무제의 불교 배척 시기에는 진陳으
로 도주한 후, 수隋 문제의 불교부흥을 도와 계율을 설하고, 개화사,
선정사, 용지사 등에서 교화하다가 수 대업大業 3년(607)에 입적하
였다.

혜찬은 선사라 불리기도 하면서 계율을 주로 하여 오로지 두타 걸식하
였으므로 도작도 그에게 사사하였다. 「속고승전」에 의하면 그 제자에
도작, 명유明胤, 지초志超, 지만智滿, 담운曇韻, 혜진慧進, 도량道亮

---

75 대정장 50, p.593, "十四出家宗師遺藥 大涅槃部偏所弘傳 講二十四遍 晚事瓚禪師
理亟沾微績 瓚清約雅素 慧悟開天."

등을 기록하고 있다. 그 중에서 「담운전」을 보면 혜찬에 대해 다음과
같이 기록하고 있다.

　인수년에 이르러 찬 선사라는 이가 있었는데, 정학을 결집하고 승상(繩
　牀: 등받이가 있는 의자)을 등에 지고 안문雁門의 냇가에 있는 난야(암자)
　에서 업을 닦았다.[76]

또한 「지초전」에는 지초에 대해 다음과 같이 나온다.

　지초는 신심을 바르고 청결히 해서 승도 백여 명과 함께 오행 잡무를
　이행하며, 육시의 예참을 빠지지 아니하며…… 선림을 창립하여 조석
　으로 부지런히 수행하니 정과 혜가 함께 열렸다.[77]

　고행과 잡무를 하면서도 육시예배를 빠지지 않고, 또한 좌선과 계율
을 중시하는 것으로 되어 있어, 여기에서도 삼계교도의 엄격한 수행덕
목인 육시예참(제6장 참고)과 두타행 등의 관계를 엿볼 수 있다.
　여하튼 『속고승전』 습선편에는 선정가로서 지의智顗, 혜초, 도승道昇
등과 함께 혜찬을 주목하고 있으며, 특히 혜찬이 이학二學을 겸비한
것에 대해 『속고승전』의 저자 도선은 다음과 같이 논하고 있다.

---

76 대정장 50, pp.592~593, "至仁壽年內有瓚禪師者 結集定學背負繩牀 在雁門川中蘭
　若爲業."
77 대정장 50, p.592상, "志超潔正身心 勤履衆務 僧徒百數供雜五行 兩食恒備 六時無
　缺每有苦役… 創立禪林 曉夕勤修 定慧雙啓."

혜찬 선주禪主는 두타행이 칭찬할 만하며 진晋과 조趙 땅에서 교화를
행하여 그 문중이 번창하였다. 위의로 헤아려볼 때 율종을 넘어서지
아니하고, 신해神解로 통하는 데 있어서는 법의法衣로서 참예懺詣하니,
이사理事가 늘 부합하고 규율에 합치하였다.[78]

혜찬이 선정을 주로하면서 엄한 두타행의 수행과 함께 계·혜의
이학二學도 겸비한 것은, 그가 반드시 한쪽에 기울지 않았다는 것을
설명하고 있다. 그런데 주의해야 할 것은, 「혜찬전」에 삼계교의 신행
이야기가 짧게 기록되어 있다는 점이다.

사미 신행은 이 정업正業을 중히 여겨 십계를 받으려 했으나, 찬이
허락지 않고, 이에 찬의 제자인 명윤 선사에게 돌아가게 하여 행법을
존중하고 따르게 하였다.[79]

사미 신행은 정업을 중시하고 십계를 받아들이려 하였으나 어떠한
이유에서인지 혜찬은 허락하지 않았고, 여기서 혜찬의 제자인 명윤[80]에
게 돌아갔다고 기록하고 있다.

어쨌든 신행은 혜찬을 알현한 적이 있고, 도작도 혜찬을 따르고

---

78 대정장 50, p.597상, "慧瓚禪主 嘉尙頭陀行化晋趙 門庭擁盛 威儀所擬無越律宗
神解所通法依爲詣 故得理事符允有契常規."

79 위와 같음, "沙彌信行 重斯正業從受十戒 瓚不許之 乃歸瓚之弟子明胤禪師 遵崇
行法."

80 혜찬이 왜 신행의 수계를 허락하지 않았는가. 또 그 제자인 명윤明胤은 어째서
받아들였는가에 대해서는 여기에 밝혀져 있지 않다.

있었으므로 동일한 한 스승 밑에서의 교류 관계를 충분히 추측할 수 있다. 더구나 나중에 두 사람이 거처하고 홍법하는 장소가 대행산맥을 중심으로 동쪽은 신행, 서쪽은 도작으로 나뉘어졌는데, 지역적으로 그다지 떨어져 있는 곳이 아니기에 도작이 신행의 명성을 들어 알고 있다는 것은 상상하기에 어렵지 않다.[81] 또한 신행이 장안에 들어간 것은 그의 만년(589)의 일인데 그때 삼계교의 활동은 아주 활발했고, 또한 신행이 입적(594, 54세)한 후에 활동의 제약을 받은 것을, 22세 손아래인 도작은 충분히 전해 듣고 있었다고 추측되기 때문이다.

이상과 같이 신행과 도작의 관계를 스승인 「혜찬전」에 의해 간략하게 알아보았는데, 이 혜찬 선사와 신행과의 사제 관계를 명확하게 한 것[82]은 실로 정토교와 삼계교의 사승과 관련된 유일의 단서로서 중요하다고 하지 않을 수 없다.

그 전에, 야부키는 단지 신행의 전기를 수당 시대의 다른 종조와 비교하여 이례가 되는 것이 적지 않다고 기술하여 다음의 4항목에 세분하여 논하고 있다. 그것을 들어보면 다음과 같다.

① 훼예포폄毁譽褒貶하여 거의 정평을 얻을 수 없는 것.
② 신행의 출가득도에 사승師承을 확실히 할 수 없는 것.
③ 정영, 가상, 천태 등 동시대 학장學匠의 저술 중 신행의 언급이 없는 것.
④ 비교적 당대當代의 도우道友를 상세하게 하지 않은 것. 그 중 사승師承

---

81 山本佛骨, 앞의 논문.
82 「三階某禪師行狀始末에 대해」, 『京城帝國大學文學論纂』 7권, p.249.

에 이르러서는 신행의 사숙 네 명을 제외하고, 현수賢首의 『오교장五教章』 중에 신행은 광택光宅의 혈통을 추측한 곳 이외에 다시 계통을 소상하게 밝히지 않은 것.

또한 조금 더 구체적인 내용으로, 네 명의 선지식[83]을 논하고 있는 『신행유문信行遺文』이라는 문헌에 있는데, 거기서 다음과 같이 말하고 있다.

상주의 광엄사 사문 신행은 백주의 지사를 단월로 하였는데, 소싯적부터 고생하며 마음은 노곤하여 좌선을 견디지 못했고 독송도 그러했다. 17세 이래 선지식을 구하여 지금 48세의 32년간에 이르도록 상주 광엄사 승혜, 상주 엄정사 승 도진, 위주 귀향현 당손랑표하 왕선행, 조주 영도현 당왕봉읍하 왕선성 등의 네 명을 얻었다.[84]

이렇게 신행은 어릴 적부터 병약하여 좌선과 강송하는 것도 할 수 없었다. 다만 17세 때부터 선지식을 계속 추구하여 48세까지의 32년간을 통하여 네 명의 선지식(혜정, 도진, 왕선행, 왕선성)을 얻은 것이라는 점에서 볼 때도 혜찬이나 영유 등의 이름은 전혀 찾아볼 수 없는 것이다.
그러나 앞에서 언급한 『속고승전』 제18 「혜찬전」에서 신행이 그의

---

83 『종합불교대사전』 상권 30, 아사리阿闍梨 참고.

84 『돈황보장敦煌寶藏』 16, 453하, "相州光嚴寺沙門信行 白州知事壇越 信少小艱心勞損 由是不堪坐禪 亦不堪講誦 自從十七以來求善知識 至今四十八才積滿三十二年 唯得相州光嚴寺僧慧定 相州嚴淨寺僧道進 魏州貴鄉縣當孫浪彪下王善行 趙州慶陶縣當王鳳邑下王善性等四人."

감화를 받았다고 말한 것은, 신행의 사승師承에 있어서의 불확실성을
어느 정도 밝힌 것이라 할 수 있다.

　이러한 점에서 다시 새롭게 신행의 스승을 생각해 보면, 신행은
어릴 적에 네 명의 선지식(일반인)의 영향은 받았지만, 후의 교판敎判과
사상을 분리해 생각한다면 스승의 영향이 세 명으로 추측된다. 즉
교판敎判에 있어서는, 현수가『오교장』가운데서 말하기를 "광택光宅의
사승敎四乘敎를 나열할 때 신행의 보별이교판普別二敎判의 교계는 원래
광택에게서 나온다"라는 점에서 볼 때, 광택의 영향을 생각할 수가
있겠고, 사상적으로는 혜찬과 영유 두 사람의 영향을 받았다고 생각
된다.

　따라서 결론적인 판단은 잠시 보류하고 도작의 교의와의 상관성을
살펴보고, 이후에 신행의 수행과 그의 스승 영유의 사상과는 또 어떠한
관련이 있는가를 고찰하여 보기로 하자.

3) 도작의 교의敎義

도작이『관경觀經』을 해석한『안락집』상·하 2권에 인용하는 경론은
약 47종을 꼽을 수 있으나, 3회 이상 인용한 것을 말하면『무량수경』
19회, 담란의 저술(『왕생론주往生論註』,『대경찬大經讚』,『정토의』) 15회,
『대지도론』14회,『열반경』11회,『화엄경』및 천친天親의『정토론』
5회,『관불삼매경』,『시방수원왕생경十方隨願往生經』및『정법염경』
4회,『유마경』,『고음성경鼓音聲經』내지『법화경』3회가 된다.[85]

---

85 岸覺勇,「도작교의의 배경사상에 대해서」, 支那佛教史學, 3~3.

이것으로 미루어 볼 때 도작은 원래 열반, 화엄, 지론의 학자였으나, 담란의 비문을 보고 정토로 돌아와, 다시 말법시기상응의 가르침으로서 근기론을 주로 하는『관경』을 중심으로 정토교를 독립하여 담란의 『왕생론주』, 용수의『대지도론』등을 인용하여 스스로 정토교의를 설하였던 것이다.

도작은 정토종에 귀의하기 이전까지 오로지『열반경』을 강설·전도하여, 원래 열반종의 사람이었던 것이 그의 행장行狀에도 기록되어 있다. 즉『속고승전』「도작전」[86]에 "대열반부를 특별히 24번 널리 전강(大涅槃部 偏所弘傳講二四遍)"이라 하고, 또한『안락집』권상[87]에 "일체중생은 다 불성이 있어 원겁 이래로 수많은 부처를 만나나, 어떤 연고로 스스로 윤회 생사하여 화택을 벗어나지 못하는가?"라는, 『열반경』의 '일체중생 실유불성'의 사상에 바탕을 두고 있는 것이 그것이다. 또 『안락집』제1대문 제3절「발심과 공불供佛을 밝힘」의 항목에도『열반경』을 인용하고 있는데, 그 내용은 다음과 같다.

연이은 항하사 등의 여러 부처님 처소에서 보리심을 발한 연후에 악세 중에서 대승경전을 들으면 저 중생에게 비방이 생기지 않을 것이요, 1항하사 등의 부처님 처소에서 보리심을 발한 연후에 악세 중에서 경을 들으면 깊은 애락이 생겨 비방을 일으키지 않음이라.[88]

---

86 대정장 50, p.593.

87 『정전』1, p.692하, "一切衆生皆有佛性 遠劫以來應值多佛 何因至今自輪廻生死不出火宅."

88 『정전』1, pp.674~675, "熙連恒河沙等諸佛所 發菩提心然後 乃能於惡世中 聞是大

현재에 불법을 듣고 믿고 받아들이는 사람은 과거세에 있어서 무량제불의 처소에서 발심 공양한 숙세의 선업이 심후한 자이며, 지금 경을 듣는 자는 그 전에 이미 발심하여 여러 부처님을 공양한 자라고 하며 불도수행에 정진할 것을 권하고 있다. 그런데 이것은 후의 선도에게는 볼 수 없는 사상이다.

이렇게 도작은 말법불교의 필요성을 통감하여, 성정이문聖淨二門을 분판分判하여 홀로 정토문으로서 말법시기상응의 가르침을 널리 펼쳤다 할 수 있다. 그 중에 대표적인 약시피기約時被機 사상을 보기로 하자. 즉『안락집』제1대문 제1절「가르침이 일어난 연유를 밝힘(明教興所由)」부분을 보면 다음과 같다.

가르침이 흥기하게 된 연유를 밝힌다. 시기에 부합하고 근기에 입각하여(約時被機) 정토로 돌아갈 것을 권해야 한다는 것은, 만약 가르침이 시기와 근기에 부합되면 닦기 쉽고 깨닫기 쉬우며, 만약 근기가 가르침과 시기에 어긋나면 닦기 어렵고 들어가기 어렵다는 것이다.[89]

이와 같이 약시피기의 설명은, 가르침이 아무리 훌륭해도 때(時)와 상대의 근기(機)에 상응하지 않으면 가르침으로서의 진실을 발휘할 수 없고, 시기상응이 되어야 수행과 깨달음이 용이하다고 한다.

乘經典 不生誹謗若有衆生 於一恒河沙等佛所 發菩提心然後 乃能於惡世中 聞經不起誹謗深生愛樂."

89『정전』1, p.673하, "第一大門中 明教興所由 約時被機 勸歸淨土者 若教赴時機易修易悟 若機教時乖 難修難入."

이러한 약시피기 사상은 정토교의 사상 중에서 중요한 지위를 차지하는 것이나, 이것은 고래로부터 약기폐립約機廢立으로, 약법폐립約法廢立은 행하지 않는 것이라 하고 있다. 즉 교법의 가치가 높고 낮음을 직접 교법 그 자체에 의해 말하지 않고, 기機의 실천 가능과 불가능에 의해 판단하는 양식이라는 것이다.[90] 그러므로 도작은 사종도생四種道生의 가운데, 제2의 신업도생身業道生의 관념이 교법으로서는 가장 뛰어나다고 생각하고 있다. 예를 들면 관념불상의 중에서도 무상관이 유상관보다 우수한 것은 『안락집』 제1대문 제8절 「범성통왕凡聖通往을 밝힘」 아래에,

범부는 지혜가 얕아 상相에 많이 의존해서 구하면 반드시 왕생할 수 있다. 그러나 상으로써는 선한 힘이 미약하여, 다만 정토에 상의 정토만에 왕생하여 오직 보신불과 화신불을 뵐 수 있다.[91]

라고 하고 있다. 이처럼 교법 그 자체로서는 무상관을 설명하는 법이 뛰어나 유상관을 설명하는 교법은 다소 뒤떨어지며, 그것이 말법악시末法惡時의 악중생에 있어서는 더욱 그 가치가 반대되는 것이다. 즉 약시피기約時被機는, 병인病人에 대해서는 영양이 부족하여도 흰죽이야말로 적절한 것처럼 말법악시의 악중생에게는 미타법彌陀法이 적절하다고 주장하는 것이다.

---

90 桐溪順忍, 「안락집에 나타난 인간관」, 『宗學院論輯第』, p.31.

91 대정장 47, p.6하, "凡夫智淺多依相, 求決得往生, 然以相善力微, 但生相土, 唯親報化佛."

그런데 삼계교는 제삼계의 열기劣機에 대한 하법下法이 되고, 정토교는 극악최하極惡最下의 기機에 반해서 극선최상極善最上의 법이라 주장한 것[92]은 선도善導 이후의 정토교에서는 명확히 말할 수 있으나, 도작에 관해서만큼은 오히려 삼계교와 같이 하법下法이라 생각되어져 왔다. 그 유력한 것이 약시피기의 사상이며, 그것은 미타의 정토관 등에도 나타나 있다. 즉 『안락집』 제2대문 제2절 제8에서는, 시방十方의 정토에 왕생하기를 기원해 서방西方에 돌아감을 원치 않는 것을 파하여 셋으로 논하고 있다. 그 중 세 번째 이유로,

미타정국은 이미 정토의 처음 문이요, 사바세계는 곧 예토의 끝 처소(末處)이다. …… 이곳의 경계와 더불어 그 다음으로 서로 마주하고 있으므로 왕생하기가 무척 편리하다. 어찌 가지 않을 손가?[93]

라고 하고 있는 것은 하기下機에 부여하는 하법下法을 가리키는 것이다.

도작의 시기상응설의 배경에 대한 연구논문, 즉 「도작의 성정이문판聖淨二門判」[94]에서는 정토교와 삼계교의 신행 교의와의 일치 부분을 다음과 같이 논하고 있다.

담란과 도작은 불교를 단지 학해學解 이론의 대상으로 하지 않고,

---

[92] 『연구』, p.454.

[93] 『정전』 1, p.685상, "彌陀淨國 旣是淨土初門 娑婆世界 穢土末處… 卽與此方 啓境次相接 往生甚便 何不去也."

[94] 佐藤 健, 『인문학논집』 제9호, pp.67~71.

86

현실의 인간이 구제돼야 할 실천적인 종교로서 자기의 기機를 통렬히 반성하고, 기機와 교법이 상응(約時被機)함으로써 비로소 수행도 가능하다고 확신하고 있으나, 이런 태도는 삼계교의 신행도 일치하고 있다. 신행은『대집경』의 오오백년설五五百年說에 기준을 두고, 삼계불법을 설하는 중에 제 삼계의 기근에 상응한 교법, 즉 보법보교普法普敎로서의 '대근기법', '무진장법', '칠계예참' 등을 설하고 있다.

여기서는 삼계교의 시기상응의 관계를 중요시하고 있는데, 특히 '대근기행법'에서는 그 점을 가중시키고 있다고 말할 수 있다.

어쨌든 최종적으로 도작은 시기상응의 현실적 실천법으로 염불삼매 중에서도 특히 칭명을 중시하였으며, 그 위에 제18원願을 악인정기惡人正機의 칭명본원으로써 닦기 시작했는데, 이는 도작의 현저한 공적이다. 이 외에는 제사諸師의 성도적聖道的 해석을 압도하여, 안으로는 선도善導에서 시작하는 요홍폐립要弘廢立, 칭명정정업稱名正定業의 신기운新機運을 양성한 것[95]은 특히 중요한 내용이 아닐 수 없다.

이처럼 도작과 신행과의 교류 예측을 주장하는 학자 중에는 구수요상龜水了詳도 가세하고 있는데, 그 내용을 열람해 보면 다음과 같다.

① 도작의 교의 중 삼계교를 참작한 것.
② 삼계교의 시기론은 정토교의 도움이 되는 것.
③ 정토교 중 편집偏執하면 삼계와 같은 뜻도 있다.
④『안락집』도 삼계불법의 말법관을 깊게 하고, 전교傳敎대사의 『말법

95 藤原凌雪,『염불사상의 연구』, p.183.

등명기』도 다소 이것과 관계 있다.[96]

위 논지를 볼 때, 정토교의 초반기에 있어서는 삼계교의와 상통하는 점이 많이 있었던 것을 알 수 있다.

이상의 관점에서 볼 때, 도작의 교의 가운데에 있어서도 대표적인 '약시피기約時被機'의 사상은 삼계교의 '대근기행법對根起行法'과 비슷한 점[97]이 있다는 것을 알 수 있다. 그러면 우선 신행의 사상과 교의가 누구의 영향을 통해 나타나는가를 구체적으로 살펴보기로 하자.

3. 신행의 수행과 영유靈裕

1) 신행의 수행

신행(540~594)의 수행에 있어서 대표적인 것은 역시 두타걸식을 들어도 좋을 것이다. 두타걸식의 기술은 『역대삼보기歷代三寶紀』에 그 내용이 기록되어 있는데, 특히 신행의 그것은,

두타행으로 하루 한 끼만 걸식하였으며, 도로를 갈 때는 남녀를 불문하고 예배를 하는데(그것은 마치), 법화(경)의 상불경 행과 같았다.[98]

---

96 『연구』, p.197.

97 道端良秀, 「도작과 삼계교」, 『大谷學報』 15~1. 삼계교는 '法'과 '機'로서, 일승을 인정하는 것은 第一階뿐이며, 第三階는 '法'은 一乘이지만 '機'는 乘外가 됨. '機教相應'을 논하는 곳에서는, 第三階를 일승이라 하는 것을 보통으로 한다. 상세한 것은 『연구』, p.292 이하 참고.

98 대정장 49, p.105중, "頭陀乞食 日止一食 在道路行 無問男女 率皆禮拜 欲似法華常

라고 하는 것과 같이, 하루 한 끼의 식사와 길가의 남녀를 불문하고
예배하는 것이 『법화경』의 상불경 행과 같았다고 한다. 이러한 두타걸
식은 원래 남북조 시대의 수행자, 특히 습선자들의 공통적인 점으로
따로 삼계교 수행자만의 특징은 아니나, 삼계교의 실천으로서는 빠트
릴 수 없는 중심적인 수행 덕목인 것이다. 그의 『신행유문』에 의하면
다음과 같은 내용이 전해지고 있다.

> 좌선이란 항시 주야를 불문하고 앉음이며, 오로지(一向) 눕지 않고
> 예불한다는 것은 정의淨衣를 갖추어 일일일야의 삼시에 세욕洗浴하며,
> 주야를 가리지 않고 쉬지 않고 상례하는데, 반야半夜의 일시에 눕는
> 것과 낮의 일시에 다소의 식사는 제외한다.[99]

이렇게 엄격한 실천이 행하여지는 것이다. 즉 좌선하는 자는 주야를
막론하고 눕지 말고 좌선할 것이며, 예불하는 자는 정의淨衣를 입고
일일일야에 세욕하고 주야에 예불하는 것을 쉬지 말 것을 명시하고,
단지 반야의 일시에 눕는 것과 낮에 한 끼 식사를 허용하는 것은 예외라
설명하고 있다.

또한 관법이나 삼매의 실천에 집중하고 있는 것도 기록되어 있다.
즉 『대근기행법』에 의하면,

不輕行."

99 『연구』別篇, p.6, "坐禪者 常坐莫問晝夜 一向不得臥禮佛者 各各須得淨衣 一日一
夜三時洗浴 莫問晝夜 常禮不息 除半夜一時臥晝日一時食之多少."

위의 오문관에 대해서 때를 분별해서 법을 배우는 규정을 밝힘. 하루에 여래장 등의 네 부처님의 관을 할 것. 걸식을 나갈 때는 인맹認盲 및 응불應佛의 관을 할 것, 입가차제 걸식은 보친관普親觀을 할 것, 입가미식 이전은 식부정관食不淨觀을 할 것, 일몰초야는 공무상관空無相觀을 할 것, 누웠을 때는 무상관無常觀을 할 것, 반야 이후는 먼저 부정오문관不淨五門觀 등을 할 것, 다음으로 인다악관認多惡觀을 할 것, 항상 선정에 있고 오관의 차제는 장문章門의 수장에서 말까지 이를 것, 14일, 15일로서 한 편을 할 것.[100]

이라고 해서, 하루에 여래장 등 사불의 관을 행할 것과 걸식 나갈 때는 인맹과 응불의 관을, 입가의 걸식은 보친관을, 식사하기 전에는 식부정관을, 또 일몰초야에는 공무상관을, 누웠을 때는 무상관을, 저녁 이후에는 먼저 부정오문관을 하고 다음에 인다악관을, 그리고 항상 정定에 있을 것 등을 서술하고 있다. 이 중에서 삼계교의 사불관이나 인맹관, 인다악관 등은 삼계교의 중심적인 교의에 바탕을 둔 독자의 관법이라 말할 수 있다.

이처럼 가혹한 수행과 함께 보불보경의 신념은 당시의 업도鄴都를 비롯하여 각지에 널리 유포되었다고 생각된다. 그리하여 신행이 개황 초년 입경하기 이전에 그 영향을 받은 것으로 보는 것이 타당할 것[101]이

---

100 『돈황보장』 19, 538, "明上來五門觀分時學法位判 一日作如來藏等四佛觀 乞食來往作認盲及應佛觀 入家次第乞食作普親觀 入家未食已前作食不淨觀 日沒初夜作空無相觀 臥時作無常觀 半夜以後先作不淨五門觀等 次作認多惡觀始終常定 五觀次第章門從首至末 十四日十五日緣一遍."

101 常盤大定, 「隋의 영유와 삼계교의 七階佛名」, 『支那佛教의 研究』 권1~195.

90

다. 그러면 이 같은 사상체계는 과연 누구의 사사를 받은 것일까. 신행의 스승에 관해서는 그의 『신행유문』에 있어서도 명료한 것은 확인할 수 없는데, 그러나 여기서 말할 수 있는 것은, 신행은 결코 스승을 구하는 데 있어서 승속을 구별하지 않는 태도가 보이며, 이것은 신행의 계맥에 있어서 그냥 보아 넘겨야 할 것이 아닌 중요한 점이다. 즉 앞에 서술한 것처럼 사상적으로 생각해 볼 때, 정토종의 혜찬, 명윤과 또한 화엄의 원류인 남도 지론종의 도빙, 영유 등의 영향을 받은 것을 알 수 있다.또 스승에 관해서는 반드시 불교도만이 아닌 당시 사회의 덕망 높은 일반인도 선지식으로서는 택하였던 바, 예를 들면 『신행유문』의 네 명의 선지식인 중에서 왕선행, 왕선성 두 명이 그것을 증명하고 있기 때문이다.

2) 영유의 사상과 업적

영유(靈裕, 518~605)의 속성은 조趙씨이며 정주定州 곡양인曲陽人으로, 어릴 적부터 사문을 공경하고 있는 것을 볼 수 있다. 『속고승전』 권제9에는 영유에 대해 다음과 같이 기록되어 있다.

7세에 출가의 뜻을 품었으나 이루지 못하고…… (부친의 허락도 없이) 15세에 조군의 응각사 승려인 명明과 보寶 두 선사에 출가하였다. 그리고 20세가 되어 혜광의 명성을 듣고 따랐는데, 혜광은 이미 입적하였기에 도빙 사에게 사사하여 3년간 지론, 화엄, 열반 등을 배우고 22세에 구족계를 받았다.[102]

그러한 영유의 학덕과 수행력은 다음과 같이 묘사되고 있다.

제승과 함께 불교뿐만 아니라 유교도 논하여…… 청강자들은 모두
영유를 공경하고 유보살이라 불렀다. 또한 사람들은 모두 (그에게)
삼취정계를 받아 큰 법이 널리 퍼졌다…… 안동 왕王인 루예는 제승을
공경하였으나, 영유의 앞에 섰을 때 두려움 때문에 갑자기 땀을 흘리고
그 신비력에 놀라 받들어 계사로 했다. 후에 영유가 보산사를 세울
때 시주가 됨은 루예였다.[103]

이후의 영유의 활동을 보면 다음과 같다.

개황 3년(583) 상주자사는…… 칙령으로 승관을 세우고 승관의 도통에
영유를 추천하였으나, 영유 자신은 그릇이 못 된다 하고, 연과 조나라에
서 5년간 행화의 도를 떨쳤다.[104]

그런데 같은 개황 3년에 신행은 44세로, 이미 삼계교의 교의를 설명하

102 대정장 50, p.495, "不得七才出家… 年十五潛欲逃世… 默往趙郡應覺寺 投明寶二
　　禪師而出家賑… 聞慧光律師… 會已沒世口經七日 乃廻投憑師徒聽於地論 荏
　　苒法席終干三年 二十有二方進具戒… 自此專業華嚴涅槃地論律部."

103 위와 같음, 496, "曾與諸僧 共談儒敎… 預聽歸依 遂號爲裕菩薩也 皆從受戒三聚
　　大法自此廣賑… 齊安東王婁叡 到敬諸僧次至裕前 不覺怖而流汗 退問知其異度
　　卽奉爲戒師 寶山一寺裕之經始 叡爲施主."

104 위와 같음, "開皇三年 相州刺史… 有勅令立僧官 略乃擧爲都統 因語略曰 統都之
　　德 裕德非其德 統都之用 裕用非其用 旣其德用非器… 乃潛遊燕趙… 五年行化
　　道振."

고 육시예찬과 걸식수행에 혼신을 다하고 있었던 것이다. 다시 영유에
대한 칙령을 조금 더 살피면 아래와 같다.

개황 10년(590) 낙주 영통사에 있을 때…… 문제가 명을 내려 입경하라
함에…… 업연이라 여기고, 관官에서 보내준 것을 타지 않고 걸어서
장안으로 갔다. 이때 영유는 74세며…… 그를 국통에 임명하려 하였으
나 굳게 거절하고 돌아왔다.…… 이때 (삼계교의 두 거사인) 고경과
소위가 좌우 대신(僕射)의 지위에 있었다.[105]

어쨌든 이처럼 영유의 생활은 굳은 의지로 일관함과 동시에 대단히
검소하였던 것을 알 수 있다. 또한 그러한 생활은 곧바로 수행관과
연결되었다.

전후의 보시를 행함이 비경전을 겸하며, 가사袈裟를 베푸는 것이 천령
을 지나며, 질병의 괴로움에 대해 의료를 다하며, 후미厚味를 얻으면
우선 승僧에 올리고 조금이라도 거둬 쌓아두는 일이 없었다.[106]

이처럼 영유의 걸식에 가까운 생활과 마음가짐은 제자인 신행에게도
충분히 영향을 끼쳤다고 생각된다. 왜냐하면 신행은 유명한 인악·보경

---

105 위와 같음, "開皇十年 在洛州靈通寺… 宜朕意早入京也… 又曰業緣至衝 乃步長安
不乘官乘 時七十有四… 遂表辭請還… 乃勅左僕射高穎 右僕射蘇威納."

106 위와 같음, 497, "自前後行施悲敬兼之 袈裟爲惠出過千領 疾苦所及醫療繁多
但得厚味先必奉僧 身預倫伍片無貯納."

사상을 토대로 한 상불경보살의 실천과 화도사의 무진장원[107]으로 보시되는 재물은 축적한 채로 두지 않고 바로 대출한 것이며, 그 용도와 목적이 사탑의 수리나 천하의 기민구제였기 때문이다. 또 한편으로 영유의 영향이라 생각되는 점은,

> 영유는 보산사에 석굴을 조성했는데, 이 석굴은 금강성력주지나라연굴이라 불리어져…… 매년 봄 여기에 머무는 승려들이 벽면에 새겨져 있는 법멸의 경문을 읽으면서 흐느끼지 않을 수 없었다.[108]

라는, 이 영천사 석굴이야말로 대주성굴大住聖窟이며, 또한 굴 내의 사우주四隅柱에 7불 및 35불의 상이 새겨져 있다.[109] 그리고 또한 굴 외의 외벽 면에 아미타삼존을 선각하고 있고, 보광불 이하의 53불명, 동방수미등광명불 이하의 시방불명, 보집불 이하의 25불명을 새기고, 다시 참회문의 중간에 구나제여래현겁천불을 들고 있다. 그러한 참회문을 분류하면 다음과 같다.

---

107 화도사의 무진장원無盡藏院의 활동은 삼계교단의 경제력을 지탱한 것이었지마는, 위술韋述의 『양경신기』의 기록에 의하면, "寺內(化度寺) 有無盡藏院 卽信行所立 京城施捨後漸崇盛 貞觀後 錢坡繡積聚下可勝買計 常使名僧脣藏 供天下伽藍修理"라고 함과 같이, 화도사의 무진장원의 활약에 실제로 신행이 관여하고 있는 것이 알려진다. 이 부분은 제5장에서 상세하게 논하고 있다.

108 동 44, "寺宇靈儀 後於寶山造石挨一所 名爲金剛性力住持 那羅延窟面別… 法滅之相… 每春遊山之僧 皆柱尋其文理 讀者莫不歔."

109 鎌田茂雄, 「靈泉寺석굴의 사상사적 의의」(鹽入良道, 『천태사상과 동아시아문화의 연구』), pp.477~488.

94

① 나무비바시여래, 과거칠불등일체제불
　　南無毗婆施如來, 過去七佛等一切諸佛

② 나무보광여래, 오십삼불등일체제불
　　南無普光如來, 五十三佛等一切諸佛

③ 나무동방선덕여래, 시방불등일체제불
　　南無東方善德如來, 十方佛等一切諸佛

④ 나무구나제여래, 현겁천불등일체제불
　　南無拘那提如來, 賢劫千佛等一切諸佛

⑤ 나무석가모니여래, 삼십오불등일체제불
　　南無釋迦牟尼如來, 三十五佛等一切諸佛

⑥ 나무동방수미등광명여래시방불등일체제불
　　南無東方須彌燈光明如來十方佛等一切諸佛

⑦ 나무과현여래시방삼세일체제불, 귀명참회, 여시등일체세계제불
　　세존, 상주재세, 시등세존, 당자염아
　　南無過現如來十方三世一切諸佛, 歸命懺悔, 如是等一切世界諸佛
　　世尊, 常住在世, 是等世尊, 當慈念我

(상반대정常盤大定, 『지나불교의 연구』 참고)

이것은 다시 말해 삼계교의 칠계불명 중에서 25불 등을 제외한
것과 동일하다.[110]

삼계교와 칠계불명에 관한 연구의 선구자는, 실은 상반(常盤大定)이
야부키에 의한 삼계교의 칠계불명[111] 의 언급에 큰 암시를 얻어 '영유와

---

110 廣川堯敏, 『돈황과 중국불교』, pp.425~470.

111 『思想』 60호, pp.67~68.

삼계교와의 사이에 어떠한 관계가 있는 것은 아닐까'라는 의문 하에,
영유와 신행의 관계를 상세하게 연구하게 되는데,[112] 그러한 결론의
일환으로 정토교와도 관련시키고 있다. 즉 그의 『지나불교의 연구』에
의하면,

①정토교도에 의해 큰 비난을 받았다 해도, 양교兩敎의 사이에 밀접한
교섭이 있었던 것은 삼계교의 보경인악, 장약파병將藥破病의 종지라는
점에 있는 것.
②삼계교는 세친 불교의 가운데에서 점차로 양성한 불교로서, 담란의
정토교와 혜가의 선종과 함께 생각할 수 있는 것.
③그 중 삼계교의 신행 선사가 지론학계의 사람이 된 것. 그는 영유보다
22세의 연하이며, 또한 신행을 배양한 토지가 업도鄴都라는 이유로
보불신앙을 양성한 사람은 신행보다는 영유가 아닐까?

라고 주장하고 있는데, 상반의 설은 이후 정설이 된다. 여하튼 영유는
혜광, 도빙을 연결하는 지론종의 계통에 학습되어, 도빙의 적멸 후
그 의발을 이어 보산사에 거처하는데, 그 계보는 다음과 같다.[113]

---

112 동 38).
113 同上.

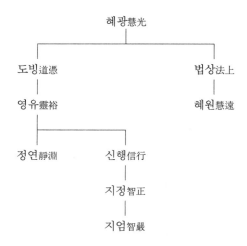

이처럼 신행을 영유의 지론종 계보에 놓음에 따라, 신행의 그 계맥은 앞에 기술한 것처럼 정토계와 어울려 두 종류의 양상을 띠게 된다. 그러나 이 화엄의 전신인 지론학파의 계보야말로 신행에게 있어서는 중요한 것으로, 혜찬을 잇는 정토교 계보에 비해 가볍게 생각해서는 안 된다. 여기서 하나의 추리를 더하면, 삼계교와 정토교의 상호 비판설의 이유는 다양하게 들 수 있는데, 그 중의 하나가 신행의 명확하지 않는 법계도가 (그것을 둘러싼 갈등이) 원인이 되는 것은 아닐까 하는 것이다.[114]

---

[114] 道端良秀의 「도작선사와 삼계교」에 의하면, 도작이 혜찬의 문하였던 것이 29세로부터 48세라면, 신행은 도작보다 22세 위이므로 도작이 29세 때 그는 51세, 즉 이때의 신행은 입적 3년 전의 시기로, 이미 삼계교법의 포교(개황 9년〔589〕 50세로 장안의 진적사에 주석)가 행하여진 시기이다. 따라서 신행이 도작과 함께 수행하고 있었다는 것은 생각하기 어렵다. 어쨌든 신행이 혜찬의 문하에 있었다는 것은, 「혜찬전」에 보이는 것과 같이 사실임에도 불구하고, 신행 측의

신행이 영유와 혜찬의 처소에서 언제, 어느 정도 수행했는지는 명료하지 않으나 앞에 기술한 『신행유문』을 보면,

개황 7년······ (신행은 어릴 적부터 병약하여) 이로 인해 좌선과 강송을 할 수 없었다. 17세 때부터 선지식을 계속 추구하여 지금의 48세까지 32년간을 지냈다.(開皇七年··· 由是不堪坐禪, 亦不堪講誦, 自從十七以來, 求善知識, 至今四十八才, 積滿三十二年.)

라고 한 것처럼, 32년간 선지식을 추구한 중에 영유과 혜찬이 확실히 포함되어 있을 것이다. 특히 삼계교의 체계를 대성한 것은, 『속고승전』의 「본제전本濟傳」[115]에 따르면 개황 3년(583) 신행의 나이 44세에서 48세의 사이인 것으로 추측된다. 즉 개황 원년(581) 18세 때의 기록에,

신행 선사는 이부를 개창하여 선달先達을 포괄하고 후현後賢을 인도하니, 모두 공경히 들었다.[116]

라고 하여 개황 전후의 사정이 보이는데, 이렇게 신행은 약관의 18세부

자료에는 한마디도 보이지 않고 있다. 이것은 다른 방면으로 생각해 볼 수 있는데, 삼계교에서는 그 사상적인 흐름을 정토교(당시 미성립)보다 훨씬 앞선 지론종을 향하고 있었으며, 그것이 후의 도작 이래 정토교의 교의와 이석異釋에 의해 서로 비판을 일으켰던 것이 아닌가 하고 추측해 볼 수도 있다.

115 『속고승전』 18권(대정장 50).
116 『속고승전』 18권(대정장 50, p.578상), "信行禪師, 創開異部, 包括先達, 啓則後賢, 濟聞欽詠."

98

터 삼계교를 구상하여, 드디어 개황 9년(589) 50세에는 장안의 진적사
로 옮겨, 입적하는 55세(594)까지 근 5년간에 있어서 삼계불법을 철저
하게 일으킨 것이 된다.[117]

   그런데 삼계교와 정토교는 같은 면이 있으면서도 또한 서로 비판이
행해졌는데, 신행과 동시대에 살았고 그의 영향을 받았다고 생각되는
도작에 있어서는, 그와 같은 비판의 목소리를 별로 들을 수 없다.
단지 두 사람은 죄악적인 시대관에 있어서는 동일한 입장에 있었음에도
불구하고, 그 구제방법에서는 서로 주장을 달리하고 있다. 즉 삼계교는
극단적인 보법을, 정토교는 강한 별법을 주장하고 있었던 까닭에,
양자의 사상에는 유사한 점이 있는 반면에 상반된 점이 있기도 한
것이다. 그러면 선도를 잇고 있는 회감懷感은 삼계교를 어떻게 생각하
고 있었을까? 그의『석정토군의론釋淨土群疑論』(이하『군의론』)을 통해
고찰해 보기로 하자.

4. 신행과 회감

1) 회감과 『군의론』

회감懷感의 나이, 고향, 그리고 생몰년은 확실하지 않고,[118]『군의론』이
완성한 것도 그 서문에 쓴 것처럼, 사제인 회휘懷輝와 맹선孟銑의 협력으

---

117 『삼계불법』4권은 일찍이 일본에 전래하고 있지만, "奈良興聖寺所藏本末尾에
   「大隋開皇十三年(593)左京師眞寂寺撰」"이라는 기록으로 본다면, 삼계교법은
   신행의 만년의 저작인 것으로 짐작할 수 있다.
118 成田寬哉,「회감의 전기에 대해」,『佛敎論叢』12호, pp.162~165

로 인한 집필이었다고 말하고 있다.[119] 그러한 『군의론』은 자구字句나
과단科段의 문제가 없다고는 할 수 없으나[120] 이 시대에 정토교 관계의
전적으로서는 오히려 의문점이 적은 것이며,[121] 중국 정토교 교리 역사
를 생각할 때 항상 중요한 대상의 하나이며, 또한 삼계교를 연구하는
데 있어서도 빠트려서는 안 될 중요한 자료적 가치를 지닌 서적이다.
특히 「돈황정토교연구자료에 관해서」[122]에서는,

> 앞에서 돈황 출토 정토예찬류 가운데 담란, 선도, 법조法照 등의 예찬사
> 본禮讚寫本의 잔존을 말했지만, 돈황 출토본 중 담란의 『약론안락정토
> 의略論安樂淨土義』가 있고, 회감의 『군의론』이 있으며, 또한 정영혜원
> 淨影慧遠의 『관무량수경의기』가 있고, 정토삼부경의 고사본과 함께
> 정토교적도 역시 많다. …… 돈황 정토교 중의 많은 관경변상觀經變相을
> 비롯해, 담란, 회감, 선도의 저술을 보는 것은 일본 정토교사에 있어
> 흥미가 있으므로 참고할 필요가 있다.

라고 하여, 돈황 출토의 사본 중에 『군의론』의 단편이 있는 것을 시사하
고 있다. 또한 야부키는 『연구』[123]에서 선도과 회감을 비교해,

---

119 塚本善隆, 「선도대사를 둘러싼 문제」, 『佛敎論叢』 20호, p.202.
120 村地哲明, 「군의론에 의한 불신불토의 관방觀方」, 『大谷學報』 46~4.
121 村地哲明, 위와 같음.
122 矢吹慶輝, 『명사여운해설鳴沙餘韻解說』 제2부, p.91.
123 矢吹慶輝, 위와 같음.

정토교는 선도에 있어서 수많은 의의를 떨치고, 점차로 본원이행本願易
行으로서의 염불왕생의 교의 조직을 끝내고 항상 실대승實大乘의 교리
를 응용하여 염불을 가지고 승행勝行함과 동시에 이행易行을 했다.
그런데 회감은 법상종을 깊이 연구해 유식법상과 정토교의의 조화를
꾀하고, 많은 권대승의 해석을 기조로 해서 이易는 염불에 귀歸하나
승勝은 관불에 미루어, 본원론은 선도善導에 따르나 기機의 통색通塞을
논하는 데는 반드시 선도와 동일하지는 않았다.

라고 하여, 정토교에서는 선도에 이르러 새롭게 독립의 형태를 마련됐
음을 밝히고 있다. 그것이 회감을 거쳐서는 차차 산만한 감이 있었기에,
선도의 진실한 후계자를 일본에서는 법연이라고 하는 근거를 만들게
되었다. 어쨌든 회감은 선도에서는 문제 삼지 않았던 많은 새로운
문제에 직면하게 되었는데, 특히 삼계교는 회감에 있어서 유력한 적수
가 되는 것은 잘 알려진 사실이다.

이렇게 삼계교와 정토교와의 관계에 관해서는 이미 야부키에 의해
상세하게 논해졌다. 그에 의하면 삼계교를 비판하는 정토교 관계의
것으로 회감의 『군의론』, 경흥의 『연의술문찬』, 자은의 『서방요결』,
선도·도경의 『염불경』 등의 4부에서는 각각 정토문의 입각지에서
삼계교를 비판하였다[124]고 한다. 지금 여기서 그가 말하는 삼계교과
정토교의 육동사이六同四異[125]를 알아보면 다음과 같다.

---

[124] 『연구』, p.537.
[125] 『연구』, p.571.

육동六同 :

① 양자 모두 말법불교인 것.

② 탁악세계의 득도를 난사難事라 한 것.

③ 심심甚深한 죄악의 지각에 입각한 것.

④ 사악邪惡의 하기下機는 특수한 불법(정토교는 상법, 삼계교는 하법)을 필수로 하는 것.

⑤ 정토의 인과를 설명하여 왕생정토를 권장한 것.

⑥ 거성요원去聖遙遠과 이심해미理深解微하여, 별해별행別解別行과 이학이견異學異見을 사폐捨閉하여 대근기행機敎相應을 주안으로 한 것.

사이四異 :

① 삼계교는 보불보법을 설하고, 정토교는 전신專信 미타를 가르침.

② 사기邪機를 이유로 전념專念을 부정, 정토는 악기를 이유로 보념普念을 거부.

③ 차토입성此土入聖, 직도성불을 허용, 정토는 피토입성彼土入聖을 흔쾌히 여김.

④ 구심求心에 기울어 지관只管, 원圓의 중심을 두려워하고, 정토는 원심遠心을 좇아 전심으로 원의 주위를 방황하는 것.

이렇게 삼계교와 정토교는 서로 자신의 주장을 위해 상대를 비판하였는데, 반면 그 이상으로 비슷한 점도 적지 않다는 것을 알 수 있다. 그 중에서 예를 들었던 육동의 ⑤정토의 인과를 조금 더 구체적으로 살펴보기로 하자.

삼계교는 「제1계의 정토의 인과」에서 법신정토를 설명하여,

일방이 시방이며, 시방이 즉 일방이다. 정토가 즉 예토이며, 예토가
즉 정토다. 왜냐하면 일승 근기의 보살이 무시이래로 좇아 일체 내외악
진內外惡盡을 받아들여, 일체 내외호진內外好盡을 버리기 때문이다. 내외
악진을 수受하나 남과 더불지 않은 연고로 다시 악惡이 없고, 일체
내외호진을 버려 자수용하지 않은 고로 오직 선善만이 있다. 예토를
묻지 마라. 이 정토에 갖춰 있으며, 정토란 즉 미타불, 아축불국 등이
그것이라.[126]

이렇게 일방과 시방, 예토와 정토가 같은 것이라고 말하면서, 그
이유를 분명히 하고 있다. 즉 일승 근기의 범부보살은 일체의 악과
호好를 없애 단지 선善만이 있을 뿐, 정·예토를 구별하지 않아 모두
정토며, 정토는 곧 아미타불 내지 아축불의 국토 등이 그것이라 하고
있다.

더욱 흥미 있는 것은, 인신人身의 두이설식頭耳舌食 등에 제보살
등을 배당하여,

인신을 천지오행에 배配한다. 두頭는 금발보살, 이耳는 성명보살, 설舌

---

126 『돈황보장』 44, pp.529~531, "一方卽是十方, 十方卽是一方, 淨土卽是穢土, 穢土
卽是淨土, 何以故, 由一乘根機菩薩從無始已來, 受一切內外惡盡, 捨一切內外好
盡, 由受內外惡盡不與他故, 更無有惡, 由捨一切內外好盡不自受用故, 唯有善在,
莫問穢土俱是淨土, 淨土者, 卽彌陀佛阿閦佛國等是."

은 영상보살, 식食은 약왕보살, 구口는 출입기허공보살, 의衣는 영락보
살, 수手는 역사보살, 양각兩脚은 쌍림보살, 골骨은 금당보살, 혈맥血脈
은 유행보살, 신身은 지장보살, 심心은 대자재왕, (이는 모두) 아미타불
처處 가운데…….[127]

라고 하여, 인신의 각 부분의 제 기능을 살리면서 제불의 가운데에서
아미타불만을 들어서 그 가운데에 모든 것이 있다는 것으로 보아서도,
삼계교는 아미타불을 신앙하는 정토교와 전혀 관계없다고 말할 수
없는 것을 알 수 있다. 그러면 서로의 비판의 목소리는 어디에 그
원인이 있는 것일까? 이에 대해 회감의 『군의론』은 어떻게 서술하고
있는가를 살펴보자.

2) 『군의론』과 역방취제

앞에서 기술한 정토교의 기록 중에서 『군의론』은 특히 삼계교에 대해
비판의 목소리가 높았는데, 그 내용은 『군의론』 제3~4권을 중심으로
하여 세밀하게 논하고 있다. 또 도충道忠의 『석정토군의론탐요기釋淨土
群疑論探要記』(이하 『탐요기』) 제6~7권에서도 비슷한 논리가 기술되고
있다. 그 중 6권을 보자.

---

[127] 『연구』別篇, p.195, "人身配天地五行, 頭是金髮菩薩, 耳是聲明菩薩, 舌是靈相菩
薩, 食是藥王菩薩, 口是出入氣虛空菩薩, 衣是瓔珞菩薩, 手是力士菩薩, 兩脚是
雙林菩薩, 骨是金幢菩薩, 血脈是流行菩薩, 身是地藏菩薩, 心是大自在王, 阿彌
陀佛處中."

삼계집록의 곳곳에서 비록 보법의 2법을 밝히고 있지만, 문의文義가 희미해 시비가 끊이지 않는다.[128]

이처럼 삼계집록의 곳곳에서 보법 2법을 밝히고 있지만, 문의文義가 어두워 시비가 확실치 않다고 비평하고 있다. 또 역방취제逆謗取除에 관한 15가의 이설 중에서 삼계교의 설을 평해,

15가 가운데, 오류의 지극히 중함(最重)이 이보다 심한 것이 없다.[129]

라고 혹평하고 있는 것이 보인다.

어쨌든 삼계교를 비판하고 있는 정토교 관계의 전적 중에서 회감의 『군의론』은 제3권에서 그 역방취제에 관하여 세밀하게 논하고 있으나, 그것이야말로 삼계교도가 미타정토교를 어떻게 관찰했는가를 엿보는 일면으로서 귀중한 자료라 아니할 수 없다.

그러면 『군의론』 제3에 나타나 있는 '역방취제'는 도대체 무엇을 의미하는 것일까? 원래 '역방취제'라 하는 것은, 오역 및 정법을 비방하는 사람이 미타의 본원에 속하는 것인지 아닌지를 논의한 것이다.

『무량수경』(이하 『대경』) 권상, 제18원의 말미에는 "다만 오역과 정법을 비방함은 제외한다"라고 설함에도 불구하고, 『관무량수경』(이하 『관경』) 하품에는 오역십악을 지은 자도 명종 시에 십념을 구족하면 서방에 왕생한다고 하고 있다. 즉 『대경』은 오역과 비방 정법의 두

---

128 『정전』 6, 297, "三階集錄處處, 雖明普法二法, 文義幽隱是非."
129 『정전』 6, 302, "十五家之中, 誤之最重無甚於斯."

종류의 중죄를 갖춘 까닭으로 이것을 제외하는 반면,『관경』은 단지 오역 등을 들어 정법을 비방하지 못하게 함으로써 이것을 취한다.[130]

이러한 각종의 해석을 비롯해 당대의 15가의 이설이 행해졌는데, 회감은『군의론』제3의 '역방취제'에서, 당대 정토교 15가의 다양한 논설 중 제14의 신행의 설, 즉 "『관경』을 취하는 자는 제이계인이요, 『무량수경(대경)』을 제하는 자는 제삼계인(觀經取者是第二階人, 壽經除者是第三階人)"이라는 삼계교의 독특한 근기에 의한 설에 대해서, 그것이 타인의 설과 비교하면 상당한 분량과 정교하고 세밀한 논박을 하고 있다고 밝히고 있는 것이다.

그러면 '역방취제'의 본론에 들어가기 전에, 회감의 인용문에 많이 나오는 삼계교의 기본용어인 '삼계三階'와 '보진보정불법普眞普正佛法' 이라는 것을 우선 알아보자.

애초부터 삼계라 함은 제일계, 제이계, 제삼계라고 하여서 불법을 삼단으로 분별한 명칭이다. 그 제일계라는 것은 유일승교唯一乘敎, 제이계는 유삼승교唯三乘敎에 일삼엄별一三嚴別하여, 편학편행遍學遍行하지 않는 것을 별진별정別眞別正의 불법이라 부르는 것이다. 그런데 삼계의 불법은 법에 대소大小를 나누지 않고, 인人에 대소를 나누지 않으며, 범성승열凡聖勝劣도 분별하지 않으며, 보신보귀普信普歸하는 것이므로 보진보정普眞普正의 불법이라 부른다. 그런데 삼계교도는 삼의三義, 즉 "첫째로 시時에 의해, 둘째로는 처處에 기약하고, 셋째로는 인人에 준한다"고 함으로써 삼계불법을 표방하는 것이다.

---

130 『망월불교대사전』제1권, p.551.

우선 '시時'에 의하면, 정법正法 일천년一千年으로써 제일계, 제이계의 시대로 하고, 상법像法 이후를 제삼계에 적용시키는 것이다. 다음의 '처處'라고 하는 것은, 정토는 제일계 일승一乘의 세계, 사바예토는 제이계 삼승세계三乘世界, 또는 제삼계의 계견구파戒見俱破의 세계이다. 최후의 '인人'이라 함은, 계견戒見과 함께 깨지지 않는 삼승三乘의 정기正機 및 계戒를 파한다 할지라도 정견正見을 파하지 않는 범부를 제이계로 하고, 일체 최둔근最鈍根의 중생, 무잔무괴양종無殘無愧兩種의 아양승啞羊僧 및 일체이근一切利根 공견유견空見有見의 악중생惡衆生을 명명하여 제삼계라 부르는 것이다.[131]

다시 말해서, 삼계입교三階立敎의 주안점은 대근기행對根起行의 넉 자字에 있고, 지금 시대(時)는 말법末法, 처處는 예토穢土, 인人은 파계파견破戒破見이기 때문에, 따로 일승·삼승을 배우는 것은 법法에 애증차별이 되며, 그것은 방법謗法의 중죄를 범하는 것이기 때문에 생맹불법(生盲佛法: 제삼계의 말법불교인 보진보정의 불법)을 반드시 배우지 않으면 안 된다는 논리가 삼계교의 기본적인 교법인 것이다.

그런데 이와 같은 삼계교의 종취宗趣에 대해 회감은 다음과 같이 설명하고 있다. 즉 『군의론』 권4에서,

신행 선사는 생맹관生盲觀을 지어 범부와 성인의 경계를 분별하지 않고 모두 성해聖解로 삼아 보경普敬의 요함을 설한다. 불佛과 마魔를 판단하지 않고, 또한 진불상眞佛想 내지 마魔가 비非마업을 지음과

---

131 『연구』, pp.193~196.

비마非魔가 마업을 지음, 마가 마업을 지음, 비마가 비마업을 지음에도 또한 귀경해야 한다. …… 비마로 하여 마업을 짓는다 함은, 지금의 중생이 비록 마는 아니나 인人을 유혹하여 악을 만드는 것이 이 마업이며, 마로써 마업을 짓는다 함은, 모든 마로 하여금 사람을 유혹하여 보리를 후퇴시켜 오욕에 떨어지게 하는 것이다.[132]

라고 하여, 삼계교는 성범일치의 보경, 즉 기機의 범성을 판단하지 않고, 마불일치魔佛一致의 진불상에 귀경해야만 하는 것이 색맹관의 본의本義이지만, 회감은 삼계교도의 교설을 비마(非魔)로 하여 마의 업(業: 지금의 중생이 마는 아니나, 인人을 권유하여 악惡을 만드는 것), 마魔로 하여 마업(諸魔 등이 사람을 유혹하여 보살을 퇴진하여 오욕에 침착시키는 것)에 해당한다고 말하고 있는 것이다.

그런데 도충은 『탐요기』 권6에 있어서, 삼계집록의 내용을 인용하여 생맹중생불법生盲衆生佛法의 뜻을 다음과 같이 기술하고 있다.

제삼계의 보법을 배운다는 것은, 애증에 떨어짐이 없고, 삼보를 비방하지 않아 오직 순익만 있고 손해가 없으며 또한 보普를 이름하여 생맹중생불법生盲衆生佛法이라 하는데, 비유하면 색맹이 모든 색(衆色)을 분별하지 못함과 같이, 보법 또한 이러하여 일불승이나 삼승법에 있어

---

[132] 『정전』 6, p.53, "信行禪師, 作生盲觀, 不別前境是聖是凡, 總爲聖解, 普敬設要, 汝旣不別是佛是魔, 亦須總敬作眞佛想, 又魔作非魔業, 非魔作魔業, 魔作魔業, 非魔作非魔業 … 非魔作魔業者, 如今衆生雖非是魔, 勸人造惡卽是魔業, 魔作魔業者, 如有諸魔等常惑行人, 令退菩提耽著五欲."

108

시비를 논하지 않는 것과 같다.133

다시 말하면, 법에 애증愛憎을 베풀지 않는 것이기 때문에, 일법一法
을 존중하여 타법他法을 물리치는 것 없다. 따라서 방법謗法의 죄과를
면하고 그것에 연유하여 순익무손純益無損의 불법이 된다. 그것에 반해
별법別法불교는 유안有眼중생의 불법으로서, 제삼계 색맹중생生盲衆生
에 대해서는 순손무익純損無益의 불법이다. 바꾸어 말하면, 장님과
같은 제삼계 중생을 교화하는 이유로서 색맹중생불법이라 한다.134
그런데 회감은 『군의론』 권4에서,

선사의 입교의 취지를 살피건대, 당근當根의 불법을 종宗으로 삼고,
나아가 성교聖敎의 취지가 고금의 학자를 능가하며 …… 시, 처, 인의
삼문三門을 세워 제교諸敎의 뜻을 구하니 가히 묘하고 묘하며, 뛰어나고
뛰어나다. …… 또한 내외의 학을 겸하여 뜻을 채우며 법문의 소혈巢穴
과 진승의 비장을 깊이 탐구하지만, 선사의 기欺를 만듦으로 보아
그것을 종지로 판단하기는 아직 이르며, (따라서) 선사가 스스로 뜻을
세우려 하나 취지를 어그러트릴 것이다.135

---

133 『정전』 6, p.297, "謂第三階若學普法, 不墮愛憎不謗三寶, 唯有純益無有損壞,
此普亦名生盲衆生佛法, 譬如生盲不分衆色, 普法亦爾, 於一佛乘及三乘法, 不論
是非."

134 『연구』, pp.473~474.

135 『정전』 6, p.49, "按禪師立敎之意, 以當根佛法爲宗, 將爲得聖敎之旨歸, 陵架於古
今學者 … 一依時, 二約處, 三准人, 詳禪師立此三門, 求諸敎意, 可謂妙卽妙矣,
能卽能焉 … 雖探口幽微, 學該內外, 義兼半滿, 窮法門之巢穴, 究眞乘之秘藏,

라고 하여, 삼계교에 비판을 가하면서도 성교聖敎의 취지가 고금의 학자를 능가했다고 인정해, '가히 묘하고 묘하며, 뛰어나고 뛰어나다'고 칭찬하는 면도 보이는 것이다. 그러나 역시 종국에는, 신행 선사는 내외의 학을 겸하여 법문의 주거(住居: 巢穴)와 진승眞乘의 비장을 깊이 연구하고 있지만, 기欺를 만들어 그것을 종지라고 하기에는 아직 이르다고 하였다. 따라서 신행은 자기의 뜻에 스스로 등을 돌림이 된다고 논박하고 있는 것이다

이러한 역방취제의 설에 대하여 다른 14가家들은 단순히 대관이경大觀二經의 이설에 대해 조화론을 펼치는 것에 지나지 않지만, 사실 삼계교도의 '관경취자 시제이계인, 수경제자 시제삼계인(觀經取者是第二階人, 壽經除者是第三階人)'이라는 설은 그것들과 전혀 다르다. 즉 미타일불의 편견은 별법別法이 되기에, 보법普法의 기기機에 대한 말법왕생에 적합하지 않다[136]고 하여, 미타일불을 중심으로 하는 정토교의를 근저부터 파괴하는 것이 되기 때문이다.

여기서 삼계교의 역방취제의 설에 대하여 회감의 반박을 보기로 하자. 『군의론』권제3에 의하면,

신행 선사는 『대경』, 『관경』 두 경(大觀兩經)의 제취除取를 이, 삼계로 별취하여 경의 지귀旨歸를 잃는다. 만일 그 해석에 의하면 태과실太過失 및 태감실太減失이 있다. 태과실이란, 제이계인도 아직 오역五逆을 짓는 이 있고, 역자逆者가 삼계와 같으면 이것을 제하는 것은 너무

未有如禪師作欺以判宗旨也, 然禪師自立其義, 而自乖其趣."

136 『연구』, p.551.

당연하다. 또 태감실이라 함은, 제삼계인도 오역을 만들지 않는 이
있고, 문文에 제除라는 것이 없기 때문에 이것을 취한다. 경에 정법
비방과 오역을 제한다 함은 이 사람의 과감過感의 이실二失을 제함이요,
그 경에 제삼계 중생을 제한다 함은 이실二失을 여윔이라. 이는 즉
법장비구의 큰 서원으로 사람의 과감의 허물을 제하는 것으로, 어찌
성인의 지혜가 부족하여 두루하지 않는다 하리요. 이는 법장비구의
잘못이 아니며 선사의 잘못이다.[137]

다시 말해서, 신행과 같이 이, 삼계에 의해 제취除取와 분별하는
것은 태과실 및 태감실을 일으키는 것을 면하지 못한다는 것이다.
그것이 '법장비구의 말에 실수가 없으면 신행(禪師)에 착오가 있다'라고
하는 것이다.

그러면 이 시점에서 삼계교 쪽에서는 어떻게 말하고 있는가? 다음과
같이 삼계교의 항변을 두 가지로 나누어 생각하고 있는 역방逆謗설의
검토[138]를 살펴보기로 하자. 그것보다 먼저 하나 알아 둘 일은, '유제오역
唯除五逆이라 함은 일체의 제삼계를 가리킨다고 보는 것'이라 하는
데에 또 두 가지의 논리가 있어 『군의론』을 예로 들고 있다.

---

137 『정전』권6, p.35상, "信行禪師釋此兩經除取, 以二三階別取失經旨歸, 若依所解
便有太過失及太減失, 太過失者, 第二階人亦造五逆, 逆名是同應同是除也, 太減
失者, 第三階人不造五逆, 无文說除應等是取也, 經說唯除 五逆誹謗正法之言,
此乃除人有過減之二過也, 彼經應言唯除第三階衆生, 離於二失矣, 此卽法藏比
丘發斯弘願, 除人有過減之過, 爲聖智不足而言不周悉耶, 如法藏言無有咎, 卽禪
師有謬解之愆."

138 藤原凌雪, 「군의론에 나타난 역방逆謗설의 검토」下, 『顯眞學報』 제22.

모든 삼계사師의 이른바 오로지 오역 등을 제한다 함은, 즉 일체의
제삼계를 제함이라. 제삼계란 순사무정純邪无正의 순악무선純惡无善
의 사람으로 무시이래로 지금에 이르기까지 허물(愆犯)이 있으므로,
일체 제불이 구하지 못함(不救)요, 시방정토가 함께 배척(濱棄)하는
까닭에 법장이 오역 등의 문文으로 제한다 함이며, 이는 즉 일체의
제삼계 중생진盡을 모두 제(總除)함이다.[139]

무역無逆으로 보여도 무시이래 유전流轉하는 이유로, 반드시 오역의
허물이 있어 모든 불토의 배척을 받고 있어서 유역무역有逆無逆 일체의
제삼계를 제외시킨다는 입장이다. 또 다른 하나의 해석은,

선사 구하여 이르길, 지금 오역자라고 하는 것은, 반드시 현재 부모를
해하거나 불신에 피를 내거나, 아라한을 죽이거나 화합승을 깨트리지
않아도 현재 역逆을 짓는 이를 이름하여 역자逆者라 하며, 단지 그
사람의 근기가 극악하여 사정구사邪正俱邪하고 선악구악善惡俱惡하
며, 칠증칠애하여 육정六情을 떠나지 못하니, 오락五樂을 어찌 삼업
중에서 버릴 것인가, 이미 12전도를 갖추며, 오음(五陰, 五種)에서
구하지 못하며, 비록 행이 역을 짓지 않더라도 조역造逆 근기이므로,
역逆이라 이름하여 모든 삼계지류三階之類를 제외한다.[140]

139 『정전』권6, p.35하, "諸三階師救言, 唯除五逆等言, 即是除一切第三階也, 以第三
階者竝是純邪无正純惡无善之人, 无始訖今有愆犯, 皆一切諸佛之所不救, 十方
淨土咸共濱棄, 故法藏言除五逆等文, 即是總除一切第三階衆生盡也."
140 『정전』권6, p.36상, "禪師救曰, 今言悉是五逆之者, 未必現害二親出佛身血殺阿
羅漢破和合僧現造逆訶方名逆者, 但是其人根機極惡, 邪正俱邪善惡俱惡, 七憎

즉 현실에 오역을 범하지 않아도 역악저하逆惡底下의 근기이기에 오역의 이름을 붙인다는 것이다. 여기에 제삼계의 어쩔 수 없는 최악의 근기가 보이는 데, 이와 같은 삼계교도의 대답은 확연한 해석은 아니다. 왜냐하면 제삼계를 모두 조악造逆의 근기라 보기 때문에, 태감太減의 실失 논리는 성립된다 하더라도, 태과太過의 실失은 아직 남아 있는 것으로. 회감은 거기서 칠란七亂[141]을 내어 삼계교도의 논리적 모순을 갈파하고 있는 것이다.

그렇다면 제이의 삼계교의 항변이란 어떤 것인가. 그것을 알아보자.

선사는 지혜가 넓고 자비가 두터워, 제삼계의 예토에 침륜하여 생을 받고, 보진보정의 법문을 접인하였다. 순사순악純邪純惡의 무리에 당근불법當根佛法을 가르쳐 모두 서방에 왕생시키는 것은 법장의 논리가 아니며, 석가의 설한 바도 아닌 신행 선사가 이 가르침을 독창적으로 열어 제삼계인을 빼어낸 것이라. 또한 제불의 불설不說의 경을 설하고, 또한 제불의 부도不度의 자를 구제하는 까닭으로 우리들은 기꺼이 집록集錄을 들어 깊게 믿고 받들어, 어찌 중경을 독송하여 새로운 날을 찾지 않을 손가. 안타깝다. 그대들은 전비前非에 집착하여 그 별경別經을 독송하는 것은 지옥의 죄를 짓는 것이다.[142]

七愛未離於六情, 五樂豈捨於三業, 旣具十二顚倒, 五種之所不救, 雖非卽行其逆, 然是造逆根機, 是以用彼逆名, 總除三階之類也."

141 회감은 판증비판判證批判에 의한 법상학도法相學徒의 태도로서, 삼계교에의 7개의 난문亂問을 제출하고 있다. 상세한 것은 『연구』, p.552 참조.

142 『정전』 권6, p.37상, "是以禪師智慧廣弘慈悲厚愍, 此第三階沈淪穢土受生故, 開普眞普正法門接引純邪純惡之輩, 使學當根佛法皆令 生彼西方, 此乃法藏之所

다시 말해, 말법 하근기 중생의 모두를 서방에 왕생시키는 것은 타당하지 않으며, 사악한 무리에게는 근기에 맞는 불법으로서 제도된다는 것이다. 이러한 삼계교도에 있어서의 역방제취의 항변의 논리는, 야부키의 연구 이후 처음으로 나타난 유익한 논고라 말하지 않을 수 없다. 어쨌든 회감은,

> 또 태과의 난亂은 전혀 풀지 못한다. 모르겠다. 십념이란 말은 보법인지 별법인지? 만일 보법이라면 십념으로 십념 아미타불이요, 이 염이 별불別佛이라면 어떤 것을 일러 보普라고 할 것인가.[143]

라고 힐난해, 아직 태과의 실은 해결될 수 없다 하며, 경문의 "내지일념乃至十念"에 대해 비난하여 말하여, 이것이 보법인지 별법인지를 질문하고 있다.

회감 이후의 내용에서도, 만일 보법이라 한다면 사란四亂이 있으며, 별법이라는 것도 십란十亂이 있어, 그 진퇴를 동시에 성립시킬 수 없다고 힐책하고 있다. 그 십란 중의 구란九亂의 내용을 살펴보면,

> 또 『무량수경』은 별교別教로서 …… 특별히 세상에 백년 머문다. 어찌

不論, 釋迦之所不說, 禪師獨開此教, 拔彼第三階人, 故曰說諸佛不說之經, 度諸佛不度之者, 我等欣聞集錄, 頂戴受持, 更不讀誦衆經披尋改年歷日, 哀哉, 汝等固執前非, 還復讀彼別經, 造其地獄之罪."

143 『정전』 6, pp.37~39, "亦全未解太過之亂, 未知, 乃至十念之言, 爲是普法爲是別法. 若是普法者, 此十念之言, 但是十念阿彌陀佛, 此念別佛, 如何是彼普耶."

보교를 인하여 말운末運에 해당하는데, 보법普法에 머물러 생을 변화시킬 수 있겠는가? 별교의 교는 악시惡時가 아니기 때문에, 별경別經에 머물러 물物을 손損하는 대비의 구고지주救苦之主인데, 어찌 이와 같은 구난九難의 기機에 머무를 수가 있겠는가?[144]

즉 보법은 말운末運에 해당하기에 보법에 머물러 생生을 변화시킬 수 없다. 별교의 교는 악시惡時가 아니기에 별교에 그치어 물物을 손損하는 대비구고지주大悲救苦之主인데, 이 어찌 기機에 머무를 수 있을까라고 빈정대고 있는 것이다. 이에 대해 삼계교도의 주장은,

선사 말하기를, 관경구품觀經九品은 지극히 광범한 별설別說이며, 구품생인九品生人은 선악을 따로 설한다. 그러므로 최하악인에게 일념지법을 설하지 않고(일념은 선인의 생하는 법) 따로 악인에게 생하는 법을 설한다. 그것을 특히 구족십념이라 한다.(구족이라 함은, 궐闕함에 필히 염수를 십으로 충당할 것) 『무량수경』(大經)의 양단兩段, 극략極略의 총언總言이다.[145]

라고 하고 있다. 이 내용은 일리가 있는 것이, 삼계교의 설에 의하면,

---

144 『정전』 6, p.39상, "又无量壽經是於別教 … 特留住世百年, 何因普教當末運, 不留普法化生, 別教教非惡時, 乃留別經, 損物大悲救苦之主, 豈宜如此逗機九難."

145 『정전』 6, p.39하, "禪師救曰, 觀經九品者, 至廣之別說也, 謂九品生人善惡別說, 故於最下惡人, 不說一念之法(一念是善人生法), 別說惡人生法, 是故特言具足十念也(具足者對闕之言必須念數充十也)壽經兩段, 極略之總言也."

『관경觀經』의 섭취攝取는 제이계의 조역造逆을 취하여 제삼계에 통하지 않고, 『대경』(大經, 무량수경)의 제거는 제삼계의 조역을 버리고 제이계에 통하지 않는 것이 된다. 또한 삼계의 근기는 역죄逆罪를 짓는지 아닌지에 관계없이, 별법소취別法所攝의 기기가 아니라는 것을 주안으로 하며, 근기의 반성에서 출발하여 경문을 해석하는 이유로 자주 독단의 거리낌이 있으나, 이것은 모든 정토교가의 설과 비슷하다.[146] 그렇기 때문에 회감의 논란 이외에 삼계교도 독특의 견지가 있는 것은 당연하다고 말할 수 있다.

그렇다면 여기서 일념과 십념에 관해서, 회감과 삼계교도의 견해를 조금 더 관찰해 보기로 하자. 먼저 회감은,

두 경에서 함께 십념을 설하는 가운데, 대경에서는 취를 설하고 또한 제를 논한다. 어째서 두 경에서 함께 십념을 설하는데, 대경에서는 취를 설하고 또 제를 설하는가? 선사 등이 강하게, 신행 선사가 두 경을 해석하는 것을 도와 묘의라 해도, 이미 방란규분妨難糾紛해서 중의衆疑가 일어나니, 이는 묘해가 아니라는 것을 학자는 알기를 바란다.[147]

라고 비평하고 있다. 이에 반해, 삼계교도의 답은,

---

146 『연구』, p.555.

147 『정전』6, p.40하, "又兩經俱說於十念, 壽經說取亦論除, 何不兩經俱陳非十念壽經說取亦說除, 禪師等雖欲强救信行禪師釋此兩經將爲妙解, 旣妨難糾紛, 衆疑競起, 此非妙釋, 請學者知焉."

선사 다시 말하길 "만일 일념은 법이 적어 역逆을 제한다면 이미 십념은 많은 법인데 어찌 제라 설하는가?" 답해 이르되 "이것은 비난이다. 불의佛意는, 임종에 임하는 사람이 불을 칭함에 일성 이성 내지 구성 십성 하는데, 극락세계에 왕생을 얻는 것을 분명히 하고자, 다만 오역과 정법을 비방하는 이는 제한다. 이 경의 뜻은 임종하는 사람에게 불을 염하는 것을 일성으로 해서 목숨이 끊기고, 또는 염하는 것을 십에 이르러 그 목숨이 끝남에, 다 정토에 생하는 것을 밝히려 함이다"라고 하였다.[148]

라고 말하는 것처럼, 삼계교도는 올바르게 『관경』의 입장에 서 있는 것이다. 그 경의 의미는, 위에 기술한 바와 같이 염불하는 횟수에 의해 왕생하는 것이 아니라, 근기에 의한 것이라는 것이다. 즉 지금은 말세의 시기이며, 삼계 중생은 죄가 깊은 최악의 사람으로, 그것을 구제하려고 하는 삼계교관이 여기에 확연히 보이는 것이다. 그러나 회감은 이러한 삼계교의 이론을 반대하여,

불의佛意는, 무역無逆의 무리는 다소 함께 생하며, 유역有逆의 무리는 적은즉 생하지 않기에, 반드시 십에 충만해야 왕생을 얻는다. 무역의 사람은 다소 함께 가려 함에 또한 제역방정법(除逆謗正法: 역을 제하고 정법을 헐뜯음)이라 말한다. 어찌 사역자邪逆者와 연관 있을까?[149]

---

148 同上.

149 同上, "以佛意欲顯无逆之輩多少俱生, 有逆之輩少卽不生要須滿十方得往生, 簡 彼无逆之人通能多少俱往, 故言除逆謗正法, 何關邪逆者哉."

라고 하여, 십념구족의 설을 제시하여, 주도면밀하게 비판하고 있다. 그러나 이러한 설에 물러남 없는 삼계교도도 역시 정토교에의 비판을 가하는 것을 극도로 하여,

제2의 오백년 뒤 삼매를 배움은 당치 않다. 신행 선사, 삼계집록三階集錄 가운데에 있어서, 흥폐를 말하여 천년 후는 다만 보普를 행하여야 하며, 별別을 행해서는 안 된다. 마침내 염불삼매 등으로서는 당근當根 불법이 아니기에 폐廢에 해당되니, 배울 때가 아니다.[150]

라고 반박하고 있다. 즉 철두철미한 근기에 따른 불법을 강조하여, 상법과 말법시의 중생들은 별법으로서는 폐가 되며, 따라서 염불삼매 등의 교법으로서는 삼매에 들 수가 없으니 배울 때가 아니라고 주장하고 있는 것이다.

5. 결론

이상과 같이 도작의 정토교와 신행의 삼계교와의 유사점을, 두 사람의 동시대성同時代性에 의해서 그 사상의 상관 관계에서 고찰해 보았다.
　　그리고 후대의 회감을 통하여, 철저하게 삼계교의 논리를 비판한 『군의론』과 신행의 『대근기행법』에 의한 비판논리를 서로 비교하면서,

---

150 同上 41하, "第二五百年後, 非是學此三昧時也, 而信行禪師, 乃於三階集錄之中, 浪陳興廢, 言千年已後唯合行普不合行別, 遂將念佛三昧等, 爲不當根佛法, 義當廢教非是學時."

두개의 종파성이 지니고 있는 근본적인 괴리는 무엇이었는가에 대하여 생각해 보았다. 『군의론』에는 다른 저서에서는 확인될 수 없는 삼계교의 이론이 주목을 끌고 있으나, 본인의 견문부족인지 몰라도 지금까지 불교학계에서의 발표에는 회감이 행하고 있는 그 비판적인 시대상황에 대해서는 그다지 문제 삼고 있지 않다.(이는 아마도 현재 삼계교의 논리를 펼칠 불교종파가 전무한 점. 또한 정토교의 교리는 삼계교가 사라진 후에도 득세한 점과 관련이 있다 하겠다.) 여하튼 여기서 공통적인 결론으로 말할 수 있는 것은, 도작 정토교와 신행의 삼계교가 그 시대관에 의해서는 깊게 말법에 대한 인식을 같이했던 것은 중요한 관점이라고 말할 수 있다. 따라서 양자에 있어서 서로의 비판은 그다지 보이지 않았다는 것도 두 사람의 법맥 관계에서 그 공통성이 없지 않다고 말할 수 있다.

그러나 철저하게 삼계교의 논리를 비판한 회감의 『군의론』을 교학적인 측면에서 보면 서로 상반되는 점에 의한 비판이 없다고는 할 수 없다. 특히 삼계교도의 논리에 있어서는 철두철미한 근기에 따른 불법을 강조하여, 상법과 말법시의 중생들은 별법을 배울 때가 아니라고 주장하고 있는 것이다. 그러나 회감의 논리는 철두철미한 별법관으로 맞대응하여 삼계교도의 논리를 부정·비판하고 있는데, 이러한 비판이 일어난 연대는 삼계교의 탄압이 성행한 시기로, 또 하나의 다른 정치적 원인이 있는 것을 간과할 수 없다. 다시 말하면 회감의 적년寂年을 증성證聖 원년(695) 이후로 한다면, 그 695년이란 해는 칙명에 의해 삼계교적三階敎籍이 이단시되어 불적佛籍에서 제외된, 두 번째 탄압이 행해진 해였는데, 이것이 바로 '교적의 탄압'의 해였다는 것을 잊어서는 안 될 것이다.

제3장 『상법결의경』과 삼계교 사상의 전개

1. 서론

『상법결의경像法決疑經』(이하『상법경』)은 삼계교의 소의경전으로서, 『삼계불법』 4권에서의 인용 회수가 무려 18회나 되며[151] 삼계교도에게는 친근감 있는 소중한 경전임에 틀림없다. 이 경전의 내용과 구성은, 함께 의위경疑僞經에 속하는 것인데 일반 위경과는 달리 음양길흉陰陽吉兇을 논하지 않고, 정의감으로 당시의 불교계 쇄신을 고양한 진면목이 있으며, 중국 남북조기 불교 사상사의 흐름을 실천적인 시점에서 정확하게 나타내고 있다. 또한 이 경전은 삼계교의 신행만 그 중요성을 말한 것이 아니고, 천태 지의(538~597)나 가상사 길장(549~623)등도 교증敎證으로써 자주 인용했다.[152]

---

151 『연구』, p.595.
152 牧田諦亮, 「상법결의경에 대해」(結城敎授頌壽記念, 『불교사상사논집』, p.591 이하).

120

또한 『상법경』은 뛰어난 문학성을 나타내어, 일본의 고대소설인 『일본영이기日本靈異記』[153]에까지도 그 영향이 나타나고 있는 것을 알 수 있다.

특히 『상법경』은 전 1권을 통해서, 말세의 제상諸相과 그 대처법을 설하고 있는데, 열반·반야·유마·화엄·범망 등의 다양한 대승경과 계율의 사상을 받아들여 독자적인 대승정신을 발휘하고 있는 것이다.

그런데 『상법경』은 연구에 있어서 그다지 활발하지 않고, 단지 야부키(慶輝), 목전체량牧田諦亮, 목총청효木村清孝 등 몇몇 학자의 논고[154]를 들 수 있을 뿐이다. 따라서 여기서는 기존의 연구와 함께 제기諸家의 『상법경』 인식과 또한 삼계교도가 소의전적所依典籍으로써 중요시했던 『상법경』이 초당初唐에서의 변용, 즉 『시소범자유가법경경示所犯者瑜伽法鏡經』(이하 『유가법경경』)으로의 개환改換 상황 등의 이유를 찾도록 할 것이다. 이로써 삼계교도의 민중 포교로의 활동 정신의 상한선이 어디까지 이르고 있는가가 명확해질 것이고, 또 일천제一闡提를 포함한 동물과 벌레까지 구제한다고 하는 그 정신은 후의 무진장시無盡藏施라고 하는 사회복지 차원으로서의 불교 실천정신으로 이어졌다는 점에도 주의를 기울일 필요가 있다 하겠다. 우선 경록經錄의 문제를 검토해 보고자 한다.

---

153 『일본영이기』(岩波 일본고전문학대계, p.417).
154 矢吹慶輝, 『연구』(牧田諦亮 『중국불교사 연구』 제2); 木村清孝, 「상법결의경의 사상사적 성격」(『남도불교』 33호); 曾根正人, 「『상법결의경』의 중국, 일본에서의 수용」; 吉田晶編, 『일본고대의 국가와 촌락』.

2. 경록의 문제

『상법경』이 처음으로 경록에 나타난 것은 『개황록』(개황 14년, 594)
권제2의 중경의혹衆經疑惑의 5개소에 '『상법경』 2권'이라고 되어 있는
곳이다. 그런데 '문리가 복잡하고 진의가 분명치 않다(文理複雜, 眞疑未
分)'[155]는 설명과 같이, 이 경전의 진위는 의심받고 있지만, 인수 2년
(602)이 되면 『개황록』과 달리 "명名은 정正에 비슷하다 할지라도 의義
는 인조人造에 섭한다"[156]라고 하여, 명확하게 의경이라고 인정하고
있다. 그리하여 70년 뒤인 도선의 『대당내전록』(인덕 원년 664)에는
『상법경』의 이름을 빠트리고 있는데,[157] 다시 명전明佺의 대주간정중경
목록(『무주록武周錄』)에서는,

> 고래로부터 서로 전하여 오는 것이 모두 거짓과 그릇됨이라. 그 문장을
> 보면 쓸모없고 잡스럽고, 뜻은 경박하여, 구차히 불설이라 이름한다
> 하더라도…….[158]

라며, 위경 쪽으로 분류하고 있고, 지금까지 2권으로 되어 있던 것이

---

155 대정장 55, p.126하.

156 위와 같음, p.172중.

157 도선은 『속고승전』에 신행을 상세하게 예로 들고 있는 것처럼 삼계교에 호의적이
   었고, 삼계교의 소의경전인 『상법결의경』의 의경적 분위기를 잘 인식하였다고
   생각되는데, 이 경전이 가지고 있는 획기적인 대승적 사상을 높이 평가해 의경류
   의 분류에는 넣지 않았던 것은 아닐까.

158 동 5), p.474하, "古來相傳皆云僞謬, 觀其文言冗雜理義澆浮, 雖儻佛說之名…."

바뀌어, 현존본과 같이 1권으로 되어 있는 것이다.

야부키는 같은 위경목록에 『신상법결의경新像法決疑經』을 나중의 『유가법경경瑜伽法鏡經』의 전제가 되는 『상법경』의 변형에서 이루어졌다는 추측을 하고 있는데,[159] 이 추측은 타당성이 있다고 생각된다. 왜냐하면 『신상법결의경』은 삼계교도인 사리師利가 위조한 『유가법경경』의 연대(『개원록』에는 707년)를 3~4십 년 정도밖에 거슬러 올라가지 않기 때문이다. 또 이때는 탄압으로 점철된 삼계교의 교세가 정관 연간(627~649) 후에 성행한 무진장원의 활동으로부터 경종 연간(825~826)의 약 이백 년 동안 삼계교도의 여러 활동을 미루어 생각할 수 있으며,[160] 바로 개원開元 이전에도 무주(690~704)경에 『신상법결의경』으로써 일이본─異本의 존재가 있었던 것[161]을 생각할 때, 그것이 삼계교도의 새로운 『유가법경경』으로 변형된 가능성이 없다고는 말할 수 없다. 다만 유감인 것은 경록에 『신상법결의경』의 이름만 있고, 내용은 확인할 수 없는 것이다.

어쨌든, 이후에 지승의 『개원석교록』(개원 18년, 730) 권18에 의하면,

『유가법경경』은 2권인데(혹 한 권은 위경으로 존재함), 이 경은 구위록舊
僞錄 중에 『상법결의경』 전문前文을 2품에 추가하여 한 경이 되었다.
처음에 불이 열반에 임하여 아난을 위해 「주멸품註滅品」을 설법하였는

---

159 동 2), p.594.

160 『연구』, pp.662~666.

161 위와 같음, p.668.

데, 이 품은 현장법사가 번역한 『불입열반기법주경』을 취하여 개환증
감改換增減하여 제일 위에 놓았으며, 그 다음은 「지장보살찬탄법신관
행품」이다. 후에는 「상시보살소문품」인데, 이 품은 즉 구경으로 그
문세文勢를 들어 차제에 서로 연관되지 않았다.[162]

라고 하고 있다. 즉 『유가법경경』은 현장 역의 『불임열반기법주경佛臨
涅槃記法註經』과 「장보살찬탄법신관행품地藏菩薩讚歎法身觀行品」의 양
자의 일부를 각각 취해 『상법경』의 관수冠首에 첨가하였는데, 그것은
삼계승三階僧인 사리師利에 의해 위조된 것이라 알려지고 있다.

   그렇다면 수당 시대의 제가諸家들에게 나타난 『상법경』관은 어떠했
을까?

3. 수·당 제가諸家에 나타난 『상법경』관

앞의 법경의 『개황록』과 도선의 『대당내전록』 등에는 단지 경전의
이름과 권수를 기록하였을 뿐이지만, 지승의 『개원석교록』에서는 그
의 『상법경』관을 조금 엿볼 수가 있었다. 이와 같이 6세기 말에 나타난
『상법경』은 수와 당초기 사상의 흐름에 지대한 영향을 미쳤는데, 그것
은 말할 필요도 없이 상법, 말법시대로 향하며, 정법은 이미 끝났다고

---

162 대정장 55, pp.672중~하, "瑜伽法鏡經二卷(或一卷兼有僞存) 右一經, 卽舊僞錄中
   像法決疑經前文增加二品共成一經, 初云佛臨涅槃爲阿難說法註減品, 此品迺取
   奘法師所譯佛臨涅槃記法註經, 改換增減置之於首, 次是地藏菩薩讚歎法身觀行
   品, 後是常施菩薩所問品, 此品卽是舊經, 據其文勢次第不相聯貫."

하는 통절한 인식으로, 삼계교의 확산과 정토교의 발전이 이것을 입증한다고 볼 수 있다.

수와 초당初唐 시기에 있어서는 이 경전이 진경眞經으로서 취급되었는데, 이것에 근접하려는 사람으로는 지의智顗, 길장吉藏, 신행信行 등을 생각할 수 있다. 이렇게 당시의 지성인들의 인식과 함께 『상법경』은 그 사회 속에서 살아가며 올바르게 사유하려고 하는 불교 신자에 대해서, 그 스스로를 위경이라고 하여 무시하는 것은 용서할 수 없었다고 말할 수 있다.[163]

따라서 여기서는 천태 지의, 삼론 길장, 화엄 지엄, 정토와 선종 및 삼계교 신행 등이 『상법경』에 대해서 구체적으로 어떠한 인식을 가지고 있었는가를 살펴보기로 하자.

1) 천태종의 『상법경』관

(1) 지의의 『상법경』관

천태 지의의 『상법경』 인용은 『법화현의』, 『법화문구』, 『마하지관』 등을 포함하여 『유마경문소維摩經文疏』, 『관심론』 등 다양한 저작에서 볼 수 있다. 그런데 이들에서 인용된 『상법경』의 내용이란,

선남자여, 금일 좌중의 무앙수중無央數衆은 혹 여래의 입열반을 보나, 혹 여래가 일겁의 세상에 주함을 보나, 혹 여래가 무량겁을 주함을 보나, 혹 여래의 장육신을 보나, 혹 소신小身을 보나, 혹 대신大身을

---

163 주4) 木村 참조.

보나, 혹은 보신이 연화장세계해에 앉아 천백억의 석가모니불의 심지
법문을 설함을 보나 모두 같지 않다.[164]

라는 부분에 해당하는 것으로, 이러한 내용은 중생의 근기에 따라
보는 불신佛身과 불국토가 다른 것을 설한 것으로, 지의는 이것을
4종 불신(천태의 중생의 근기에 따른 장藏, 통通, 별別, 원圓의 4교敎에
상응한 불신)의 문제에 대한 교증敎證으로써 이용하고 있다. 즉 다음의
『법화문구』에서 보면,

신장은 장육, 수명은 80의 노비구상…… 고로 경에 이르길, 혹 여래의
장육신을 보나, 혹 소신이나 대신을 보나, 혹 연화대에 앉아 백천
석가의 심지법문 설함을 본다.[165]

라고 말하고 있는데, 이것은 『유가법경경』에서도 거의 같은 내용으로
다음과 같이 표현하고 있다.

혹 여래의 광명지신을 보나, 혹 대신이나 화신을 보나, 혹 보신이
연화 장사자좌에 앉아 있는 것을 보나, 대중심을 따라 설법을 한다.[166]

---

164 대정장 85, p.1337상, "善男子, 今日座中, 無央數衆, 各見不同, 或見如來入涅槃,
    或見如來住世一劫, 或見如來住無量劫, 或見如來丈六之身, 或見小身, 或見大身,
    或見報身坐蓮華藏世界海, 爲千百億釋迦牟尼佛, 說心地法門."

165 대정장 34, p.4, "身長丈六, 壽八十老比丘像…故經云, 或見如來丈六之身, 或見小
    身大身, 或見坐花臺爲百千釋迦說心地法門."

166 대정장 85, pp.1418하~1419상, "或見如來光明之身, 或見大身, 或見化身, 或見報

라고 되어 있다. 또 하나 더 『법화문구』의 '고경운古經云' 이하의 글을 보아도 『상법경』의 경문을 그대로 인용하고 있음을 알 수가 있다.

혹 여래의 장육지신을 보나, 혹 소신을 보나, 혹 대신을 보나, 혹은 보신이 연화장세계해에 앉아 천백억의 석가모니불의 심지법문을 설함을 보나…….[167]

이처럼 같은 내용의 상당 부분을 인용하는 것으로 보아, 그는 『유가법 경경』보다 『상법경』 쪽을 즐겨 사용했던 것을 알 수가 있다. 또한 지의의 『법화현의』 제7하를 보면,

경왈, 금일좌중의 무앙수중, 혹 여래의 입열반을 보나, 혹 여래가 일겁의 세상에 주함을 보나, 일겁을 감하나, 혹 여래가 무량겁을 주함을 보나, 혹 여래의 장육신을 보나, 혹 소신이나 대신을 보나, 혹은 보신이 연화장세계해에 앉아 천백억의 석가모니불의 심지법문 설함을 보나 모두 같지 않다.[168]

라고 하였는데, 경왈經日이라고 하는 내용 또한 『상법경』으로부터의

身坐蓮華藏師子之座, 菩薩絳襪, 住於無量世界海中, 隨大衆心而爲說法."

167 대정장 85, p.1337상, "或見如來丈六之身, 或見小身, 或見大身, 或見報身坐蓮華 藏世界海爲千百億釋迦牟尼佛說心地法門."

168 대정장 33, p.768하, "經曰, 今日坐中無央數衆, 各見不同, 或見如來入涅槃, 或見 如來住世一劫減一劫, 或見如來住世無量劫, 或見丈六身, 或見小身大身, 或見報 身坐蓮華藏世界海, 爲百千億釋迦佛, 說心地法門."

문장을 인용해 천태교학의 4종 불신의 체제를 정리했다고 생각된다.

위에서 논한 바와 같이 이렇게 『상법경』으로부터의 인용을 『법화현의』, 『법화문구』, 『유가법경경』 등을 포함하여 다양한 저작에서 볼 수 있는데, 마지막으로 지의의 『유마경문소』의 예를 하나 더 들어보기로 한다.

　열반으로 들어가는 4종 신상이 같지 않음을 나타냄에 『상법결의경』에 이르길, 여래가 입열반을 할 때, 대중에게 혹 불이 사문의 상과 같음을 보나, 혹 불위덕佛威德 상호의 단엄함을 보나, 혹 불이 보련화에 앉아 심지법문을 설함을 보나, 혹 신이 허공과 같음을 본다.[169]

라고 하여, 지의는 입열반入涅槃의 때에 4종 신상身相을 나타내는 것이 같지 않음을 『상법경』을 빌어 중생의 근기에 응한 4교에 불신佛身을 배대하였는데, 이것이 지의 교학의 특징이라는 것은 말할 것도 없다. 그런데 이 『상법경』은 지의에 있어서 다만 그저 '상법像法'으로서의 의식 고취에 지나지 않고, 이 경전을 높이 평가해서 다음과 같이 술하고 있는 것을 알 수가 있다.

　『범망경』은 『화엄경』의 결경結經으로 이룩된 것이며……『상법결의경』은 『열반경』을 결경으로 성립된 것이며…… 보현관은 『법화경』의

---

169 속장경 27, 권2, p.882, "明入涅槃現四種身相不同者, 像法決疑經云如來將入涅槃是時, 大衆或見佛如沙門之像, 或見佛威德相好端嚴, 或見佛坐寶蓮華說心地法門, 或現見身如虛空, 無有邊表此豈非表說四敎之功已訖, 將入涅槃現此相也."

128

결경으로 비롯된 것이라, 문文에 이르길, 석가모니를 이름하여 비로자
나라 하는데, 이는 이름이 다르며 본체는 다르지 않음이라. 중경衆經의
뜻을 합치면, 마땅히 알라. 삼불은 하나의 다른 이름에 지나지 않는다는
것을.[170]

『범망경』이 화엄경의 결경으로『상법경』은『열반경』의 결경으로써
생각되어지고, 『보현관경』은『법화경』의 결경으로 비롯된 것이라고
하여, 본경(상법경)을 정통 대승경전으로 인식하고 있음과 함께, 불신
론의 일교증一敎證으로 하고 있음을 알 수 있다.

(2) 담연의 『상법경』관

당대의 거목 중에서 지의를 제외하고, 빈번히『상법경』을 인용하고
있는 사람은 천태의 담연인데, 그것은 거의 지의의 것을 주역한 것이다.
즉 『법화연의석첨法華玄義釋籤』 권20에,

또 보신이 연화장해에서 심지법문 등을 설함을 보느니라. 고로 알라.
화엄에 이르러 열반을 뒤로 하며, 그『상법결의경』은 열반의 결경인
고로, 이에 뜻을 술하는 것은 먼저 비추는 데서 이미 몰록 이름 얻음을
냄이라.[171]

---

170 대정장 34, p.128상, "梵網經結成華嚴教… 像法決疑経結成涅槃 普賢観結成法華, 文云, 釋迦牟尼名毘盧遮那, 乃是異名非別体也, 總衆經之意, 當知三佛非一異 名矣."

171 대정장 33, p.960중, "又見報身蓮華藏海說心地法門等, 故知華嚴至涅槃後, 以彼 像法決疑結涅槃故, 次述意者, 初出先照旣別得頓名."

라 말하여 『상법결의경』과의 연관을 충실히 이어가고 있다. 또 『지관보
행전홍결止觀輔行傳弘決』 권제1의 4에는,

문의는 이미 바르나 실역失譯이라, 내지 금가今家의 인용하는 바, 상법
결의에 사바림지沙婆林地의 사견四見이 같지 않으며, 또한 현문玄文에
국토의 묘함을 해석함에 적토跡土의 사별四別과 같다.[172]

라고 하여, 스스로 직접 4종 불신의 경증으로서 인용하고 있다. 그런데
동권 제6의 3에 천태종에서 사용하고 있는 모든 경전의 위경설을 비판하
는 것에서는,

『청정법행경』에 이르길…… 모든 목록은 다 이 경을 의위疑僞경류에
넣으니, 문의文義는 이미 바르나(正) 실역이라, 내지 작금의 제가諸家
들의 『상법결의경』의 묘등정妙勝定 등을 소인所引하는 바 그 뜻은
또한 이와 같다.[173]

라고 설하고 있는 것으로 보아, 담연은 『상법경』관에 있어서 지의를
충실히 좇았을 뿐, 본경에 대한 관심은 그다지 적극적이지 않았다고
말할 수 있다.

---

172 대정장 46, p.170상, "文義旣正或是失譯, 乃至今家所引, 像法決疑沙婆林地四見
不同, 亦如玄文釋國土妙跡土四別."

173 위와 같음, p.343하, "淸淨法行經云… 準諸目錄皆推此經以爲疑僞, 文義旣正或是
失譯, 乃至今家所引像法決疑妙勝定等意亦如是."

이와 같이 지의, 담연 등이 『상법경』을 경증으로써 원용援用하는 것은 무엇보다 자신의 판단에 따라 의경疑經인 것을 알면서도 그 내용을 당시 근기에 맞는 불설진전佛說眞典이란 견해에 근거하였을 것이다. 즉 무엇을 참이라 하고, 무엇을 가假라고 하는가의 기준으로 예전의 전통적, 보수적인 해석에서 탈피하여 시기상응時期相應의 의경도 또한 "경왈經曰"로 하여 정경진경正經眞經으로서의 입장을 취하고 있는 것은, 오늘날 학자들의 논의에 비추어도 관심을 불러일으키는 것이다. 또 『상법경』이 특히 삼계교 소의所依의 중요한 전적이고, 당나라 초에는 그것에 따른 새로운 『유가법경경』이 찬술되고, 더욱이 신랄한 사회 비판을 하는 삼계교가 사회의 풍기를 문란하게 한다는 죄목으로 정부에 의해서 탄압을 당하기에 이르자, 천태가로서는 당연히 이것을 경증으로 이용한 조사祖師를 보호하지 않을 수 없는 입장에 놓였다.[174]

그런데 이러한 행동, 즉 시기에 상응하여, 민중의 어려움을 대변하는 삼계교 사상의 참신성과 올곧은 주장은 오히려 심한 피해를 당하게 되어, 그를 원조·보호하려 한 움직임이 있었던 것은 천태종의 교학 이론만이 아니고, 조금 뒤의 화엄종에서도 삼계교의 교리를 여러 각도 에서 논하고 있는 것으로 보아도 일맥상통하는 것이다.

2) 삼론 길장의 『상법경』관

길장의 『상법경』관에 대해서는 주로 『법화현론法華玄論』에서 볼 수 있는데, 거기서 길장은 정법과 상법(正像)의 물음에 대해 다음과 같이

---

174 동 2), p.603.

말하고 있다.

『상법결의경』에 이르길, 천이백의 악법이 일어남을 이름하여 상(법)
이라 하며, 천년 내에 아직 악법이 일어나지 않음을 정법이라 한다.
천년 내에 비록 악법이 일어났지만 아직 성하지 않은 연고로 정법에
속한다. (즉) 악의 성함이 상(법)이라. …… 제보살은 여래의 법이
멸하지 않음을 보고 늘 제불을 친견한다. 즉 만 이천 내지 일체 시가
정법이며, 이승인은 불법의 흥망을 보니 상정(像正, 像法과 正法)이
있을 뿐이라.[175]

여기서 길장은 법에 흥망성쇠가 있다고 보는 것은 이승二乘의 견해에
지나지 않는다 하여, 그 교증敎證으로『상법경』을 들고 있다. 또한
길장은『상법경』을『마야경』·『중론』·『십이문론』·『대경사정품大經
邪正品』등과 함께 검토한 후에 채택하고 있는데, 이는 곧 그도 지의와
같이 본경을 진경으로 취급하고 있는 것을 나타낸다고 할 수 있다.
길장의 경우『법화현의』를 중심으로 한 인용의 예가 지의의 두 배가
되는데, 거의 전부라고 할 정도로『상법경』에서 상술한 예문(주 14의
원문)의 인용이 되고 있다. 여기에서 길장의『상법경』인용을 도표로
나타내면 다음과 같다.

---

175 대정장 34, p.450상.

길장 저작의 인용	『상법경』
0. 又像法經云, 我滅度後諸惡比丘如文存義, 作決定執破滅我法, 是人名爲三世佛怨(法華玄論 卷第一)	대정장 85권, p.1337상
1. 釋伽敎中何處有三身文, 答像法經云或見我身爲舍邦, 爲百千釋迦蔚圍繞, 或見我身滿虛空卽法身, 或見丈六卽應也(同上,卷二)	동상
2. 像法經云, 或有見我入於涅槃, 或有我是報佛爲百千釋迦之所圍繞… 是故漸頓不成也(同上,卷三)	동상
3. 像法經云, 或見今日雙樹準恆, 或見應生出家, 或見爲舍那處蓮華藏,或見佛身滿於虛空(同上)	동상
4. 像法經云, 鹿菌不說鵠樹無言, 善吉云我無所論乃至不說一字(同上, 卷八)	발견되지 않음
5. 又名法身報身化身…菩薩所見身二乘凡夫所見身, 問此等名字出何文 耶, 答初出梵網經, 次出像法決疑金剛波若論(同上, 卷九)	동1
6. a ;像法決疑言, 或見我涅槃, 或見我爲報佛爲百千釋迦之所圍繞, 則知釋迦涅槃時舍那猶存也 (同上) b ;像法疑疑經云, 或見我爲報身爲千萬釋迦之所圍繞, 則舍那爲報身, 旣云爲千萬釋迦圍繞豈是常身耶(同上)	동1
7. 問像法經云, 或見此土爲土沙, 或見此土爲七寶, 或見純黃金等…答此是隨業所見, 可得是異質同處, 此明報土也(同上)	동1
8. 像法經云, 千一百年諸惡法起名像, 若千年內惡法未起爲正, 然千內雖有惡法起, 猶未盛故屬正法也, 惡盛爲像(同上, 卷十)	동상, 中
9. 像法經云, 或見我身爲報佛爲百千釋迦之所圍繞(法華義疏, 卷第七)	동1

〈증근정인曾根正人의 표에 의함〉

이 내용에서 보면, 길장은 다불신多佛身의 교증으로서의 인용(1, 5, 6)과 제불신諸佛身과 청중의 근기와의 관계를 둘러싼 문제로서의 인용(7, 9), 또 경전의 설시說時·설주說主의 절대시비판絶對視批判의 경증으로서의 인용(2, 3)을 보이고 있다. 이렇게 삼론학장으로서 길장

의 불신론은 삼신론三身論을 표방하며, 논의의 방면에는 공 사상이
짙게 나타나고 있는(7. 2. 3) 것을 알 수 있다.

또 길장은 지의보다 많은 말세제상末世諸相의 경구를 인용하고 있다.

①『상법경』에 이르길, 말세 법사는 문의文義를 취하면 실상인즉, 그
일에 위배됨과 같음이라.[176]
②나의 멸도 후, 모든 악비구, 문의에 따라 일체 결정을 집착하며
나의 법을 파멸하니, 이를 일러 삼세불의 원망이라 한다.[177]
③소득 있음을 성문이라 하며, 이는 마권속이라.『상법경』에 이르길,
시방 삼세불의 원망함이라.[178]
④천일 백년의 모든 악법이 일어남을 상像이라 하며, 약간 년 내에
악법이 일어나지 않음을 정正이라 하며, 천년 내에 비록 악법이 일어나
나…….[179]

이상의 문장에는 어느 것이나 말세 운운하는 문제에까지는 관심이
닿지 않고, 단순히 하나의 교증으로서의 인용이다. 그러나 길장에게

176『중관론소』권6(대정장 42, p.101하), "像法決疑經云, 末世法師, 如文取義, 違背實
相卽其事也."

177『법화현론』권1(대정장 34, p.362중), "諸惡比丘, 如文在義, 作決定執, 破滅我法,
是人名爲三世佛怨."

178『二諦論』권중(대정장 45, p.94하), "有所得者, 名曰聲聞, 是魔眷屬, 像法決疑經
云, 是十方三世佛怨."

179『법화현론』권10(대정장 34, p.450상), "千一百年諸惡法起名像, 若干年內惡法未
起爲正, 然千年內雖有惡法起."

있어 이러한 인용 용법은 지의와 거의 동질의 것이라 생각되고, 게다가 『상법경』이 중요 대승경전에 부속하여, 그와 같은 성격에 상응한 정통 대승교학의 틀로써 인용할 만한 경전[180]이라고 하는 관념은 변할 수가 없었을 것이다.

3) 화엄종의 『상법경』관

화엄의 지엄은 주지한 바와 같이 『화엄오십요문답華嚴五十要問答』 권하 48에서 보경인악普敬認惡의 뜻을 설명하는 중에 삼계교의 「대근기행법對根起行法」에 대한 장문을 인용하고 있다. 그 중에 한 내용은,

> 『상법경』의 설에, 천년을 지나 상법의 때에 이르면 모든 비구·비구니·우바새·우바이들이 명리를 구하기 위해 중선衆善을 짓나니, 일념이라도 출세심이 없다.[181]

라고 하여, 상법시대가 되면 중생의 열등한 근기의식根機意識에 따라 명리를 구하고, 출세하고자 하는 마음은 조금도 없다고 표현하고 있다. 이러한 내용이 법장에 이르면, 그 『화엄경탐현기』 권제8에서,

> 묻는다. 무엇이 비경2전悲敬二田에 있어서 뛰어난 점인가? 답한다. 삼의三義가 있다. 첫째, 만일 약경約境에 나아가 그들이 고통을 나타내

---

180 동 15).

181 대정장 45, p.533하, "像法決疑經說, 過千年被像法之時, 諸比丘比丘尼優婆塞優婆夷, 所作衆善求名求利, 無有一念作出世心."

면 구하며, 대비행의 마음으로 그들을 이롭게 하는 것을 본으로 하니,
그것이 비전悲田의 뛰어난 점이다. 고로『상법경』중에 불보살과 성문,
중생에게 베푸는 것이, 사람이 축생에게 한입의 음식을 베푸는 것과
같지 않다. 둘째, 만일 약경에 나아가 은혜와 덕이 깊고 두터운 마음으
로, 하여금 법과 지혜가 증장되어 자리행원自利行源이 됨을 일러 경전敬
田의 수승함이라 한다.[182]

라고 하여,『상법경』에서는 자리행에 따른 경전敬田보다 이타행을
기본으로 하는 비전悲田 쪽이 더 뛰어나다는 것을 인용하고 있다.
그러나 후의 징관은『대방광불화엄경수소연초』권제50에서『상법
경』이 위경이라는 비판의 소리가 높아졌던 상황을 알리고 있으나,
그보다 중요한 것은 삼계교도가 취락불교를 지향하여 중생의 고락을
함께 하며, 일천제까지 구제한다고 주장한 자비의 보살정신이 거듭
보이고 있는 것이다. 즉

『상법경』중 불보살과 성문보살에게 베푸는 것이, 사람이 중생에게
한 입 음식 등을 베푸는 것과 같지 않다고 했다. 이는 위경이므로
소疏에서 인용하지 않는다. 단지 비悲로써 친히 끌어 취하려 함은,
비란 이 보살의 근기이며, 비란 보살의 체體인 고로 저 대비가 없으면

---

[182] 대정장 35, p.261하, "問悲敬二田何者爲勝, 答有三義, 一若就約境救彼現苦約心
增大悲行爲利他行本, 卽悲田爲勝, 是故像法決疑經中, 乃至施佛菩薩聲聞衆生,
不如人施畜生一口飲食等, 二若就約境恩深德厚約心, 令法增智爲自利行源, 卽
敬田爲勝."

보살이 아니다.[183]

라고 설하여, 불보살 등에게 보시함이 중생의 한입에 음식을 베풂과
같지 않다고 했는데, 이는 위경이기에 소疏에는 인용하지 않으나,
다만 비悲를 인용하는 것은, 비는 보살의 체體이고 뿌리이기 때문에
취한다는 변명을 하고 있다.

그런데 이 비라고 하는 것은 다름 아닌 『상법경』을 인용하고 있는
삼계교의 핵심적인 이론인 경전敬田, 비전悲田과 깊은 관련이 있는
것은 말할 필요도 없다. 즉 징관은 지엄智嚴, 법장法藏과 같이 삼계교와
떨어질 수 없는 계맥과 관련(화엄종과의 계맥에 대하여는 제7장 참고)하여
의경疑經이라고 하여도 삼계교의 교리에 관련이 있는 『상법경』을 받아
들이지 않을 수 없었던 것은 시대적 요구이자 당연한 귀결이라 말할
수 있을 것이다.

4) 정토종·선종의 『상법경』관

먼저 정토종의 『상법경』관을 보자. 선도, 회감류의 정통 정토계에
속한 『염불경』 「제3 염불대좌선문念佛對坐禪門」에는 다음과 같이 말한다.

『상법경』의 설에 준하면, 좌선은 말법시에는 옳지 않다. 왜냐하면
경에 이르길, 불의 멸도 후 정법의 오백년은 지계가 견고하며, 상법의

---

183 대정장 36, p.392상, "像法決疑經中, 乃至施佛菩薩聲聞菩薩, 不如有人施衆生一
口飯食等, 此是僞經, 故疏不引, 但取親引於悲, 悲是菩薩根故, 悲爲菩薩體故,
若無大悲非菩薩."

일천년은 선정이 견고하며, 말법의 일만년은 염불이 견고하기 때문이다.[184]

이는 즉『상법경』의 말법관을 예로 들면서 지금은 좌선이 적절하지 않다는 이유를 피력하고 있는 것이다. 그 까닭으로 정법 오백년은 지계가 견고하며, 상법의 천년은 선정이 견고하고, 말법 일 만년은 염불이 견고하기 때문이라고 말하고 있다. 또「제5 염불대계율문念佛對戒律門」에서도,

지금은 지계가 시기가 아니며, 염불의 시기이다. 왜냐하면『상법경』설에 의하면 본사本師가 멸도하여 정법 오백년은 지계가 견고하며, 상법의 일천년은 좌선이 견고하며, 말법의 일만년은 염불이 견고하기 때문이다.[185]

라고 하여 똑같은 내용을 알리고 있는데, 이는 정토종에서도『상법경』을 교증으로 하여, 말법에는 지계와 좌선보다 염불이 중요하다고 알리고 있는 것이다. 그런데 비단 정토종에서뿐만이 아니고, 선종의 법안종의 연수에게서도『상법경』의 내용을 인용하고 있다. 즉『종경

---

184 대정장 47, p.128하, "準像法決疑經說, 坐禪不是末法時, 何以故, 彼經云, 佛滅度後, 正法五百年, 持戒堅固, 像法一千年禪定堅固, 末法一萬年念佛得堅固."
185 위와 같음, p.129중, "如今不是持戒時, 是念佛時, 何以得知, 準像法決疑經說, 本師滅度, 正法五百年, 持戒得堅固, 像法一千年坐禪得堅固, 末法一萬年念佛得堅固."

록』 권제94에,

　　금일 좌선하고 있는 무앙수의 대중이 보는 것은, 여래의 입열반을
　　보나, 여래가 세일겁世一劫에 주하거나, 일겁이나 무량겁에 멸함을
　　보나, 여래의 장육지신 내지 소신, 대신, 연화장세계의 보신이나 모두
　　같지 않다.[186]

라고 인용 후에 "고로 알아라. 불에는 정형定形이 없다. 식識을 따르는
자신의 추묘麤妙의 경계에 다름 아니다"라는 천태의 불신론적인 부분을
선적인 해석으로 하고 있다. 또 같은 『종경록』 권44의 심내증心內証을
관하지 않는 삼사(三師: 율사, 선사, 법사)에게 다가온 재난(十種過患)에
대해서 논하고 있는 곳에,

　　『상법경』에 이르는 바와 같이, 삼사의 불법을 파괴함에는 간략히 십과
　　十過가 있다. 법사 십과…… 선사 십과…… 율사 십과…….[187]

라고 하여 『상법경』을 인용하고 있는데, 이 내용이 현존본에는 빠져
있다. 게다가 『만선동귀집』 권중에는 복덕을 보살의 근본이라고 하는

186(대정장 48, pp.926상~중, "今日坐無央數衆各見不同, 或見如來入涅槃, 或見如來
　　住世一劫, 若減一劫, 若無量劫, 或見如來丈六之身, 或見小身, 或見大身, 或見報
　　身蓮華藏世界海."

187 위와 같음, pp.675중~하, "如像法決疑經云, 三師破壞佛法, 略各有十過, 法師十
　　過… 禪師十過… 律師十過."

곳이 있으며, 이곳 역시 『상법경』을 충실히 인용하고 있는 것이다. 그 내용인즉,

> 『상법경』에 불이 말씀하시되, 어떤 이가 복을 짓거나 빈궁인에게 보시를 함에 험담 등을 하면 이는 삿됨으로 명리를 구하는 사람이며, 출가인에게 보시를 하되, 선정과 지혜의 업을 닦음에 무익한 일이라 꾸짖는다면, 이러한 이는 마군의 권속으로 지옥에 떨어진다.[188]

라고 하여, 선종에서도 『상법경』을 통해 선정을 닦아 가면서 복덕을 쌓아 가는 것의 소중함을 가르치고 있는 것을 볼 수가 있다. 마지막으로 같은 『만선동귀집』 권중에 있는 또 하나의 인용문을 살펴보자.

> 『상법경』에, 불이 사람에게 이르되, 아승지겁에 몸으로써 시방제불 내지 모든 보살과 성문중에게 공양함은, 어떤 이가 축생에게 한입의 음식을 베풂과 같지 않다. 그 복은 보다 뛰어나, 백천만 배이며 무량무변하다.[189]

상법시대를 살아가는 방법으로써 특히 보시를 강조하고 있는 것을,

---

188 위와 같음, p.978중, "像法決疑經云, 佛言, 若復有人見他修福及施貧窮, 譏毀之言, 此邪命人求覓名利, 出家之人何用布施, 但修禪定智慧之業, 何用紛動無益之事, 作是念者是魔眷屬, 其人命終墮大地獄."

189 위와 같음, pp.981중~하, "像法決疑經云, 佛言若人於阿僧祇劫, 以身供養十方諸佛并諸菩薩及聲聞衆, 不如有人施與畜生一口之食, 其福勝彼, 百千萬倍無量無辺."

선종은 중요한 사상으로 보아 놓치지 않고 정확하게 인용하고 있다. 그런데 여기서 무엇보다 주목해야 할 것은 시방제불, 보살 및 성문중과 함께 항상 축생 쪽을 인용하여 소중히 다루고 있는 부분일 것이다. 이러한 점은 삼계교도가 이 『상법경』의 사상을 주장하면서 민중 속에 사찰을 설립하는 취락불교를 지향했던 점과도 일맥상통하는 것으로 보아도 무방할 것이다.

하여튼 이상으로 수·당 초기의 모든 종파의 『상법경』관을 보았는데, 그들은 이 경전을 정통 대승교학의 하나로 인정하고 있을 뿐 그다지 적극적으로는 언급하지 않았고, 언급하고 있어도 자신의 종파에 유익한 면에서만 인용하여 그 폭이 넓다고는 말할 수 없을 정도였다. 그러면 삼계교로서는 이 경전에 어떤 가치 평가를 내리고 있는 것일까?

5) 삼계교의 『상법경』관

삼계교가 다른 종파와 『상법경』관을 달리했던 것은, 우선 본경本經을 의거하고, 드디어 새로운 의경疑經인 『유가법경경瑜伽法鏡經』을 창작하려는 것에서부터 커다란 차이가 있다고 말할 수 있겠다.

야부키는 『상법경』을 가리켜 "육조六朝 말로부터 당나라 초에 이르는 승풍僧風을 반현反顯하는 것으로서, 정경正經 이상으로 흥미가 있고 진솔한 참회와 정당한 도를 행하는 것에서 출발하려는 삼계교가 본경에 의거하는 것은 참으로 마땅하지 않을 수 없다"[190]라고 피력하고 있다. 또 그는 『유가법경경』의 내용, 즉

---

190 『연구』, p.671.

① 미래세 중에…… 내 법이 경천하다거나 삼보를 경시하여 진실이 없다 하는 이는, 비록 중선衆善을 짓더라도 명리와 승타勝他를 구하며 일념의 출세심도 지음이 없어…… 단월이 모임을 마련해 승僧을 청해도 사람을 보내 문을 막게 하여 비구가 모임에 들어오려 함을 막는 것과 같다.[191]

② 모든 악비구는 나의 뜻을 풀지 못하며, 자신에 집착해 시비를 범하며, 내 법을 파멸하여…… 심의에 도달하지 못하며, 문을 취하나 뜻에 위배되어 실상의 무상 진법眞法을…… 모든 악비구는 명리를 위하는 고로 상相의 비방을 범하며, 모든 악비구는 복을 닦음에 경론에 의지하지 않으니, 이는 스스로 자신을 떨어트려 그름으로써 올바름을 삼으니, 능히 사邪와 정正을 분별하지 못함이라.[192]

③ 나의 모든 제자는 오로지 경전敬田에만 보시하고 비전悲田에는 보시하지 않으면 나의 뜻을 풀지 못한다. 경전이란 즉 불법승보요, 비전이란 빈궁고독노貧窮孤獨老 내지 의자(蟻子, 개미)라, 이 두 종의 전田 중에 비전이 가장 뛰어남이라.[193]

---

191 대정장 85, p.1336상, "未來世中… 輕賤我法, 薄淡三寶無有眞實, 雖作衆善, 求名求利求勝他故, 無有一念作出世心 … 壇越設會請僧, 遣人防門守戶, 遮障比丘不聽入會."

192 위와 같음, p.1336하, "諸惡比丘不解我義, 各執己見迭是非, 破滅我法…不達深意, 隨文取義違背實相無上眞法 … 諸惡比丘爲名利故迭相毀呰, 諸惡比丘或有脩福不依經論, 自逐己見以非爲是, 不能分別是邪是正."

193 위와 같음, pp.1336상~중, "我諸弟子不解我意, 專施敬田不施悲田, 敬田者卽是佛法僧寶, 悲田者貧窮孤獨老乃至蟻子, 此二種田, 悲田最勝."

라는 내용과 함께 속관俗官이 중衆과 승僧의 재산을 세탈稅奪하는 것을
예로 들어 삼보노비三寶奴婢, 삼보우마三寶牛馬 등의 신조어를 만들었
고, 혹은 법복法服을 찢고 장사를 하는 등 이익을 구하는 데 급급한
폐풍을 열거하고 있다. 특히 독행獨行보시보다 집단보시가 뛰어나다고
하는 것 등은, 위에서 인용한 글과 병행하여 불교 사회사상의 진기한
자료가 된다. 또한『상법경』의 실천론은 보시 혹은 자비구제를 위한
하나의 행동으로 집약되는 것으로서 오직 경전敬田, 즉 삼보에 베풀며
비전悲田, 즉 '빈궁 고독 노인 내지 개미'에게 베풀지 않는 것은 부처님의
뜻에 어긋나는 것이라 말하고 있다.

그렇다면 삼계교에서의 자비구제란 구제불능이라는 일천제와 동물
이나 벌레까지도 고려하여 모든 중생을 포함하고 있는데, 이것은 이른
바 폭 넓은 사회사업적 구제하고도 깊은 관계가 있다고 말할 수 있을
것이다. 그러한 뜻에서『상법경』의 제작 동기를 살펴보면 어떠한 것
등이 있을까?

야부키는 이것을 세 가지로 요약하여,

①이 경전이 의경으로 지적되고 있는 것은[194] 많은 의경류와 마찬가지
다. 본순本純의『상법경기현담記懸談』에는『상법경』의 부류를 논함에
『법멸진경法滅盡經』·『수원왕생경』·『당래변경當來變經』등과 같이 열
반부에 속해야 할 것. 또 당시 열반의 강설이 성행했으므로 그 영향을
받았던 것.

②경에 "내가 멸도하고 천년 이후에 악법이 점차 홍하며, 천일 백년

---

194 「돈황 출토 의위疑僞 고불전古佛典에 관하여」(『종교연구』제3의 10).

후의 모든 악비구 비구니는 염부제의 곳곳에 널리 충만하리라(我滅度
已千年後, 惡法漸興, 千一百年後, 諸惡比丘比丘尼, 偏閻浮提處處充滿)"[195]
라고 하는 것은, 『상법경』은 정법 천년설을 취하고, 삼계교는 정법
오백, 상법 천년(혹은 정, 상법 각 천년)을 취한다. 『상법경』은 오직
상법의 시대상을 설하고, 폐풍쇄신을 도우며 삼계교는 말법의 계견구
파戒見俱破의 기機에 대한 반성실행을 설하려 하는 것으로서, 양자는
피차 상부相扶의 경교가 된다.

③법멸法滅의 우려는 불멸 이래 끊임없이 반복된 사상으로, 『상법
경』도 또한 법멸의 우려가 된다.[196]

라고 하여 그 제작의도를 말하고 있다. 특히 이 중에서 ②와 ③은
삼계교의 개종에 대한 그 근본 동기를 부여하는 것이라 말하고 있는
것이다.

그러면 이즈음에서 ①에서 언급한 『상법경』과 『수원왕생경』과는
어떠한 관계가 있는 것일까? 그 점을 살펴보기로 한다.

4. 『상법경』과 『수원왕생경』과의 관계

목촌(木村淸孝)은 일본 강호江戶 시대의 천태승 본순本純[197]이 찬술한

---

195 대정장 85, p.1337중.

196 『연구』, pp.673~675.

197 본순은 원록 15년(1702)~명화 6년(1769)에 살았던 정강靜岡 출신으로 12세에
    정강의 천태지만사 순용을 따라 출가하여 22세에 예산에 오르고 32세에 안락율원
    영공 '광겸'에게 사사하여 일파의 교관을 공부한 사람이다. 저서로 『상법결의경

『부付상법경 기현담』[198]에서의 내용, 즉 "『상법경』을 진실의 불전佛典으로 인정해『법멸진경』·『수원왕생경』·『당래변경』 등과 같이 열반부에 속하는 경전으로 한다. 특히『수원왕생경』과는 대동大同하다"고 하는 곳에서 힌트를 얻는다. 그리고 "『상법경』의 내용은 일반의 의경류와는 여러 가지 점에서 그 질을 달리한다. 한마디로 말한다면『상법경』은 사상적인 허위성이 적어 불교 정신에 충만하고, 또 구성상의 무리가 그다지 없다고 하는 것이다"[199]라며, 『수원왕생경』과의 비교를 꾀하고 있다.

그 구체적 내용의 몇 개를 예로 들면 다음과 같다.

①『상법경』앞머리 부분(聞如是一時… 我向已爲普廣菩薩說十方諸佛刹土)의 '보광보살'과 '시방제불찰토'는『수원왕생경』의 요약이다.
②설교대상이 미래의 상법시대 중생인 것과 보시를 강조하고 있는 점.
③『상법경』이『수원왕생경』보다 훨씬 사실의 위기감을 가지고 있는

기』1권, 『법화현의석참참록』10권, 『유마힐경소참록』3권, 『유마힐경현소참록』5권, 『기신론열강소참록』6권, 『십물이문지요초잡찬』2권 등 2백여 부가 있다. 그는『상법결의경현담』에서 도선이 찬술한 인덕 원년(664)의『대당내전록』은『개황록』을 실으면서도 본경의 경목을 누락시킨 것을 의경이 아니기 때문에 도선이 본경의 이름을 제외하였다고 주장하고 있다. 그러나 필자는 도선이 의경인 것을 알면서도, 삼계교도가 잘 이용한 소의경전인 것을 인식한 행동, 즉 본경의 의경 쪽보다는 시대성을 가지고 있는 그 가치관을 높이 평가하고 있다고 보는 쪽이 좋지 않을까 하고 생각한다.

198 『속장경』1, 2을, pp.23~24.
199 동 4)의 木村 논문.

점.(특히 관리에 대해 논하는 곳에 『범망경』의 영향이 상정됨)

④『상법경』 쪽이 불교적 실천의 촉구가 순수하고 철저한 것.

(『수원왕생경』의 중요한 관심이 사후의 왕생에 있고, 염상念想과 보시를 비롯하여 죽은 사람들의 왕생의 실현을 강조하는 것에 견주어, 『상법경』의 현실론은 비전의 빈궁 고독인 내지 개미한테까지 베푸는, 소위 사회사업적 구제를 강조하고 있는 것)

⑤『상법경』에는 『수원왕생경』에서 볼 수 없는 대승적 사유가 잘 드러나 있다. 본순은 『상법경』의 내용이, 『열반경』으로부터의 영향이라 생각하고, 북본 『열반경』의 세목 부분을 지적하고 있다. 예를 들면, 『상법경』의 "선남자여, 제불의 설법은 항상 이제에 의하며, 세제법을 설할 시 제일의제와 다르지 않다(善男子, 諸佛說法常依二諦, 說世諦法時不違第一義諦)"라는 곳이, 북본 『열반경』과 함께 『중론』의 이제의二諦義와 『대지도론』 교설의 영향을 충분히 생각할 수 있다. 이 외에 『범망경』·『화엄경』·『법화경』·『유마경』 등의 주요 사상을 지적하고, 『열반경』뿐 아니라 많은 대승 불전을 근거로 하고 있다.

⑥또 하나의 대승적 관점은, 『상법경』 권말의 일단인 여래 및 중생상의 관찰을 통해서, 주체인 보시가 '공空'인 것을 밝히고, 게다가 거꾸로 공이 되는 보시에 의해 비로소 참 보시가 완성된다고 하는 것을 설하려한 것. 그 중에서 특히 중요한 사상은 우선 여래를 어떻게 관하느냐 하는 점이다. 그것을 『상법경』의 "세존아관여래世尊我觀如來…… 아관여래위약차야我觀如來謂若此也"와 "세존아금관제중생사대지상世尊我今觀諸衆生四大至相…… 아관중생상모여시我觀衆生相貌如是"[200]의 부분

을 인용하고 있는데, 전자는 『열반경』과 『유마경』의 합성으로 보이고, 후자는 『유마경』을 의용依用하면서도 반야경전류에서 보완한 것으로 보인다.[201]

즉 『상법경』이 『열반경』을 근거로 하면서 교묘하게 『유마경』을 비롯한 반야, 화엄, 범망 등 당시에 중요시되었던 모든 불전의 사상을 받아들여 『수원왕생경』으로부터의 도약을 꾀하고 있었음을 추정하고 있는 것이다. 이렇게 『상법경』의 변신은 시대의 변천상과 함께 다각도로 그 사상의 이전을 시도하고 있는데, 이 점은 아마도 삼계교의 탄압의 역사상과도 무관하지 않았다고 생각한다. 왜냐하면 600년대서부터 시작된 제1의 탄압에서 무려 725년까지 지속된 전 5회의 철두철미한 탄압의 역사 속에서 끊임없이 살아남기 위한 각고의 노력들이 여러 각도의 움직임으로 표현되고 있는 것이 그 증거라고 말할 수 있기 때문이다.

이상과 같이 여러 학자들의 연구를 근거로 하여, 삼계교도는 왜 『상법경』을 그 정도로 인용했던가 하는 부분을 살펴보았다. 끝으로 또 하나, 삼계교사인 사리가 제작한 『유가법경경』은 『상법경』과 비교할 때 어떤 특징이 있는 것일까? 그 점에 대해서 살펴보기로 하자.

---

[201] 동 4)의 木村 논문.

5. 『상법경』에 대한 『유가법경경』의 특징

먼저 『유가법경경』의 출처와 그 사본의 허실 부분 및 그 내용에 대해서 알아보기로 하자. 먼저 『유가법경경』은 『개원록』 제18에 나오는데, 본경의 사본은 파란破瀾 때문에 수부首部를 잃어버리고, 전후 3품 중 완전한 것은 『유가법경경』 「상시보살소문품常施菩薩所門品」 제3뿐이다.

이 품도 현존하는 『상법경』과 완전히 부합한다고 말하기 어렵지만, 경지經旨에서는 큰 차이가 없고 또 사본의 후부가 되는 「지장보살찬탄법신관행품法身觀行品」은 그 근거를 명확히 할 수 없지만, 아마도 비밀부 소수所收의 「백천송대집경지장보살청문법신찬請問法身讚」을 기초로 하여 만들게 하였을 것이다. 또 「불임열반 위아난설법주멸품爲阿難說法住減品」은 『불임열반기법주경佛臨涅槃記法住經』으로부터 취했다고 생각되는데, 파란 때문에 결여되어 있다. 이 『불임열반기법주경』은 영법구주令法久住의 의의에 따라 그것을 채택하고, 「지장보살찬탄법신관행품」(이것은 『십륜경』과 「지장보살」을 존숭, 강조했기에 채택)과 구경舊經의 「상시보살소문품」을 합쳐 이것을 『상법경』에 보태 의작疑作했던 모양이다.[202]

그러면 의경인 『유가법경경』의 제작 동기와 그 내용은 구체적으로 『상법경』과 어떻게 다른가? 먼저 사리의 『유가법경경』의 제작 동기에 의하여 "편자, 사리는 당시의 궁정에 얼마간의 반연을 가지고 그 관계를 이용하여 정의태부 장제현 및 소문관昭文館 학사등과 함께 새롭게

---

[202] 『연구』, pp.667~670.

『상법경』에 전후의 추가를 가해 『유가법경경』을 만들었다. 또 당시의
유가계瑜伽系의 불교가 중국에 유행했던 것으로 보아, 감히 유가의
문자를 덧붙여 구경舊經의 경목經目을 채록한 법경法鏡으로 한 것이다.
요컨대 『유가법경경』은 『상법경』의 본간이 되고, 나아가 삼계교 교의
에 맞는 모든 경문을 보태 이것으로써 최하세계에 대한 최상승법을
주장하려 한 것도 자주 위경신작僞經新作의 원의原義가 된다"[203]라 말하
고 있어, 그 제작의 동기와 그 추이를 알 수 있다 하겠다.

　목촌은 이러한 이설을 인용하면서 양경兩經의 비교를 몇 가지로
요약하고 있는데, 이것은 야부키의 연구 이래 가장 면밀히 조사한
논고로서, 삼계교를 연구하는 사람에게는 가일층 유익한 것일 것이다.
그것을 간추려 보면 다음과 같다.

(1) 상법에 대한 깊은 인식

『상법경』에서의 "미래세 중의 모든 악비구는 나의 뜻을 이해하지 못하
여, 각기 스스로의 견해에 집착하여 상의 시비를 잃어 나의 법을 파멸한
다(未來世中諸惡比丘不解我意, 各執己見, 迭相是非, 破滅我法)"라는 내용
이, 『유가법경경』에서는 "미래세 중의 많은 죄업으로 인해 필추(비구)
는 나의 뜻을 알지 못하여, 스스로의 견해에 빠져 상의 시비를 잃고
나의 법을 행하지 못하는 고로 나의 교법으로 하여금 전도착란……
상법 또한 멸하고(未來世中多有罪業, 苾芻不解我義, 各執所見, 迭相是非,
不行我法, 爲此義故, 令我敎法轉倒錯亂… 像法亦滅, 像法滅已)"[204]로 변해,

---

203 위와 같음.
204 대정장 85, pp.1418상~중.

교법의 전면적인 쇠멸을 상정하는 견해는 부정되고, 말세 제삼계에서
의 '일체보진보정불법'의 존재가 암시되고 있다.

(2) 계, 율, 론의 전환

『상법경』은 육식의 문제를 논해, 그 금지에 대해서 일절 예외를 인정하
지 않는다. 육식은 대비의 정신에 반하는 것으로『유가법경경』에는
방편의 '불가사의'의 입장에서 병 중인 사람은, 세 가지의 깨끗한 고기를
허가한다. 엄격한 불교계의 혁신을 지향한『상법경』과 민중불교로서
의 삼계교의(『유가법경경』) 차이일 것이다.

(3) 윤회세계의 구체적인 표현

『상법경』에는 아귀의 모습은 그려져 있지 않지만, 『유가법경경』은
"머리는 태산 같고, 목구멍은 바늘구멍 같고, 배는 대해 같고, 12년이
지나도록 물의 이름은 듣지도 못하고, 어찌 득견할 수 있는가?(頭如太
山, 咽如針孔, 腹如大海, 經十二年不聞水名, 何況得見)"라고 하여 아귀의
모습을 상세하게 표현하고 있다. 삼계교가 민중들에게 육도의 고통을
실감나게 느끼게 하고, 그것의 공포를 통하여 악을 끊고 선을 행하는
실천을 권장했던 것을 상상할 수 있다.

(4) 고도의 대승 사상의 평이화, 일반화

『상법경』에는 "혹견보신좌연화장세계해, 위천백억석가모니설심지법
문…… 혹견차처즉시불가사의제불경계진실법체(或見報身坐蓮華藏世
界海, 爲千百億釋迦牟尼說心地法門…… 或見此處卽是不可思議諸佛境界

眞實法體)"라는 내용이 『유가법경경』에는 "혹견보신좌연화장사자지좌, 보살위치, 주어무량세계해중, 수대중심이위설법…… 견여시등불가사의희유지사(或見報身坐蓮華藏師子之坐, 菩薩圍遶, 住於無量世界海中, 隨大衆心而爲說法…… 見如是等不可思議希有之事)"로 나오는데, 나중 부분은 완전히 변질하여 『상법경』의 "여래의 설한 바, 만법을 포함하고 있다(如來所說, 總含萬法)"라는 부분은 삭제되어 있다.[205]

이렇게 해서 『상법경』이 가지고 있던 철학적 요소가 어느 정도 정리됨과 동시에 이러한 사상이 당시의 시대풍조의 흐름 위에 여러 개변요소들의 주요한 밑거름이 된 것을 이해할 수가 있다. 더욱이 『유가법경경』의 사상 등이 의경적疑經的 요소는 있어도, 사리의 의식과 함께 기초적인 불교 교리에 충분한 방향으로 개변된 것을 확인 할 수 있다. 그것은 사리의 의식이 『유가법경경』으로 하여금 당시의 시대적 적응과 발맞춰 하근인 중생일지라도 보다 많이 구제하려는 메시지로 이해할 수 있다. 다만 여기에서 특이한 점은 하근기만이 아니고, 일체의 미물에 이르기까지 적극적으로 구제하려는 움직임 등은 바로 대승불교 사상의 백미라고 말하지 않을 수 없다.

6. 결론

이와 같이 모든 종파에서 그 사상을 수용, 인용한 『상법경』과 그와 연관성 있는 경전(『수원왕생경』 내지 『유가법경경』의 특징)과의 관련을

---

205 동 4).

고찰하면서 삼계교의 『상법경』 사상에 의한 파급효과는 어디까지 미쳤는가를 상세히 살펴보려고 하였다. 여기서 판명된 것은, 당시의 복잡한 사상의 교류를 한마디로 말할 수 있는 것은 아니지만 삼계교도三階教徒 사리師利의 『유가법경경』의 제작 동기에서부터 살펴보건대, 삼계교도가 보다 민중들의 고통을 구하기 위해 고심한 모습과 활동이 이 경전에 역력히 나타나고 있는 것을 체감할 수 있었다. 즉 『유가법경경』 역시 말세에는 중생의 근기가 달라져 있기 때문에(엄격한 계율만으로 민중이 구제되지 않는다고 하는 인식을 포함), 그들의 입장에 서서 사물을 생각한 흔적이 확실히 보이며, 근기를 바탕으로 하여 구제의 손을 펴야 한다는 논리를 펴고 있는 것이다. 또 한편으로는 이렇게 여러 모습으로의 탈바꿈 뒤에는 삼계교 탄압의 속사정으로 인하여 필사의 노력을 하지 않으면 안 되었던 종교사적인 면도 포함되고 있다는 점을 고려해 보았다.

제4장 삼계교와 『유마경』 사상

1. 서론

삼계교의 교적教籍에서 『유마경』의 비중이 『십륜경』보다 높은 것은 아니지만, 소의所依경전으로서 소중하게 취급되는 것을 알 수가 있다. 물론 『유마경』 사상은 대승불교권에서 삼계교만이 아니고, 각 종파에 지대한 영향을 미치면서 발전했던 것은 이미 다 알고 있는 바이다. 따라서 여기서는 먼저 대승불교 정신 가운데 『유마경』 사상이 삼계교와 어떻게 융합하였으며, 민중불교에 그 영향이 어떻게 파급되었나 하는 것을 조사해 보고자 한다.

그러기 위해서는 먼저 신행의 스승인 영유靈裕와 지론종 남도파와의 관계를 규명해야 할 것이며, 신행의 소의경전류에 『유마경』의 인용 빈도수가 어느 정도였는가 하는 것도 밝힐 필요가 있을 것이다. 그 다음으로는 『유마경』의 신불교 사상을 삼계교가 어떻게 적용하고 있는가 하는 문제를 포함하여, 여래장 사상을 베이스로 한 전달체계가

154

어떻게 연관되어 있는가 하는 문제를 고찰하여 볼 것이다. 그것은 삼계교에서 주장하는, 일천제마저도 구제해야만 하는 논리의 규명을 위해서도 반드시 필요한 것으로『열반경』이나『보성론』등과의 관련도 살펴야 할 것이며, 또 하나 중요한 것은 삼계교의 근본 사상인 보경과 인악의 근거가 되는 대근기행법과 보리심을『유마경』의 보살 사상과 함께 종지상宗旨上에서 생각해 봐야 한다.

이 부분에서의 공통점은 동시대인 길장의『정명현론淨名玄論』,『유마경의소維摩經義疏』와의 비교를 통하여 고찰할 것이며, 나머지의 연구 대상은『유마경』에서 왕생정토往生淨土에 관한 팔법八法과, 삼계교 정토의淨土義와의 상반되는 점에 대한 진상을「불국품」을 통해 규명해 보기로 할 것이다. 특히 제반의『유마경』연구사에 대해서는 고기직도 高崎直道・하촌효조河村孝照의 교주校註[206]를 참고하며 논을 진행시켜 나갈 것이다.

2.『유마경』사상의 발전과 삼계교

1) 신행에 의한『유마경』의 계보

신행의 삼계교에 의한『유마경』의 계보는 시대를 거슬러 올라가 북위의 혜광(慧光, 468~537)에서 그 연원을 생각할 수 있다. 왜냐하면 도변道辯 의 제자인 혜광은 지론종의 개조인데, 그에게는『유마경』,『열반경』, 『십지경』,『승만경』,『지지경』,『유교경』,『인왕경』,『반야경』등의

206『신국역新國譯대장경』, 문수文殊경전 2(大藏출판, 1993).

주소注疏가 있고, 특히 장안의 구마라집 문하에 의해 독점된『유마경』 연구가 당시의 업도鄴都를 중심으로 한 혜광 문하로 대표되고 있기 때문이다.[207]

따라서『유마경』의 영향에 직접 관련이 있는 것에 혜광 → 도빙 →영유→삼계교의 신행으로 연결되는 화엄의 전신인 지론종 남도파의 계보가 그것을 잘 나타내고 있다고 생각된다. 또한 수대의『유마경』 연구에서는 모든 학자들이 그 번성과 유행을 이야기하고 있는데, 그 중에서 두각을 나타내는 사람으로 정영사 혜원, 천태 지의, 가상사 길장 등은 중국불교 사상에 드물게 보이는 위대한 발자취를 남겨, 어디에서나『유마경』의 중요한 주소註疏를 전하고, 후세에 영향을 미치는 가장 뛰어난 사람들이다.

그러나 이 이외에 신행의 스승인 영유가 있는데, 그의 저서를 보면 유마, 십지, 지지, 반야의 소疏 등 셀 수 없을 정도의 양으로서, 스승인 영유를 하나의 계보로 할 수 있다. 그리고 또 하나의 계보는 당의 현수賢首가「화엄오교장」중에서 "삼계三階는 법운法雲의 류流"라고

207 塚本善隆는『방산운거사房山雲居寺와 석각石刻대장경』(p.88)에서『위서석노지』 를 인용하며 같은 취지를 말하고 있다. 즉 "『위서석노지』에는 나집 역출의 신불교 의 성대함을 말해 '지금사문공소조습至今沙門共所祖習'이라 하며, 문하의 제1인자 로 승조僧肇의 교학이 성행하고 있다 하여, "註維摩經, 又著數論, 皆有妙旨, 學者宗之"라 한다. 또『고승전』에도 북위의 담도曇度・도변道辯이 유마를 자주 거론한 것을 전하는데, 그 중 도변은 범양範陽인으로『소승의장小乘義章』,『대승의 장大乘義章』등을 저술하고 또 유마, 승만, 금강반야의 3경에 주註를 달고 있다. 북제에서는 승범僧範・영유靈裕・혜순慧順 등 누구나 이 경의 주소註疏를 달았는데, 그런 이유로 북지나北支那에 있어서 나집 불교의 지위를 알게 되며, 이로써 『유마경』성행을 관찰해야 한다"라고 지적하고 있다.

하는 것에서 다른 계보를 짐작할 수 있다. 즉『법화경』과 더불어『유마경』을 연구한 양梁의 법운은, 세간·출세간에 걸친 사승교四乘敎의 설을 주장했는데, 신행은 이 취지를 받아들여 인악認惡의 교로써 악마외도도 여래장을 지니고 있다고 주장하고, 그들에게도 불교를 보급하려는 강한 실천 종교를 창시하려 한 것을 볼 때, 법운이라 하는 또 다른 쪽 계보를 생각할 수 있다. 이렇게 삼계교는 그 복잡한 교학과 함께 계보의 다양성 또한 단순한 어느 하나의 것에만 속해 있다고 볼 수가 없다.

여하튼 신행의 소의경전 중에서『유마경』을 인용한 빈도수는 적지 않아, 신행의 주저『삼계불법』·『대근기행법』을 비롯해,『삼계불법밀기密記』등에서『유마경』을 요설要說로 인용하는 것이 종종 보이고, 그『유마경』에서의 신불교 사상을 삼계교법에 적용시키고 있는 것은 꽤 흥미 있는 일이다.

그러면 신행은『유마경』사상을 어떠한 실천 방향으로 이용했으며, 또 그 내용은 어떤 것이었는가? 그 중에서 하나를 예로 들면,『유마경』에서 설하는 팔법八法은 실로 삼계교의 보법普法의 교의에 중요한 근거가 되며, 정토교와의 관련도 깊은 것이다. 그것은 후에 언급할 부분이고, 우선은 대승불교정신에 의한『유마경』사상이 삼계교의 어떤 부분과 접속되어 있는가 하는 의문을 여래장 사상과 연관하여 살펴보기로 하겠다.

2)『유마경』과 여래장 사상

여래장 사상은, 모든 중생에게 성불의 가능성이 있는 것을 주장하고,

그 근거를 나타내 보이는 것이 목적이며 그 깨달음을 과제로 하고 있다. 깨달음을 과제로 한다는 것은 또한 대승불교의 전체적인 특색이며, 대승이란 여래와 같이 무상보리를 향해서 발심한 보살이 여법如法하게 수행하여, 그 과果를 얻는 것을 목적으로 하는 가르침이라 정의할 수 있다.

그런데 대승경전은 여래의 공덕을 기리고 자비행을 가르치는 경전 종류와, 보살 본연의 자세와 수행이나 바른 법의 견해를 가르치는 것을 주안으로 하는 경전의 2종류로 구별할 수 있다. 그리고 전자를 여래교如來敎, 후자를 보살교菩薩敎라 부르고 있는데, 전자에는 『아미타경』및 그 밖의 정토교계 경전과 『법화경』 등이 있고, 후자에는 『반야경』과 『유마경』 등이 대표로 간주된다.[208] 먼저 보살교인 『유마경』으로 좁혀 보면 「입불이문품」과 「불도품」은 거의 여래장 사상이라고 법장과 혜원이 같이 지적하고 있는 것이다.[209] 즉 법장은 『화엄일승교의분제장華嚴一乘敎義分齊章』 권2에서,

『유마경』 중에서 32보살이 설하고 있는 불이법문不二法門은 종교終敎 중의 염정용융染淨鎔融과 둘이 아닌 뜻이다. 정명淨名이 나타낸 이언離言의 불이不二는 돈교頓敎의 문문門門이 된다.[210]

---

208 高崎直道, 『여래장 사상』 권1(법장관, 1988), p.207.

209 高田仁覺, 「유마경 사상적 입장과 보성론의 관계」(『日本佛教學會年報』 23호, pp.121~122).

210 대정장 45, 485중, "如維摩經中三十二菩薩所說不二法門者, 是前終教中染淨鎔融無二之義, 淨名所顯離言不二是此門也."

라고 하여, 유마의 일묵一默을 돈교頓敎로 하고 있다. 이렇게 법장의
견해에 따르면 『유마경』의 「입불이법문품」은 확실하게 여래장 사상으
로 받들어진 입장을 설했다고 하는 것이다. 그런데 혜원은 『대승의장』
권제1에서,

> 입불이문入不二門이란 『유마경』에 설함과 같다. 언불이言不二라 함은
> 다르지 않다는 것으로, 즉 이것은 경전 중의 일실의一實義이다. 일실의
> 이理는 묘적의 상相을 떠나 여여평등하고 피차가 없어져 불이라 한다.
> …… 이 불이의 법은 형불성形佛性, 공空, 여등如等의 뜻에 대해 문별門別
> 로 하여 같지 않기에 이름하여 문이라 한다.[211]

라며, 불이不二를 불성·공·여등如等의 이문異門이라고 하여 동의이어
라고 보고 있다. 따라서 불이법문不二法門을 여래장 사상이라 한 것은
법장만이 아닌 것을 알 수 있다.

그런데 위에서 말한 바와 같이 대승경전을 여래의 공덕을 기리고
그 자비행을 가르치는 경전과, 보살 본연의 자세 내지 수행과 올바른
법의 견해를 가르치는 것을 주안으로 하는 경전류로 구별하는 생각이
있는데, 삼계교의 소의경전의 비중은 그 중의 어느 쪽이냐 하면 후자,
즉 보살의 이상적인 자세와 올바른 법의 견해에 고심했던 흔적이 역력히
보이고 있다. 그 예로 신행은 『열반』, 『십륜』, 『대집월장분』, 『불장佛

---

211 대정장 44, pp.481중~하, "入不二門, 如維摩說, 言不二者, 無異之謂, 卽是經中一
實義也, 一實之理, 妙寂離相, 如如平等, 亡於彼此, 故云不二 … 此不二法, 形對佛
性空如等義, 門別不同, 故名爲門."

藏』,『가섭迦葉』,『마하마야摩訶摩耶』,『상법결의』등의 경전을 통해서 제삼계 중생의 교증敎證을 묘하게 표출하고 있는 것이다. 이들 교증에서 설하고 있는 중생은 여래장·불성에 대해 불신심不信心, 유소득有所得, 증상만增上慢을 가장 중요한 특징으로 하고 있다. 또한 삼계교 문헌에서 제삼계 중생의 다른 이름으로 가장 많이 이용되고 있는 것은 공견유견空見有見 중생이다. 이 공견유견이라 하는 것은 제삼계 중생의 본질적인 특징이라 말할 수 있는데, 이것을 바꿔 말하면 사견邪見, 파견破見, 전도견顚倒見이다.[212] 그리고 구체적으로는 공견유견의 중생을『열반경』에서 설하고 있는 일천제라는 존재로 파악하고 있다. 공견空見의 일천제란 여래장 불성에 대해 불신심不信心의 중생이며, 유견有見의 일천제란 유소득有所得이며 증상만增上慢의 중생이다. 즉 다른 말로 바꾸어 말하자면, 제삼계의 중생과 제일, 제이계 중생이 본질적으로 다른 것은, 사견과 정견이라는 견해의 차이라 할 수 있다.

　하여간『유마경』은 전면적으로 불성, 즉 여래장을 가르치고 있으나, 다른 여래장 경전의 대표적인『보성론』에서는『유마경』의 이름 또는 비슷한 단편도 찾아볼 수가 없다. 그러나『보성론』에서도『열반경』에서 설하고 있는 것과 같이 수능엄삼매와 관련하여 상락아정의 사바라밀四波羅密을 설하고 있다. 즉『유마힐소설경』권상「제자품」에,

　가전연이여 제법은 반드시 불생불멸하며, 이것이 무상의 뜻이다. 오수음五受陰은 공空해서 소기所起가 없다고 통달하며, 이것이 고의 뜻이다.

212　西本照眞,『삼계교의 연구』, p.288.

제법은 마침내 소유가 없으니 이것이 공의 뜻이며, 아와 무아에 있어서도 둘이 아니니, 이것이 무아의 뜻이다. 법도 마찬가지이니 멸이 없는 것, 이것이 적멸의 뜻이다.[213]

라고 하여 『유마경』의 무상, 고, 무아, 적멸의 사의四義는 『보성론』의 성문, 벽지불의 무상, 고, 무아, 부정不淨을 부전도不顚倒라 한 상락아정의 사바라밀과 같은 의미라 생각된다. 이러한 의미는 또 「문수사리문질품」 제5에서도 나타나,

유마힐은 말한다. 육신은 무상한 것이라 설하나, 염리厭離하라 설하지 않고, 육신은 고통 있는 것이라 설하나, 열반을 즐겨라 설하지 않고, 육신은 무아인 것을 설하나 중생을 선도해야 한다고 설하고, 육신은 공적空寂인 것을 설하며, 필경적멸畢竟寂滅이라 설한다.[214]

라는 내용에서도 같은 선상에서의 의미를 나열하고 있는 것을 알 수 있다.

그런데 위에서 말하는 상락아정, 즉 열반에서 말하는 4개의 뛰어난 특질인 사바라밀이란 보살이 닦는 수행으로서, 그것을 삼계교 중에서는 '무진장행無盡藏行'이라는 실천의 덕목으로 주장하고 있는 것이다.

---

213 대정장 14, p.541, "迦旃延諸法畢竟不生不滅, 是無常義, 五受陰洞達空無所起, 是苦義, 諸法究竟無所有, 是空義, 於我無我而不二, 是無我義, 法本不然今則無滅, 是寂滅義."

214 대정장 14, p.544하, "維摩詰言, 說身無常不說厭離於身, 說身有苦不說樂於涅槃, 說身無我而說教導衆生, 說身空寂不說畢竟寂滅."

그것은『신행유문』에서도 자주 나타나고 있다.

개황 3년에 계(묘)□□□□(상)주의 광엄사 승려 신행은…… 널리
과거, 미래, 현재의…… 모든 스승, 부모 내지 일체중생을 위하여,
돈사신명재하여 16종의 상락아(정) 등 일체법에 따름에, 안의 5단의
뜻을 밝힌다. 하나는 상락아정행의(多少義)를 배우고 행함을 밝힘이
며, 둘째는 상락아정행에 쓰이는 재물의 정부정定不定의 뜻을 밝힘이
요, 셋째는 상락아정행에 있어서 행의 선후 의미를 밝힘이며, 넷째는
상락아정행으로 중생을 제도하는 깊고 낮은 뜻을 밝힘이며, 다섯째는
상락아정행이 능히 사람…….[215]

여기에 사용되고 있는 사의四義의 의미가『유마경』과 같은 개념으로
사용되고 있다고 생각하면, 그것은 삼계교에서 실천적으로 행한 무진
장행시行施 사상을 불러일으킨 전제조건이 되고 있는 것이다. 이것은
또 삼계교의 제8단편인『무진장법략설無盡藏法略說』에서 16여 종으로
나뉘어서 구체적으로 설명하고 있다.[216]

이러한 삼계교의 무진장법이란, 법신法身의 무진無盡에 들어가 무진
장시施로 중생계가 다함이 없는 한, 끝이 없는 주변무진周辺無盡의

---

215 矢吹慶輝,『연구』별편3, "開皇三年歲次癸(卯)□□□□(相)州光嚴寺僧信行…
普爲過去未來現在… 諸師父母乃至一切衆生, 在頓捨身命財屬十六種常樂我
(淨)等一切法, 於內有五段明義, 一者明學行常樂我淨(行多少義), 二者明常樂我
淨行所用財物定不定義, (三者明常樂我淨)行行之先後義, 四者明常樂我淨行度
衆生淺深義, (五者) 常樂我淨行能(行)人."

216『연구』, p.629.

162

행법을 말하고, 삼계교도는 죽어서도 육체를 시타림屍陀林에 보시하는
사신捨身공양까지 행한다는 것이 신행의 탑비塔碑[217]에 기록되어 있는
것이다.

어쨌든, 이러한 삼계교의 무진장행법은『화엄경』의「보살십무진장
품」제18에 십종의 무진장과 병행의 사상으로 이미 지적한 것이 있는
데,[218] 여기서『유마경』의 무상, 고, 무아, 적멸의 사의四義와『보성
론』에서 말하는 성문 벽지불의 무상, 고, 무아, 부정不淨을 부전도不顚倒
라 한 상락아정의 사바라밀四波羅蜜이 삼계교에 영향을 미치고 있는
것을 알 수 있다.

3.『유마경』의 사상과 삼계교

1)『유마경』의 종지와 삼계교의 보살행

여기에서 우리들은『유마경』종지에 대해서 고찰할 필요가 있다고
생각한다.『유마경』의 종지에 대해서는 길장의『정명현론』제4권[219]
또는『유마경의소』제1권에서 종래의 4설이 보이고 있다. 그 네 가지
설이란,

종지는 부동하며, 무릇 4설이 있다. 사람이 이르길, 경명을 부사의해탈
이라, 불가사의해탈을 종으로 삼으며, 반야교와 같이 반야를 종으로

---

217 『연구』, pp.41~42.
218 『연구』, p.622.
219 대정장 38, p.875하.

하기에 열반의 부류에 속한다. …… 이 경은 또한 두 가지 행(二行)을
종으로 하는데, 두 가지 행이란 첫째는 중생을 성취함이요, 둘째는
불국토를 깨끗이 함이다.

이 경의 처음은 불국토를 깨끗이 하며, 뒤에는 중생의 성취를 판단함을
밝히는데, 일부 시종이 다 이 둘을 밝힘이라. 고로 두 가지 행을 종으로
삼는다. 사람이 이르길, 이 경은 인과로서 종을 삼는다. 단지 사자상승
하여 권실의 이지二智를 써서, 이 경의 종으로 한다.[220]

라고 하여, 종지는 다르지만 무릇 사설四說이 있다 하는데, 그 내용을
간략히 살펴보면,

① 경의 부제에 불가사의해탈不可思議解脫이라는 것이 있는데, 이것이
야말로 경의 종이라고 하는 설.
② 성취중생과 정불국淨佛國의 이행二行으로 경의 종으로 하는 설.
③ 인과, 즉 정토의 인과와 법신의 인과로서 경의 종으로 하는 설.
④ 권실이지權實二智, 즉 실상을 비추는 실지實智와 신통을 나타내는
방편지方便智로서 경의 종지로 하는 설.

이라 하고 있다. 이 네 가지 설 중에서 길장은 제4설인 사자상승설을

---

220 대정장 38, p.916중, "宗致不同, 凡有四說, 有人言, 此經名不思議解脫, 卽不可
思議解脫爲宗, 如般若教卽以般若爲宗, 涅槃之類… 此經用二行爲宗, 言二行
者, 一成就衆生, 二淨佛國土, 此經初明淨佛國土, 後判成就衆生, 一部始終, 皆明
斯之故以二行爲宗, 有人言, 此經以因果爲宗… 但師資相承, 用權實二智, 爲此
經宗."

164

지지한다. 그가 제4설을 지지하는 것은 그 시대 배경을 상상하기 어렵지
않으며, 길장의 보수·온건적 학풍을 말하는 것이라 할 수 있다.[221]
여기서 조금 더 구체적인 이해를 위해『정명현론』의 종지를 더 살피면,

> 지도智度를 보살의 어머니로 하고, 방편을 아버지로 한다. 정명淨名은
> 이를 부모라고 하여 이로써 경의 종지로 한다. 또 이 경에서는 질병에
> 대해 말하고 있는데, 질병은 곧 방편, 방편은 실實에서 유래하기 때문에
> 이지二智로써 종宗이 된다. 또 이 경의 이름을 유마힐경이라 하는
> 것은 보살을 교주로 하여 바로 이지를 이름하여 보살이라 하고, 방편이
> 실상의 지혜이며, 범부와 같지 않고, 실상의 지혜가 방편이라, (그것
> 은) 소도小道에 있지 않고, 또 방편 실혜實慧를 보살이라 하고, 실혜
> 방편을 마하살이라 명명한다. 이렇게 보살법을 성취한 연고로 '보살'로
> 서 경의 종宗을 삼는다.[222]

라 하여 전술한 삼설이 모두 보살행에 관한 것이지만, 여기서도『유마
경』은 보살행을 설하는 것에서 단연 다른 경전과 비교할 수 없을 정도로
중요하게 여기고 있음이 판명되고 있다.
　그런데『불가사의해탈경』의 이름을『유마힐소설경』권하「법공양
품」제13에서는,

---

221 大鹿實秋,「유마경에 의한 보살사상」(西義雄,『보살사상』, pp.93~98).
222 대정장 38, p.876상, "智度菩薩母, 方便以爲父, 是淨名父母, 卽爲淨名經宗, 又此
經所興, 正起於疾, 疾是方便, 方便由實, 故以二智爲宗, 又此經名維摩詰經, 以菩
薩爲教主, 正以二智名爲菩薩, 方便實慧, 不同凡夫, 實慧方便, 簡非小道, 又方便
實慧, 名爲菩薩, 實慧方便, 名摩訶薩, 故以成菩薩法, 爲菩薩經宗."

세존이시여, 내가 비록 불과 문수사리를 좇아 백천 경을 들었으나, 이 불가사의 자유신통 결정실상경전을 아직 듣지 못하였는데, 내가 불이 설한 바 의취를 이해한 것과 같이, 저 중생도 이 경법을 들어 신해수지 독송하는 이는 이 법을 의심하지 않을 것입니다.[223]

라고 하는 곳에서 「불가사의 자유신통 결정실상경전」이라 말하고 있는 점에서 보면, 신통을 나타내는 방편지와 실상을 비추는 실지의 권실이 지로써 경의 종지로 하는 제4설은 사실 제1설과 다름이 없으며, 또한 이 권실이지는 또 보살의 관과 행에서의 보살행에 다름 아닌 것이라 볼 수 있다.

그렇다면 동시대 신행의 생각은 어떤 것이었을까? 신행의 보살행에 대해서는 앞에서 본 『속고승전』의 「신행전」에 잘 나타나고 있으며,[224] 또 『삼계불법』의 핵심적인 교리내용, 즉 인악과 보경에서도 잘 알 수가 있다.[225] 게다가 이 보살행은 신행의 삼계교 초기의 구성원이었던

---

223 대정장 14, p.556상, "世尊, 我雖從佛及文殊師利聞百千經, 未曾聞此不可思義自由神通決定實相經典, 如我解佛所說義趣, 若有衆生聞是經法, 信解受持讀誦之者, 必得是法不疑."

224 『속고승전』 「신행전」에 의한 기록, 즉 "至年四歲, 路見牛車沒泥牽引, 因悲泣不止, 要轉乃離"이라는 내용에서도 신행의 보살 정신으로의 실천은 어렸을 때부터 몸에 붙은 것임을 알 수가 있다. 또 그가 지극하게 실천한 '상불경보살'의 정신에서도 신행의 보살 정신을 읽을 수가 있다.

225 신행의 모든 교설의 주체적인 이해와 예민한 중생의 현실 인식과, 그리고 무엇보다 그 자신의 참된 자기 성찰로부터 나타난 것이 삼계교의 중심 사상이라 말할 수 있는 '인악 보경' 사상이다. 즉 구제하지 못하는 것은 없다고 하는 보경 사상과, 자신의 악을 철저히 파악하며 어찌할 수 없는 삼계의 근기를 인식하는

166

승읍僧邕의 행동에서도 알려지고 있다. 즉 홀로 수행해 왔던 승읍의 자리自利의 산림불교는, 신행의 권유로 이타利他라는 취락불교 쪽으로 방향을 전환하여 그의 활약이 보이고 있는 것이다. 그 내용은『속고승전』권제19「승읍전」에,

신행 선사는 불법으로 세상 이인異人들을 밝혀, 새로운 도로써 당근當根의 업을 익히게 하여 세상을 은둔한 읍(僧邕)에게 알려 사람에게 이르되 "수도는 그 행을 세움에 있어서 먼저 중생 제도를 할 것이요, 홀로 자신의 몸만 이롭게 한다는 것은 듣지 못하였다. 큰 이익의 비춤을 유속에게 다하기 위해 산을 내려와 조우하여 행상과 정절을 같이 하자"라고 하였다.[226]

라고 해서, 신행의 부름에 따라 자리自利의 수행을 버리고 이타의 홍익을 선택한 승읍의 결정은 참으로 유마의 보살행을 방불케 하고 있다.

그러한 유마의 보살행을 고찰해 보면,『유마경』권상「방편품」제2에,

백의(속인)라 해도 사문 청정의 율행을 받들고, 집에 있으면서 삼계에

인악 사상의 보살 사상은, 화엄의 지엄도 일천제의 병을 없애기 위한 불법으로써 『대근기행법』의 보경과 인악의 부분을 충실히 인용하고 있는 것이다.

[226] 대정장 50, p.584상, "信行禪師, 深明佛法, 命世異人, 以道隱之晨, 習當根之業, 知邑遯世幽居, 遣人告曰, 脩道立行, 宜以濟度爲先, 獨善其身非所聞也, 宜盡弘益之方照示流俗, 乃出山與行相遇同脩正節."

집착 않고, 처자가 있음에도 언제나 범행을 닦는다. 권속이 있어도 항상 원리遠離를 즐기며, 보식寶飾을 입는다고 하여도 상호로써 몸을 장식하며, 음식을 취하나 선열을 맛으로 한다. 만일 박혁(도박)과 희처戲處에서는 사람을 제도하며, 모든 이도異道를 받아들인다 해도 정신正信을 허물지 않고, 세전世典에 밝다고 해도 항시 불법을 즐긴다.[227]

라고 하듯이, 스스로 선미를 향수하여 다른 쪽은 뒤돌아보지 않는 것이 '박縛', 즉 유마 식의 표현을 빌리면 무박無縛의 박縛이다.

이것에 대해서 오도五道에 생사유전하고 다른 쪽을 교화시키면서 더욱 선미를 향수하는 것이 '해解', 즉 유박有縛의 해解이다. 그렇다면 해解와 박縛을 설해 진실한 보살행을 밝히고 있는 것에서 신행의 영향을 볼 수 있는 것을 아닐까? 만약 이 논리가 성립된다면 신행과 승용의 결정은 자오自悟를 체념하고, 각타覺他의 중생교화를 통해서, 삼계교는 이미 참 보살행이라는 개념이 실천되었다고 생각할 수 있다.

2) 『유마경』의 발보리심과 삼계교의 보리심

『유마경』의 보살행을 고찰하는 데서, 길장의 『유마경의소』의 「불도품」 제8에 다음과 같이 설하고 있다. 즉

---

227 대정장 14, p.539상, "雖爲白依奉持沙門淸淨律行, 雖處居家不著三界, 示有妻子常脩梵行, 現有眷屬常樂, 雖服寶飾而以相好嚴身, 雖復飮食而以禪悅爲味, 若至博奕戲輒以度人, 受諸異道不毁正信, 雖明世典常樂佛法, 一切見敬爲供養中最."

보살(大士)의 발심에는 두 종류가 있다. 하나는 불도를 구하는 것이고, 또 하나는 중생을 제도하는 것이다. 또 불에는 두 가지의 뜻이 있어 하나는 자오自悟이고, 또 하나는 각타覺他이다. 도에도 양의兩義가 있는데 그 중 하나는 허통虛通으로 자재무애를 말하며, 또 하나는 차색遮塞으로 모든 사邪를 막는 것이다. 불은 능증지인能證之人이고, 도는 소득지법所得之法이다. 명名에도 둘이 있으나 특별히 양체兩體가 있는 것은 아니다. 즉 허통虛通을 깨닫는 것이 도道이며, 허통의 각의覺義를 불佛이라 이름하는 것이다.[228]

라고 하는 것처럼, 보살이 불도를 향해 어떻게 수행하는가에 대해서 설명하고 있는 것에서, 불과 도를 둘로 나누어 각각 허통虛通의 각의覺義를 불이라 이름하며, 허통을 깨닫는 것이 도라고 주장하고 있다.

그렇다면 삼계교도는 어떻게 하여 보살심을 발하고 불도를 향해 수행했던 것일까? 삼계교의 보리심[229]을 밝히고 있는 『대근기행법』을

---

[228] 대정장 38, p.970하, "大士發心, 凡有二種, 一求佛道, 二度衆生…佛有二義, 一者自悟, 二曰覺他, 道亦兩種, 一者虛通, 謂自在無碍, 二曰遮塞, 二衆邪莫遊, 佛爲能證之人, 道是所得之法, 在名雖二, 而無別兩體, 卽覺虛通爲道, 卽虛通覺義名佛."

[229] 삼계교도의 발보리심법의 사상적 특징에 대해 다음과 같은 설이 있다.
1) 먼저 '사인死人불법'이라는 개념으로 삼계교의 중심 사상의 하나로 '보경' 사상이 있다. 즉 타인을 여래장, 불성으로 철저히 존경하고 자기를 일천제로 하여 철저히 참회하는 것이 그 중요한 내용으로서, 『대근기행법』 중에는 보경의 실천을 '사인불법'이라고 설하고 있는 곳이 있다. 그러나 '사인불법'의 의미는 다른 삼계교 문헌에는 그 기술이 눈에 띄지 않고 '발보리심법' 안에서만 그 의미가 해명되고 있다. 그것을 간략히 나타내면,
① 눈(眼)은 어떠한 경우에도 타인의 옳고 그름을 보고, 타인의 장단長短을 보고,

보기로 하자.

경전 중에서 보리심을 배우기 위해 견법見法과 행법行法을 배우는
분야에 대한 내용을 밝힌다. 그것에는 이단二段이 있다. 하나는 수행을
하는 사람, 또 하나는 행법이다. 제일대단第一大段에 수행하는 사람을
밝힘에 두 개의 자단子段이 있는데, 첫째로 수행을 하는 사람의 보普와
별別이라는 두 가지 근기根機의 구별 내용을 밝힌다. 둘째로 수행을
하는 사람이 실천하는 가르침과 시절의 구분을 보는 내용을 밝힌다.

타인의 선악善惡을 보아서는 안 된다. 사정邪正, 진위眞僞, 대소에 대해서도 마찬가
지다. 바로 죽은 사람의 눈과 같이 해야 할 것이다.

②귀는 어떠한 경우에도 타인의 시비, 장단 등을 들어서는 안 된다. 바로 죽은
사람의 귀와 같아야만 할 것이다.

③입은 어떠한 경우에도 타인의 시비, 장단 등을 말해서는 안 된다. 바로 죽은
사람의 입과 같아야만 할 것이다.

④마음은 어떠한 경우에도 타인의 시비, 장단 등을 알아서는 안 된다. 타인의
시비, 장단 등을 싫어하지 않고 타인의 시비, 장단 등에 화를 내서는 안 된다.

⑤몸(身)은 어떠한 경우에도 타인의 시비, 장단 등을 다스리고 벌해서는 안
된다. 바로 죽은 사람과 같이 해야만 할 것이다. 예외로서 자기自己에 관해서는
오직 시비, 호악好惡, 장단 등을 스스로 보고, 말하고, 듣고, 알고, 성내고, 다스리고
벌하는 데 철저해만 할 것이며, 바로 살아 있는 사람의 신구의身口意 등과 같아야만
할 것이다.

2) 또 하나의 특징은 유교와 도교에 관한 태도가 매우 명확하게 나타나 있는
점이다. 즉 "범부는 색맹이라 마음이 동해야 뜻을 일으킨다. 만일 남의 시비,
장단을 보려 할진댄 항상 일부의 전도顚倒가 있어 부지불각에 아비지옥의 인연을
지으며, 일체 경율론 내지 유교, 도교 등에서도 호악, 장단, 대소, 내외 등을
설하지 않으며…"라고 말하여 그 존경해야 할 대상을 불교 내에 한정하지 않고,
외도의 사람과 사상도 포함하고 있음을 명확히 하고 있다.

제일단第一段에, 수행하는 사람의 보普와 별別 두 가지 근기根機의 구분에 관한 내용을 밝히는 것에는 2종種이 있다. 첫째는 보普와 별別 두 가지의 근기가 연緣에 의해 바뀌기도 하고, 바뀌지 않기도 하는 내용에 대해서 밝힌다. 그것에 2종이 있다. 첫째 보普의 근기는 강하고 특별한 연緣에서 나와 약한 보普의 연緣에 의해서 (보리심을) 남긴다. 한번 발심하고 나면 그 다음은 그냥 진전되어 물러나지 않는다. 때문에 본래 보근普根이었다는 것을 알 수가 있다. 둘째로 강한 보普의 연緣에서 생겨 약한 별別의 연緣에 의해서 (보리심을) 일으킨다. 한번 발심하고 나면, 그 후에는 그냥 순조롭게 나아가서 물러서는 법이 없다. 고로 본래 별근別根이었음을 알 수가 있다. 둘째로 수행을 하는 사람이 병이 있는지 없는지의 구별에 관한 내용을 밝힌다. 거기에 2종이 있다. 하나는 체體가 별別의 근기인 12종의 전도중생을 밝힌다. 그 중에 이단二段이 있다. 첫째로 병에 대해서 밝힌다. 둘째로 행行에 대해서 밝힌다. 먼저 병에 대해서 밝힌다는 것에는, 그 가운데 두 가지가 있다. 하나는 근본의 병에 관하여 밝힌다. 그 다음에는 연緣에 대응해서 과過를 불리고 있는 것에 대해서 밝힌다. 근본의 병에 관해서 밝히는 것에는 3종種이 있다. 첫째로 인因이란 내심內心의 탐·진·치가 그것이다.[230]

---

230 『연구』별편, p.127, "又明依脩多羅內學發菩提心見法行法分齊義, 於內有兩段, 一者能行人, 二者所行法, 第一大段, 明能行人者, 於內有兩子段, 一者明驗能行人普別兩根分齊義. 二者明能行人見所行法及時節分齊義. 第一段, 明驗能行人普別兩根分齊義者, 有二種, 一者明普別兩根從緣轉不轉義, 有二種, 一者普根從强別緣出, 由弱普緣發, 一發後已, 唯進不退, 故知, 從本來是普根, 二者從强普緣出, 由弱別緣發, 一發後已, 唯進不退, 故知, 從本來是別根, 二者明驗能行人有病

이를 보면 번잡함이 없지 않지만, 일단 보리심을 일으키기 위한 것으로 견법見法과 행법行法의 내용을 밝히는 곳에서 수행하는 사람을 보普와 별別, 두 가지의 근기根機로 나누고, 거기에 또 두 가지, 즉 연緣에 의해 바뀌고 바뀌지 않는 내용에 대해서 명확히 하고 있다. 그런데 여기서 명확히 하고 있는 것은, 삼계교가 생각하고 있는 보리심은 두 가지 근기의 동기야 어떻든 간에 결론적으로 말하면 '한번 발심하고 나면, 그 후에는 그냥 나아가는 것으로 물러서는 법이 없다'라고 하는 보리심에 대한 강한 믿음을 들 수 있겠다. 더욱 특징적인 것은, 수행하는 사람의 병이 있는지 없는지를 묻고, 게다가 또 병病과 행行에 대한 구분을 하고, 그 구분에 의해 상세하게 논하고 있는 것은 삼계교의 독자적인 창의성이라 말하지 않을 수 없다.

어쨌든 이렇게 『유마경』이 시종일관해서 보살행을 설하며 그것이 취지인 것이 확인되었지만, 위에 서술한 병에 관한 삼계교의 깊은 고찰은 『유마경』의 「문질품」에서도 같은 맥락으로 엿볼 수 있는 것이다.

병이 있는 보살은 반드시 모든 법에 대해서 다음과 같이 관해야 한다. 육신이란 무상無常하여 고통이고, 또한 공空이고 내가 아니다. 이것을 이름하여 혜라 한다. 육신에 병이 있다 할지라도 생사에 상주하고, 일체중생의 이익을 위해 염권(싫증)이 없는 것을 방편이라 이름하

無病分齊義, 於內有二種, 一者明驗體別根機十二種顛倒衆生, 於內有兩段, 一者就病驗, 二者就行驗, 第一就病驗者, 於內有二, 一者就根本病驗, 二者就對緣長過驗, 就根本病驗者有三種, 一者因, 卽內心貪瞋痴是."

며…… 비록 몸에 병이 있어 영멸하지 않는 것을 방편이라 이름 붙
여…… 이런 이유로 보살은 조복하는 마음이나 조복하지 않는 마음에도
마땅히 주하지 않는다. 이 두 법을 여의는 것이 보살행이다.[231]

이와 같이 보살행에 대한 처방을 내리어 병을 고치는 것을 요점으로
하고 있다. 그런데 삼계교의 병에 관한 처방도 두 가지가 있는 것을
알 수 있다. 즉 '첫 번째는 근본의 병에 관해 말하고, 둘째로는 연緣에
대응해서 과過를 늘리고 있는 것에 대해서 밝히고 있다. 또 근본의
병에 대해 밝히고 있는 것을 3종으로 나누고, 그 하나의 원인으로
내심의 탐·진·치가 있다'라는 지적은, 마음을 중심으로 한 처방이라
것에서 『유마경』의 종지와 서로 통하는 것이 있다고 말할 수 있다.
이렇게 고찰하면 『유마경』에서 "몸을 관觀하는 것에, 몸은 병을 떠나지
않고, 병은 또 몸을 떠나지 않는다. 병과 육신이 새롭지 않는 까닭에
이것을 이름하여 혜慧라 한다"라는 신심身心에 대한 부분은, 삼계교에
있어서는 극악한 삼계三階 중생의 병을 치료함에 직면하여, 시대와
사람의 근기에 대한 더 깊은 관찰을 필수요인으로 하고 있었던 부분이라
말할 수 있다. 다음은 불국토 사상에 있어, 삼계교의 정토관을 고찰해
보기로 하자.

---

231 대정장 14, p.545중, "彼有疾菩薩應如是觀諸法, 又復觀身無常苦空非我, 是名爲
慧, 雖身有疾常在生死餘益一切, 而不厭倦是名方便 … 身不離病, 病不離身, 是病
是身非新肥故, 是名爲慧, 設身有疾而不永滅, 是名方便…是故菩薩不當住於調
伏不調伏心, 離此二法是菩薩行."

3)「불국품」의 사상과 삼계교의 정토관

「불국품」은『유마경』전체 사상을 나타내는 가장 중요한 부분이다. 그「불국품」중에서 불국의 문제는 보적寶積이 게송으로 세존을 찬탄하고 '불국토 청정'에 대해 질문하는 것에서부터 시작되는데, 경의 기술은 매우 함축적으로 여러 해석을 받아들일 수 있는 여지를 둔다. 때문에 「불국품」은『유마경』중에서 가장 중요하면서도 난해한 부분인 것이다. 특히「불국품」의 기술에는 정토의 종류에 셋이 있는 것을 알 수 있다.

세존이여, 이 오백장자의 자子는 모두 아뇩다라삼막삼보리에 마음을 일으켜, 불국토의 청정을 얻는 것을 묻고 염원하는데 오직 하나 바라는 것은, 여러 보살의 토土를 청정하게 하는 행을 설하소서.[232]

(세존이시여, 리챠비 등의 오백 명의 젊은이들은 모두 무상정등각無上正等覺에 발심하고 있습니다. 그들도 또한 보살들이 불국토를 청정케 하는 것이 어떤 것인가를 알려고 하여, 이것을 묻고자 합니다. 여래께서는 그들 보살에게 '불국토를 청정케 해 기쁘게 하는 것'을 잘 설해주소서.)

이 구마라집의 번역은 (티베트 역보다) 사실 반드시 정확한 번역은 아니다. 즉 구마라집은 '불국토 청정'과 '정토지행淨土之行'을 구별하고 있는데, 티베트 역은 같은 뜻이라 풀이하고 있다. 그래서 옛날부터 이 의미가 어렵게 해석되어 왔다. 예컨대 승조가 지은『주유마힐경注維

---

232 대정장 14, p.538, "世尊是五百長者子, 皆已發阿多羅三莫三菩提, 願聞得佛國土 淸淨, 唯願世尊, 說諸菩薩淸淨之行."

『摩詰經』권1을 보면,

> 승조 왈…… 원컨대 불이 얻은 정토의 뛰어난 점에 대하여 듣고자
> 합니다. 땅이 청정한 바, 어찌 그 청정을 장엄하나이까? 필히 행을
> 연유한 고로, 청하건대 그 행을 설하여 주소서. 범행은 반드시 학지學地
> 에 있음이라. 고로 보살이 이 질문과 함께 여래의 미지微旨를 나타
> 내네.[233]

라고 하고 있다. 더욱이 성덕태자의 『유마경의소』를 보면, 그것을
받아들여 '정토지행'은 '보살의 정토지행'이고, 이것을 인因으로 하여
'불국토 청정'이 되며, '득불시지극정토得佛時之極淨土'의 과果를 얻은
것이라 하고, 보적寶積은 여기서 인因과 과果에 대해 청문請問한다고
해석하고 있다.[234]

하여튼, 불국토를 청정하게 한다는 것은 어떠한 내용인가? 또 어떠한
의미를 가지고 불국토가 건립되었는가? 이 질문에 대해서『유마경』에
서 세존은 제일 먼저 "중생이 보살의 정토이다"라고 설하고 있다. 즉

> 보적이여, 중생의 부류는 보살의 불토이다. 왜 그러한가? 보살은
> 중생을 교화하는 바에 따라서 불토를 취한다. 조복하는 곳의 중생을

---

233 대정장 38, pp.334상~중, "肇曰… 願聞佛所得淨土殊好之事 … 土之所以淨, 豈技
飾之所能淨之, 必由行故, 請說行也, 凡行必在學地, 故菩薩, 此問乃至如來現蓋
之微旨."

234 安井廣濟,「유마경의 연구」(橫超慧日 편,『북위불교의 연구』, p.263)

따라서 불토를 취하고, 여러 중생의 응함에 따라 어느 나라에서 불의
지혜에 들어가야 하는가에 따라서 불토를 얻는다. 여러 중생에 응함에
따라 어느 나라에서 보살의 근根을 일으키느냐에 따라서 불토를 얻는
다. 왜냐하면 보살의 정국淨國을 얻는 것은 모두 여러 중생을 이익
되게 하는 것이기 때문이다.[235]

이렇게 불국토는 중생의 세계 안에서 나타나야 하며, 모든 중생을
이익 되게 하고 정화시키며, 구제하는 보편적인 진실성을 가진 각타覺他
가 되지 않으면 안 된다고 하는 것이다. 때문에 보살은 교화하는 중생과
조복하는 중생을 따르고, 또 모든 중생을 이익 되게 하기 위해 불국토를
얻기에, 중생이 보살의 정토라는 논리가 나타나고 있는 것이다.

둘째는 '보리심이 정토다'라는 유심정토설唯心淨土說이다. 이에 대해
『유마경』은,

마땅히 알라. 직심直心은 보살의 정토이다. 보살이 성불할 때 중생의
나라에 내생來生하는 것을 아첨하지 않으며, 심심深心이 보살의 정토이
다. 보살이 성불할 때 공덕을 구족하여 중생의 나라에 내생하는데,
보리심이 곧 보살의 정토가 된다. 만약 보살이 정토를 얻으려 한다면
참으로 그 마음을 깨끗이 해야 할 것이다. 그 마음의 깨끗함을 따라서
불토가 청정하게 된다.[236]

---

235 대정장 14, p.538상, "寶積, 衆生之類是菩薩佛土, 所以者何, 菩薩隨所化衆生,
而取佛土, 隨所調伏衆生而取佛土, 隨諸衆生應以何國入佛智慧而取佛土, 隨諸
衆生應以何國起菩薩根而取佛土, 所以者何, 菩薩取於淨國, 皆爲餘益諸衆生故."

176

라고 하여 직심直心·심심深心·보리심菩提心이 정토이고, 일체의 중생이 청정한 나라에 내생하기 위해서는 육바라밀, 사무량심, 사섭법四攝法, 방편, 삼십칠조도품, 회향심과 삼악三惡, 팔란八難이 없고 스스로 계행을 지켜 사람의 잘못을 비방하지 않을 것이며, 십선十善 등의 행법을 통해서 불국토가 청정하게 되어야 모든 중생이 그 정토에 내생한다고 하는 것이다.

셋째는 '이 땅(此土)이 정토'라는 설로, 이것은 사리불의 의문에 세존이 답하는 것이다.

보리심이 청정함에 따라 불국토가 청정하게 된다. 그런데 현실의 중생세계는 왜 부정하게 보이는 것일까. 이에 대해 세존은 "해와 달을 볼 수 없는 것은 맹인이기 때문으로, 해와 달의 잘못이 아닌 것이다. …… 이처럼 중생의 죄가 깊어서, 여래의 불토장엄을 볼 수 없는 것은 여래의 잘못이 아니다. 사리불이여 여래의 나라가 청정한 것을 그대는 볼 수 없다"라고 하셨다.[237]

중생의 죄가 깊은 것이 원인이며, 수행을 통한 보살만이 그것이

---

236 대정장14, p.538중, "當知直心是菩薩淨土, 菩薩成佛時不諂眾生來生其國, 深心是菩薩淨土, 菩薩成佛時具足功德眾生來生其國, 菩提心是菩薩淨土 … 若菩薩慾得淨土, 當淨其心, 隨其心淨, 則佛土淨."

237 대정장14, p.538하, "若菩提心淨則佛土淨者, 我世尊本爲菩薩時意豈不淨, 而是佛土不淨若此, 佛知其念卽告之言, 於意云何, 日月豈不淨耶, 而盲者不見, 對曰不也, 世尊, 是盲者過非日月咎…衆生罪故不見如來佛土嚴淨, 非如來咎, 舍利弗, 我此土淨而汝不見."

가능하다고 말하고 있는 것이다.

　그렇다면 이쯤에서 삼계교의 정토관을 구체적으로 살펴보기로 하자. 전술한『유마경』에서는 정토의 종류를,

　①중생이 곧 보살의 정토
　②보리심이 정토
　③차토此土가 정토

라고 하는 것에 대해서, 삼계교는 어쨌든 그 독특한 근기根機의 구별로부터 '정토'를 해석하고 있음을 알 수가 있다. 삼계교의 사상을 끝까지 추구하면 '보경普敬'과 '인악認惡'인데,[238] 이것은 즉 모든 살아가는 생명을 본래의 불, 미래의 불로써 널리 경배하는 것(普敬)과 자기 안에 숨어 있는 악惡을 인정하는(認惡) 것이다.

　그 중에서 인악은『대근기행법對根起行法』에서 12종의 전도顚倒된 것으로 나타나고 있다.

　①기심전도其心顚倒
　②선악양종전도善惡兩種顚倒
　③내외4종전도內外四種顚倒
　④일체경율론 상설순설전도一切經律論　常說純說顚倒
　⑤7종별악전도七種別惡顚倒
　⑥육부경설최다전도六部經說最多顚倒

---

238 木村淸孝,「지엄·법장과 삼계교」(『인불학』27~1).

178

⑦ 11부경설사진전도十一部經說邪盡顚倒

⑧ 4부경설전도四部經說顚倒

⑨ 양부경설순전도兩部經說純顚倒

⑩ 양부경설상전도兩部經說常顚倒

⑪ 32종 편병자타구견 진정주지불법 자리이타전도
　三十二種 偏病自他俱見 眞正住持佛法 自利利他顚倒

⑫ 멸삼보 성삼재진전도滅三寶 成三災盡顚倒

이는 신행에 의한 모든 교설의 주체적인 이해와 함께 중생의 근기에 따른 현실의 인식, 그리고 무엇보다 신행 자신의 올바른 자기 성찰의 표명이라 보아 좋을 것이다. 이와 같이 전도로 억눌려진 악은 '단악수선 斷惡修善'의 악으로 삼계교의 『대근기행법』에 나타나고 있으며, 그 속에서 정토 인과를 논하고 있다.

돈황본 『대근기행법』에는 정토 인과를 다음과 같이 나누고 있다.

제3단, 정토의 인과를 밝힌다. 그 안에 3단이 있다. 하나는 제일계의 정토인과, 둘은 제이계의 정토인과, 셋은 제삼계의 정토인과이다.[239]

즉 근기의 구별에 따라 정토의 인을 닦고, 과를 얻는 주체는 각자의 모든 근기라고 하는 해석을 하고 있다. 그 내용을 자세히 보면,

---

239 『연구』 별편, p.140, "第三段, 明淨土因果, 於內有三段, 一者第一階淨土因果, 二者第二階淨土因果, 三者第三階淨土因果."

단악에는 2종이 있다. 하나는 불법에 들어오기 이전의 악을 끊는 것이고, 또 하나는 불법에 들어오고 난 후의 악을 끊는 것이다. 불법에 들기 이전의 악에 5단이 있다. 첫째로 태어나면서부터 좋아하는 것만 취하기를 원한다. 재가에서 모든 좋은 것과 일체의 좋은 방사, 와구, 음식, 의복, 좋아하는 명리 등 모든 것을 스스로 받으려 한다. 둘째는 태어나면서부터 나쁜 것을 취하려 하지 않는다. 모든 고통스런 것, 모든 나쁜 방사 및 나쁜 명리 등에 이르기까지 모든 것을 타인에게 전가하려 한다. 셋째는 대담부적大膽不敵이다. 태어나면서부터 다른 이의 악을 일으켜, 서로 간에 화를 내고 때리고, 관리가 되어서는 다른 사람에게 명령하기를 즐긴다. 넷째는 태어나면서 화가 많다. 자주 남을 꾸짖고, 다른 일체중생을 죽인다. 다섯째는 출세하기를 원하여 모든 사람들의 주인이 되기를 바라고 법주가 되기를 바란다. 이들 5단은 불법에 들기 이전의 악이나, 단 불법에 들어온 이후 철저히 수행하여 이들의 5단계의 악을 끊으면 정토에 날 수가 있다. 불법에 든 이후의 악에도 2종이 있다. 하나는 비악도非道惡, 또 하나는 사악도似道惡이다. 비악도 중에는 3단이 있다. 첫째는 10악죄로 5중五重이 있는데 위에서 이미 광설했다. 둘째는 5역죄로 부모를 죽이고 불신佛身으로부터 피를 흘리게 하고, 진인라한眞人羅漢을 죽이고, 화합 승려를 갈라놓고, 탑사塔寺를 파괴하고 경권을 불태운다. 셋째는 4종금죄四種禁罪이다. 사악도似道惡 중에도 양단兩斷이 있다. 하나는 사악도, 또 하나는 증병악增病惡이다.[240]

---

240 위와 같음, pp.142~143, "斷惡者, 於內有二種, 一者斷未入佛法已前惡, 二者斷入佛法已來惡, 未入佛法已前惡者, 於內有五段, 一者性樂受好, 在家一切好事, 一

이렇게 삼계교의 정토의 인因이 '단악'과 '수선修善' 2종으로 세분되어 있는 것을 알 수 있다. 그리고 '단악', 즉 불법에 들기 이전의 악이라도 불법에 들어 온 이후 철저히 수행하여, 이 5단악을 끊으면 정토에 날수가 있다고, 삼계교는 제삼계에 대한 정토의 개념을 정리하고 있는 것이다.

이렇게 신행의 저술인 『삼계불법』, 『대근기행법』, 『삼계불법밀기』 등의 삼계교적에는 『유마경』을 요설要說로 인용하고 있고, 특히 왕생정토에 관한 8법八法을 요목要目으로 채택하고 있는 것이다.[241]

그런데 이것은 삼계교에서 있어서 정토의淨土義의 진상규명의 단서를 부여하는 것으로 주의해야 할 것이라는 지적도 있다.[242] 그러면 삼계교와 『유마경』의 8법에는 어떤 관련이 있는 것일까? 『유마경』의 「향적불품」 제10의 내용을 보자.

유마힐에 이르길, 보살은 8법으로 성취하는데, 이 세계에 부스럼과 혹이 생함이 없이 정토에 행하려면 그 어떤 것이 8가지가 되는가?라고

切好房舍・ 臥具・飮食・衣服・好名利等, 皆悉自受, 二者性不受惡, 一切苦作, 一切惡房舍, 及惡名利等, 皆悉推與他, 三者大膽胸襟, 性覓他惡樂, 相瞋相打, 樂作官府言他等, 四者性多瞋, 好瞋他, 殺他一切衆生, 五者樂出頭, 樂作種種人主法主等, 上來五段, 未入佛法已然惡, 但得入佛法已去, 能徹倒段却上五階惡者, 卽得生淨土, 入佛法已來惡者, 有二種, 一者非道惡, 二者似道惡, 非道惡者於內有三段, 一十惡, 有五重, 上已廣說, 二五逆, 殺父害母佛身血殺眞人羅漢, 破和合僧破塔壞寺梵燒經卷, 三者四種, 似道惡者, 於內有兩斷, 一者似道惡, 二者增病惡."

241 『연구』, p.328.
242 橋本芳契, 『유마경의 사상적 연구』, pp.88~90.

하여 그것을 요약하고 있다. 그 8가지는 다음과 같다.

① 요익중생餘益衆生, 이불망보而不望報
② 대일체중생수제고뇌代一切衆生受諸苦惱, 소작공덕진이시지所作功德盡以施之
③ 등심중생等心衆生, 겸하무애謙下無碍
④ 어제보살시지여불於諸菩薩視之如佛, 소미문경문지불의所未聞經聞之不疑
⑤ 불여성문不與聲聞, 이상위배而相違背
⑥ 부질피공불고기리不嫉彼供不高己利, 이어기중조복기심而於其中調伏其心
⑦ 상성기과常省己過, 불송피단不訟彼短
⑧ 항이일심구제공덕恒以一心求諸功德, 시이팔법是爲八法[243]

이 중에서 ③의 겸하무애謙下無碍와 ⑥의 불고기리不高己利, ⑦상성기과常省己過, 불송피단不訟彼短이라고 하는 것은, 참으로 삼계교의 중심교리로서 바로 보경普敬과 인악認惡에 다름 아닌 것이다. 이것은 신행이 권장한 어리석은 자도 스승으로 삼는다고 하는 '겸하謙下의 고양高揚'이란 생활윤리와 잘 합치되고 있어서, 대체적으로 '8법'은 사회적 의의에 매우 잘 맞는 강력한 실천 도덕의 취지였음을 알 수가 있다. 즉 삼계교는 말법의 제삼계시第三階時에 있어서 가장 적절한 종교적 도법으로써 『유마경』의 경구를 채택해서 발휘, 고양시키는

---

243 대정장 14, p.553상~중.

일에 진력하였다고 생각된다.[244]

이와 같이 '8법'이란 삼계교에서의 보경의 관념으로 생각할 수 있는 것인데, 이러한 삼계교의 보경의 교설은 일체의 법 내지는 일체의 사람에 대해 차별을 인정하지 않고 애증경중愛憎輕重을 설설하지 않는 까닭에 당연히 보불사상普佛思想의 귀결이 된다[245]고 생각할 수 있다.

그러면 이러한 신행의 보경이라는 교설[246]을 지엄智儼의 「화엄오십요문답華嚴五十要問答」에서는 어떻게 주장을 하고 있는가를 보기로 하자.

제1에 널리 존경하는 것에 대하여 밝힐 것은, 그 안에 8단이 있다. 1은 여래장으로 2종이 있다. 1은 법에 대한 설명이다. 여래장이란

---

244 同 33).

245 『연구』, p.485.

246 西本照眞은 "신행의 적멸은 594년 정월 4일이며, 일본 소재 『삼계불법』(592)에서는 '보경'·'8종불법'·'인악'·'12전도' 등의 용어가 확립되어 있지 않고, 돈황본 『삼계불법』(593)과 『대근기행법』(593)의 양자에 보이는 것 같은 체계화는 아직까지 되어 있지 않다"고 말하고 있다. 그런데 필자는 신행의 장안 입성년(589)을 고려할 때 이미 『삼계불법』의 윤곽은 어느 정도 성립되었다고 생각된다. 이는 일본 소재 『삼계불법』 권3에 보이는 "8종 최대 선구족중생(八種最大善具足衆生)"이란 말에서 나타나고 있다. 즉 "十六者明一切第三階佛法內, 一切利根空見有見衆生, 作行壞體壞戒見俱破顚倒九種人, 一切十七種等最大惡, 文當義當, 一切三乘根機衆生, 莫問一切大乘小乘一種相似, 皆悉普常一向唯純普學一切空有普歸一切三寶, 普度一切衆生, 普斷一切惡, 普修一切善解行等八種最大善具足於四天下無餘等者, 猶是佛所不攝衆生…如大方廣十輪經第五卷減(減)半已前說, 何以故, 明八種最大善具足衆生."(『연구』 별편, p.370)이라는 인어人語와 같이한 경설을 인용한 부분으로 8종 불법의 전단계라고 할 수 있는 의미로 사용되고 있다.

모든 불, 보살, 성문, 연각, 내지 육도중생들의 본체다. 2에는 비유에 의한 설명으로 5단이 있다. …… 2에 불성에도 법과 비유에 의한 2개의 설명이 있다. 불성이란, 모든 범부와 성인의 인因이다. 모든 범부와 성인은 모두 불성에 의해 생장生長하는 것이다. 비유에 의한 설명이란, 예를 들면 유乳가 락酪의 인이라는 것과 같다. 모든 락은 모두 유로부터 생한다는 것은 일종으로 비슷하다. 3에 당래불이란, 모든 악사중惡四衆들은 현재는 삿된 선행을 행하지만 반드시 장래는 불이 되는 것이다.

2는 모든 육도중생의 본체는 여래장 바로 자체로, 따로 병명이나 별상은 없으므로 무명무상無名無相이라 한다. 2는 보진보정불법普眞普正佛法이다. 묻지 마라. 사인邪人이 배워도 진정眞正을 얻고, 정인正人이 배워도 진정을 얻는다. 왜냐하면 여래장·불성이라는 본체는 오직 보법, 진법眞法뿐이므로, 그 가운데 사마邪魔가 들어가는 것은 있을 수 없기 때문이다. 따라서 사인과 정인을 묻지 않고 함께 진정을 얻는다.

3은 두 ○ 무상불법○ ○○○로 2종이 있다. 1에는 일체중생의 본체는 여래장이지만 ○○ 진불眞佛의 이름은 얻지 못함으로 무명無名이라 하며 ○○ 진불의 32상을 얻지 못함으로 무상無相이라 한다.

1는 발단일체제견근본불법拔斷一切諸見根本佛法으로 2종이 있다. 1에는 모든 여래장의 본체에는 성인의 성품이 저장되어, 단지 그 체만을 존경해 선악·사정을 보지 않으므로 발단일체제견근본불법이라 한다. 2는 일체 육도중생의 본체는 여래장으로 다시 별법이 없어, 오로지 4종의 불로 존경하여 육도의 선악 등을 보지 않아 발단제견근본불법이라 한다.

5는 실단일체제언어도悉斷一切諸語言道불법이다. 일체중생에 대해 다만 그 체를 존경해, 선악·육도 등의 이름을 부르지 않으므로 실단일체제언어도불법이라 한다.

6은 일인일행불법一人一行佛法이다. 일인이란 자신만 오직 악인이라는 것이다. 일행이란 『법화경』에서 설함과 같다. 상불경보살은 단지 (예배, 찬탄의) 일행을 행하여 자신 이외에 대해서만 여래장불如來藏佛·불성불佛性佛·당래불當來佛·불상불佛想佛로서 존경한다고 하여 일행一行이라 한다.

7은 무인무행불법無人無行佛法이다. 자신 및 그 외의 일체중생도 같은 여래장으로 별다른 본체는 있을 수 없으므로, 이름하여 (여래장 이외의) 인人이 없고, (여래장 이외의 사람에 의한) 행行도 없는 불법이라 한다.

8은 오종五種의 불간진불법不幹盡佛法으로 2종이 있다. 1에는 이 오법五法을 행하려 한다면 (모든 관계를) 조절해야만 한다. 1은 자타불간섭自他不幹涉이다. 자신을 위해 (타인과의 교섭을) 하지 않고, 사선邪善의 도속道俗과도 왕래하지 않는다.[247]

---

247 대정장 45, pp.532중~하, "第一段, 明普敬者, 於內有八段, 一者如來藏, 有二, 一者法說, 如來藏是一切諸佛菩薩聲聞緣覺, 乃至六道衆生等體, 二喩者, 有五段 … 二佛性者, 亦法喩竝說, 佛性者, 是一切凡聖因, 一切凡聖, 皆從佛性而得生長, 一切酪, 皆因於乳而得生長, 一種相似, 當來佛者, 一切惡四衆等, 現在雖行邪善行, 一切衆生皆作佛想. 二者普眞普正佛法, 莫問, 邪人學亦得眞正, 正人學亦眞正, 何以故, 如來藏佛性體, 唯是普法, 唯是眞法, 於中無有邪魔得入其中, 是故, 不問邪人正人, 俱得眞正… 三者無名無相佛法, 有二種, 一者, 一切衆生體是如來藏, 未有眞佛名, 故名無名, 未有眞佛三十二相, 故名無相, 二者, 一切六道衆生體唯是如來藏, 更無別名別相, 故名無名無相. 四者拔斷一切諸見根本佛法, 有二種,

이렇게 8단으로 나누어 『대근기행법』의 보경과 인악의 내용을 충실히 인용하고 있음을 알 수 있는데, 이 중에 제1은 『대근기행법』에서는 확실한 과목이 없다. 그러나 돈황본 『삼계불법』에서는 명확히 여래장·불성·당래불當來佛·불상불불법佛想佛佛法이라 하고 있는 것을 볼 수 있다.[248] 그리고 그 제일의 여래장·불성·당래불·불상불불법이 8종 불법 전체의 기반이 되고, 여래장과 불성은 일체중생을 낳게 하는 원인, 혹은 일체중생의 체體로 포착되고 모든 존재를 경배하는 '보경'의 실천이 요청되는 이유가 단적으로 나타나는 것이다.

그런데 보경의 윤리적 근거를 설하는 것에서 시작된 8종 불법은, 실은 제6의 '일인일행一人一行 불법'의 실천으로써 보경이 제기되었는데, 즉

6에는 일인일행불법이다. 1인이란 자신만이 악인이라고 하는 것이다. 일행이란 『법화경』에서 설하는 것과 같다. 상불경행보살은 단지 일행만을 행하는 자신 이외에 대해서만 여래장·불성·당래불·불상불로서

一者, 一切如來藏悉有聖性, 唯敬其體, 不見其惡邪正故, 故名拔斷一切諸見根本佛法, 二者, 一切六道衆生體是如來藏, 更無別法, 唯敬作四種佛等, 不見六道善惡善惡等故, 故名拔斷譜見根本佛法. 五者悉斷一切諸語言道佛法, 一切衆生, 唯敬其體, 不說善惡六道等名, 故名悉斷一切諸語言道佛法. 六者一人一行佛法, 一人者, 自身唯是惡, 一行者, 如法華經說, 常不輕菩薩唯行一行, 於自身己外, 唯有敬作如來藏佛·佛性佛·當來佛·佛想佛等, 故名一行. 七者無人無行佛法, 自身及他一切衆生, 皆同是一如來藏, 無有別體, 故名無人無行佛法. 八者五種不幹盡佛法, 有二, 一者慾行此五法, 唯須調亭, 一自他不幹, 不爲自身, 不共邪善道俗往來."

경배를 했기 때문에 일행一行이라 한다.[249]

이는 위에서 설명한 것과 같은 내용으로서, 신행은 자신 이외의
모든 존재를 여래장·불성·당래불·불상불로 오직 경배한다는 실천을
강조하고 있으며, 이것은 자기의 인악과 상대로의 보경을, 사견邪見의
중생이 그 기機에 당해서 일체의 악을 떠나는 근본적인 실천으로써
제기하는 것이다. 『대근기행법』에는 보경, 인악과 더불어 공관空觀[250]
을 더해, 보법 실천의 구체적인 줄거리를 설하고 있다. 즉 『대근기행
법』에는,

묻기를, 말세 학도에는 사마가 많은데 선근을 파괴하는 걱정은 없는가?
답해 이르되, 없다. 다만 이 보법에 의해서야말로 마의 경계를 벗어나는
것이다. 왜냐하면 행법行法을 구족하는 연고다. 타신상他身上의 8종

---

249 위와 같음, p.524하, 『연구』, pp.132~133, "六者一人一行佛法, 一人者, 自信此是
惡人, 一行者, 如法華經說, 常不輕行菩薩唯行一行, 於自信已外, 唯有敬作如來
藏佛性當來佛佛想佛等, 故名一行."

250 보리심을 일으키기 위해서 어떤 가르침을 실천할 것인가에 대해 『삼계불법』에서
는 소위 보경·인악·공관을 주장하고 있는데 앞의 2자에 대해서는 자세히 밝히고
있다. 그런데 공관空觀의 부분, 第三段, 明空觀者從上來所學解行, 皆從本來畢竟
不可得, 此空觀上三階七方內廣(『연구』 별편, p.137)에 대해서 西本은 삼계의
7법을 설한 곳으로서 4념처를 나타내고 있는 것은 아닐까 하고 추측하고 있는데,
실제로 그 내용은(『연구』 별편, p.115이하) 주로 선정에 들어 있는 수행자의
관찰을 말하고 있다. 이 내용은 상락아정常樂我淨의 4전도四顚倒를 깨는 것으로서,
37조도품三十七道品 중에서 첫 번째인 실천 수행의 방법이기도 하며, 그것은
『유마경』과 삼계교에서도 같이 주장하고 있는 것이다.

불법을 존경하여, 스스로 자기에게 12종의 전도가 있음을 안다면
진에瞋은 생하지 않는다. 일체의 공관空觀, 부정관不淨觀을 하므로 탐貪은
일지 않는다. 이미 탐진貪瞋이 없는 고로 치癡 또한 생하지 않는다.
탐진치가 없으므로 일체의 악도 자연히 쉰다. 예를 들면 일체의 초목은
땅(地)에 의하여 생장하는 것과 같다. 만일 땅이 파괴되면 일체의
수목도 모두 따라서 파괴된다. 일체의 제악도 마찬가지이다.[251]

라고 하여, 보경과 인악에 의해 성냄이 생기지 않고, 공관空觀 등에
따라 탐욕이 일어나지 않고, 따라서 어리석음도 없어지는데, 이렇게
하여 삼독이 소멸하기 때문에 일체의 악이 자연스레 쉬게 된다는 것
이다.

이와 같이 『대근기행법』에는 "당근當根불법은 수의자재隨意自在이
고, 투쟁할 때에도 모든 사람에게 이기듯이, 제악諸惡으로서 해를
입힐 수가 없다면 (그러한 상황에 이르면) 지혜의 마음이 일어나 사경邪
境을 나온다. 만약 정토에 왕생하고 싶다면 제지할 수 있는 것은 없다"라
고 말하고 있다. 이것으로 미루어 보면 삼계교는 『유마경』의 정토의

---

251 『연구』 별편, p.150, "問曰, 末世學道, 邪魔至多, 不畏壞其善根, 答曰, 不畏,
但此普法, 乃至出摩境界, 何以故, 由行法具足故, 敬他身上八種佛法, 自知己身
有十二種顚倒, 瞋卽不生, 作一切空觀不淨觀故, 貪卽不起, 已貪瞋無故, 癡亦不
生, 貪瞋癡無故, 一切惡自然息喻如一切艸木因地生長, 若地壞已一切艸木亦皆
墮壞, 一切諸惡亦復如是, 因三毒故能生諸惡, 若三毒滅者一切諸惡亦皆隨滅, 若
諸惡無者一切邪魔何能得便爲作留難, 喻如多人殺, 一人以刀杖弓箭及以矛口不
能殺得, 此人其力最大過一切人, 此人若慾東西無能製者, 隨意自在學當根佛法
亦復如是, 諸惡不能害已慧心起出邪境, 若慾往生淨土無能製者."

의미 중에서 특히 '보리심이 정토'라는 관념을 취하고 있다. 그러한 것은 중생의 근기로부터 정토를 분류하면서도 '지혜의 마음이 일어나 사경을 나온다'라든가 '삼독심의 소멸'을 구하는 등 마음을 중요시하는 유심唯心정토적인 이해에 중점을 둔 것이 아닐까 생각된다.

어쨌든, 이런 점에서 삼계교는 『유마경』의 영향을 철저히 받았다고 생각할 수가 있겠는데, 그렇다고 해도 삼계교의 깊은 교학으로부터의 관찰, 즉 정토의 의미에 있어서도 훨씬 복잡한 양상을 띠면서 구체적인 내용까지 자가自家의 주장을 표명했던 것은 중요한 부분이라 말하지 않을 수 없다.

4. 결론

『유마경』은 재가거사인 유마힐維摩詰을 내세워 출가를 중요시하는 성문을 끌어내려, 성문은 도저히 성불할 수 없는 것으로 취급하고, 그와 상대한 보살을 비교할 수 없는 존재로서 추앙하고 있다.

이러한 『유마경』 사상은 시대의 풍조로서 선종과 정토종 등에도 크게 영향을 끼쳤는데, 특히 삼계교에도 적지 않은 영향을 미쳤던 것이다.

여기서는 주로 삼계교의 근본 사상인 보경과 인악의 근거가 되는 대근기행법과 또는 보리심에 대해서 『유마경』의 그것과 상응되는 부분을 관련시켜 몇 개의 결론을 유도하여 보았다. 그 중에서 특기할 것은, 앞에서 말한 것처럼 『유마경』이 왕생정토에 관한 '8법'을 요목要目으로 취급하고 있는데, 이 부분이 삼계교의 정토의淨土義 규명에 도움이 될 수 있었다고 주장한 내용이다. 그러나 여기에서 더욱 주의 깊게 살펴야 할 것은, 삼계교가 보다 민중불교에 접근해 있는『유마경』의 대승불교 정신을 출가자뿐만 아니라 한층 더 재가의 포교를 위하여 철저하게 실천의 방향으로 힘을 쏟은 것이다. 특히 한 예로서, 삼계교에서는 구제할 수가 없다고 하는 일천제까지 구하는 자비 정신 또한 곧『유마경』의 지대한 영향이라 보아야 할 것이다.

제5장 삼계교와 무진장원

1. 서론

삼계교의 무진장원에서 수행한 무진장행行은 삼계교의 실천 사상 중에서 독특한 것이지만, 그 무진장이라고 하는 것은 삼계교에서 처음으로 생겨났던 것은 아니다. 그 연원을 보면 인도의 초기불교 사상에 그 영향을 받고 있는 것을 볼 수 있다. 그러나 여기서는 무진장을 중국불교에 한계지어 그 목적과 연원을 살펴보아, 인도의 목적과는 달리 행해지고 있는 면을 조사해 보기로 한다. 삼계교의 무진장이 인도의 그것과 다른 목적이 있는 것을 논술하기 전에 주목할 것은, 왜 그 목적이 변경되었는가? 하는 것인데, 그것은 우선 중국의 사회적 현상을 염두에 두지 않으면 안 될 것이다. 그러므로 그 목적을 이해하기 위해서 우리는 신행의 탄생 전후의 시대, 즉 중국 남북조 시기의 사회현상, 특히 정치경제 상황을 파악해야만 할 것이다. 즉 계속해서 일어나는 전쟁, 기아에도 불구하고 농민이라고 하는 인호人戶는 조정과 귀족 내지 사원 등 그 사이에서 언제나 핍박당하는 입장이고, 그 고난으로부터 도피하는 것은 불가능했다. 또한 조調, 용用, 세稅의 압박과 게다가 대여 받은 금전의 고리 이자 같은 것 등도 견딜 수가 없었다.

이러한 민중의 고통과 그 요구하는 바를 확실하게 놓치지 않고 이해한 신행은 실로 시대의 좋은 선각자이고 그의 무진장행시無盡藏行施는 당대에 있어 좋은 보살정신의 발로였다고 말할 수 있을 것이다.

여기서는 먼저 이러한 삼계교의 무진장은 어떤 자료에 의해 그 행법적 行法的 내용이 보이고 있는가? 또 그것에 의해 행해지고 있는 무진장행 보시는 과연 민중들에게 어떻게 환영 받았는가? 하는 그 영향에 관해 조사해 보기로 한다. 또한 더욱 궁금한 것은, 그 만큼 민중들에게 사랑을 받았으면서도 어째서 정부에 의한 탄압의 길을 걷게 되었는가? 그 폐쇄의 원인은 어디에 있었으며, 무진장원의 폐쇄 연대에 있어서 이설異說의 정부正否와 함께 그 이후의 동향에 대해서도 함께 고찰하여 보고자 한다.

2. 중국사회와 사원의 경제관

1) 남북조 시대의 사회 경제관

(1) 신행 출생 전후의 사회정치 혼돈상

삼계교의 무진장원의 활동을 조사하는 전단계로, 신행 출생을 전후로 한 그 사회와 경제 상황을 알아둘 필요가 있을 것이다. 이 부분은, 무진장행시라고 하는 것이 당시의 민중에 대해서 어떻게 열렬한 호평을 얻었는가? 하는 생성과정과 깊은 관련이 있어서, 그 주변의 이해에 도움이 될 것이라 생각하기 때문이다.

중국 남북조 시대는 문운文運의 암흑시대로 일컬어지지만, 불교는 그 암흑 중에 있어서 유일의 횃불이었을 뿐만 아니라, 한편으로는 중국불교사를 통해서 가장 활기가 넘치는 시대이기도 했다. 그 중에 신행[252] 탄생의 해, 즉 동위 홍화 2년(540)의 상황을 『역대삼보기』에서 보면,

동위의 홍화 2년, 천하의 승니의 총계는 200만, 절은 3만여 개(東魏興和二年, 總計天下僧尼二百万衝, 寺三万有余).

라고 한 것처럼, 신행이 태어난 540년에는 이미 200만의 비구, 비구니와 3만이라고 하는 수많은 사찰이 있었다는 것을 알 수 있다. 후의 기록으로 보아 신행은 상주 법장사의 승려가 되었는데, 이들 동위 전후의 국가 연대를 표로 나타내면 다음과 같다.

동위東魏(534)—북제北齊(550)
북위(439) 수隋(581)—당唐(618)
서위西魏(535)—북주北周(556)

신행은 북위에서 갈라진 동위의 홍화 2년(540)에 태어났는데, 『신행유문』에도 나타나 있듯이 그는 17세에서 48세까지 32년간 선지식을

---

252 「신행전」은 고故신행선사명탑비(『보각총론寶刻叢論』 7~19, 『역대삼보기』 권12, 『속고승전』 16, 『명보기冥報記』 권상, 『육학승전』 권13 등에 산견散見되고 있다.

194

찾아 바다 건너 제국諸國을 순례하고, 이윽고 통일국가 수隋에 들어가서 얼마 지나지 않아서 적멸하였는데, 그때가 개황 4년(594)인 55세의 아직 젊은 나이였다.

　그러면 동위의 전신인 북위로부터 수에 걸친 그 사회와 경제적인 면은 어떠했는가? 이즈음의 시대는 참으로 춘추전국시대와 같이 전란이 멈추질 않아서, 신행이 8세 때인 547년은 하남河南 일원을 지배한 뛰어난 하남의 대행태후大行台侯 경景이 동위에서 반란을 일으켜, 하남에서 서주徐州에 걸친 일대는 대 혼란에 빠졌다. 동위의 군대가 경이 지원하는 양군梁軍을 괴멸시킨 것은 동년 11월이었다.[253] 그러나 동위의 전쟁 후의 비참한 사회 상황은, 그 상처가 아물기도 전에 동서 양위兩魏 사이에 전투(549)가 계속되어, 다음해 동위는 북제北齊로 바뀌어져 버렸다. 이처럼 오호五胡 시대에서 수隋에 이르는 시대는 참으로 인구는 희박하고 넓고 비옥한 토지는 황폐화되었던 것이다.[254] 이리하여 554년의 서위에 의한 강릉江陵의 몰락과 양梁의 대혼란기가 계속되었지만, 이러한 북위 말 이후, 화북華北의 대혼란과 양말진초梁末陳初의 대혼돈은 민중의 불안에 가세하면서 생활 전반에 공포감 이 가로놓이게 되었다. 이렇게 끊이지 않는 전쟁과 더불어 그 위에 토지 및 조세제도 등에서도 귀족들에게 착취당하는 민중들의 경제상 궁핍은 바야흐로 그들의 육신을 갈아 없애려는 듯했을 것이다.

---

253 『북사北史』 권5, 위본기魏本紀, 무정武定 6년조.
254 무산경武仙卿, 『위진남북조경제사魏晋南北朝經濟史』 19.

(2) 북위의 농민 생활상

북위의 대표적인 2대 정책은 인구 증가와 농업 장려책이지만, 농민에 대해서는 아래와 같이 학대를 한 것이 나타나고 있다. 즉

> 그 제制는 사司를 두어 기내畿內의 민民에게 부과를 함에, 소가 없는 집에서는 사람으로써 소의 힘과 바꾸어서 개간하고 번식시킨다. 소가 있는 집과 없는 집을 같이 해 한 사람이 20전을 경작한다. …… 파종을 요하는 백 이랑의 밭은 확실히 부목簿目을 세우고, 경작하는 이는 지방의 수장에게 성명을 표제하고, 파종하고 번식한 공을 판단하며 또한 음주를 금하였다.[255]

이라는 가혹한 광경이었다. 또한 북위의 초기에 행하여졌던 계구수전 법計口授田法[256]은 효문제孝文帝 시대에 이르러 점차 폐해의 기미가 발생 했는데, 태화太和 7~8년경(483~484)에 이안세李安世의 상서上書에서 그 처참한 상황을 알 수 있다.

---

255 『위서魏書』제4권하, 공종기恭宗紀(『위서』상, p.8678하), "其制有司課畿內民, 使無牛家以人牛力相貿, 墾殖鋤耨其有牛家與無牛家, 一人種田二十畝… 勸種頃 畝明立簿目, 所種者於地首標題姓名, 以判播殖之功又禁飮酒."

256 계구수전법計口授田法은 균전제均田制의 원시적 형태이다. 균전제는 원래 북조 여러 국가의 국유장원國有莊園 내에 시종 행하여진 토지제도였고, 북위 초기의 계구수전법 이래 수조隋朝의 균전제도에 이르러 마지막을 고한 것이다. 북위의 초기에 행하여졌던 계구수전법은 효문제의 시대에 이르러 점차 폐해가 발생하며, 태화太和 7~8년경(483~484) 이안세李安世에 의해 당시의 계구수전법 파괴의 상황 이 알려졌다.

때로 백성은 곤궁 기아로 흩어지고, 호우豪右는 남의 것을 많이 빼앗았다. 안세는 이에 상서를 올려 말하기를…… 도둑질하는 까닭으로, 주군州群의 백성을 보면 어떤 이는 해마다 곤궁하게 됨에 따라 떠나가고 밭과 집을 버리거나 팔고 타향으로 떠도니, 그런 일은 수세數世에 걸쳐지는 것이다. 삼장三長에 벌써 추대되어 비로소 옛터에 돌아오니 오두막과 우물은 황폐되었고, 뽕나무, 느릅나무는 개식改植되어 버렸다. 지난 일은 이미 역사 속으로 멀어져서 거짓을 범하기 쉽고, 강종强宗 호족은 침략과 능멸을 방자하게 굴어 멀리는 위진魏晉의 가문을 믿고, 가깝게는 친척과 옛 친구의 힘을 빌린다. 또 매년 조금씩 나이 드는 고향의 노인도 어찌할 바를 모르고 망설이고, 증거는 많다고 해도 근거를 취할 만한 것은 없다. 각각 부모와 지인에게 붙인다 하더라도 상호 간에 장단점이 있어 양쪽 증거만 헛되이 구비될 뿐, 듣는 사람을 오히려 의심하고 쟁송爭訟은 미루어지고 규율을 늘 놓아도 판가름 나지 않는다. 어리석게 말하노니, 지금 비록 뽕나무밭과 우물은 복구하기가 어려워도, 마땅히 고쳐서 균량均量하고 경술經術을 살피고, 재주를 나눔에 있어서도 기준이 있고, 역업力業에 균형이 잡히게 하여, 세민細民으로 하여금 자생資生의 이익을 얻고, 호우豪右로 하여금 여지餘地의 남음이 없게 한다면 그것은 사사로움 없는 윤택으로, 모든 서민에게 널리 배분해서 언덕이나 산과 같이 모든 가택에 쌓여야 한다. 또 분쟁이 있는 밭은 연단年斷을 제한해야만 한다. 실로 오랜만에 밝히어, 어려운 일은 모두 지금의 주인에게 속하게 하라. 그런 연후에 거짓되고 망령된 백성은 분수에 넘치는 당치않은 일을 바라는 것은 단절시키고, 분수를 지키는 이는 빼앗김을 면하게 할 것이다. 고조高祖

는 이를 받아들여, 후에 균전제도가 여기로부터 일어났다.[257]

균전제均田制에 대해서는 여기에서 상세히 기술할 필요는 없지만, 다만 신행이 25세 되는 하청河淸 3년(564)의 영슈을 살펴보자.

하청 3년의 영에…… 직사 및 백성이 개간해서 청하는 밭은 수전受田이라 한다. 노비의 수전은 친왕親王 3백 인, 사嗣 왕 2백 인, 제2품사第二品 嗣 왕 이하 내지 서자庶子의 왕은 일백 오십인 …… 팔품 이하 서인庶人에 이르기까지는 단 60인에 한한다. 노비를 제외하고 전답을 받지 않는 자는 모두 (납세를) 내지 않는다. 그 외 백 리 밖과 주인州人은 남자 한 명당 노전露田 80이랑, 부녀자는 40이랑을 받는다. 노비는 양민에 의한다. 한정된 수는 재경在京의 백관百官과 같다. 정우丁牛 한 마리의 수전은, 60이랑이며 단 4년으로 한정한다. 또 매정每丁에게 준 영업永業 20이랑을 뽕나무밭으로 만들기 위해 뽕나무 묘목 50뿌리, 느릅나무 묘목 3뿌리, 대추나무 묘목 5뿌리를 심는다. 환수還受에 한하지 않는다. 이 밭에서 나는 것이 아닌 것은 모두 환수한다. 뽕나무에 좋지 않는

---

257 『위서』 제5권, 이안세전(『위서』 중, p.9295상), "時民困飢流散, 豪右多有占奪. 安世乃上書曰 … 窃見州群之民或因年儉流移, 棄賣田宅, 漂居異鄕, 事涉數世. 三長旣立始返, 旧墟廬井荒毁, 桑楡改植. 事已歷遠易生假冒, 彊宗豪族, 肆其侵 凌, 遠認魏晋之家, 近引親旧之驗. 又年載稍久, 鄕老所或, 群証雖多, 莫可取據. 各附親知, 互有長短, 兩証徒具. 聽者猶疑爭訟, 遷延連紀不判… 愚謂今, 雖桑井 難復, 宜更均量, 審其徑術, 令分藝有準, 力業相称, 細民獲資生之利, 豪右靡余地 之盈 則無私之澤, 乃播均於兆庶, 如阜如山可有積於比戶矣. 又所爭之田, 宜限年 斷. 事久難明, 悉屬今主. 然後虚妄之民, 絶望於覬覦, 守分之士, 永免於凌奪矣. 高祖深納之, 後均田之制起."

땅은 삼밭으로 대신하고 뽕밭의 법과 같이 한다.²⁵⁸

이처럼 법령상 노비나 소를 하사받게 되면 산과 강의 새로운 개척지의 비옥한 토지는 많은 호족들과 부자들이 차지하게 된다. 이런 것들은 양민에게 있어서 볼 때 격심한 빈부의 불균형이 아무렇지 않게 행해졌다는 좋은 증거이며, 호족의 이익을 위해 양민들의 피와 땀은 과다한 세금으로 거두어지며, 따라서 그들의 노력은 아무렇게 사용되어져도 좋은 결과로서 처리되고 있는 것이었다. 이와 함께 또 다른 상황이 북제 두필의 말에도 표현되고 있다.

"먼저 내적內賊을 제거하고, 물러간 외적을 토벌할 것을 요청한다." 고조는 "내적이 누구냐"고 묻는다. 두필杜弼이 말하기를 "모든 훈귀(勳貴, 귀인)와 만백성을 약탈하는 자는 모두 내적이 됩니다." 고조는 답을 못했다.²⁵⁹

---

258 『수서』 제24, 식화지食貨志(『수서』 1, pp.339, 340), "河淸三年令 … 職事及百姓請墾田者, 名爲受田, 奴婢受田者, 親王止三百人, 嗣王二百人, 第二品嗣王以下, 及庶姓王止一百五十人 … 八品以下庶人六十人, 奴婢限外, 不給田者, 皆不輸, 其方百里外及州人一夫, 受露田八十畝, 婦四十畝, 奴婢依良人限, 數與在京百官同, 丁牛一頭受田六十畝, 限止四年, 又每丁給永業二十畝爲桑田, 其中種桑五十根, 楡三根, 棗五根, 不在還受之限, 非此田者, 悉入還受之, 分土不宜桑者, 給麻田, 如桑田法."

259 『북제서北濟書』 제24권, 두필전杜弼傳(『북제서』, p.10526하), "請先除內賊却討外敵, 高祖問內賊是誰, 杜弼曰諸勳貴掠奪万民者皆是高祖不答."

즉 외적보다 무서운 내적이 귀족들로서, 이들이 백성들을 약탈했던 것을 알 수 있다. 어쨌든 남북조 시대의 토지 소유형태는 국가의 관유지官有地와 사유지였고, 북조에서 관유지의 일부분을 농민에게 나누어 준 것이 균전제인데, 이 균전제는 수조隋朝 때 종말을 고했다. 또 조세제도가 백성들을 압박했는데, 북조의 조세제도는 누누이 개정되어 빈부의 차이에 관한 규정을 제정하고, 납세 주체의 변경(호戸에서 一夫一婦)이라고 하는 제도가 점점 주도면밀하게 되어, 탈세 이외에는 실제로 도망갈 수가 없었다. 게다가 수많은 잡세雜稅는 민중의 고통을 이중삼중으로 압박할 뿐이었다. 이런 점을 생각하면, 중국의 천민 사상의 근원은 사람과 우마牛馬를 하나로 하는 가혹한 정책이었음을 알 수 있다.

(3) 남북조 관료의 경제관

그러면 남북조 관료들의 경제관의 일면으로, 상업행위 중에 있어서의 고리대금 사업은 어떠했는가? 대개 관료와 상인과의 관계는 매우 밀접한 것으로, 그들은 정치세력을 빌려서 상업을 하고, 할 수 있는 한 복잡한 절차와 수속은 면하고, 특히 금화禁貨를 판매하는 것에 무거운 세금의 강요나 관세의 조사를 피할 수 있었다. 그 중에서도 특히 고리대금 사업은 정치 세력과 표리表裏해서, 자본과 이식의 안전을 보유했다.[260] 북조의 초기는 관리의 상업경영은 그다지 없었지만,

---

260 동 3), p.121. 남북조 관료의 경제관을 논할 때에, 관리의 고리대사업高利貸事業 등이 사원과의 밀접한 관계에 있었고, 관리의 부패상황이 심하게 계속되어, 후의 신행은 이에 깊은 인식을 두어 그러한 점이 삼계교 무진장원의 설립기반이

북위의 효문제 이후에 이르러 사회경제의 번영은 상업 자본의 발달을
자극해 관리의 상업경영도 이것을 좇아 발달했다.

고종(문성제) 때 목수牧守의 관官이 치우친 이윤貨利을 행하다. 태안太
安 초에 사자 20여 명을 파견하고, 천하를 순행하며 풍속을 살피고,
백성의 질병과 고통을 보게 하였다. 사자에게 명해 모든 주군州郡의
간식墾殖한 밭이랑 음식과 의복, 마을의 허실, 도적의 겁탈, 빈과
부, 강함과 열등함을 살펴 그것을 벌하다. 이로써 목수는 꽤 많은
전폐前弊를 고쳐 백성으로 하여금 업業에 안주하게 했다.[261]

이와 같이 정부가 관리의 상업경영에 대해서 간섭적인 태도를 취한
것은 그만큼 관리의 부패 정도가 심했다고 할 수 있다. 그러나 고리대금
사업은 사원에도 밀접한 관계를 가지고 있었으며, 당시 완전한 발전
상태는 아니지만 형태만은 구비되어 있었다. 그 형태의 이름으로 출책
出責, 거화擧貨 및 질質이 있고, 앞의 둘은 거의 전錢, 견絹의 방리放利이
다. 이에 대해 질質 쪽은 현물이며 전錢을 볼모로 하기 때문에 현재의
전당포(質屋)와 같은 것으로, 그 경영을 많은 사원이 담당했던 것이다.
다음의 예를 보자.

되었던 가능성도 부정할 수 없다.

261 『위서』 제110권, 식화지(『위서』 하, p.10227하), "高宗(文成帝)時, 牧守之官頗爲
貨利. 太安初使者二十余輩循行, 天下觀風俗, 視民所疾苦. 詔使者察諸州郡墾殖
田畝, 飮食衣服, 閭里虛實, 盜賊劫掠, 貧富彊劣而罰之. 自此牧守頗改前弊, 民以
安業."

연淵이 돌아가고(동생), 등澄은 전錢 만 일천을 가지고 소리사招提寺에 취임, 태조太祖가 연淵에 하사한 흰 담비의 요를 사들여, 뜯어 갖옷(겨울 옷)이나 끈을 만든다. 또 연의 머리싸개, 개책介幘, 서도犀導 내지 연이 평소에 타는 황소를 사들인다.[262]

이 기록에는 사원에서 물건을 매매내지 융통하는 장면이 보이고 있다. 그리고 또 다른 장면을 보이고 있는 『남사南史』의 기록에는,

(앙빈秧彬이) 일찍이 한 다발의 토란을 가지고 주州의 장사사長沙寺에 나아가서 돈을 저당 잡힌 후에 다시 토란을 사들여 돌아왔다. 돌아오는 길에 다섯 냥의 금을 주웠는데, 수건으로 그것을 싸서 사고寺庫에 송환하였다. 길가는 이 놀라서 말하길 "근처에 어떤 사람이 그 금으로 전錢을 저당 잡히려고 하는데, 때마침 일이 있어 그 일을 행하지 못하고 잃어버렸다. 그런데 단월壇越이여! 잘도 돌려주었다. 금의 반으로 보답(仰酬)하고 싶다." 왕복하기를 십 회, 빈彬은 견연堅然히 받지 않았다.[263]

라고 하여, 민중의 양심과는 관계없이 사원으로서는 전錢을 저당 잡혀

---

[262] 『남제서』 권23, 저등전褚澄傳(『남제서』, p.7498하), "淵薨, 澄以錢万一千, 就招提寺, 贖太祖所賜, 淵白貂坐褥, 壞作裘及纓. 又贖淵介幘犀導, 及淵常所乘黃牛."

[263] 『남사』 제70권, 견법숭전甄法崇傳(『남사』, p.12736), "嘗以一束芋就州長沙寺庫質錢. 後贖芋還, 於芋束中得五兩金, 以手巾包之彬得送還寺庫, 道人驚云近有人, 以此金質錢, 時有事, 不得擧而失, 壇越乃能見還, 輒以金牛仰酬, 往復十余, 彬堅然不受."

그 이익을 취한 것이 기록되고 있다. 이와 같이 화폐(貨)가 일상생활에 소중하였던 것은 고금을 통해서 같은 양상이라고 생각되지만, 당시의 혼란은 보통의 것과는 격을 달리 했던 것을 알 수 있다. 즉 전錢의 종류도 남조(南朝, 7종)와 북조(北朝, 5종)의 것이 있지만, 이것은 단지 정부인 관官의 것으로, 인민의 것은 더욱 많았다. 덧붙이면, 수의 문제가 전을 받으나, 전의 경중輕重이 일률적이지 못해서 개황 원년 (581)에 다시 오선전五銖錢을 실시하고, 누누이 엄격한 명령을 내려 악전惡錢을 금지했기 때문에, 전폐錢弊에 비로소 통일이 가능했다. 이처럼 화貨의 경중도 비가比價도 일정하지 않고 각종의 것이 반복해서 개전改錢될 때 그 혼란의 가속은 민중에게 얼마나 고통을 끼쳤던가는 상상하기 어렵지 않다. 그러나 정부·사원·호족은 정치경제상에 있어서는 서로 다투며 각각 자신의 입장을 주장하고 있지만, 민중의 고통을 덜어줄 그 어떤 문제도 해결하지 못하고, 삼자 사이에 있어서의 불안한 사회 상황만을 연출할 뿐이었다.

(4) 국정의 부패와 인호의 이동

여기서 주의할 것은, 남북조 시대의 사원과 호족은 면세와 면역권을 확보했으며, 게다가 그들에게 딸려 있는 인호人戶에게도 조세, 요역瑤役을 같이 면세시켰던 점이다. 사원과 호족이 인호를 둘러싼 싸움의 원인은, 인호는 조세 요역의 기초이고 인호가 많으면 그 세수稅收가 많아, 서로가 세력의 비대肥大를 원하고 바랐기 때문일 것이다. 이러한 관리의 타락은, 후의 삼계교의 소의경전으로서 중시되었던 『상법결의경』의 사상적 경향에서도 잘 나타나고 있다.

미래세의 일체 속관은 죄복을 불신하여, 세로 모든 승물과 축생, 곡말 등 내지 일호의 물物까지 탈취하며 삼보의 노비나 말을 부린다.[264]

이렇게 북위 말의 불교교단의 급속한 부흥과 과정에서 생겨난 관리들의 부패 타락과 인심의 황폐가 보이는 것이다. 어쨌든 국정이 부패하고 세역稅役이 무거울 때에는 인민은 도망가고, 호족에 몸을 맡기지 않으면 사원으로 돌아온다. 그러한 양상을 『위서』는 다음과 같이 말하고 있다.

먼저 법망이 정밀하지 못하여 민民이 많이 달아나 숨었다. 천흥 연중 소詔가 내려져 빠진 호戶를 찾아, 윤면綸綿을 내놓게 한 이후로 더욱 도주, 호戶가 법망을 피해가는 것이 늘어났다. 여기에 잡영호雜營戶의 수장(帥)과 천하에 두루한 관리(守宰)를 소홀히 하여, 그것이 부역(賦役, 세금과 夫役)에도 미치지 않아 호구戶口에 착란이 생겼다. 시광始光 3년, 소詔로써 일체를 파하여 군현에 속하게 하였다.[265]

후의 삼계교 사원에 있어서도 이러한 영향을 막을 수 없었다.[266]

---

264 대정장 85, pp.1336~1337, "未來世中一切俗官, 不信罪福, 稅奪眾僧物, 或稅畜生穀末, 乃至一豪之物, 或驅使三寶奴婢, 或乘三寶中馬."

265 동 10), "先是禁網疏闊, 民多逃隱, 天興中詔探諸漏戶, 令輸綸綿, 自後諸逃戶占爲細繭羅穀者甚衆, 於是雜營戶帥, 遍於天下, 不隸守宰, 賦役不周, 戶口錯亂. 始光三年詔一切罷之, 以屬郡縣."

266 삼계원三階院이라는 이름으로 불리어져 별주別住한 명확한 이유는 잘 알려져 있지는 않지만, 삼계교도는 교단 규율 중에도 보이는 것과 같이, 엄격한 두타행이

204

특히 사원으로 도망해 오는 사람은 징역 등을 거절하고 오기 때문에, 무엇 하나 승가에 뜻을 두었던 것은 아닌 풍경을 『위서』는 다음과 같이 상세히 적고 있다.

위가 천하를 유지한 이래, 제齊의 선양에 이르기까지 불경이 유통되어 크게 중국(魏)에 집적되었다. 전부 415부, 합하여 1,919권이 된다. 정광(正光, 520~524) 이후 천하에 근심이 많아 왕역王役이 지극히 많다. 도처의 서민이 서로 불도에 들어왔는데, 이들은 거짓 사문을 흠모하는 것으로서 실은 납세와 징용을 피하기 위함이었다. 불교계의 넘침이 극에 달한 것은 중국에 불법이 행하여진 이래 지금까지 없었던 일이다. 대략 계산해도 승니대중은 200만이고, 절은 3만이나 있었다. 그러한 폐해는 끊일 줄 모르고 여기에 이르렀으니, 식자의 탄식하는 바이다.[267]

나 육시예참 등 삼계교도의 특별한 수행법을 지켜왔다. 그렇기 때문에 타종파와는 다른 수행처가 필요했을 것이라고 생각된다. 그러나 후의 개원 원년(725), 현종의 탄압 시에는 그 삼계원의 격장隔障을 제거시켜 다른 승려(衆僧)들과 혼합시켜 살게 하였던 것이다. 즉 『개원석교록』 권18에는 "知彼反眞構妄, 出制斷之, 開元十三年乙丑才六月三日, 勅諸寺三階院, 並令除去隔障, 使與大院相通, 衆僧錯居, 不得別住, 所行集錄悉禁斷除毀"이라고 하는 기록이 보여, 타 중승과 공주共住한 것이 알려졌으며, 아마도 그때에 부랑승浮浪僧 등이 혼입되었던 것으로 추측된다.

267 塚本善隆, 『석노지釋老誌의 연구』, p.293, "自魏有天下, 至於禪讓, 佛経流通, 大集中國. 凡有四百一十五部, 合一千 九百一十九卷. 正光以後, 天下虞多, 王役尤甚. 於所在編民, 相與入道, 仮慕沙門, 實調役避. 猥亂之極, 自中國之佛法, 未之有也. 略而計之, 僧尼大衆二百万矣. 其寺三万有余. 流弊不歸, 一於此識者 所以歎息也."

어쨌든 이와 같이 인민의 도망자 수가 많았다고 하는 것은, 직접적으로는 정부의 세수稅收를 감소시켰고, 사원, 호족의 재부財富를 증가시켰다. 따라서 간접적으로는 정부의 역량을 쇠약하게 했고, 사원과 호족의 역량을 증가시키는 결과가 되었던 것이다. 따라서 이를 조절하기 위한 강압적 자세를 북주北周 정부에서 볼 수가 있다.

정장으로 5호 내지 10정 이상을 숨기고, 땅은 3경 이상을 숨기는 이는 죽음에 이른다.[268]

건덕建德 6년(577) 11월, 처음으로 사형요제刑書要制를 행하여 정장으로 5호 내지 10정 이상을 숨기고, 땅은 3경 이상을 숨기는 자는 죽음에 이르게 하는 엄격한 통고를 민중은 인내하지 않으면 안 되었던 것이다.

이렇게 정부·사원·호족 등 삼자 사이에서 인민은 각각 중시되었지만, 그것은 삼자 상호 간에 자신들의 역량과 이익을 위한 것이었지, 결코 인민의 고통을 덜기 위한 것은 아니었다.

그러면 이러한 민중의 고통을 신행은 어떻게 바라보았을까? 그리고 그는 민중의 고통을 위하여 무엇을 준비하고 있었던 것일까? 이러한 관점을 신행의 무진장행이 사원 경제와 갖고 있는 관계에서 살펴보기로 한다.

그러기 위해서 먼저 당대의 사원 경제와 율전에서 행하여진 무진재의

---

268 『주서周書』 제6권, 무제기武帝紀 하, "正長隱五戶及十丁以上, 隱地三頃以上者, 至死刑書."

의미를 조사해 보아야 할 것이다.

2) 당대 사원의 경제개념
(1) 율전에서의 무진재의 의미

사원 경제와 관계되는 연구는 적지 않지만,[269] 여기서는 일단 당대唐代 사원 경제의 일부분적인 역할을 한 삼계교의 무진장을 전제조건으로, 그것이 태어나기 전의 사원의 경제관(생산, 분배, 희사)과의 관계를 중심으로 조사해 보기로 한다.

원래 원시불교 교단에서 출가비구들은 생산에 관여하는 것이 엄격히 금지되었다. 그러나 교단이 상좌上座, 대중부大衆部로 되어 대승불교의 융성에 이르러서는 이렇게 금지되었던 경제 문제의 변화를 피할 수 없었다. 가령 삼보三寶를 위한 것이라면서 이자를 붙이고 담보를 넣게 하고, 그것을 다시 대출한다고 하는 '무진재'라고 하는 제도가 마련되기에 이르렀던 것인데, 『십송율十誦律』을 보면서 그 내용을 살펴보기로 한다.

탑을 세우는 법(起塔法)이란 다음과 같다. 급고독 거사가 지극한 마음으로 부처님을 신봉하였기에, 부처님께서 계신 처소로 찾아와 머리 조아려 부처님 발에 예배드리고 한쪽에 앉아 부처님께 아뢰었다. "세존이시여, 세존께서 여러 나라로 유행하실 때면, 저는 세존을 뵐 수 없어 몹시 애가 탑니다. 원컨대 제가 공양할 수 있도록 한 가지 물건이라도 내려 주십시오." 이에 부처님은 손톱과 머리카락을 내려 주시면서

---

269 道端良秀, 『중국불교사회경제사의 연구』, p.357.

말씀하셨다. "거사여, 그대는 이 손톱과 머리카락에 공양하라." 거사가
즉시 부처님께 말씀드렸다. "원컨대 세존이시여, 제가 그 머리카락을
모시는 탑과 손톱을 모시는 탑을 세우도록 청허해 주십시오."
이에 부처님께서 말씀하셨다. "머리카락을 모시는 탑과 손톱을 모
시는 탑을 세우도록 청허한다." 이것을 탑을 세우는 법이라 한다.
탑지塔地란 탑에 속하는 땅이니, 그 땅이 논이나 밭이라 하더라도
그곳에 탑을 세우게 되면 이를 탑지라고 한다. 감탑법龕塔法이란 부처
님께서 감탑과 주탑柱塔을 세우도록 청허하신 바 있고, 또 부처님께서
모든 종류의 탑을 세우도록 자세히 청허하셨으니, 바로 이렇게 탑에
올린 공양물은 다함이 없다(塔物無盡)는 것은, 비야리의 여러 상인이
탑에 올린 공양물을 출자해 그 이익금으로 탑을 공양한 것을 말한다.
이 사람은 이익을 얻으려고 먼 곳으로 떠나면서 재물을 가져와 비구에
게 보시하면서 말하였다. "장로여, 탑에 올리는 이 공양물을 당신이
출자한다면 그 이익금으로 탑을 공양할 수 있게 하겠습니다."
이 비구는 "부처님께서는 탑에 올린 공양물을 출자해 그 이익금으로
탑을 공양하는 것을 아직 저희에게 청허하시지 않았습니다"라고 대답
하고서 이 일을 부처님께 말씀드렸다. 이에 부처님께서 말씀하셨다.
"승방의 정인이나 우바새가 탑에 올린 공양물을 출자하여 탑에 공양함
을 청허하노라." 이것을 탑에 올린 공양물은 다함이 없는 것이라 한다.
탑을 공양하는 법(供養塔法)이란 탑에 공양해야 할 것들 을 말한다.
흰색·빨간색·파란색·노란색 따위의 여러 색깔로 탑과 여러 가지 장신
구를 공양하도록 부처님께서 청허하셨으니, 이를 탑을 공양하는 법이
라 한다.[270]

이처럼 승려들이 탑 안의 물건을 꺼내서 이자를 취하고, 그것으로 공양탑에 충당한다고 하는 것은 상기에 인용한 것처럼 근거가 있다. 『십송률』의 이 조항은 극히 상세한 논술로서 탑지塔地, 탑법塔法이라고 하는 것으로부터 기탑법起塔法의 내용이 구체적으로 알려져 있다. 그리하여 사원 경제의 기구가 『십송률』이나 『승저율』에 의해 재빨리 조직되고 허용되어 왔다고 하는 것은 놀랄만한 사실이다. 즉 절의 재산(寺産)은 이자(利殖)를 취득해도 좋고, 불佛은 그것을 허용하고, 공양의 창고(藏)에 여유가 있으면 말할 것도 없고, 향유香油가 남으면 그것을 팔아서 무진재에 넣으면 좋다고 한다. 이렇게 무진재라고 하는 그 뜻의 최초에는 다분히 곡물이든, 돈이든, 향유든 모두 거두어 포함시켰던 것 같다.[271]

그런데 인도에서 유래한 이 제도를 중국에서는 어떻게 받아들였던 것일까?

---

270 『십송률十誦律』 권56, "起塔法者, 給孤居士深心信佛, 到佛所頭面禮足, 一面而坐, 白佛言, 世尊, 世尊遊行諸國土時, 我不見世尊故不甚渴仰, 願賜一物我當供養, 佛與爪髮言, 居士, 汝當供養是爪髮, 居士郎 願世尊, 聽我起髮塔爪塔, 佛言, 聽起髮塔爪塔, 是起塔法, 塔地者, 屬塔, 地者, 園田穀田, 於中初起塔, 是名塔地, 龕塔法者, 佛聽作龕塔柱塔, 佛廣聽一切作塔, 是名塔法, 塔物無盡者, 毘耶離估(賈) 客, 用塔物翻轉得利供養塔, 是人求利故欲到遠所, 持此物與比丘言, 長老, 是塔物, 汝富出息令利供養塔, 比丘言, 佛未我等出塔物, 得利供養塔, 以是事白佛, 佛言, 僧坊淨人優婆塞出息塔物得供養, 是各塔物, 無盡塔法者, 所応供養塔, 若白色赤色靑色黃色諸色等, 聽供養塔及諸嚴節具, 是各供養塔法."

271 稻葉岩吉, 「사원 경제 자료와 장생표長生標」(『동아경제연구』 15~12호).

(2) 중국사원에 의한 무진장의 다양화

중국에 있어서도 비구는 무일물無一物을 표방하고 걸식생활을 원칙으로 하고 있었지만, 많은 사원이 건립되고 교단이 성립되어 귀족이나 부호의 시재施財에 의해서 절의 생산 활동(寺産)이 성립되고, 게다가 승니의 사유재산이 증대되어 가는 지경에 이르게 되었던 것이다. 그리고 증대되어 가는 재산의 일부는 사원에 의해 자주 자본화되고 타인에 유통되고, 그 이자의 수입에 의해서 절의 생산이 더욱 증가하고, 나아가서는 사전寺田의 매수買收에 따른 추가는 독자적인 영리사업의 경영에 도움이 되었다고 생각할 수 있다. 예컨대 승려이면서 사재私財를 축적해서 고리대금 같은 행위를 경영한 것도 자주 보이고, 또 귀족으로서 교단을 이용해서 자신의 재산을 증식시키려고 끊임없이 노비를 출가시키기도 하고, 많은 사도승私度僧을 기르기도 한 것이 적지 않았다. 이 때문에 마침내는 노비의 출가나 사문의 양육을 금지하는 제령制令이 생겼을 정도다.[272] 그러나 승려의 사재는 결코 사산寺産에 비교할 만한 것은 아니었다. 왜냐하면 한층 큰 보시물은 원칙적으로 절의 재산에 편입되며, 일반의 승니가 사재로 소유하는 것은 단지 수도를 위해 행하는 재회齋會 때에 주어지는 친전嚫錢, 즉 나라에서 내리는 보시가 주된 것이었기 때문이다. 이 친전은 시주의 재력이나 신앙의 정도에 따라 다르고, 때에 따라서는 상당히 큰 금액에 달했다. 고승의 전기傳記 등에서 이야기하는, 승니의 친전에 의한 사회사업이나 복지사업의 시설을 맡아 상장賞揚하고 있는 것은, 그것이 승니 일반에 보이는

---

272 道端良秀, 『개설중국불교사』, pp.87~91.

현상이 아니라고 하는 것을 이해할 수가 있다. 실제로 면세나 면역免役
의 목적으로 승려가 되는 사람 수가, 시간이 지남에 따라 증가 일색이었
다는 것은 전술한 그대로이다. 또 작은 친전을 얻는 것을 목적으로
해서 재회齋會에 늘어선 승려가 적지 않았다고 하는 것도 상상된다.[273]
이들 상황을 생각하면, 중국의 제도는 인도의 그것보다 그 목적이
훨씬 더 다양하게 변화되었으며 또 확대되었다는 것을 알 수 있다.

이와 같이 그 목적이 인도와 다른 부분은 후에 다시 상세히 논하겠지
만, 당대 사원 경제의 기초를 이룬 사령寺令은 보시의 증가, 토지의
매수 및 전질典質 등에 의한 겸병兼併이나 개간의 투자 등에 의해서
현저하게 확대됐다. 따라서 많은 사찰은 귀족이나 부호를 능가할 만큼
광대한 장원의 소유자가 되었으며, 또 귀족이나 부호로서 자기 집의
분묘에 공덕원功德院이라 칭하는 절을 세워, 여기에 전지田地를 기부하
고, 사원이 향유하는 면세 특권을 이용해서 자신의 장원보호를 꾀하는
일이 속출했다. 뿐만 아니라 당唐대에는 자본을 투자해서 맷돌, 즉
주로 수력을 이용한 정미소와 제분장을 설치하고, 점포 또는 창고를
설비, 또는 대차옥(貸車屋, 車坊)을 경영하는 사원도 적지 않았다.[274]
이와 같이 당대 사원의 경제관을 보면, 후에 말하는 무진장이라 하는
금융기관 제도가 남북조 시대부터 사원 내에 설치되고, 그것을 충분히
활용해서 당대에까지 이른 것임을 알 수 있다.

사원의 무진장이라는 것은, 그 무진이라는 말이 불교경전 및 많은
율전에 나타나고 있는 말로서, 이것에 의해서 후세에 무진이라는 문자

山崎宏, 『지나(중국) 중세불교의 전개』, pp.732~763.
274 위와 같음, pp.163~164.

밑에 금융 사업이 운영되었던 것이다. 어쨌든 중국에 있어서, 그것은
남북조 시대로부터 실시되어, 후에 수隋의 신행 선사의 삼계교와 함께
급속한 진보를 거듭했던 것이라 생각된다.[275]

삼계교 사원은 각각 삼계교의 교의에 따라서 무진장을 설치하고,
빈민의 구제와 동시에 사산의 기초를 구축해 왔으며, 따라서 이를
모방하여 다른 사원들도 이의 설치에 주력하고, 사원 경제의 하나의
기구가 되기에 이르렀다.

이로써 무진장이라는 질업은 완전히 사원 독자의 것처럼 되며, 사원
이외의 일반 귀족부호의 질質이라고 하는 것은 다른 문자에 의해서
표현되어, 무진이라는 문자를 사용하지 않았던 모양이다. 그러나 한편,
사원에 있어서도 질업이 모두 무진의 명칭 아래서 실시되었던 것은
아니고 일반적으로 질을 표현하는 질質·당當·전典 등의 다양한 문자로
써 표현되었을 것이다.

3. 삼계교와 무진장행법

1) 무진의 기원과 목적

무진無盡의 어원은 학자에 따라서 대개 두 종류의 계통으로 나누어진다.
먼저 직전득능織田得能[276]의 것을 들 수 있고, 후의 야부키[277]는 무진장의

---

275 道端良秀, 「중국불교사원의 금융사업」, 『大谷學報』 14~1호.
276 무위법은 생멸의 상相을 여의기 때문에 무진無盡이 되며, 또 유위법의 연기는
    일다상즉一多相卽인 연유로 무진이 된다. 무위법의 무진은 권교權敎의 소담所談,
    유위법의 무진은 실교實敎의 소담이라고 화엄종은 맹렬히 이러한 뜻을 논하고

이름은 원래 『화엄경』, 『유마경』, 『대집경』 등의 대승경전에 나타나 있는 무진·무진장의 말로 위로는 삼보, 밑으로는 빈궁에 보시해서 결함이 없음을 원의原義로 삼는다는 것을 들어서, 삼계교 화도사化度寺 의 무진장은 이 경지經旨에 입각하여 대승무진장행의 이상理想의 출처 라고 설하고 있다.

한편, 『근본설일체유부비내야』(이하 『유부비내야』) 권22 「출납구리 학처」 제19를 살펴보면,

세존께 이르되 "만일 승가를 위해서라면 응당히 이윤을 구해야 합니다." 불이 이 말을 듣고, "신심 있는 바라문 거사 등으로 하여금 불법승을 위한 고로, 무진물을 삼보물에 보시하여 응당히 회전廻轉하여 이利를 구해, 이물利物을 얻어 삼보 전에 회향하여 공양을 지으라" 하셨다.[278]

이렇게 단월이 삼보에 보시한 무진물無盡物이란 글자는 삼보를 위해 서 출식해서 이윤을 구하는 것을 허용하고 있는 유부有部와 대중부계의

있다. 『유마경』 「보살행품」에서의 "무엇이 무진, 무위법인가?"에 대해 주註에 "(승)조 이르길 '유위법에 3상이 있어 유진이며, 무위법에 3상이 없으므로 무진이 라 한다' 하였다"라는 경전에서의 의미가 나타나 있다. 또 무진재에 대해서는 사중寺中의 금전을 모아서 타인에 대여, 이식利息이 생기는 것으로써 삼보에 공양하는 것이라고 하는 『석시요람』의 내용을 인용하고 있다.

277 『연구』, p.508.

278 대정장 23, pp.743중~하, "世尊告曰, 若爲僧伽, 応求利潤, 聽佛語已, 諸有信心婆 羅門居士等, 爲佛法僧故, 施無盡物, 此三寶物, 亦応廻轉求利, 所得利物還於三 寶, 而作供養."

율전에 나와 있는 무진재, 무진물 등의 문자로 확인할 수가 있다.

그러면 중국 사원의 무진의 설치와 그 목적은 도대체 무엇인가? 우선 중국에 있어서 무진이라고 하는 기록이 나타나고 있는 것을 살펴보면, 남북조 시대의 승우의 『출삼장기집』 권12 「법원잡록 원시집목록서」 제7의 내용에,

황제, 양무제 당시에 『십무진장기十無盡藏記』 제4권을 지었다.
(皇帝, 梁武帝造十無盡藏記第四〔대정장 55, p.93중〕)

라는 목록을 발견하지만,[279] 그러나 이것은 단지 목록만으로(서책은 부존) 그 내용은 알려져 있지 않다. 남북조 기의 양무제가 열 개의 무진장을 만들었다고 하는 그 열 개의 수에 대해서는 『화엄경』의 십무진十無盡 사상 그대로를 여실히 실천하는 데까지 이어져 왔고, 그것이 불佛의 대자비행, 보살의 대자비행을 하려고 하는 불교의 복전福田 사상에서 온 사회구제의 사업이라는 것도 또한 틀림없을 것이다. 어쨌든 (양무제가 행한) 구체적인 사실의 전모를 알 수 없는 것은 매우 유감스럽지만, 어떻든 남북조 시대에 이미 무진장이라고 이름 붙여진 '무진'이 사원 내에 실시되고 있었다고 하는 사실만은 확연히 알 수가 있는 것이다.

우송원체友松圓諦의 연구[280]에 의하면, 인도에서의 사원 경제 제도의 확립은 각각 자파自派의 율전을 작성했던 것이지만, 적어도 무진재에

---

279 동 18), pp.246~247.
280 友松円諦, 『불교에 의한 분배의 이론과 실재』, pp.226~250.

관해서는 경전에까지 이것을 미치지 못했다고 한다. 그것은 인도의 남부로부터 유부有部 대집부계大集部系의 북방불교의 영향을 받고, 다시 서역불교를 통해서 적극적으로 장려했던 것이다.

그러나 중국에 있어서 무진無盡은 이 논법의 밑에 놓이면서도 지리적 조건에 의한 사원의 경제 상황, 민족의 차이, 사상의 변화 등에 따라 모두를 동일선상에 놓는 것이 불가능했다. 전술한 것처럼 두 종류(경전, 율전) 중에 수당 시대 때의 무진장 제도는, 율전의 무진장 제도가 아니라 불교의 복전 사상의 발로이고, 불교교리의 실천적 수행 내지 보살대행의 현현으로『화엄경』등에 나오는 무진장 사상을 받아들였던 것이다.

『화엄경』에서 설하는 무진장법과 무진장행의 사상은 완전히 불도수행의 보살도로서, 삼계교의「무진장법석」에서는『화엄경』,『유마경』을 인용하면서 경전敬田, 비전悲田을 들어 설명하고 있다.

두 가지 뜻이 있다. 하나는 무진장물로서 빈하중생에게 베푸는데, (그것은) 수에 의해 베푸는 고로 선심을 발한즉 이루기 쉬우며(悲田), 둘째는 빈궁인을 가르침으로 소少재물로써 타보살의 무진장시에 같이 함으로 그 보리의 마음을 점차 발하게 함이라(敬田).[281]

게다가 보시로 인해 전생의 빚과 업마저 모두 벗어난다는 내용, 즉

---

[281]『연구』별편, p.165(제8편 무진장법석 5), "此有兩義, 一以無盡藏物, 施貧下衆生由數得施故, 勤發善心卽易可得, 二敎貧窮人以少財物同他菩薩無盡藏施, 令其漸發菩提之心."

행자, 이 무진장시로 인해 비롯됨 없는 숙채宿債가 일시에 몰록 정지되며, 책주債主를 두려워 말며, 장도障道인 업장보장業障報障 또한 일시에 멸하며, 부모형제, 육친권속이 삼악도를 벗어나니 이 어찌 큰 이익이 아니리오.[282]

라고 함과 같이, 그것의 목적을 불도수행과 추선공양追善供養을 위해서라고 말하고 있다. 이처럼 「무진장법석」에 의해서 삼계교 화도사의 무진장원이 설치되었지만, 그 목적은 전적으로 무진장행의 사회적 구제 사업이었다. 『태평광기』의 화도사 무진장원의 기록을 보면,

무덕 연간의 사문 신의는 삼계의 업으로 습선하여 화도사에 무진장을 두고, 정관년 후에는 전금錢帛과 금옥을 보시하여 그 쌓임이 계측할 수 없었으며, 항시 승려의 감시를 통해 삼등분으로 나누었다. 하나는 천하 가람승과 그 수리에 공양함이요, 또 하나는 천하의 기뇌(饑餒, 굶주림)들의 비전悲田의 고통에 보시함이요, 다시 하나는 무애無碍의 공양에 충당하기 위하여 (무진장시를) 권화勸化함으로 …… 사녀士女들이 예참하며 보시함에 앞을 다퉈 전견錢絹을 거재車載하여 버리는데, 이름을 알지 못했다.[283]

---

282 위와 같음, p.163, "行者今因無盡藏施, 無始宿債一時頓停, 不畏債主, 更爲障道業障報障一時頓滅, 父母兄弟, 六親眷屬頓出三塗, 豈非大行益."

283 『태평광기』 493권, "武德中有沙門信義, 習禪以三階爲業, 于化度寺置無盡藏, 貞觀之後, 捨施錢帛金玉, 積集不可勝計, 常使此僧監當分爲三分, 一分供養天下伽藍僧修之備, 一分以施天下饑餒悲田之苦, 一分以充供養無碍… 士女禮懺, 閔咽捨施, 爭次不得更有述, 車載錢絹捨而棄去, 不知姓名."

즉 무덕 연간(618~626)에 사문 신의가 화도사에 무진장을 설치하고 정관년 이후에 금옥, 전견錢絹을 베풀어, 쌓이는 재보를 헤아릴 수 없게 된 것과 보시하는 사람의 이름도 모르는 것, 쌓인 것을 승(僧, 裴玄智)으로 하여금 감시하게 했다는 내용이 알려지고 있다. 위의 글을 불교적으로 말하면, 제1분은 좁게는 불물佛物에, 넓게는 삼보물三寶物에 들어간 것이고, 제2분은 소위 비분悲分인 비전물悲田物로서, 대승경전에 있어서 아직 제도를 가지지는 않았지만 일체의 빈궁자에게 시여하려 하는 보다 강한 분배적 이상의 표현으로서 신행 외에, 또는 그의 문도에 한정하지 않고 중국불교에 강력하게 작용시켰던 정신이다.[284]

그런데 한편, 위술韋述의 『양경신기』에 있어서도 그러한 장면이 보이고 있는데, 장소 설립자의 이름이 신행으로 되어 있을 뿐 내용은 대동소이한 것을 알 수 있다. 즉

사내(화도사)에 무진장원이 있는데, 신행의 설립이라. 경성에서 시사施捨한 연후에 점차 성대하여 정관 후에는 전금이 쌓이는데 헤아릴 수 없었다. 항상 승려로 하여금 창고를 감시하여 천하의 가람 수리와 장내藏內 가람 수리에 공양하였다.[285]

---

284 友松円諦, 『사원 경제의 前途』, p.321.

285 『양경신기』 권3 p.15, "寺內(化度寺)有無盡藏院, 卽信行所立, 京城施捨後漸崇盛, 貞觀後, 錢帛金繡積聚不可勝計, 常使名僧監藏, 供天下伽藍修理, 藏內所供天下伽藍修理."

라고 하여, 화도사의 무진장원은 신행이 설립한 것 운운이라 한 내용은
같으나, 그 이후의 내용에서는 대여 등의 방법에 대해서 이야기하고
있다. 즉 대여는 매우 간결하고, 게다가 어떤 증문証文도 작성하지
않고, 그냥 기한이 되면 반환하는, 채무자의 편의를 도모한 자선 사업이
었기 때문에 서민계층에게 없어서는 안 되는 편리한 금융기관으로
환영받았을 것이다.

그러나 그것과 비교하여 인도의 그것은 매우 엄중을 기했던 것을
알 수 있다. 즉『유부비내야』권22 「출납구리학처」 제19에서,

함께 출식出息을 지을 때에 불응함으로, 저 부귀자가 출식을 위해
물건을 찾을 때 관세官勢에 힘입은 연고로 상환에 응하지 않으며 ……
또 빈인貧人이 출식을 위하나 찾을 물건이 없을 때 불佛이 말씀하시되,
만일 물건을 줄 때 분명히 2배의 질을 납입하며, 권계券契를 기록하며,
그 연월을 기록하여 상좌명 上座名이나 수사인授事人의 이름을 적어
보증을 세워야 한다.[286]

라는 내용을 기록하고 있다. 즉 부자와 귀족에게 대출을 하면 관의
세력에 힘입어 반환하지 않고, 가난한 자에 대출하면 언제까지나 반환
이 되지 않는 것을 이유로 하여 출식出息하는 것을 금지하며, 여전히
출식하는 경우에는 엄중한 방법을 강구했다는 것이다. 이것은 아무리

---

[286] 대정장 23, p.743, "不応共彼而作出息, 復共富貴者而爲出息, 索物之時, 恃官勢故
不肯相還 … 復共貧人而爲出息, 索時無物, 佛言, 若與物時, 応可分明, 兩倍納質,
書其券契, 並立保証, 記其年月, 安上座名及授事人字."

218

신심이 있는 이나 오계를 지닌 사람이라도 먼저 질물質物을 넣어 증문証文을 쓰고, 반환 연월을 명확하게 해 상좌명上座名 내지 수사인授事人의 이름을 넣어서 보증을 세우지 않으면 안 될 정도로 엄격한 것이었다.

이러한 내용은 중국의 무진장과 비교하면 상당한 차이가 보이지만, 여기에서도 알 수 있듯이 인도의 그것은 이타적인 것이 아니고, 경제상의 견지에 입각한 자리적인 것이다. 그것에 반해서 중국의 그것은 불도 수행과 함께 복전 사상福田思想에 의한 대자비행의 발로였던 것이다.

이렇게 부파불교에 있어서의 무진재도 아직 이타적 행을 수반하지 않은 자리적인 것이었지만, 대승불교가 일어남에 따라서 그것 또한 대승의 정신을 담아 자리이타의 행이 되었던 것으로, 이는 결국『화엄경』등의 대승경전에 의한 무진장의 사상도 그 기원을 율전의 무진재에 두고 있는 것을 알 수 있다. 그렇다면 양무제의 십무진장十無盡藏, 혹은 삼계교 화도사의 무진장 등도 직접적으로는 복전 사상에 의한 대자비행에 따른 것이라 하더라도 역시 율전의 무진재의 계통이 있으며, 그 영향을 받고 있다고 말할 수 있다. 그런데 도단량수道端良秀는 수·당대의 무진장 제도를 논하며, 양무제의 십무진장 혹은 화도사의 무진장을 불교의 복전 사상에 의한 것이고, 그것은 불교교리의 실천적 수행의 현현이며『화엄경』등의 무진장 사상을 이었다고 주장하나, 반면 율전의 그것과 전혀 무관한 것은 아니라고 하여[287] 율전에서의 무진재의 영향을 동시에 주장하고 있는 것이다.

287 道端良秀,『중국불교사회경제사의 연구』, pp.254, 440.

2) 삼계교도의 무진장행시施

삼계교도의 무진장행의 내용을 알려고 하면 『양경신기兩京新記』와 『태평광기太平廣記』의 두 자료를 인용해야 할 것이다. 양 자료에는 설치자의 문제(전자는 신행, 후자는 신의信義로 하고 있음)를 제외하고는 대체로 일치하고 있다. 즉 전자 『양경신기』에는,

> 화도사 내의 무진장원은 신행이 세운 것으로 …… 정관 연중 배현지라 는 자는 계행을 십수 년 동안 잘 지켜, 사내 대중은 그 행이 결점이 없어 신용해 (무진)장을 지키게 하였다. 후에 장내藏內의 황금을 훔쳐 내어 전후의 노략질 수를 절 대중들은 알지 못했다. …… 대중이 놀라 그의 방을 보니 "이리의 턱 밑에 개의 머리를 놓아두고, 아라한이 아니고는 훔치지 않을 리가 없지 않느냐"라는 시를 남겨두고 떠난 곳을 몰랐다. 무 태후는 무진장원을 동복선사로 옮겼다.[288]

라고 말하고 있어, 무진장원의 관리에 있어 그 문제점이 있음을 표현하 고 있지만, 어쨌든 삼계교의 무진장원은 꽤 성행했고,[289] 측천무후는

---

[288] 동 34), "寺(化度寺)內有無盡藏院卽信行所立 … 貞觀中有斐玄智, 戒行修理入寺 洒掃十數年間, 寺內徒衆以其行無玷欠使守此藏, 後密盜金黃金前後所漸略不知 數, 寺衆莫之知也 … 衆驚覩其寢房內, 題詩云將軍遣狼□, 放置狗前頭, 自非阿羅 漢, 誰能免作儈, 竟不知所之, 武太后移此藏於東福先寺."

[289] 삼계교의 무진장원 창립설에 대해, 『양경신기』에서는 신행이란 주장과 『태평광 기』에서는 무덕 연간(618~626)에 신의의 창립이라는 대조적인 주장이 보인다. 여기서 필자는 신행의 창립이라 생각하는데, 그 근거로 먼저 『삼국유사』에 보이는, 원광이 가져온 점찰보占察寶라고 하는 것을 신행의 무진장과 연관시켜 보고 싶다. 점찰보라고 하는 것은 보寶라고 하는 경제적인 개념과 법회法會라고

장안 화도사의 무진장원을 동도(洛陽)의 복선사로 옮겼지만, 보시물이
그다지 모이지 않아 다시 옛 장소로 옮겼다고 전해진다. 이때 이 무진장
을 총괄하는 직책을 맡은 이는 법장法藏으로, 장안 연중(701~704)

하는 개념으로 나뉘어 있다. 먼저 경제적 개념의 점찰보를 보면 『삼국유사』
제4권, 「원광서학」조에 "점찰보를 두어 항규로 삼을 것. 때에 단월니가 있어
점찰보에 전을 납입하니 지금의 동평군의 전 1백 결이 그것으로, 고적에 있다(置
占察寶, 以爲恒規, 時有壇越尼, 納田於占察寶, 今東平群之田一百結是也, 古籍
猶存)"고 나와 있다. 보寶라고 하는 문자는 「고려사」, 「고려사절요」에 각각
학보學寶의 주註로서 보의 개념이 기록되어 있는 것을 알 수 있다. 또한 "보寶는
방언이다. 전곡을 시납해서 원본을 잡아 놓고, 이식을 취하여 영구히 이익을
득할 수 있기 때문에 보라 한다(寶者方言, 以錢穀施納, 存本取息, 利於久遠,
故謂之寶)"라는 경제적인 의미도 포함하고 있는 것이다. 거기에 대해서 법회적인
개념은 어떤 것일까. 그것은 점찰법회로서 신라 기의 민중 속에서, 많이 행하여졌
던 것이 『삼국유사』제5권, 「선도성모수희불사仙桃聖母隨喜佛事」조에 보인다.
즉 "춘추 이계절의 열흘간 선남선녀가 모여 일체 함령을 위해 점찰법회를 설치하
여 항규로 삼았다(春秋二季之十日, 叢會善男善女, 廣爲一切含靈設占察法會,
以爲恒規)"라는 것이 그것이다. 곧 안흥사安興寺 지혜니智慧尼의 점찰회占察會는
널리 일체 함령을 위하여 선남선녀를 총회叢會해서 베풀었던 법회의 성격이라
할 수 있다. 이러한 점찰법회라고 하는 것은 후에 신라 중기의 『점찰경』의
신봉자이며, 철저하게 참회법의 수행자인 진표 율사에 의해서 새로운 교법에
형성되어 크나큰 교화를 울려 퍼지게 한 것이다. 그런데 이 법회는 점찰참회법이
라 하는 참회수행법을 행하고 있지만, 이것이 다름 아닌 삼계교의 소의경전의
하나인 『점찰경』에서 설한 것이라는 것은 말할 나위가 없는 것이다. 원광이
장안에 들어간 589년은 신행이 진적 사에 입사入寺한 해와 동년이다. 따라서
원광이 신라에 갖고 들어온 경제적 개념의 '점찰보'는 이미 신행에 의해 행해진
것이 틀림이 없을 것이다. 이 논리가 타당하다면 『태평광기』의 신의信義의 소립은
신행의 것을 일층 발전시켰다고 말할 수 있고, 연대로 보아도 그 근원적인
것은 역시 『양경신기』에 의한 신행의 설이 타당하다고 보지 않을 수 없다.

화도사 무진장의 총괄 직책을 맡았지만, 「대당정역사 고대덕 법장사 탑명병서」에 의하면 실로 신행과 같이 두타걸식의 행자였음을 알 수 있다. 그 내용을 보면,

여의 원년(692) 대성무후는 선사의 해행정최解行精最를 물어서, 원하는 동도 대복선사 무진장을 검사하는 제도를 받들어, 장안 연중 (701~703)에 다시 그 제도를 받들어 화도사 무진장원을 검사시켰는데, 천복사 대덕이 되었다.[290]

라고 하고 있다. 이때 화도사의 검사를 시킨 법장은 정관 11년(637)에 태어나 개원 2년(714) 78세에 입적한 사람으로, 정역사淨域寺의 흠欽 선사와 동반하여 삼계교의 선지식으로서 두타걸식을 수행한 사람이다. 그리고 뒤에 대복선사나 화도사 등의 무진장을 검사하고, 천복사薦福寺 의 대덕이 되었던 사람이다. 이처럼 무진장행을 수행했던 사람은 삼계 교도 전원이 이를 덕목으로써 수행하였다고 생각되는데, 주목해야만 할 부분은 그러한 내용이 삼계교 모某 선사의 행장行狀에도 그 일부분의 내용이 나와 있는 것이다. 즉[291]

---

290 『금석졸편金石萃編』 71, p.2, "如意元年大聖天后, 聞禪師解行精最, 奉制請於東都 大福先寺檢校無盡藏, 長安年又奉制請檢校化度寺無盡藏, 其年又奉制請爲薦福 寺大德."

291 大谷勝眞, 「삼계모선사행장시말에 대해」(『경성제국대학문학회논찬』 7권, pp.268, 302), "禪師在蒲州, 爲悲田寺造禪(師)院時, 於蒲州城西盟律河頭買木."

선사는 포주蒲州에 있어 비전사悲田寺를 위하여 선원을 조성할 때,
포주성의 서쪽 맹율盟律 강의 뚝 나무를 팔았다.

라고 하여, 선사는 황폐된 사원을 수리하고 당사堂舍를 조영造營하는
것을 수행이라고 한 것처럼, 비전사悲田寺의 수리는 선사가 공덕행의
하나로써 처음으로 수행한 것으로, 이것은 삼계교에 있어서 무진 공덕
행의 하나로 헤아려진다. 한 사람 더 무진장행의 영향을 나타내고
있는 이로 경사京師 혜운사慧雲寺의 묵默 선사를 들 수 있다. 묵 선사는
덕미德美의 스승으로서 『속고승전』에 의하면,

개황 말년(600)부터 대업 10년(614)까지 연도별로 크게 시여施與를
행했는데, 묵 선사가 멸도하려 함에 널리 복전업福田業을 제자 덕미에
게 위임했다. (덕미는) 스승의 행적을 따라 비경양전을 해마다 한
번씩 항상 베풀었는데, 혹은 의복을 나누고 혹은 후량(糇糧, 말린
양식)을 건네며 모든 복처福處를 짓는 데 다하여 남음이 없었다.[292]

이렇게 무성한 자선을 베풀고, 우란분盆마다 널리 분전盆錢을 실행했
다는 것인데, 이러한 묵 선사는 신행에게 사숙했던 도선道善의 제자이
고, 덕미는 묵 선사의 제자임과 동시에 삼계승 승읍僧邑의 제자이기도
했다. 두 사람의 전문傳文으로는 삼계승이라고 결정하기 어려운 대목도

---

292 대정장 50, p.679상, "自開皇之末終於大業十年, 年別大施其例咸爾, 默將滅度,
以普福田業委於美, 美頂行之故, 悲敬兩田年常一施, 或給衣服, 或濟糇糧, 及諸
造福處, 多有貫竭."

있지만, 스승이 전부 삼계승이고, 보복전업普福田業·보분전普盆錢 등과 같이 삼계교 특유의 보普자를 쓰고 있는 것은 삼계교의 영향이라 보지 않으면 안 될 것이다. 그리고 덕미 또한 그 서원西院에 있어서 참회당懺悔堂을 만들었는데, 그 덕미전德美傳에는 다음과 같은 내용이 전하고 있다.

(덕미는) 반주삼매를 행하여, 여름내 앉지를 않고, 3년을 지내도록 묵언으로 배우며 남을 가볍게 보지 않음으로 칠중七衆을 통례通禮로써 대하하였다. ······ 춘추 63세로 종남산 치명추鴟鳴槌에 보내져, 그 유골을 편재곡楩梓谷에 수습하여 탑을 이뤘다.[293]

이렇게 비전과 경전을 베푸는(悲敬施福) 복업을 닦고, 『법화경』의 상불경常不輕 정신에 따라 모든 중생을 예禮로써 대하고, 죽어서도 그 유골을 편재곡에 묻는 것은 확실히 삼계승다운 행동이라고 볼 수 있는 것이다. 그러한 신행 선사를 보普공덕주로서, 보普복전업을 닦고 특히 보분전普盆錢을 실천한 일은, 위에서 말한 무진장행설에 기초해서 본다면 명확하게 삼계교의教義[294]의 영향에서 나온 것이다.

이렇게 해서 삼계교도의 무진장시施의 활약상을 보았지만, 그것을 신행의 유문遺文에서는 어떤 내용으로 표현하고 있는 것일까? 그 유문을 통하여 살펴보기로 하자.

---

293 위와 같음, "或行般舟一夏不坐, 或學止過三年不言, 或効不輕通禮七衆···春秋六十三, 乃送於終南山鴟鳴槌, 後又收骸於楩梓谷起塔."
294 『연구』, p.634.

3) 『신행유문』에 보이는 무진장법행

삼계교는 보불보법普佛普法의 보편주의를 주장하여 별불별법別佛別法
을 편협주의로 함으로써, 실제상의 행법도 보편주의가 아니면 안 되었
다. 삼계교의 중요한 덕목인 보시에 있어서도, 사람들이 제각각 독립해
개별적으로 하는 독행보시獨行布施로는 공덕이 적다. 각각이 개별적이
지 않고 공동으로 할 때 보법普法의 실행인 보행普行의 진실한 의의가
있다. 그것은 개별이 단지 개별이 아니고, 하나하나 공동의 의의를
가지고 하나하나 일체를 포함하는 법계보法界普에 응하기 때문이다.
따라서 삼계교에서는 이것을 무진장법無盡藏法, 무진장행無盡藏行 혹
은 무진장법행無盡藏法行이라 이름 붙이고 있다. 무릇 삼계교의 실행은
보시에 국한하지 않고 통틀어 하나에 일체를 포함하고, 하나하나의
하나가 전부 독립되지 않고 일체의 의의가 되게 하는 것이다. 여기에서
신행은 말법未法의 선지식으로 그 보행의 체달자體達者인 일승一乘보살
이기 때문에, 비록 자신들은 일승보살의 흉내는 낼 수 없을지라도,
일승보살에 수희隨喜 동행하여, 보고 듣는 것도 다시 그 법계자法界者의
공덕에 맡겨 두는 것으로 했다.[295]

　보시라는 것은 말할 필요도 없이 육바라밀의 하나이고 법재法財를
베푸는 선행이다. 그런데 법시法施와 재시財施는 상즉관계가 있어,
구함 없는 베풂의 정신은 반드시 구체적인 행위로 나타나는데, 이
보시야말로 보살의 무상도無上道, 즉 자비의 전형이다. 이 보시를 상수
로 하는 육바라밀로 해서 중생 제도로 나아가는 것이고 "오욕의 낙·보화

---

[295] 矢吹, 『마니교와 동양의 제종교』, pp.333~342.

寶貨 등 모든 재리를 구하지 않고, 세상에 이름나기를 바라지 않고 중생의 고통을 완전히 없애, 이런 것들을 제도하고자 맹세한다(『화엄경』「현수보살품」)"라는 것이 보살의 초발심이며 공덕이다. 이 정신은 새로운 것은 아니지만, 신행의 삼계교도가 이것을 구체적이며 현실적으로 실현했다는 것은 크나큰 의의를 갖고 있는 것이다.

그렇다면 신행의 유문은 어떻게 표현되었던가를 고찰하여 보기로 하자. 『신행유문』(이하『유문』)의 상락아정행 오단五段 중의 제2단은,

제2, 상락아정행소용-재물정부정의常樂我淨行所用財物定不定義를 밝힘에 그 안에 양단이 있다. 첫째는 보시법법법부정普施法法法不定을 밝힘이며, 둘째는 별시법법법각정別施法法法各定을 밝힘이다. 첫째의 보시법법법부정을 밝힌다는 것은 예불전경물禮佛轉經物을 혹회혹멸함或回或減이라. 14종의 용용을 지어 내지 14종물을 혹회혹멸함이라. 예불전경용用을 지음도 이와 같다. 16기통旣通의 호용互用이 부정不定하여, 내지 법계행 또한 이와 같으므로 보시법이 16법이 된다.[296]

라고 하여, 보시를 보시普施와 별시別施의 양단으로 나눠, 보법보불의 종지宗旨에 따른 보시관이 잘 나타나 있고, 또 제1단에 따르면 그 16종의 보시 명목을 구체적으로 상세히 논하고 있다. 그것을 살펴보면,

---

[296] 『연구』 별편, 신행유문, p.4, "第二明常樂我淨行所用財物定不定義者, 於內有兩段, 一者明普施法法法不定, 二者明別施法法法各定, 第一明布施法法法不定者, 或回或減禮佛轉經物, 作餘十四種用, 乃至或回或減, 餘十四種物, 作禮佛轉經用亦如是, 如十六旣通互用不定, 乃至法界行亦如是, 所以普施法雖爲十六法."

제1 명학행 상락아정행 다소의자 어내유16단

第一 明學行 常樂我淨行 多少義者 於內有十六段

일자원시예불 무진 일일부단내지성불 이자원시전경무진(상동)

一者願施禮佛 無盡 日日不斷乃至成佛 二者願施轉經無盡(上同)

삼자원시중승무진(상동) 사자원시중생무진(상동)

三者願施衆僧無盡(上同) 四者願施衆生無盡(上同)

오자(원시이일체악)무진(상동) 육자원시12두타무진(상동)

五者(願施離一切惡)無盡(上同) 六者願施十二頭陀無盡(上同)

칠자원시음식무진(상동) 팔자원시식기무진(상동)

七者願施飲食無盡(上同) 八者願施食器無盡(上同)

구자원시의복무진(상동) 십자원시방사무진(상동)

九者願施衣服無盡(上同) 十者願施房舍無盡(上同)

십(일자원시상)좌무진(상동) 십이자원시연등촉무진(상동)

十(一者願施床)坐無盡(上同) 十二者願施燃燈燭無盡(上同)

십삼자원시종령무진(상동) 십(사자)원시향무진(상동)

十三者願施鐘鈴無盡(上同) 十(四者)願施香無盡(上同)

십오자원시자(탄무진)(상동) 십육자원시세욕무진혹(상동)

十五者願施柴(炭無盡)(上同) 十六者願施洗浴無盡或(上同)

독경 송경 강경 역응유여래견 불감현설□□□ 역원내지부단

造経 誦経 講経 亦応有如來見 不敢玄說□□□ 亦願至佛不斷.[297]

이라고 하여 불법승, 중생에 대한 공양, 이악수선(離惡修善, 十二頭陀),

---

297 위와 같음, pp.3~4.

음식, 식기, 의복, 방사房舍, 상좌床坐, 연등촉, 종령鐘鈴, 향, 자탄柴炭, 세욕洗浴 등을 원시무진 16행으로 하여 부처를 이룰 때까지 날마다 부단히 할 것을 논하고 있다. 또 그것은 보별이시普別二施를 불문한 보용보시普用普施의 뜻으로서, 우선 대승행常樂我淨行을 전제로 하여 널리 일체를 위하여 보법대승무진장법普法大乘無盡藏法을 상속하는 것을 상락아정행의 의의로 한 것이 특이하다 하겠다. 여하튼, 신자들의 성심으로 공덕소功德所인 무진장원에 모여진 재물은 대승법계행으로서 삼보에 공양하는데, 그것은 곤궁자를 구제하는 보살심으로 봉사하는 것이 아니면 안 되고, 상락아정행 이외의 것으로 변용되어서는 안 된다.

그러나 그것 역시 시대가 흐름에 따라서 관리와 교단이 상호 간에 무엇인가 요구되었음직한 것이 추측되지만, 또한 역으로 그것을 단호히 배제하고 있는 내용이 삼계교의 소의경정인 『유가법경경』에 의해 확인된다.

선남자여, 미래세 중에 모든 관장官長의 상중하류 등의 관인은 죄복을 불신하고 모든 사방승물을 취하니, 이와 같은 이들은 모두 악도에 떨어진다. 선남자여 이후로 삼보재물을 취하거나 삼보노비, 축생 등을 부림에 응하지 말라.[298]

---

298 위와 같음, p.245, "善男子, 未來世中, 多諸官長上中下類, 如是官人, 不信罪福, 取諸四方僧物, 如是等人皆墮惡道, 善男子, 自今以後, 不応取三寶財物驅使三寶奴婢畜生."

228

라고 하며, 또한

혹 어떤 비구는 속관俗官에 악기를 의뢰하기 위하여 기박(바둑)을
하거나 중매를 행하여 그들을 기쁘게 하거나, 또는 타 세력을 빌어
도속道俗을 침해하거나 재물을 얻어 속관과 나누는 등 이와 같은 비구
(니) 등은 이와 같이 비법을 행하나 (이들은) 의식을 위하여 스스로
살아가기 위하여 모든 속인이 경중敬重하는 마음을 내지 못하게 한다.
다만 보살이 중생을 이익 되게 하기 위하여 이들을 연민함은 제외
한다.²⁹⁹

라고 말하고 있는 것에서 잘 나타나고 있다. 이것은 삼계교의 무진장법
이 공관空觀에 따른 보경普敬과 인악認惡에 기초한 보시관을 가지고,
상호부조에 의한 기쁨을 민중에게 보이려고 하는 소중한 근본적인
사상이다. 또 민중을 위하여 정치권력과의 교제를 결코 허가하지 않았
던 것으로, 교단과 관리와의 결부를 엄히 비난함과 동시에, 관리가
교단의 재물을 탈취하는 것을 허가하지 않음으로써 그것을 배제하는
의도를 나타내고 있는 것이다.

　이처럼 유문遺文을 통해서 무진장법을 이해했지만, 이렇게 삼계교에
있어서 사회교화의 실천은 무진장시無盡藏施로서 최고의 이상과 최대

---

299 위와 같음, p.246, "或有苾蒭, 託附俗官爲動絃管, 並共碁博, 或行媒構, 令彼歡
喜, 或仮他勢力, 侵削道俗, 所得財物, 分與俗官, 如是苾芻尼等專行如此非法之
事, 爲衣食故, 以自活命, 令諸俗人不生敬重, 唯除菩薩利益衆生, 及以憐愍此等
人故."

의 목표를 설정했음을 알 수 있다. 삼계교에서는 말법인들의 모두가 탐진치의 삼독이 있기 때문에 태어나면서 본질적으로 구제받지 못하며, 어떤 부처도 어떤 법도, 별법別法으로서는 이것을 구제할 수가 없다고 하여, 5종불구五種不救[300]를 비롯하여 다양한 용어를 만들어냈다. 따라서 탐욕에 대한 무소유의 사상을 고취하고, 12두타 중의 하나인 상걸식常乞食을 고조시켰으며, 특히 보시행은 매우 중요시되어 시여施與에 관한 상세한 설명을 하고 있는 것을 보면, 삼계교는 과거 현재를 떠나서 불교 사회사업사 가운데 중요한 항목을 차지하고 있는 것이다.

다음으로 삼계교는 그 특성상 산중불교가 아닌 촌락불교를 표방하고 있는데, 그것의 특징 중 걸식에 대한 중요성을 알아보기로 하자.

대근기행법對根起行法의 득고선得苦善 12종 중 그 제1의 상걸식常乞食의 1절에 법계단法界檀의 4종, 즉 파병단破病檀·유작단有作檀·무작단無作檀·도생단導生檀을 들고 있는데, 그것의 구체적인 모습을 살펴보자.

① 파병단이란 호식好食의 다소多少를 볼 수 없는 두타행에 의해서 무시無始이래의 탐병貪病을 깨뜨리는 것을 말한다.

② 유작단이란 걸식승乞食僧으로서 얻은 음식을 항상 '일체중생과 함께 먹는다'는 것으로, 자기 혼자만 먹어서는 안 된다는 것을 설하는 것이다. 또한 그것을 4분分해서 1분은 본인, 1분은 동행자에게, 1분은 빈곤자에게, 또 1분은 귀축鬼畜에게 준다는 것이다.

③ 무작단이란 당연히 자신의 몫을 스스로 받지 않음으로써 소극적으

---

300 西本照眞, 『삼계교의 연구』(이후 『西本』), p.371.

로 베푸는 것을 설하는 것이다.

④도생단이란 모든 중생을 걸식으로 인해서 성도聖道에 들어가게
한다는 것이다.[301]

이렇게 상걸식하는 가운데에서도 나름의 법도를 지니며 철저한 나눔
의 정신을 베풀고 있는 대근기행법과 무진장법행의 삼계교의 사상은,
현대사조와 대비하면 꽤 흥미 있는 것이라 말할 수 있다. 즉 '만약
그것이 이상理想에 대한 범신론과 현실에 있어서의 소유욕 등이 현대사
조에 의한 새로운 문제가 된다면, 삼계교는 무려 천오백 년이나 전에
이미 일종의 이상적 공산주의를 실행했던 것으로, 흥미 있는 사상사상
思想史上의 한 페이지를 장식했다고 말할 수 있다'[302]는 주장은 꽤 설득력
이 있다.

그러면 삼계교도의 실천적인 행법인 무진장법(행)은 구체적으로
어떠한 내용이었는가? 이를 돈황본 자료인 '무진장법략설'에서 보기로
하자.

---

301 『연구』, pp.443~444.

302 『연구』 별편, p.171, "間如今化作無盡藏人, 皆未有解眞·行深·病輕三儀, 若爲相
應, 答但施無盡藏者, 応教云入信行禪師法界普無盡藏, 又非直信行禪師同行, 亦
共一切過去未來現在十方虛空法界等一切國土一切一乘菩薩同此一行, 由信行
禪師等一切菩薩正故, 但同行隨喜見聞等, 四階人並 如蛇入竹筒, 筒直蛇亦直,
然共信行禪師等同此無盡藏行故, 由所同正故, 能同亦正, 不畏邪錯, 又無盡藏賠
償宿債如現在負債."

4) 돈황 자료 『대승법계무진장법석』의 내용

일반적으로 무진장법행, 또는 이 무진장원을 설명하는 직접자료는 앞에 서술한 '상락아정' 정신에 의해서, 해탈을 위하여 대승의 법도에 의지하여 대승법을 수행하는 것을 말하고 있는 『유문』과 『무진장법략설』(제8단편), 『대승법계무진장법석』(이하 『대승무진장법』, 제9단편) 등이다.

이들의 자료에 따라서 삼계교의 무진장원의 설립취지를 보면, 그 근거가 된 경전은 『화엄경』(「보살무진장품」에 10종의 무진장을 설함), 『유마경』(「불도품」에 현작무진장이란 용어 나옴), 『대집경』(80무진장법을 설함), 『열반경』 등이다. 또한 『유문』에 따르면 무진장행법은 불·법·승 및 중생계를 바탕으로 하여 육바라밀 등 법계행을 수행하는 것이고, 그것을 행하는 주체는 진리를 이해하고(解眞), 그 행위를 끊을 것에 수양을 철저히 하며(行深), 번뇌를 끊어 없앤(病輕) 사람이다.

그런데 『유문』에서는 구체적인 내용을 알 수 없는 '법계행'이라는 것을 『대승무진장법』에서 살펴보면,

묻기를, 지금 무진장을 행하고 있는 사람은 모두 해진解眞·행심行深·병경病輕의 3의儀를 득하지 못했지만 어떻게 해서 상응할 것인가? 답하기를, 그냥 무진장에 베푸는 것만으로 모든 신행 선사의 법계보무진장法界普無盡藏에 들어간다고 할 수 있다. 또 신행 선사와 동행하는 것만이 아니고, 일체의 과거, 현재, 미래의 시방 허공법계에 다름없는 일체의 보살이 올바르기 때문에 그냥 동행同行, 수희隨喜, 견見, 문聞 등의 4계층의 사람도 전부 올바르게 된다. 마치 뱀이 대나무 통에

232

들어가면 통이 똑바르기 때문에 뱀도 또한 똑바르게 되는 것과 같은 것이다. 따라서 신행 선사 등과 함께 이 무진장행을 같이 하여 수행하는 것이 올바르게 되는 까닭에, 행하는 측도 올바르게 되어 그 사착邪錯을 두려워하지 않는 것이다.[303]

라고 설하고 있다. 또한 더욱 『대승무진장법』의 취지를 명확하게 해서,

제2로 명명名을 판判한다는 것은, 대大는 관寬, 장長, 심深, 원불퇴遠不退로써 의義를 삼고, 승乘은 재載로써 이름이 된다. 소승법 중에 오직 자리自利를 밝혀 대승법 내 자리이타를 밝힌다.
이런 까닭에 보살대비행에 의지해서 무진장법을 세운다. 육바라밀은 단월檀越을 비롯하여, 사섭법 중 보시를 상수로 하여 위로는 제불과 같고, 안으로는 법신에 응하고, 밖으로는 중생을 위하여 법계의 궁극에까지 힘쓴다. 중생계가 다하면 장藏도 곧 다한다. 법신무진法身無盡, 시행무국施行無窮하며, 경계는 상행상속常行相續하는 연유로 무진을 세워서 구경심광究竟深廣이라 이름 붙인다. 일체를 함온含蘊하는 까닭에 이름하여 장藏이 된다. 장에 궤의軌儀가 있어, 이름하여 법이라 하며, 따라서 '대승무진장법'이라 한다.[304]

---

303 위와 같음, pp.164~165, "第二判名者言, 大以寬長深遠不退爲義, 乘以運載爲名, 小乘法中, 唯明自利, 大乘法內自利利他, 是故菩薩依大悲心, 立無盡藏法, 六波羅密檀度爲初, 操行中布施爲首, 上同諸佛內應法身, 外利衆生窮盡法界, 衆生界盡此藏乃盡, 法身無盡施行無窮, 由境界常行相續故立無盡, 名究竟深廣, 含蘊一體故名爲藏, 藏有軌儀復名爲法, 故曰大乘無盡藏法."
304 위와 같음, pp.164~165, "第二判名者言, 大以寬長深遠不退爲義, 乘以運載爲名,

라고 하여, '대승무진장법'이란 자리이타의 보살이 대비심에 의해 무진
장법을 세운 것이고, 보살의 행인 육바라밀이나 사섭행도 그 최초가
보시가 되는 것을 밝히고 있는 것이다. 또한 불佛과 중생의 세계가
무한히 시행施行을 서로 계속하는 궤의軌儀가 '대승무진장법'이라고
한다.

그런데 그 설립의 의의에 대해서 5의五義를 설하며, 구체적으로
낱낱이 설명하고 있는데, 그 내용을 살펴보면 다음과 같다.

제3은 뜻을 세우는 것이란, 선사가 설하는 5의를 간략히 전하면 첫째는
상하상대上下相對, 둘째는 보별상대普別相對, 셋째는 자타상대自他相
對, 넷째는 상무상상대常無常相對, 다섯째는 인과상대因果相對이다.
그 중 첫째의 상하상대라는 것은 위로는 경전敬田, 아래로는 비전悲田을
말한다. 『화엄경』의 설에 의하면, …… 모든 궁핍인은 보장을 얻어
무진장으로서 삼보에 보시함을 …… 경전敬田이라 하며 …… 또 『유마
경』의 설에서는, 모든 빈궁자들은 무진장을 지어 부지런히 도를 힘써
발보리심으로 하여금 이를 밝힘을 비전이라 한다.[305]

小乘法中, 唯明自利, 大乘法內自利利他, 是故菩薩依大悲心, 立無盡藏法, 六波
羅密檀度爲初, 攝行中布施爲首, 上同諸佛內應法身, 外利衆生窮盡法界, 衆生界
盡此藏乃盡, 法身無盡施行無窮, 由境界常行相續故立無盡, 名究竟深廣, 含蘊一
體故名爲藏, 藏有軌儀復名爲法, 故曰大乘無盡藏法."

305 위와 같음, "第三立義者, 傳禪師說略有五義, 一上下相對, 二普別相對, 三自他相
對, 四常無常相對, 五因果相對, 第一上下相對者, 上謂敬田, 下謂悲田, 准依華嚴
経説…令諸貧乏得寶藏, 以無盡藏施三寶 … 是敬田 … 又維摩経説, 諸有貧窮者,
現作無盡藏, 因以勤道之, 令發菩提心准此以明, 卽是悲田."

라고 하여, 그 의의를 『화엄경』, 『유마경』, 『승만경』, 『상법결의경』, 『열반경』, 『지지론』 등을 논거로 해 무진장으로 삼보에 베풀고, 빈궁자에게는 도道를 권유해서 보살심을 유발시킨 것을 알 수 있다. 그런데 더욱 중요한 것은 그 자신을 위해 재물을 모으지 않고, 빈고의 중생을 성숙시키고 원친평등怨親平等에 널리 베푸는 것이다. 또한 그 방법으로는 도속이 함께 협동해서 각각 작은 재물을 내서 한곳에 모집을 하여, 그것들을 빈궁, 고독, 악질중병인惡疾重病人에게 보시하는 것이고, 또한 이것을 언제까지나 서로 계속하고, 관官이나 재물을 구하는 일 없이 순수한 공덕행으로 다함없이 계속해서 청정국國을 만들며, 불의 공덕을 찬탄하는 것을 말하고 있다.

이렇게 삼계교의 무진장법을 설명하는 것은, 제8단편인 「무진장법략설」이며 이것은 모두 11단에 의하고 있으며, 수부파손首部破損 때문에 5단 이전은 탈실하고 6단 이후에 불과하다. 다행히도 제9단편 「대승무진장행법」은 『무진장법략설』(제8단편)의 주석에 해당되어 앞에도 인용했던 것이다. 여기서 그 제8, 제9의 양 단편에 따라 11단으로 나누어 보면,

제일명능기인第一明能起人
제이명행행시절第二明行行時節
제삼명소위관협第三明所爲寬狹
제사명법계행다소분第四明法界行多少分齊
제오명법계행상무상소유第五明法界行常無常所由
제육명수성난역第六明修成亂易

제칠명법계행대소상第七明法界行大小相
제팔명현학다소第八明現學多少
제구명소도중생득행분천심第九明所度衆生得行益淺深
제십명무진장종자다소第十明無盡藏種子多少
제십일명작무진장인진퇴유죄무죄第十一明作無盡藏人進退有罪無罪

로 되어 있으며, 이것은 앞에 열거했던 신행의 유문, 즉 돈사신명재16종
상락아정행頓捨身命財十六種常樂我淨行과 밀접한 관계가 있다. 그런데
삼계교의 무진장법의 해석은, 같은 무진장행이라고 해도 대승행인
'상락아정무진행'과 소승행인 '고공무상무진행苦空無常無盡行'의 두 종
류로 나뉘어 있다.

우선 대승행의 방법은 관관・장장・심심의 3의義와 4수修를 논하고
있는데, 그 11단 중 제5 '명법계행상무상소유자明法界行常無常所由者'를
보면,

제5, 법계행의 상무상常無常의 이유를 밝힌다 함은, 법계행에 있어
각각, 삼의三義를 구족하지 못한 자는 무상無常. 그 중 첫째는 관협부정
寬狹不定, 둘째는 장단부정長短不定, 셋째는 진퇴부정進退不定이라. 또
법계행에 있어서 각각 삼의를 구족한 자는 상常이라. 그 중 첫째는
광대여법계(廣大如法界: 寬), 둘째는, 일일부단진미래제(日日不斷盡
未來際: 長), 셋째는 불퇴내지명진(不退乃至命盡: 深)이라 한다. 이
중 삼의를 해석하되 관관, 장장, 심심의 뜻이 된다. 신명재身命財를
버리어 필경불퇴를 다한 연고로 심심이라 하니, 삼의의 뜻이 이와

236

같다. 『섭대승론』의 설에 준하여 사수四修의 뜻을 해당시키면 첫째,
광대법계는 무여수無餘修를 논설함이니, 이른바 진사만행塵沙萬行을
하나도 닦지 않음이 없음이라. 둘째, 구경究竟이 허공과 같다 함은,
즉 공경수恭敬修를 논설함이니 하나하나의 행이 모두 공리구원窮理究源
과 같다 함이요. 부지런히 힘써 철저히 목숨을 다해 악하지 않은 친절한
마음으로 닦아 고통을 피하지 않음이다. 셋째, 미래제가 다하도록
오랫동안 닦음을 논설함은, 일일의 행이 다 삼대아승지 겁을 지남이라.
넷째, 휴식이 없다 함은 무간수無間修를 논설함이니, 이른바 그 마음이
상속하여 끊임이 없음을 이름함이니, 이는 단지 일일의 행으로 위의
삼의를 구현함이라. 사종을 닦음은 이름하여 상락아정행이라 하며,
또 일승대승행이라 한다. 만일 삼의를 구족하지 않으면 사수四修란
이름하여 고苦, 공空, 무상행無常行이라 하며, 또한 삼승소승행三乘小乘
行이라 한다.[306]

라고 하여, 일승대승행一乘大乘行으로써 상락아정무진행은 관寬, 장長,

---

[306] 위와 같음, pp.172~173, "第五明法界行常無常所由者, 於法界行各各三義不具足
者是無常, 一者寬狹不定, 二者長短不定, 三者進退不定, 於法界法各各三義具足
者是常, 一者廣大如法界, 二者日日不斷盡未來際, 三者不退乃至命盡釋曰此中
三義亦得名爲寬長深義, 由捨身命財盡畢竟不退故, 得名深如是三義, 准攝大乘
論說義當四修, 一廣大法界卽當無論說無余修是, 謂塵沙万行無一不修, 二究竟
如虛空, 卽當論說恭敬修, 是謂一一行如皆窮理究源, 殷勤徹到, 竭力盡命, 不避
苦惡非婆婆心修, 三盡未來際, 卽論所明長時修是, 謂一一行皆経三大劫阿僧祇
劫, 四無有休息卽論所說無間修是, 謂其心相續未曾間斷, 但一一行具上三義, 四
種修者名爲常樂我淨行, 亦名一乘大乘行, 若不具足三義, 四修者名爲苦空無常
行, 亦名三乘小乘行."

심심深의 3의 및 무여無余, 공경恭敬, 장시長時, 무간無間의 사수四修를 구비하지 않으면 안 되는 것을 말하고 있다. 그리고 또 상락아정행은 일승대승행이라고도 불리며, 원융圓融의 행법行法인 까닭에,

제6, 법계행의 수성修成함에 난이亂易란, 상락아정무진장을 소처少處에서는 이룰 수 있으나 다처多處에서는 분별키 어려움이라 하고, 공, 무진장을 수처隨處에서 다소의 보동普同을 얻음이라 한다. 해석해 이르되, 상락무진장 상上은 제불성진신행섭成眞身行攝과 동일하고, 이른바 모름지기 삼의와 사수四修를 구족한 고로 소처가성少處可成이며, 다처불변多處不辨이라. 까닭에 이름하기 어렵다. 경성 화도사化度寺의 대처大處의 사람인 연고로 마땅히 16종 사방事方을 가히 판별함이니, 착오를 두려워 않음으로 선사와 같이 진眞을 상속相續하기 때문이다.[307]

라고 말하고 있다. 요컨대 대승행의 상락무진장행은 제불성진신행諸佛成眞身行으로 삼의와 사수를 구족함을 요한다. 그러나 그것은 소처에서는 이루나 다처多處를 즐기지 않아 난難이라 명명하며, 장소는 경성 화도사여야 한다. 또한 대처인大處人에 의할 경우, 16종사種事를 갖추는 이에게 말하여야 하는데, 그것은 신행과 동행으로서 진眞을 상속하

---

[307] 위와 같음, "第六明法界行修成難易者, 常樂我淨無盡藏, 少處可成多處不辨, 苦空無盡藏隨處多少皆得普同, 釋曰其常樂無盡藏上同諸佛成眞身行攝, 要須具足三義四修, 是故少處可成多處不辨, 所以名難, 要在京城化度寺大處由人, 是處當具十六種事方可辨, 不畏邪錯以同禪師相續眞故."

기 때문이라 한다. 그러나 삼의와 사수를 구족치 못한 이들은 각 주현州縣에 공덕소를 짓고, 같은 날짜에 함께 기쁜 마음으로 회사할 수 있도록 하고 있다.

고공무상무진장苦空無常無盡藏이란, 아래의 중생성응신행섭成応身行攝과 같다. 즉 삼의와 사수를 구족치 못한 고로, 수처에서 다소의 보동普同을 다 얻을 수 있는 고로 이름하기 쉬운즉, 7월 15일의 우란분盂蘭盆 등이 이것이다. 주현州縣에 공덕처를 지어 다 널리 기쁜 마음으로 따라 조성하니, 모름지기 화도사에 보낼 필요가 없다.[308]

즉 (소승행의) 고공무상무진장은, 중생이 응신을 이루는 행(衆生成応身行)으로 삼의와 사수를 요하지 않아도 곳에 따라 이것을 행하고, 우란분회 등에 따라 소재의 주현에 있어서 공덕을 행한다는 의미이다. 따라서 화도사의 무진장원으로 따로 보내지 않고, 독자적인 보시를 그것도 다함께 같이 할 수 있도록 하는 편의를 제공하고 있는 것이다.

4. 무진장원의 탄압

1) 무진장원의 폐쇄 원인

무진장원의 폐쇄 원인을 알아보기 전에, 우선 무진장에 대한 연구로서

---

308 위와 같음, "苦空無常無盡藏, 下同衆生成応身行攝, 不具足三義四修, 是故隨處多少皆事得普同, 所以名易卽七月十五日盂蘭盆等是, 所在州縣造功德處, 皆得普超隨喜助成, 不必要須送化度寺."

선구적 발표[309]를 먼저 간략히 정리해 보기로 한다.

① 교단의 성립과 주장을 논함에 있어, 당시 사회불안과 혼란상태 및 무제 파불의 원인의 하나로 생각되는 승려의 타락과 특히 삼계교의 개창 흥융興隆의 위에, 무제의 불교 박해가 직간접적인 영향을 끼쳤음.
② 고경이 세운 진적사(후의 化度寺) 내의 삼계원은 후에 번성하여 장안의 4사(寺: 光明, 慈門, 慧日, 弘善)와 함께, 삼계교도는 5선사로 불렸는데, 고경의 실각 후 다음해부터 삼계교단은 칙단勅斷되었다. 무진장으로의 진출은 고경이란 후원자를 잃은 후 진통을 겪었으나, 어쨌든 그것은 유일한 삼계교단의 재원활동의 하나이다.
③ 무진장원의 설치에 대해서 『태평광기』의 신의信義와 『양경신기兩京新記』의 신행에 대해, 어느 것이라 단정할 수 없다고 한 것. 그러나 신의가 설치한 것이라 보는 것이 좋을 것 같다.
④ 무진장의 제회除毀와 분산 원인의 자료로써 『양경신기』, 『전당권全唐文』 권28의 내용을 들어 그 폐쇄 연대를 지적하였는데 『양경신기』에는 개원 원년이며, 서송徐松의 『당양경성방거교』에는 개원 9년이었지만, 무엇이 옳다고 단정하기 어렵다. 그러나 현종은 개원 13년 모든 절(寺)의 삼계원을 제거시켰기에 그 이전의 것은 명확한 것이 된다.

이 논고 이후, 무진장원의 폐쇄(721) 원인을 논하는 경우, 양 자료인, 『태평광기』 권493과 『양경신기』라는 1차 자료에서 그 직접적인 원인을 생각하고 있는데, 여기서는 『양경신기』에 의해 그 원인을 잠시 살펴보

---

309 塚本善隆, 「신행의 삼계교단과 무진장」(『종교연구』 3-4호, p.71)

240

기로 한다. 『양경신기』에서는,

개원 원년, 칙명으로 훼제를 영하여 소유의 전백錢帛을 경성제사와
함께 하며, 훼궤毁壞되고 수집修緝하는 일을 폐함이라.(開元元年, 勅令
毁除, 所有錢帛供京城諸寺, 修緝毁壞其事遂廢)

라고 하였다. 개원 원년에 무진장에의 탄압이 시작되어 개원 13년에
다시 탄압이 일어나며, 급기야 개황 20년(600)에 유행의 금단禁斷으로
이어지게 되는 것이다. 이렇게 무진장원의 폐쇄 전에도 크고 작은
두 세 번의 탄압이 있었던 것은, 삼계교의 대대적인 탄압으로의 절차를
밟고 있는 것으로 생각하지 않을 수 없다. 앞서 말했듯이 무진장원의
폐쇄야말로 삼계교의 뿌리를 송두리째 흔드는 역할을 하고 있는 것이
다. 그러한 삼계교에 대한 탄압의 역사는 다음과 같다.[310]

제1회 금압禁壓: 문제文帝 개황開皇 20년(600). 금단禁斷되고, 유행이
허락되지 않았다.(『역대삼보기』 권20)
제2회 금압: 측천무후 증성証聖 원년(695). 삼계교는 이단이고, 그
전적은 위경僞經, 잡부록雜符錄의 극극이다.(『대주간정중경목록』 권15)
제3회 금압: 측천무후 성력聖曆 2년(699). 삼계교도의 활동은 걸식,
장제長齊, 절곡絶穀, 지계持戒, 좌선坐禪에 한정한다. 기타의 활동은
위법이다. 삼계교 전적을 목록에서 삭제하다.(동상)
제4회 금압: 현종 개원 9년(721). 화도사, 복선사의 무진장을 훼제毁除

310 『西本』, pp.130~131.

하고 재물을 분산하다.(『책부원구冊府元龜』 권59)

제5회 금압: 현종 개원 13년(725). 활동 금지된 삼계원의 격장隔障을 제거, 삼계교 이외의 승僧과 공주共住시키다. 『삼계집록集錄』을 금단, 제훼除毁시키다.(『개원석교록開元釋教錄』 권18)

이와 같이 제1회는 금단되어 유행이 허락되지 않았고, 제2회는 교단이 이단시되어 삼계교 전적은 위경시되고, 제3회는 교도의 활동을 걸식, 절곡, 좌선 등에 한정하고 다른 활동은 위법이 되어, 삼계교 전적을 목록에서 삭제 당한다. 즉 탄압이 점점 강하게 되어, 마침내 제4회(721)에는 교단의 경제기반인 무진장을 훼제하고 재물을 분산하기에 이르렀던 것이다. 여기서 삼계교승 정역사淨域寺 법장法藏이 화도사의 무진장 검교를 하고 있었던 것을 생각하면, 지금까지의 삼계교가 수차례의 탄압에도 불구하고 교단을 지탱하고, 그 후의 탄압 때까지 20여 년의 상태를 유지했던 것은 역시 재정적인 무진장의 힘이고, 그 원동력은 불가사의라 말하지 않을 수 없다. 왜냐하면 무진장 활동의 역사를 보면, 삼계교단의 시초[311]로부터 제4회 탄압까지의 130여 년간은 교단을 유지했지만, 제4회 무진장의 탄압이 시작되고, 불과 4년 후에 삼계교도 전체의 활동이 금지되었기 때문이다. 삼계교는 불교의 역사 이래, 탄생 시기로부터 멸망의 최후까지 탄압의 역사라고 하는 비극적인 운명의 길을 걸었지만, 결과론적으로 보면 그렇게 비관적인

---

[311] 신행의 장안입성(589) 때는 삼계교록이 완성되어 포교를 시작한 것과 함께, 진적사라 하는 근본도량도 이룩되기에 이르렀다. 그렇다면 교단의 시작을 589년이라고 해도 무리한 일 은 없을 것이다.

242

것만은 아니라는 생각도 든다.[312] 삼계교의 유행의 금단, 전적의 이단, 활동의 제한, 무진장의 훼석 등 일률적인 탄압의 근본적인 이유가 무엇인가를 생각해 볼 때, 조정과 불교의 타 종파가 함께 삼계교를 비방했던 것은 교리에서 서로 대적했던 것도 있지만, 보다 근본적인 이유는 쌍방의 직접적인 이익에 관계되는 것이 원인이지 않았는가 하고 생각해 본다. 즉 조정, 귀족, 대사원 등과의 이익관계에서 신행의 삼계교 쪽이 그 제삼자들로부터 미움을 받았을 가능성은 충분히 있었기 때문이다. 사실 당시의 왕권이 강할 때 귀족들의 착취에 따른 민중의 고통은 당연하다고 말할 수 있을 것이며, 더욱 극심한 것은, 조정의 잦은 전쟁과 또한 노역, 세제 등을 견딜 수 없었을 것이다. 또한 살아가기 위해서는 그곳을 도망쳐 사찰로 도피해 온 사람도 한둘이 아니지만, 그것도 가능하지 않았던 이들은 가족을 부양하기 위해서는 고리高利라도 쓰지 않을 수 없었을 것이다. 이러한 사항들을 삼계교 신행은 놓치지 않았고, 민중의 고통을 어떻게 해결할 것인가 하는 것을 경제적으로 생각해낸 것이 이 무진장원의 설치인 것이다. 『속고승전』의 신행의

312 삼계교의 탄압은 주로 조정 등의 외부세력에 의한 것이어서 그다지 교단 내의 쟁투는 보이지 않는다. 신흥종교의 형성 면에 있어서 오히려 외세의 핍박은, 뒤집어서 본다면 그 종교의 신앙심과 교단의 힘을 지켜내고 단합하여 고조시키는 것이어서, 삼계교단도 처음의 그러한 탄압이 없었다면 아마도 역사의 일면을 장식하지 못했을지도 모른다는 생각도 든다. 실제로 삼계교도는 그러한 탄압의 영향으로 인하여 문학, 미술 등의 분야로의 진척은 그 역사성을 새롭게 재조명한다고 생각할 수 있다. 또 한 가지는 만일 탄압의 역사가 없었다면 돈황석굴에의 은폐도 없었고, 다시 천여 년 후의 햇빛은 못 보았을 것이기 때문에, 역으로 생각하면 결국 그리 비관적이라고 말하지 않을 수 있지 않을까?

일화에,

> 4세에 이르러, 우마차가 진흙에 빠져나오지 못함을 보고 슬퍼 울음을 멈추지 않았다.[313]

라고 말하고 있듯이, 신행은 진흙 속에서 빠져나오지 못하는 소의 고통을 어쩔 수 없어 눈물만 흘렸을 정도로 어릴 때부터 자비심이 많았음을 알 수 있다. 이러한 그의 자비심은 나중에 착취를 뛰어넘지 못하는 민중에 대한 구제로 이어졌음은 말할 필요도 없다.

특히 자비의 발로인 무진장원의 설치에 따라 싼 이자로[314] 손쉽게 민중의 고통을 덜 방법이 생겼지만, 그것이야말로 조정, 귀족, 거대한 사원들로서는 바라던 것이 아니었을지도 모른다. 그들의 문제는 지금까지의 광대한 토지를 이용한 자신들의 이익이 무진장원으로 인해 중지되고, 금전의 유통도 삼계교도들에게 절단되자, 그 높은 원성은 당연히 삼계교로 쏠리는 것은 명백한 것이라 말할 수 있다. 어쨌든 무진장원 탄압의 원인은 당시의 조정과 불교의 관계가 좀 더 상세하게 될 때 더욱 확실해질 것으로 생각된다. 다음은 무진장원 폐쇄 연대에 대하여 살펴보기로 하자.

---

313 대정장 50, p.559, "至年四才, 路見牛車保沒泥牽引, 因悲泣不止, 要轉乃離."
314 삼계교의 무진장원으로부터의 이자가 다른 것과 비교해서 확실히 저렴했던 것은 민중의 환희가 지대했던 것으로부터 보아도 추측될 것이다. 그러나 어느 정도였던가에 대한 확실한 기록은 남아 있지 않다.

2) 무진장원의 폐쇄 연대

개원 초년의 불교정책을 논한 학자는 대개 삼계교의 무진장원이 개원 원년(713)에 폐쇄되어진 것과 동 13년(725)에 삼계교가 금지되고 삼계 교단이 해산되었다는 것을 강조하고 있다. 그러나 무진장 폐쇄 연대에 대한 설은, 전술한 바와 같이 두 가지 설(『전당문』, 『양경신기』의 개원 원년과 서송徐松의 『당양경성방교』의 개원 9년)이 있다. 후에 여파호礪波 護에 의해 야부키[315], 도단양수道端良秀[316] 등에 의한 『전당문』, 『양경신 기』의 개원 원년 설이 깨지고, 서송의 『당양경성방교』의 개원 9년 설로 정정되었다. 그 연유를 보면, 여파호는 "종래의 모든 연구는, 국가의 불교정책이 가장 단적으로 표출되어 있는 조칙문의 검토에 즈음하여 너무 안이하게 『전당문』에 의거해서, 주로 양당서나 『당대소 려집』, 『당회요唐會要』를 원용하는 것으로 그쳐 『전당문』에 수록된 소칙문詔勅文의 자료원으로써 가장 중요한 『책부원구』의 충분한 활용 을 소홀히 하였다고 말할 수 있다"[317]라고 지적하고 있다. 그는 또 『책부원구』권159 제왕부帝王部, 혁폐革弊조에 『전당문』에 보이는 양 소兩詔의 전문이 실려 있는 것을 들어, 『책부원구』의 개원 9년의 기사를 인용하고 있다. 그 내용을 살펴보면,

4월 임인, 소에 이르기를, 내전의 유계는 다만 일상一相을 종으로 하는 것뿐, 대승의 묘리를 어찌 2문으로 열 것인가. 듣건대, 화도사

『연구』, pp.87~89.
道端良秀, 『당대불교사의 연구』, p.530.
礪波護, 『당대정치사회사의 연구』, p.453.

내지 복선사의 삼계승이 무진장을 창시하여 매년 정월 4일, 천하의 사녀에게 전을 베푼다고 한다. 호법을 위한다는 명목으로 빈녀를 구한다고 사칭하여 간기姦欺를 책략하는 것은 진정함이 아니다. 속히 금단해야만 한다.[318]

라고 하여, 『전당문』에 「금사녀시전불사소禁士女施錢佛寺詔」가 실리고 있는 것이다. 어쨌든 『책부원구』 개원 9년의 기사에 의해, 『양경신기』 초본抄本에 보이는 개원 원년은 개원 9년의 오사誤寫이며, 서송의 『당양경성방고』 권4 의령방義寧坊의 화도사의 주注에 보였던 개원 9년 기사가 올바른 것이 확인되었지만, 이것은 일찍이 평강무부平岡武夫에 의해서도 지적된 바가 있다.[319] 덧붙여 장안지의 성방고城坊考에는 이 화도사의 주注[320]에,

본래 진적사는…… 무덕 2년(619)에 화도사로 개칭하였다.(本眞寂寺… 武德二年 改化度寺)

라는 기록이 보이고 있어, 화도사의 근원은 진적사인 것을 알 수 있다.

---

318 위와 같음, "四月壬寅, 詔曰, 內典幽微, 惟宗一相, 大乘妙理, 寧啓二門, 聞化度寺乃福先寺三階 僧創無盡藏, 每年正月四日, 天下士女施錢, 名爲護法, 称濟貧弱, 多肆姦欺, 事非眞正, 卽宣禁斷, 其藏錢付御史台京兆河南府, 勾會知數, 明爲文簿, 待後處分."

319 平岡武夫, 『당대 장안과 낙양』, p.27.

320 위와 같음.

3) 무진장원 폐쇄 이후의 동향

삼계교의 무진장 활동은 현종 조朝에 들어와 2회(721, 725)나 철저한
탄압을 받았지만, 삼계교는 멸망하지 않고 역사상으로 건재하였는데,
이는 교단의 밖에서도 그 활동의 생생한 흔적이 남아 있다. 그 증거로
덕종德宗 연간(정원 16년, 800)에는 측천무후(성력 2년, 699) 이래 삼계
교 전적이 목록에서 삭제되었던 것을 원조圓照의 『정원록貞元錄』에
다시 실린 것인데, 도충道忠의 『탐요기』에는 다음과 같이 설하고 있다.

『정원록』에 이르길, 삼계불법 35부, 44권분 5질은 신행 선사의 선집으
로 정원 16년(800) 4월 13일, 칙령에 의해 『정원신정석교목록』에 첩
입됨.[321]

이렇게 장기간 동안 정부正否를 오르내리며 기록되고 있는데, 『장안
지長安志』 10의 「남문지동의령방南門之東義寧坊」조에 의하면,

화도사는 본래 진적사로…… 무덕 2년에 화도사로 개칭되었다. 사중에
무진장원을 두었는데, 경종이 화도경원化度経院이라는 금문액문金文
額文을 하사하였다.[322]

---

[321] 『탐요기』 권6, p.290, "貞元錄云上從三階佛法下三十五部四十四卷分爲五帙, 隨
沙門信行撰集, 奉貞元十六年四月十三日勅 … 牒入貞元新定釋教目錄."
[322] 『사고전서四庫全書』 제587책, p.148, "化度寺本眞寂寺 … 武德二年改化度寺,
寺中有無盡藏院, 敬宗賜化度経院金文額."

라고 하여, 경종대(825~826)에 이르러 화도경원化度經院의 금문액金文額이 하사된 것 등을 보아서도, 삼계교는 바로 멸망하지 않고 그 명맥을 유지한 생생한 흔적을 역사적으로 찾아 볼 수가 있는 것이다.[323]

또 다른 예로, 무진장 정신이 사멸하지 않았던 증거로는『송고승전』에 보이는 다음의 내용을 통해 알 수 있다.

①영은산의 도표道標는 지덕 2년(757)에 비구가 되어 장경 3년(822)에 입적하지만, 계율에 상세하고 전묘田畝를 두어 세수만곡歲收萬斛 무진재를 설치해 대중과 함께 했다.[324]

②신태는 남전藍田의 사람으로, 사분율에 능통한 행자로서 30년을 발우 하나로 먹으며, 긴 의자 하나에 의지하며, 옷은 임마姙麻를 깁고, 좌구는 짚을 깔았다고 할 정도로 계행인이었기에 시주를 모아 상주무진재常住無盡財에 넣어 대중과 함께 했다.[325]

③원관은…… 범학(불경)을 연마해 치생治生을 즐겨, 전원의 이利를 취하고 있었다. 천보 말…… 가업을 버리고 낙북의 혜림사에 들어가…… 그로써 공용 무진재가 되며, 하루 한 끼 승중僧衆의 음식에 따라 3년을 살았다.[326]

---

323 『연구』, p.97.

324 『송고승전』15(대정장 50, p.803하), "釋道標, 富陽人也…至德二年詔白衣通佛経七百紙者, 命爲比丘 … 登以護戒嚴謹爲時所推毘奈多羅之言岡不該貫 … 置田畝歲收萬斛, 置無盡財與衆共之 … 以長慶三年示有微疾 … 至冬十月三日葬."

325 위와 같음, 16(대정장 50, p.807하), "釋神湊, 姓成氏, 京兆藍田人也 … 行四分律 … 三十年一盂而食一榻而居, 衣縫姙麻坐薦藁秸, 由玆壇施臻集于躬卽廻入常住無盡財, 與衆共之."

이와 같이 세 사람의 무진재와 관련된 기록이 나타나고 있는 것이다. 그러나 도표, 신주, 원관 등의 무진재는 '공용'이라 하고, '상주常住'라 하기도 하지만, 동시에 분배권은 승단 내부에 지정되어 있어, 신행 창립의 무진재와 같은 사회의 기곤과 궁핍을 구하지는 않았다. 즉 비분悲分, 비전물悲田物의 성질이 아니고 '상주승물常住僧物', '승물僧物'의 의미로 축소했던 것으로, 그만큼 보다 이기적으로 심화했던 것 같다. 이것은 실로 '시식是食'을 받아들여 사방을 관찰하고, 그 촌 읍중에 누가 빈궁자인가 찾아서 가난한 사람에게 걸식한 것의 반을 준다는 무애무차無碍無遮의 설재設齊를 행하려고 하는 대승적 정신에서의 후퇴인 것이다.

하여간 이 3인의 내용에는 율律에 관련된 것이 강하고, 또한 시대의 흐름에 따라 그 정신이 변천되어, 삼계교의 무진재 등의 용어와 함께 경제적 성향이 짙음을 알 수 있으며, 신행의 무진장이 이러한 여파와 함께 그 움직임이 후세까지 전해져 왔다는 여실한 증좌가 있는 것[327]을 간과해서는 안 될 것이다.

5. 결론

이상으로 삼계교의 무진장원과 그 활동에 대해서 알아보았는데, 먼저

---

326 위와 같음, 20(대정장 50, p.839), "釋圓觀 ⋯ 率性疎簡或勤梵學, 而好治生獲田園之利, 天寶末 ⋯ 遂將家業捨入洛城北慧林寺, 卽嶝徵之別墅也, 以爲公用無盡財也, 但日給一器, 隨僧衆飮食而已, 如可三年."

327 『연구』, pp.665~666의 연도별 기록 참조.

는 남북조의 사회경제관, 관료의 경제관 및 국정의 부패는 어떠했으며, 북위의 농민생활관을 살펴서 신행 탄생 이전의 사회경제 상황과 그에 따른 민중의 생활상을 알아보았다. 그 후에는 당대사원의 경제관을 통하여, 율전에 의한 무진재의 의미와 함께 중국사원에 있어서 무진장의 다양화를 조사해 보았다.

제3절에서는 본격적으로 삼계교와 무진장행법이 어떤 기원과 목적을 지니며, 삼계교도의 실질적인 무진장행시에 있어서는 설치자와 그 내용 및 이동에 대해서 논했으며, 특히 돈황 자료인 「대승법계무진장법석」의 내용을 구체적으로 살펴서 그 취지와 의의, 출처를 확인하였다. 끝부분에서는 무진장원의 탄압으로 인한 폐쇄와 그 원인 및 그 연대 내지 폐쇄 이후의 동향에 대해서도 언급하였다.

무진장원의 설치는 한마디로 이야기한다면, 당시의 시대상황에 걸맞은 적절한 행법이라고 말하지 않을 수 없다. 정치상황의 혼란과 함께 피폐한 경제관념 속에 민생은 언제나 피해자의 입장에 서 있을 수밖에 없었다. 따라서 이러한 상황 속에서 어떻게 하면 민중의 삶을 조금 더 윤택하게 하면서, 기왕이면 그것이 불교의 교리와 맞물리며 수행할 수 있을까 하는 쪽의 행법을 간택한 것이 신행 선사의 무진장원 행법인 것이다. 그러나 경제적인 선풍을 일으킨 무진장행시는, 그것으로 인하여 시기 질투와 피해를 동반하는 단체로 인하여 약 150여 년 남짓한 활동 시기를 뒤로 하며, 정부의 탄압을 상대로 인해 그 마감을 맞이할 수밖에 없었다.

일반적으로 종교 교단은 사회적으로 고정되어 감과 더불어, 불교의 승가도 또한 출가비구를 중심으로 해서 전문화하여 폐쇄적인 교단형성으로 나아가 '율'의 완성과 함께 점차 세외世外적인 성격을 강하게 하여 왔다. 그리고 그 교학은 점차 아비달마적인 불교고착화로 나타나, 소위 유有적인 분석 서술 안에 그 자체를 고착화시켜 종교성을 상실하기에 이르렀다. 이것을 타개해 석존의 본질로 돌아가 진정한 종교성과 그 사회 개방성의 회복을 구하고자 했던 것이 다름 아닌 초기의 대승운동[328]이었다.

이와 같은 대승불교의 관념에서 생각하면 삼계교의 무진장행은 성실한 대승운동의 표방을 내세워, 민중 속으로 들어가 그들이 요구하는 것이 무엇인가를 경제적인 관점에서 파악했다고 할 수 있다. 따라서 시대가 요구하는 새로운 사상을 지닌 삼계교가 수많은 교리를 설하면서도 교리 쪽으로만 기울지 않았던 것은 바로 이 때문이었던 것 같다. 무진장시는 민중의 경제 내지 생활상의 고통이 해결되기 위해서는 교리만으로는 그 길이 멀다고 생각하고 정확히 시대성을 간파하여 보다 적극적인 실천으로 행동하였던 것이다. 따라서 포교성은 그 공덕으로 인하여 불도를 수행하는 궁극적인 목표로까지 승화시켰던 것은 당시의 종파불교 안에서 무엇보다도 혁신적이며, 창의성을 소지했던 것은 말할 필요도 없다. 그러나 아이러니컬하게도 적극적인 민중을 향한 경제원조는 오히려 상대(조정, 귀족, 대사찰)를 긴장시키고, 그것은 결국 탄압의 원인으로 제공하여, 표면적인 교단의 세를 확장할 수 없었던 중요한 계기가 되었던 것이다.

이렇게 무진장 사상은 바로 삼계교를 지탱하여 경제적으로 중추적

---

328 宮本正尊 編, 『대승불교의 성립사적 연구』, pp.259~273.

역할을 한 무진장원행(施)을 발전시켜 한 시대를 혁신적으로 이끌러온 사상으로서, 삼국시대의 원광법사가 신라로 들여온 점찰보 사상과도 그 경제적 맥락상에서 볼 때 일맥상통하는 점이 있는 것이다.

제6장 불교의 성명聲明과 삼계교의 『칠계불명경』

1. 서론

불교 안에서 의례儀禮라고 하는 말은, 일반적으로 볼 때 사찰에서 승려의 일상생활 내지 특히 법회를 열 때 행하는 형식적인 의식을 의미할 것이다. 그 규칙적 혹은 불규칙적으로 행해지는 의식은 다양한 형식을 가지면서 그 나름대로 발전하고 전승되어 왔던 것이다. 이 논고에서는 먼저 인도에서 행해진 성명聲明 및 의식은 무엇인가? 그 발단을 더듬어 보면서 다음에는 인도에서 전해진 의례가 중국에서는 어떤 형태로 변천했는가? 특히 중국불교의 종파성에 따른 차이, 즉 '삼계교는 칠계불명에 따른 보불예참普佛禮懺으로 수행하고, 정토교 선도善導는 미타 전념專念의 별불예찬別佛禮讚을 주로 함'과 그 공통점을 염두에 두면서, 삼계교의 『칠계불명경』을 전후로 한 그 유전流轉과 영향을 고찰해 보기로 한다. 삼계교는 본래 '편례偏禮 시방무량 일체제불'의 보불예참(한 부처에 국한 되지 않는 모든 불을 예배)이 근원적 입장으로, 특정의 불명예참은 하지 않았다. 이러한 사상은 오히려 불명예참이 수, 당에 걸쳐서 일반 민중의 요구에 합치되었다고 생각되며, 그렇기에 그 주변의 것을 규명할 필요성이 요구되고 있는 것이다.

그러면 먼저, 인도의 의례儀禮란 어떤 형태로 행해졌던 것일까? 또 그 영향을 받았다고 생각되는 중국의례는 어떤 경로를 가지고 전파되었으며, 한국과 일본 등의 그 영향은 어떠했는가를 고찰하여 보기로 한다.

먼저, 불전상의 의식작법과 베단타학파의 의례부정의 찬반논리를 살펴보고, 또한 불교의례의 음악화를 통하여 인도의 의식작법은 어떠했는가를 고찰하며, 그것이 끼친 중국에의 영향을 생각해 보기로 한다.

다음으로는, 중국의 의례수용과 삼계교의 『칠계불면경』의 루트를 살피면서, 중국의 의례 수용 및 정착이 삼계교의 『칠계불명경』에는 어떠한 영향을 주었는가?를 알아볼 것이며, 그 이후에는 그러한 삼계교의 『칠계불명경』이 다시 『예시작법例時作法』과 『서방참회법』과는 어떠한 관계에 있는가를 모색해 보려고 한다.

2. 불전상의 의식작법

1) 불전상의 음악론

불교의 의례에는 당연한 것이지만, 그것을 집행할 때 성명聲明이라고 하는 성악聲樂이 행해진다. 그러나 불전佛典에는 석존 시대로부터 가무, 즉 음악을 금지하는 것과 옹호하는 것의 두 경우를 나타내고 있다.

즉『증일아함경』권제38 "여덟째 작창기악 및 향화도신을 멀리하라
(八者遠離作唱伎樂, 香華塗身)"(대정장 권2, p.756하)라는 내용과 또『장
아함경』권제11,『선생경』의 "기악에는 또 실이 있다. 첫째 구가, 둘째
구무, 셋째 구금슬, 넷째 파내조, 다섯째 다라반, 여섯째 수가나, 이것이
기악의 6실이다(迷於伎樂復有失, 一者求歌, 二者求舞, 三者求琴瑟, 四者
波內早, 五者多羅槃, 六者首呵那, 是爲伎樂六失)"[329]와 같이, 여섯 가지의
실을 논하는 것은 둘 다 기악을 금지하라는 쪽의 내용으로 볼 수 있다.
그러나 대부분의 경록經錄에는 불덕을 찬탄하고 불보살에 공양하기
위한 음악 예찬론이 이야기되고 있다. 예를 들면

①『법원주림法苑珠林』제36「패찬편음악부唄讚篇音樂部」제4에,

부처님 당시, 사위성 안의 사람들은 각각 자신이 장엄한 기악伎樂을
만들어(作唱), 출성 때나 성문 중에서 부처님과 승려들이 걸식을 하려
할 때, 부처님을 예배 찬탄할 때 기악으로 공양하였다. …… 이에
석존은 불승佛僧을 공양한 공덕에 따라 미래세 일백 겁 동안 악도에
떨어지지 않으며, 천상인 가운데에서는 최고의 즐거움을 받으며, 백겁
후에는 벽지불이 되어 함께 '묘성'이라고 불릴 것을 예언하고 있다.[330]

---

329 대정장 1, p.70하.

330 대정장 53, p.576하, "昔佛在世時, 舍衛城中有諸人民, 各自莊嚴作唱伎樂, 出城遊
戲至城門中, 遇値佛僧入城乞食, 諸人見佛歡喜禮拜, 卽此諸人等由作伎樂供養
佛僧, 緣此功德, 於未來世一百劫中不墮惡道, 天上人中最受快樂, 過百劫後成支
佛, 皆同一號, 名曰妙聲."

256

②『과거현재인과경』권제3에는,

십이인연을 관해 제3야분 때 무명상을 밝혀 나옴에, 지혜광을 얻어
습장을 끊고 일체종지를 이루고…… 마음으로 팔정도를 사유할 때에
는…… 대지가 18상으로 진동하고…… 천고가 자명하며, 묘성을 발
해…… 천天은 기악을 연주하고 산화소향散花燒香하며, 가패歌唄로
찬탄했다.331

라고 얘기하고 있다. 그런데 모든 경전에서 음악이 옹호되었던 것은
아니다. 전술한 것처럼 경전상 혹은 율부에 있어서 석존은 가무, 즉
음악을 금지했던 곳도 있다. 그렇다면 그러한 금지의 이유는 무엇인가?
그것을 『증일아함』제43의 내용에서 살펴보면,

비구들이 식사를 마친 후 음주·가무·기악에 대한 것을 논의했을 때
의상, 복식, 음식…… 음주, 오락…… 무희, 기악 등의 것은 세속의
일로…… 이와 같이 필요하지 않아 허락하지 않았다.332

이와 같은 것을 생각하면, 이것은 단순히 오락으로서의 음악, 또는
수행의 방해가 되는 음악은 금지했던 것을 알 수 있다. 즉 최초 단계의

331 대정장 3, p.642중, "觀十二因緣, 第三夜分, 於無明, 明相出時, 得智慧光, 斷於習
障, 成一切種智 … 心自思惟, 八正聖道 … 于時大地, 十八相動 … 天鼓自然,
而發妙聲 … 作天伎樂, 散花燒香, 歌唄讚歎."
332 대정장 2, p.781중, "衆多比丘, 食後皆集普界講堂, 咸共論說此義, 衣裳服飾飲食
… 飲酒淫喝五樂 … 舞戲笑伎樂 … 如此非要不可稱許."

그것들(가무, 기악 등)은 그다지 복잡화, 형식화한 것은 아니었지만 시간이 지남에 따라 역시 정신을 어지럽힐 정도로 혼돈, 난무화亂舞化되어 가는 추측을 가능케 한다.[333] 또 『마하승기율』 권39에 의하면,

석존이 왕사성에 계실 때, 육군 비구니가 먼저 기악을 연주하는 곳에 이르러, 자리를 차지하여 우스울 때 고성대소하며, 대중들이 웃을 때는 문득 묵연하여 좌선인과 같이 하고, 웃음을 멈출 때는 다시 큰 박수를 치고 웃어서…… 부처님께서 말씀하시길, 이는 악사惡事로서 너는 기악을 어떻게 관관觀하는가? 이후에는 기악을 청관(聽觀, 듣도 보도)하지 말라.[334]

라고 하는 것처럼, 6군 비구니의 어리석은 태도에 의해 기악 등을 보는 것이 금지됐던 경우도 있었던 것 같다. 아무튼 석존에게 있어서는 음악이 아닌 기악이라고 하는 것은 수행에 도움이 되면 허락했고, 번잡하고 폐를 끼치는 경우에는 허가되지 않았음을 알 수 있다.

여기에서 불교음악이라고 하는 것은, 불교교단에 전해져 오고 있는 음악과 그 응용을 의미하는 것이라고 말할 수 있고, 거기에 종파에 따른 의례가 겹쳐져 불교의례라는 말로 되었을 것이다.[335]

---

333 홍윤식, 「불전에 나타난 불교음악의 서설」(김지견 편, 『신라불교사 연구』, p.617 이하).

334 대정장 22, p.540중, "佛住王舍城, 爾時六群比丘尼先到作伎樂處, 占顧坐兒戲時 高聲大笑, 衆人效笑, 人笑時便復默然似如坐禪人, 笑適止, 還復拍手大笑實爾 … 佛言, 此是惡事, 汝云何觀伎樂, 從今以後, 不聽觀伎樂."

335 大山公淳, 『불교음악과 성명聲明』, p.3.

어쨌든 그것들은 그대로 금지되어 왔을까? 혹은 발전 지향적이었다면 어떤 형태로 진행되어 왔을까? 결론적으로 말한다면, 불교의례는 나중에는 보다 전통적, 정형적으로 발전해 왔다고 할 수 있다. 그렇지만 여기서는 우선 그 이전에 베단타학파의 의례 부정의 논리를 좀 엿보기로 하며, 또한 그것을 음악과 의례의 연속선상에서도 고찰해 보고자 한다.

2) 베단타학파의 의례 부정의 논리

베단타학파에 있어서 의례 부정의 논리[336]를 통해 그 학파의 의례에 관한 일단의 모습을 확인할 수가 있다. 즉 베단타학파의 불이일원不二一元론파의 개조開祖인 샹카라의 설교집『the call of the jagadguru』안에,

우리들은 일상의 생활에 규정된 의례 의무를 실천하지 않으면 안 된다. 또 신에 대해 깊은 믿음과 사랑을 가지지 않으면 안 된다. 어떤 행위를 실천한다 하더라도 자신의 이익이나 기쁨을 위한 것이 아닌, 신에 대한 헌신의 정신으로 행하지 않으면 안 된다.

라고 규정돼 있으며, 다음의 6종의 의례, 즉

1) 목욕, 2) 산데야 (일출 전후의 박명薄明일 때 행하는 의례), 3) 쟈파(저음으로 진언을 중얼거리는 것), 4) 호마護摩. 5) 손님 환대. 6) 일체 신의 공양

---

336 前田惠學,「불이일원론학파의 의례부정논리」(일본불교학회 편,『불교의례』).

등을 들어, 그것들을 부르짖으면서 최고신을 명상하는 것들로 되어
있다. 게다가 그를 이어 나가는 '스레 슈바라'[337]의 해탈은 의례 등에
의해서만 달성되어진다고 하는 반대론을 공격하고, 또 당시 일반에게
받아들여졌던 지행합병론知行倂合論 등에 대해서 날카로운 논박을 한

---

337 前田惠學은 스레 슈바라의 논의 요점을 다음과 같이 말하고 있다.

1. 의례 등 일체의 행위가 가져온 결과를 검토하면,

①지금까지 존재하지 않았던 것이 생겨나는 것에 따라, 혹은

②지금까지 가지지 않았던 것을 획득함에 따라, 혹은

③뭔가 변화하는 것에 따라, 혹은

④어떤 것이 정화됨에 따라 실현된 것이다. 그런데 해탈은 생겨나는 것이 아니고,
획득한 것도, 변화한 것도 아니고, 정화된 것도 아니다. 해탈은 본래 이미 존재하
는 것이고, 진리에 관한 무지를 멸하는 것으로부터 성립한다. 그런데 행위는
이 무지를 제거하는 것은 불가능하다.

2. 해탈이 의례에 의해서 실현된다는 것을 인정한다고 하더라도, 해탈은 하나의
의례에 의해서 실현되는 것인가? 아니면 모든 의례에 의해서 실현되는 것인가?
만약 어떤 하나의 의례에 의해서 실현된다면 다른 일체 의례는 이미 무명無明이
되어버린다. 만약 모든 의례에 의한다면, 모든 의례는 동일의 의례가 되어버린다
는 양인논법을 채택하고 있다.

3. 대개 의례란 근본명령에 근거하여 각각 특정의 실현목적을 가지고 있다.
그런데 nitya-karman(항상의 의례)은 과거의 악을 멸하는 것을 실현목적으로
하며, kamya-karman은 천계 등을 실현 목적으로 하고 있다. 따라서 兩의례
모두 해탈을 실현목적으로 하고 있지 않다. 그럼에도 실현 목적이나 실현의
수단은 미래에 관여하고 있는데, 해탈은 현재에 있는 것이다. 또 의례가 해탈을
실현한다는 것은 성전에 근거가 없다.

4. 반대자는 윤회의 원인인 kamya-karman과 pratisiddh-karman을 버리라고
주장하지만, 그것은 불가능하다. … 실제에 관한 잘못된 지식이야말로 온갖
활동의 원인이다. 따라서 행위를 명하고, 금령을 설한 경전은 실제에 대한
바른 지식을 가지지 않은 것만을 대상으로 하고 있다.

다. 그러나 행위의 실천적인 가치를 완전히 부정해 버린 것은 아니다. 그는 존재물의 활동의 원인, 즉 고통의 원인을 궁극적으로는 아트만에 관한 무지에서 구했던 것이다. 그리고 윤회의 씨앗인 이 아트만의 일원성에 관한 무지가 완전히 소멸되었을 때 인생의 목적, 즉 해탈의 완성이 있다고 주장하고 있다. 이것을 위하여 14항목을 들고 있는데, 그것은

①항상恒常의 의례와 임시의례의 실행으로부터
②선업이 생기는 것에 따라서
③악이 소멸한다. 그 결과로
④마음이 정화되며, 거기서
⑤윤회의 진상에 대한 눈뜸, 그것으로부터
⑥범천계 등에 대한 완전한 이욕離欲이 생긴다.
⑦그 결과, 해탈을 구하는 마음이 생기고, 그것으로부터
⑧해탈의 수단을 탐구하기에 이르고
⑨일체의 의례와 수단을 버리고
⑩요가의 실습을 한다. 그 결과로
⑪마음의 내적인 침체가 일어난다. 거기서
⑫너는 너 대로, 라는 성구聖句의 이해가 얻어질 때
⑬무명의 멸이 일어난다. 그 결과로
⑭자기의 아트만에 의한 안주, 즉 해탈이 달성된다.

라며, 의례儀禮 그 자체를 해탈로 향한 한 계단으로써 적극적인 항상恒常

과 임시의 양의례兩儀禮를 실행할 것을 주장하고 있다.

그러나 그의 견해에서는, 행위와 지식이 함께 협력해서 해탈을 실현한다고 하는 '지행합병론'과는 달라, 해탈에 대한 행위의 역할은 간접적인 것에 지나지 않는다고 주장하고 있는 것을 알 수 있다. 어쨌든 초기 불이일원론 학파의 의례 부정의 정신은 '샹카라'나 '스레 슈바라'에서와 같은 적극성은 보이지 않는다 해도, 그에게 있어 의례는 단순한 수단이 아닌 깨달음에 이르는 하나의 목적의식이 있었음을 알 수 있다.

이와 같이 의례 등은 석존시대부터 찬부贊否가 겹쳐져 있어서, 석존은 음악을 금지시켰던 때도 있었지만 결코 절대적이지는 않았다. 즉 욕박欲縛을 설하고, 범행梵行을 설하고, 사문과 열반을 설하는(『장아함경』제10, 대정장 권1, p.63상) 것처럼, 수행에 도움이 되는 것에는 항상 감동의 말을 보내고 있는 것이다. 이와 같이 해서 의례의 찬부는 논사들에게도 영향을 미쳤던 것인데, 그것은 더욱 상세하게 분석되고 논의되는 가운데, 점점 자신들 학파의 틀 속으로 응용 발전했다고 생각된다. 후에 발전 계승하고 있는 경향은 각 종파의 교학을 중심으로 초기 불이일원론不二一元論 학파의 의례 부정의 정신과는 달리 형식적으로 기울었던 것은 아닐까? 그렇다면 그 의례는 형식적인 것과 함께 음률이라는 음악성을 받아들이면서 변화해 왔다고 생각할 수 있는데, 그 발전 단계는 어떻게 되어 있는 것일까?

3. 의례 음악의 발전과 인도의 의식작법

1) 불교의례의 음악화로서의 발전

불교의례라는 것을 생각할 때, 그것은 도대체 무엇을 의미하는가에 대해서는 폭넓은 의문이 든다. 남·북방 불교권에서 실행되어 왔던 의례는 여러 가지의 의미를 가지고 각자의 형식으로 지향, 발전했을 것이다.

예를 들면 '샹카라'나 '스레 슈바라'와 같이, 의례를 해탈로 가는 계단의 사다리로써 적극적인 항상恒常과 임시의 양쪽 의례를 당연히 실행할 것을 주장한 것이, 점점 형식화되어 동북아시아 불교에 다양한 여러 가지 의례가 나타났다고 생각된다. 이렇게 생각해 볼 때, 우리들은 의례의 목적 등이 처음에는 역시 수행 내지 해탈을 위한 것이었는데, 시대에 따라 형식화되고, 일종의 교단 장엄을 위한 성격도 있고 하여, 그 나름의 집단(종파)에 수용되어 발전했다는 것도 인정하지 않을 수 없다.

하여튼, 현재 행해지고 있는 '불교의례'라고 하는 말의 개념이란, 이미 불교 교단에 응용되고 있는 것으로, 그것은 불교의 틀 속에서 정형화되었던 것이, 어느 정도 객관적인 표출로 음악화할 것인가 하는 문제도 포함하고 있는 것이다. 바꾸어 말하면, 석존의 성도成道에 의해 더욱 발전된 음악적 감정을 어떻게 정형화하고, 그 감정에 따라 어떠한 사색과 이해를 도모할 수 있을까?라는 것이 된다. 이것은 다음과 같은 문헌에서도 엿볼 수가 있다. 즉『고승전』권제13「흥복興福」제8에 의하면,

천축에서는, 범속이 법언法言을 노래하고 읊는 것을 전부 패唄로 칭하고, 중국에서는 경을 읊는 것, 즉 전독轉讀, 가찬歌讚을 범패梵唄라한다. 예전의 모든 하늘들은 운韻을 현관絃綰에 넣음으로써 패를 찬탄한다.[338]

라고 하고 있다. 또 『법원주림』 권제36 「술의부述意部」 제1에는,

서방에는 패唄가 있고, 동국에는 찬讚이 있는데, 그것은 현(文)을 좇아 음을 맺음이라. 패라 함은, 짧은 게로서 송을 하는데, 그 뜻에 따라 이름은 다르지만 내용은 같다. 고로 경에 이르되 "미묘한 음성가찬으로서 불덕을 일컫는다"라고 하였다.[339]

라고 하며, 또 『석씨요람』(대정장 권54, p.276상) 등에도 불덕을 찬탄하는 비유적 표현의 음악적 사상事象을 하나의 음악으로써 정형화했던 것을 알 수 있다.

이것으로 보아, 불교의례라고 하는 것은 종교의례로 발전했음을 생각할 수 있다. 즉 종교음악이라고 하는 것은, 그 장엄한 음율音律이 듣는 사람에 따라 마음 속 깊이 종교적 감정을 유발하여, 그 의식과 음악은 상호 불가분의 관계를 가지게 되었다. 게다가 한번 의식과

---

[338] 대정장 50, p.415중, "然天竺方俗凡是歌詠法言皆稱爲唄, 至於此土詠經則稱爲轉讀, 歌讚則號爲梵唄, 昔諸天讚唄皆以韻入絃綰."

[339] 대정장 53, p.574중, "尋西方之有唄, 猶東國之有讚, 讚者, 從文以結音, 唄者短偈以流頌, 此其事義, 名異實同, 是故經言, 以微妙音聲歌讚於佛德斯之謂也."

결부된 음악은 그 의식의 다양성과 함께 다양한 음악이 발생하고 더욱 발전을 추구하여, 지금의 불교의식에 범패, 찬탄, 화찬和讚, 가타伽陀, 송경誦經, 염불, 제문, 강식講式, 표백表白, 풍송諷誦 등 다양한 성명聲明이 행해지고 있는 것으로 보아도 추정될 수가 있는 것이다.[340]

2) 인도의 의식작법

그렇다면 인도에서 행해졌다고 생각되는 의식작법에는 구체적으로 어떤 것이 있는 것일까? 그러나 이것을 조사하려면 인도의 근본 사료가 거의 없는 상태이기에 현장, 의정義淨 등 입축승入竺僧의 여행기를 주로 한 중국 측 사료史料에 따르는 방법 외에는 달리 길이 없다.

인도에 있어서, 불교는 바로 당唐 초기 경으로부터 쇠약해서 법회라고 하는 것도 그 본래의 정신을 잃어버리고 형식에 지나지 않은 것이 많았다고 추측된다.[341] 따라서 중국에서 실제로 행해졌던 법회의 일면을 현장의 『대당서역기』(이하『서역기』)를 통하여 보자면,

성의 동쪽 2, 3리의 가람 중에 석존의 입열반와상이 있는데, 길이가 천여 척이며, 왕이 매번 무차대회를 설치하여 …… 백성을 사랑하며 삼보를 존숭하며, 8척의 은불상을 조성하여, 아울러 무차대회를 설치하며, …… 모든 공교工巧와 장엄을 다 갖추어 칠불의 세존상을 조성하며, 매년 항시 무차대회를 시설하였다.[342]

---

340 同上 5), pp.628~631.

341 大谷光照, 『唐代의 불교의례』, pp.84~86,

342 대정장 51, pp.873중하, 935하, "城東二三里伽藍中有佛入涅槃臥像, 長千余尺,

라는 '무차대회'의 기록이 세 군데 보이고 있다. 이 밖에 또 23회의 대법회가 같은 『서역기』에 기술되어 있다.[343] 그리고 『법현전法顯傳』에는 불탄일의 법회, 즉 마갈제국의 파련불성巴連弗城의 행상行像이 일어났던 사실을 '국국개이國國皆爾'로 기록하고 있는 것으로 보아, 당대唐代에는 나라마다 불탄일의 법회가 성대히 행해졌다는 것을 알 수 있다. 그러나 서역의 법회에 관한 사료에는 불과 『법현전』과 『서역기』 권1(굴지국조屈支國條)에 하나씩밖에 실려 있지 않다.[344]

그렇다면 인도의 법회에 실제로 행해졌던 항목으로 무엇을 들 수 있을까? 대곡광조大谷光照의 『당대의 불교의례』에 의하면, 의례는 대개 4개(행향, 독경, 행도, 범패)로 나뉘어 행해졌던 것을 알 수 있다.

제1의 「행향行香」면에서 보면 그것은 인도에서 행해졌던 것을 알 수 있는데, 그 내용을 후한 안세고安世高가 번역한 『대비구삼천위의경大比丘三千威儀經』에서는 다음과 같은 규정이 보이고 있다.

앉아서 향을 받는다 함은(이유는), 달피국에 어느 비구의 처소에 부녀가 행향 시 비구의 손에 닿아 욕심을 일으킴으로 도를 파하였다. 이 인연의 일을 물은즉 세존은 계를 제정하여, 만일 선채로 향을 받는 것은 돌길라 죄가 된다고 하였다.[345]

其王每此設無遮大會 … 愛育百姓, 敬崇三寶, 歲造丈八尺銀佛像, 兼設無遮大會 … 窮諸工巧備盡莊嚴, 中作七佛世尊之像, 每歲恒設無遮大會."

343 대정장 51, pp.924중, 936중.

344 同 13). 『법현전』은 우전于闐에 의한 불탄일의 행상이고, 『서유기』는 구차龜玆에서 행한 5년에 한 번인 대법회로서, 여기에서도 행상을 동반하고 있는데 이들은 모두 당전唐前 아니면 당 초기의 것이다.

이렇게 행향이 향의 분배를 주로 했던 의식이었다고 적고 있으며, 특히 행향을 함에 있어서 주의가 부족한 탓으로 인하여 계율의 발생이 되고 있는 것이다. 그러나 『고승전』 권5 「도안전」에 이르러서는,

> 승니의 규범을 정한 불법헌장 3례를 정하여, 1일은 행향으로 강경講經 등을 할 때에 정좌定座의 법, 2일과 6일의 상일常日의 행도 시에는 음飮, 식食, 창시唱時의 법으로, 3일에는 포살 및 참회법 등으로 천하의 절들이 따르게 한다.[346]

라고 하여, 그 방법이 인도의 그것과 다르게 발전하여 일과를 규칙적으로 행하여졌음을 알 수 있다.

제2는 '독경'인데, 인도에서의 독경은 이미 낭독, 암송 등의 형식으로 어느 정도 의식적으로 행해졌던 것은 사실일 것이다. 그리고 그 목적은 1)내용의 이해, 2)불덕을 찬탄공양, 3)복을 비는 기도 등으로 나누어진다. 그 중에서 찬탄공양의 독경은 『법화경』, 『금강경』 등을 독송하는데, 날마다 많은 것은 수십 편, 적어도 십수 편은 읽혔지만, 점차 의식화했던 것 같다. 예를 들면, 후에 중국 등주적산登州赤山 '법화원'의 '신라송경의식'은 독경을 중심으로 전후에 범패, 삼귀, 예불, 회향 등이 덧붙여져

---

345 대정장 24, p.914, "所以坐受香者, 達彼國有比丘住處, 婦女行香觸比丘手, 因起欲心卽時罷道,師問所以, 卽 說因緣, 因是白佛, 佛卽制戒, 若立受香者, 得突吉羅罪."

346 대정장 50, p.353중, "所制僧尼規範佛法憲章, 條爲三例, 一日行香定座上講經上講之法, 二日常日六日行道飮食唱時法, 三日布薩差使悔過等法, 天下之寺舍遂則."

형식이 정비된 훌륭한 의식인 것으로 되어, 필시 당 후기에는 많은 사원에서 이와 같은 의식이 있었다고 생각된다. '전경행도轉經行道'의 언어는 사료의 여러 곳에 보여 선도善導의 『전경행도원왕생정토법사찬 轉經行道願往生淨土法事贊』 권상[347]에 의하면 전경과 행도를 중심으로 한 의식이었고, 전경 및 행도의 전후에는 봉청奉請, 발원, 참회, 축원祝願 등이 행해지고 있는 것이다.

제3에는 '행도行道'로, 이 의식은 본래 인도의 일반적인 풍습으로 인도의 경전 중에는 본존 혹은 탑의 주위를 돌면서 존경을 표하는 행동으로 우요삼잡右繞三匝, 요불삼작繞佛三匝이라고 곳곳에 보이고 있다. 그 도(回)는 방법이 『남해기귀내법전』 권제3 「선우관시旋右觀時」 조에,

> 오른손을 안으로 향해서 원을 그리면 우요라 하며, 왼손을 안으로 하여 원을 그리면 좌요가 된다. …… 우변을 향하면 우요이요 좌변을 향하면 좌요라, 이것은 성인이 정한 것이라 의심을 두지 마라.[348]

라고 하여, 우요, 좌요의 2설(저자 의정은 후설을 주장)이 있는 것은 별도라 하더라도, 원래 인도의 습관인 우요는 당대에 있어서는 기도의 수단에 이용된 것이다. 예를 들면, 선도의 『전경행도원왕생정토법사 찬』 권상에서는 7잡匝으로 하고 있으며, 또 『국청백록國淸百錄』 권1에

---

347 대정장 47, p.427하.

348 대정장 54, p.225중, "右手向內円之, 名爲右繞. 左手向內円之, 名爲左繞…向右邊 爲右繞. 向左邊左繞, 斯爲聖制, 勿致疑惑."

서는,

> 일백이십 번을 돌며, 일백이십 편을 송주하는데, 한 번 도는 데 한
> 번 송주하며…… 또 당래 십불 십왕자를 송하여 발원하며, 물러나
> 사유하기를, 일실상一實相을 관하는데 그 법은 여문餘文에 나온 대로
> 하며, 사유가 끝나면 다시 옷깃을 고친 후에 부처님에게 일 배를 하며
> 다시 일백이십 번을 돌며, 일백이십 번 송주를 한다.[349]

라는 내용과 같이, '방등참법方等懺法'에서는 일백이십 번 도는 것으로
정해져 있는 것을 알 수 있다. 끝으로 인도에서의 영향이라고 생각되는
것은 제4의 '범패'(聲明)이다. 이것은 경전에 있는 송게誦偈에 절節을
붙여서 불덕을 찬탄하는 것으로, 그 곡보曲譜가 인도음악이라는 의미로
범梵자를 쓰고 있다. 따라서 범패는 불교음악이라고 할 수 있는 것으로
외관을 장식하는 형식적인 의식에 걸맞은 것이었기에 당대의 법회에서
는 반드시 읊어졌던 것[350]같다.

　이렇게 전술한 바와 같이, 인도로부터의 영향으로 생각할 수 있는
서역의 법회에 관한 사료는 『법현전』, 『서역기』에 지나지 않는다.
그러나 이것들은 당唐 이전, 혹은 당 초기의 것이다. 당에 있어서는
일찍부터 서역의 경영에 매진하여, 현종 때에는 서역 전체에 주현을

---

349 대정장 46, p.797중, "次百二十匝施, 誦百二十遍呪, 一匝一呪…施誦訖當來十佛
十王子, 更略披陳發願, 然後却坐思惟, 觀一實相, 觀法出餘文, 思惟竟更起整服,
禮佛一拜, 更施百二十匝, 誦百二十遍呪."

350 同 13), pp.70~83.

둘 정도가 되었다.

따라서 개원 15년(727)에 인도 순례 여행을 끝내고 구자龜玆에 도착한 신라 승 혜초의 여행기인 『왕오천축국전』(대정장 권51, p.979중)에 안서(구자), 우진, 소륵疎勒의 대운사, 용흥사에서 행해졌던 법회의 기록이 보이는 것은, 정확한 법식은 모르지만 여기서도 역시 그 나름대로의 의례를 중심으로 한 법회가 잘 전해져 왔다는 추측을 가능케 하는 것이다.

하여튼, 이 법회가 행해졌을 때의 그 핵심적인 것은 범패로 생각되는데, 그 성명(범패)의 본래의 의미는 도대체 무엇이었을까?

성명은 섭타필타(攝柁必馱, Sabda-vidya)로, Sabda는 음성 또는 말을 의미하고, Vidya는 지智 또는 명明을 의미한다. 또 『원형석서元亨釋書』권29 「음예지音藝志」[351]에 "성명은 인도의 명오명名五明의 하나"[352]로서 "중국에서는 한쪽만 취하여 범패라 하고, 일본에서는 멀리 천축의 이름을 지녀 호號로 한다"고 해서, 인도·중국·일본에 있어서 그 어의의 변화가 관찰된다.[353] 어쨌든 인도의 성명은 문자, 음운, 문법 등에 관한 학문으로 추측되며, 그냥 단순한 성악聲樂이 아닌 넓은 범위로 생각하고 있음을 알 수 있다. 그 이후 음운에 관한 연구는, 중국·일본에서는 독자적으로 취급한 것 같고, 마침내 현재와 같은 성명도聲明道의 한 과科가 성립하기에 이르렀다. 이러한 범패에 대한 기록은 『법원주

---

351 『불전佛全』, p.355.

352 五明이란 ①성명聲明, ②내명內明, ③논리학, ④의학, ⑤공예·기예·기관·음양·역교曆敎 등에 관한 학예를 말한다.

353 大山公淳, 『불교의 음악과 성명』, pp.58~64.

림』권6과『양고승전』권13에도 보이고 있지만, 여기서는『양고승전』의 것을 보기로 한다.

> 불교는 동류東流하여 번역은 많았으나, 그 소리(聲)를 전함은 적었다. 이는 범음의 어려움과 한어의 간단함 때문이었다. 저 범음을 써서 한어로 읊은(詠)즉, 소리(聲)는 번거로우나 게偈는 쉽고, 만일 한곡漢曲으로 범문을 읊은즉, 운韻은 짧고 사舍는 길다.[354]

라고 하여 범어, 한어의 언어 음운의 차이에 의한 그 범패상승梵唄相承은 상당히 곤란한 것이었다고 기록되어 있지만, 차제에 그 범음梵音은 감화를 받아서 융합했다고 생각된다.

그렇다면 중국 역사상에 있어서 그 범패를 처음으로 행한 사람은 어떤 인물일까? 그것은 위魏의 황무 4년(225), 문제의 제4자 진사왕 조식曹植으로, 그는 청아하고 애절한 범음의 울림을 접하는 감흥을 일으켜 범찬梵讚을 제작한 것이 알려진다. 즉『양고승전』권13에 다음과 같은 기술이 보인다.

> 범패는 위魏의 진사왕 조식이 일으켰는데, 깊이 성율聲律을 사랑하여 뜻을 경음經音에 속하게 하여, 이미 반서般遮의 서향瑞響을 통하고, 또 어산魚山의 신제神製를 느꼈다. …… 거사 지겸支謙 또한 범패 삼계三契를 전하며 …… 강승회康僧會가 만들었던 열반범패涅槃梵唄가 지금도

---

354 대정장 13, p.415상, "自大教東流, 乃譯文者衆, 而傳聲蓋寡, 良由梵音重複漢語單奇, 若用梵音以詠漢語,則聲繁而偈迫, 若用漢曲以詠梵文, 則韻短而舍長."

여전히 전해진다.[355]

강승회는 오吳의 황무 원년(222)부터 건흥 2년(253)까지 번역돼 나온 『유마』, 『대반』, 『열반』, 『법구』, 『서응본기』 등 49경經의 곡곡曲에 성의聖義를 득해, 그 뜻은 아름다운 문장이었다고 전해진다. 또 양의 무제는 『자비도량참회』(이하 『자비참법』) 한 권[356]을 짓고, 남악대사는 『법화참법』[357]을 전하고 있는데, 일본의 응연(凝然, 1240~1321)의 말을 빌리면, 그는 『성명원류기』에서 일본의 성명을 논하면서, "오명 중의 성명은 (인도와) 모양을 달리하나 그 정밀한 음은 성명과 비슷하다(異五明中聲明相狀, 然亦精音, 似彼聲明)"[358]라고 논하고 있다. 즉 일본에서 말하는 성명은 인도의 오명五明 안에 있는 성명과는 다르지만, 음운을 상세하게 하는 것은 그것과 닮아 있다고 하는 것이다. 이것은 성명의 원류를 생각할 때 충분히 맛보아야만 하는 말이고, 지금과 같이 범곡梵曲을 성명이라고 칭하더라도 전혀 어울리지 않는 명칭은 아닐 것이다.

---

355 대정장 50, p.415, "始有魏陳思王曹植, 深愛聲律屬意經音 … 故聽聲可以娛耳, 聆語可以開襟, 若然之可謂梵音深妙令人樂聞者也, 然天竺方俗凡是歌詠法言皆稱爲唄, 至於此土詠經則稱爲轉讀歌讚則號爲梵唄 … 居士支謙, 亦轉梵唄三契 … 唯僧會所造泥洹梵唄于今尙傳." 그 외 『광홍명집』 권5, 『불조통기』 제35, 『석씨요람』 등에도 같은 내용이 기술돼 있다.

356 대정장 49, p.794.

357 『불전』, p.168하.

358 대정장 84, p.864.

4. 중국의 의례수용과 삼계교의 『칠계불명경』

1) 중국의 의례수용과 정착

원류로서 인도의 의례는 중국에서는 어떻게 발전되어 왔던 것일까?
하는 문제는, 앞에서 얘기했듯이 중국에 처음으로 전해진 음악은 그들
을 상당히 곤란하게 했는데, 그것을 또 다른 방면, 즉 『불조통기佛祖統
紀』 권35의 내용을 보기로 하자.

> 항상 불경을 읽고 유련차완留連嗟翫하는 것으로 지도至道의 종극宗極으
> 로 삼았다. 일찍이 어산魚山에 놀고 공중에 범천의 울림을 듣고, 그
> 소리와 음절을 모방하고 묘사해서 범패로 하고, 글을 선택하고 음을
> 제정해서, 대개 육계六契로 전하여 후의 의식으로 했다.[359]

이는 조진왕에 대한 기록으로, 범패를 성행시켰던 조진왕에 의한
초기의 공덕은 높이 평가해도 좋을 것이다. 그런데 그 조진왕에 의한
의례는 처음에는 단순했던 것이 점점 복잡화되어 갔던 것을 볼 수
있다. 특히 중국적 수용을 종교의례의 면에서 본다면, 초기에는 주로
서역 외래승에 의해 보였던 기우祈雨, 영험, 기서奇瑞 등의 신이도술에
의해 불교에 끌려 부착되었던 것이, 점차 보살계의 전래나 공덕 부촉을
역설하는 경전의 출현, 주술적 경전의 전역傳譯이라고 하는 의식수법의
형태로 이전하여 왔다.[360]

---

359 대정장 49, p.331하, "每讀佛經, 輒留連嗟翫以爲至道之宗極, 嘗遊漁山聞空中梵
天之響, 乃摹其聲節寫爲梵唄撰文制音凡六契傳爲後式."

이러한 일은 무엇을 의미하는 것일까? 이것은 중국의 의례는 인도의 그것과 틀려, 현실적 요구에 응해서 일어났다는 것을 나타내고 있는 것이다. 즉 중국에 의한 의례는 불교의례의 특색의 하나로서 모든 불명을 송하며, 자기의 죄과를 불전에 발로發露 참회하는 의식이라 하는 것으로 발전한 것을 의미하는 것이다.[361] 그리고 다시 이것들은 예참, 참회, 회과, 제참齊懺 등의 명칭으로 승전을 비롯하여, 중국불교사를 통해 항시 받아들여졌던 것이며, 이러한 의칙은 남북조 시기를 통해 더욱 발전하여, 그 시대 말경으로부터 수·당에 걸쳐서는 일정의 형식적인 내용까지 갖게 되기에 이르렀던 것으로 이해할 수 있을 것이다.

2) 삼계교의 『칠계불명경』의 근원과 영향

불교의 의례는 중국에서 드디어 정착했다고 생각되지만, 그 후의 발전은 어떻게 진행된 것일까? 그것을 삼계교와 관련돼 있는 부분에서 생각해 보자.

우선 그 의례의 근원이라고 하는 것에는 어떠한 것이 있는가를 생각할 때, 그 조직적인 예참의칙儀則으로 정리할 수 있는 것이, 5세기 후반의 『정행법문』과 천감 2년(503)에 성립된 『자비참법』이다. 이것들을 다시 집대성하여 법화삼매 안에 넣은 것이 천태 지의대사의 「경례법敬禮法」 『법화삼매참법』이다.[362] 또 다른 한편으로 생각할 수 있는 것은『칠계불

---

360 橫超慧日,『중국불교의 연구』, p.326.

361 塩入良道,「중국불교에서의 예참과 불명경전」(結成令聞송수기념『불교사상사논집』, p.569).

『명경』으로의 경로인데, 여기서는 『칠계불명경』을 중심으로 고찰해 보고자 한다.

결론적으로 말하면, 『칠계불명경』은 수의 영유(신행의 스승)가 대주성굴大住聖窟 내에 노사나불, 아미타, 미륵의 삼존상을 조성하고 그 외에 삼십오불 및 칠불을 조각했던 것으로부터 시작된다. 그리고 외벽에 보광불 이하 오십삼불명, 동방 수미등광명불 이하의 시방불명, 보집불 이하의 이십오불명을 새기고, 또 영유회신탑靈裕灰身塔에 동방 선덕여래 이하의 시방불명을 새기고 있다. 이것을 출처와 함께 대조해 보면,

① 석가모니여래 등의 삼십오불 - 『결정비니경』에 의함
② 비바시여래 이하의 과거칠불 - 『불설불명경』에 의함
③ 보광불 등의 오십삼불 - 『관약왕약상2보살경』에 의함
④ 동방수미등광명불 등의 시방불 - 『관약왕약상이보살경』에 의함
⑤ 동방선덕여래 등의 시방불 - 『관불삼매경』 및 「십주비바사제역행품」
⑥ 구나제여래 이하의 현겁천불 - 미상
⑦ 보집불寶集佛 등의 이십오불 - 『불설불명경』에 의함

이라 되어 있다. 하지만 이것은 사실 신불교인 삼계교에 있어서 그 보불보법의 교법에 응하기 위한 『칠계불명경』과 완전히 일치하는 곳이

---

362 塩入良道, 「문선왕숙자량의 정주자정행법문淨住子淨行法門에 대하여」(『대정대학 연구기요』 46호).

있다.[363] 그것은 『칠계불명경』(s. 236) 조직의 항목만 보아도 그 연관성
을 알 수 있다. 즉

① 향화공양香華供養 ② 탄불공양歎佛供養 ③ 경례칠계제불 ④ 참회육
근죄懺悔六根罪 ⑤ 지심발원 ⑥ 곡哭 ⑦ 범패문 ⑧ 설계문說偈文 ⑨ 삼귀
의례 ⑩ 황혼무상게黃昏無常偈 ⑪ 초야初夜무상게 ⑫ 중야中夜무상게
⑬ 후야後夜무상게

라는 순서와 항목은 수많은 삼계교의 의례에 보이고 있는 대표적인
형태라고 말할 수 있을 것이다.[364] 이와 같이 모든 불명경전을 발췌하고

---

363 常盤大定, 『중국문화사적』 해설, 상권, 제5권, pp.86~87. "常盤은 矢吹가 칠계불
명에 대하여, '앞의 육계六階는 명료하지만, 최후의 일계一階는 명료하지 않다.
이것을 25불명으로 하는 것은 추측에 지나지 않는다'라는 추측은 올바른 것이다"
라고 하고 있다. 또한 그는 논문 「삼계교의 모태로서의 보산사寶山寺」에서 칠계불
명을 영유의 것으로 하고 있는데, 그 이유로,
① 신행이 영유와 같이 세친불교에서 배우고 지론학파地論學派의 계보에 속해
있는 것.
② 오오백년 경설經說을 최초로 인용하여 신행, 도작 등에 영향을 끼친 것.
③ 대주굴내외大住窟內外, 또 영유탑의 칠계불명의 완전구비 등을 들고 있는 것.
등에서 칠계불명을 영유의 설로서 찬동하지 않을 수 없다고 말하고 있다

364 井ノ口泰淳, 「돈황본, 예참문」(『중앙아시아의 언어와 불교』, 법장관, 1995.
pp.352~359.)
『칠계불명경』의 형식(s.59)은 1. 향화공양, 2. 歎佛공덕, 3. 경례칠계제불, 4.
참회문, 5. 회향문, 6. (再)탄불공덕, 7. 범주梵呪, 8. 범패문, 9. 설계문, 10.
삼귀문, 11. 제행무상게, 12. 황혼무상게, 13. 초야무상게, 14. 일오日午무상게,
15. 시방十方불명, 16. 참회문, 17. 寅朝예참문 등의 항목으로 되어 있다.

참회문을 덧붙여 '일상근행예참日常勤行禮懺'이라고 했던 삼계교의 「칠계예참」은 이미 야부키(『삼계』 512 이하)에 의하여 돈황출토의 삼계교 자료를 정리하여 『칠계불명경』이라는 연구 성과가 있지만, 여기서는 삼계교도들의 『칠계불명경』이 이것을 전후로 한 여타의 것과 어떻게 구분되어졌는가 하는 것을 살펴보기로 한다.

	법화삼매참의	국청백록	칠계불명경(S.59)	법화참법	왕생예참(P.2722)
1					
2				총례가타伽陀	
3	공양법	향화공양	향화공양		향화공양
	삼례三禮		일체공경경례 상주삼보	삼례	
	공양문			공양문	
4	봉청삼보	행도		(봉청단)	
			범패(여래패)	법칙, 주원呪願	범패(여래패)
5	찬탄삼보				탄불주呪
		탄불(呪願)	탄불공덕	(찬불단)	회향문
6	예불	십주시방 제불	칠계불명	경례단	미타19례
					중례4례重禮四禮
					회향문
7	참회(오회)	오회五悔	참회＝예시작법의 대참회	육근단	지심참회
8	행도			시방염불	칠불통계게七佛 通戒偈
9	송경誦經		여래묘색신게	경단經段	
10	좌선(正觀)	범梵	범패문(처세간여 허공게)	후게(左同)	작법作梵

			회향문(원이차공 덕게)		
11		삼귀의문	삼귀문三歸文	삼귀의문	설게발원說偈發願
					삼귀례三歸禮
12			칠불통계게	칠불통계게	
13			무상게		
			제행무상게		
			황혼무상게		
			초야무상게		
			일오日午무상게		일몰日沒무상게
14			시방불명	구조석장九條 錫杖	
15			참회문	회향가伽	
16			인조寅朝예참문		발원문

〈광천요민廣川堯敏에 의함〉

이와 같이 대조해 보면,『칠계불명경』은『법화삼매참의』와『국청백록』 등에 충실히 따르고, 또『법화참법』과「정토교계행의문行儀文」은 전후의 양식의 그것이『칠계불명경』을 승계했던 것으로 인식된다.

여기서 논을 조금 거슬러 자각대사의 순례 기행을 보면, 개성 5년 (840) 오대산에 있는 죽림사의 제례의식에서의 "일체공경공례상주 삼보일체보념普念…… 편창일체보념便唱一切普念"의 대목은 삼계불예참에 있어서의 예불방법이다. 그리고 "차창次唱불보살명…… 일만 보살"은 당시의 불명예참을 의미하고, 다음의 칠십현성의 공양인 "일심봉청대사석가모니불, 일심봉청당래하생미륵존불, 일심봉청십이상원

약사유리광불"에서부터 문수, 보현, 일만 보살에 이르는 보청普請은 삼계교의 불예참류佛禮懺類에는 없는 것인데, 이것은 이미 중국에서 보普예참 형식의 혼합된 상태를 보는 것이다.

게다가 죽림사에서는 「법조화상어차당수염부삼매於此堂修念佛三昧」를 말하고 있는데, 앞에서 말한 예참의식과 대조하면 오대산에서도 삼계교의 잔간殘簡으로 남아 있던 불예참이나 일체의 보념普念, 그 위에 천태계의 참법과 정토계의 예참 등을 맞춰 행해졌던 것을 추측할 수 있다.[365]

그런데 도대체 칠계불七階佛이란 무엇을 나타내고 있는 불명일까?

야부키는 '제삼계칠법은 ① 귀일체불진歸一切佛盡, ② 귀일체법진歸一切法盡, ③ 귀일체승진歸一切僧盡, ④ 도일체중생진度一切衆生盡, ⑤ 단일체악진斷一切惡盡, ⑥ 수일체선진修一切善盡, ⑦ 구일체선지식진求一切善知識盡' 등의 보불예참 사상에 근거해 생각하고, 그 위에 시방불(제1계), 과거칠불(제이계), 오십삼불(제삼계), 일체제불(제4계), 현겁천불(제5계), 삼십오불(제6계)로 하고, 제칠계불로서는 "지금 명문明文이 결여된 까닭에 잠시 의문을 가진다"고 하면서도 '이십오불'을 상정하고 있다.

이것에 대해 광천요민廣川堯敏은 『칠계불명경』의 칠계불에 대해서 야부키의 설을 모순이라고 말하고 있다. 즉 "「약칠계불명경」을 구략具略하였을 「예참문」에서는, 제7번째인 아촉여래, 제8번째에 이십오불을 들고 있다고 하며, 야부키가 원본으로 한 s.59본 이외의 사본을

---

365 鹽入良道, 「자각대사 개전改傳·상전相傳의 참법에 대하여」(『자각대사의 연구』, p.627 이하).

조사할 때, 세주細注 '이상칠계불의약왕약상경문차제已上七階佛依藥王藥上經文次第'의 문文이 아촉여래의 직전이 아닌, 직후에 서사돼 있는 사본을 일곱 점 발견하고 있기에, 제칠계불이란 아촉여래 시방무량 등 일체제불을 나타내고 있어 이십오불은 아니라고 말할 수밖에 없다. 그렇다면 예배의 대상은 시방불, 과거칠불, 오십삼불, 일체제불, 현겁 천불, 삼십오불, 아촉여래의 칠계불, 그 위에 이십오불과 이불二佛의 구종九種이다"[366]라고 말하고 있지만, 이 의견은 계속된 이견이 남아 있기에 지면을 달리해 상세히 검토할 필요가 있다.

어쨌든, 이른바『칠계불명경』은 참회와 예불, 발원과 회향 등을 요소로 하여 주야 6시의 행의行儀는 더욱 경설에 근거한 불교의 통규通規 로서, 중국불교사에 있어 그 예전에는 도안에서 시작되며, 뒤이어 여산 연사連社의 청규가 되고, 북위의 담란에 있어서는 '보살의 법, 항상 낮 3때, 밤 3때에 시방 일체제불에 예를 올린다'라고 하며,[367] 특히 당 이후의 정토교가는 용수, 천친, 담란의 발자취를 찾아 많은 찬류讚類를 만들고, 이 중에서 선도의 『왕생예찬』은 그 형식이 삼계교의 보불예참과 매우 닮아 있다.

그런데 여기서 하나의 의문이 생기지 않을 수 없다. 그것은 삼계교의 행법에 대해서 몇몇의 학자가[368] 말하는 것 중에, 도대체 우리들이

---

366 廣川堯敏, 「돈황 출토 칠계불명경에 대하여」(『종교연구』제251, pp.79~80).

367 『연구』, pp.531~532.

368 同上, pp.512~536. 田島德音, 「예시작법과 삼계교 관계」(『대정대학학보』제30·31본); 井ノ口泰淳, 「돈황본, 예참문」(『중앙아시아 언어와 불교』); 塩入良道, 「자각대사 개전·상전의 참회에 대하여」; 福井康順, 『자각대사의 연구』; 奈良弘元, 「예시작법과 서방참회」(『정신과학』17) 등을 들 수 있다.

현재의 삼계교도의 행법에 대해 무엇을 명확히 할 수 있는가? 하는 내용인데, 그러나 그 대답은 결코 어두운 것만이 아니다. 왜냐하면 삼계교의 예찬문은 돈황 문헌의 행의문行儀文 중에서 가장 잘 갖춰진 내용이 되어 있고, 게다가 그 사본의 총수는 127점에 달하고 있기 때문이다. 그리고 그 127점에 달하는 삼계교의 예참문을 내용에서부터 분석하면 칠계제불을 일일이 별창하는 '칠계불명경형', 칠계제불을 총창總唱하는 '예참문형', 그 위에 '인조예참문형'의 3종으로 정리할 수가 있다. 이 3종이 삼계교의 예참문의 기본이 되어 지장보살, 석가모니불, 관세음보살, 미륵불 등의 예참문 및 정토교의 예찬문의 골격이 성립되기에 이르렀다고 추정된다.[369]

또 삼계교도의 행법에 관해서는 『군의론』, 『서방요결』, 『염불경』, 『탐요기』 외에 사전부史傳部 등에도 전해져 오고 있는데, 그 중에 삼계교 보행普行의 대표로 볼 수 있는 낱말은 칠계불명의 예참의가 된다.[370]

그 내용을 보자면, 삼계교의 『대근기행법』 제1단편 끝부분에,

1일을 여래장 등의 사불을 관하고, 걸식을 나갈 때는 인맹관과 응불관을 하며, 집에 들어가 걸식 중에는 보친관을 행하고, 돌아와서 식사를 할 때까지는 부정관을 행하며, 일몰과 초야에는 공무상관을 하고, 옆으로 누울 때는 무상관을 행하며, 반야 이후는 먼저 부정 등의 5문관을 행하며, 계속해 인다악관認多惡觀을 행한다.[371]

---

369 同 34).
370 『연구』, p.512.

라고 되어, 하루에도 수없는 관법으로 수행을 하고 있는데, 이것은 제4단편의 일절 "주야육시발원법신행선사찬晝夜六時發願法信行禪師撰"(奧題에『예불참회문』1권 있음)이라는 문장과 관련하여, 삼계승들이 주야 육시예참의 행법을 수행했던 것을 알 수 있다.[372]

야부키는 칠계불명 예참문의 의미를 삼계교의 칠법, 즉

일은 일체 불에 돌아감을 다하고, 이는 일체 법에 돌아감을 다하고, 삼은 일체 승에 돌아감을 다하고, 사는 일체중생을 제도함을 다하고, 오는 일체 악을 끊는 것을 다하고, 육은 일체 선을 닦는 것을 다하고, 칠은 일체 선지식을 구하는 것을 다하고.[373]

라는『대근기행법』중에서 각계各階의 근기에 대한 출세의 도를 밝히는 제1단편 쪽에서 그 의미를 구하고 있는 것이다.[374] 이로부터 삼계사는

---

371 同上 별편, p.152, "判一日作如來藏等四佛觀, 乞食來住作認盲及應佛觀, 入家次第乞食作普親觀, 入家未食已前作食不淨觀, 日沒初夜作空無相觀, 臥時作無常觀, 半夜已後先作不淨五門觀等, 次作認多惡觀."

372 同上, p.512.

373 同上, pp.306~307, "一歸一切佛盡, 二歸一切法盡, 三歸一切僧盡, 四度一切衆生盡, 五斷一切惡盡, 六修一切善盡, 七求一切善知識盡."

374 이것은 삼계교의 불타관에서도 말할 수 있는 것으로, 삼계교는 일체 불교를 보별 2법으로 나누고, 이것으로부터 특수한 불타관이 되게 하는 대근기행법 초부初部에 일승삼승 보별부동普別不同을 설하고, 다음으로 삼계의 대근기행법을 밝힌다. 이것을 5단으로 나누어 그 중에 제일단명삼계출세도부동소유의第一段明三階出世道不同所由義를 제1계(一乘), 제이계(三乘), 제삼계(空見有見轉倒邪見成就九種人)의 3단으로 나누고, 대근기행출세도對根起行出世道의 다른 이유를 말하

절대로 칠계불 이외의 불명을 칭하지 않을 수 없음을 알 수 있다.[375] 왜냐하면 삼계사는 그 삼계교의 교리상(보법) 원래 어떠한 불에게도 경례할 것, 즉 보불普佛에 대해 귀일체불진歸一切佛盡의 의의를 가지고 있기 때문이다.

다음으로는 『칠계불명경』과 『예시작법』 내지 『서방참회법』 등의 연관에 대하여 알아보기로 한다.

3) 『칠계불명경』과 『예시작법』

『칠계불명경』, 『신행선사선찬주야육시발원법』(이하 『주야육시발원법』)에 대해서는 이미 『삼계교의 연구』[376] 및 『명사여운해설』[377] 등에서 논하고 있다. 특히 후자에 있어 야부키는 지승이 찬한 『집제경참의』 권상의,

예불의 강궤綱軌는 차제로 다소多少하나 모두 신행 선사에 의지하는 고로, 경에 의지하여 스스로 이법을 행함이라. 지금의 대중도 마땅히 항상 상속하여 행에 의하여 끊어짐이 없다.[378]

는 곳에 다시 1. 불, 2. 법, 3. 승, 4. 도중생度衆生, 5. 단악斷惡, 6. 수선修善, 7. 구선지식救善知識의 7법을 설하여, 삼계의 출세도에 특별한 의미를 말하고 있다.

375 同, p.35.
376 同上, p.530.
377 「신행선사 주야 육시발원법」, 『명사여운해설』 제1부, p.298.
378 대정장 권47, p.465하, "禮佛綱軌次第多少, 悉是故信行禪師, 依經自行此法, 於今徒衆亦常相續依行不絶."

라는 문장을 들며 "단지 상권 말에 위경『삼주경三廚經』을 인용함으로써
『집제경예참의』의 현재 형태의 전부가 과연 지승이 직접 지은 것인지
아닌지는 조사를 요한다"고 말하고 있다. 또 선도의 육시예찬 이전에
삼계교는 이미「육시예배불법대강주삼야삼大綱晝三夜三」의 육시예찬
(平旦, 午時, 日暮, 初夜, 半夜, 後夜)[379]을 수행했던 것이다. 따라서 참회,

---

379 선도의 육시예찬六時禮讚 이전에 삼계교는 이미「육시예배불법대강주삼야삼佛法
大綱晝三夜三」의 육시예찬(平旦, 午時. 日暮, 初夜, 半夜, 後夜)을 익혔던 것으로
참회, 회향, 귀원, 무상게 등의 형식을 전하고 있다. 그런데 s.2722의 예찬문에는
『칠계불명경』보다 체제가 매우 간략하게 되어 ① 향화香華공양, ② 작범탄불주作
梵歎佛呪, ③ 회향문, ④ 미타19례, ⑤ 중례重禮4례, ⑥ 회향문, ⑦ 지심참회, ⑧ 작범
作梵, ⑨ 설게발원說偈發願, ⑩ 삼귀례, ⑪ 일몰무상게, ⑫ 발원문의 항목으로 되어
있다. 즉

　a) 如來妙色身 世間無與等 無比不思議 是故今敬禮 如來色無盡 知惠亦復然
　一切法常住 是故我歸依 敬禮常住三寶歎佛功德(대정장 53, p.575하)

　b) 南無東方 解脫主世界 彼世界有如來號 虛空功德 淸淨微塵 等目端正 光明花
　波頭摩 瑠璃光寶體香 最上香 供養訖 已種種莊嚴頂髻無量無邊 日月光明 願力莊
　嚴 變化莊嚴法界出生 無障碍王 如來

　c) 處世界如虛空 如蓮華不着水 心淸淨超於彼 稽首禮無上尊(대정장 53, p.575하)

　d) 諸惡莫作 諸善奉行 自淨其意 是諸佛教

　e) 諸行無常 是生滅法 生滅滅已 寂滅爲樂

라고 하는 내용은 a)「신라송격의식新羅誦經儀式」과 현재 한국불교에서 염송하고
있는, b)『석문의범釋門儀範』의『소심경小心經』내용 중의「해탈주解脫呪」로서
식단용법食壇用法의 최후에 나온다. 그 제목만을 보면, "하발게下鉢偈, 회발게回鉢
偈, 전발게展鉢偈, 십념十念, 창식게唱食偈, 수식게受食偈, 불삼신진언佛三身眞言,
법삼신진언法三身眞言, 승삼신진언僧三身眞言, 계장진언戒藏眞言, 정결도진언定決
道眞言, 혜철수진언慧徹修眞言, 봉반게奉飯偈, 오관게五觀偈, 생반게生飯偈, 정식게淨
食偈, 삼시게三匙偈, 절수게絶水偈, 해탈게解脫偈, 수발게收鉢偈"라고 하는 것이다.
그런데 c), d), e) 부분은 유명한 문文이기에 놓아두더라도, a) 부분은 일본에

회향, 귀원歸願, 무상게 등 그 형식은 참으로 선도의 예찬과 닮아
있으며, 그것은 전술한 그대로이다. 다만 삼계교는 칠계불명에 의한
보불普佛예참으로 수행하고, 선도는 미타 전념의 별불예찬(찬게)을
주로 했던 것이다. 어쨌든 삼계교는 본래 '편례偏禮 시방무량일체제불'
의 보례普禮예참이 원칙이어서 특정의 불명을 예참하는 것을 기피하지
만, 이것은 오히려 불명예참이 수, 당에 걸쳐서 일반 민중의 요구에
합치되었기 때문일 것이라는 증거도 된다.

그런데 이들 참회 또는 예참문의 연구사를 보면, 야부키 이후 칠계불
명이 일본 천태의 정토문의 근행작법勤行作法이며, 예시작법에도 인용
돼 있는 것을 명확히 했던 것은 전도덕음田島德晉의 연구가 선두일
것이다.[380] 이후 좌등철영佐藤哲英, 서촌형소西村炯紹, 염입량도鹽入良

서는 성명聲明을 성질상 범패·산화·범음·석장錫杖의 넷으로 분리하여, 불사법요
佛事法要가 있을 때 반드시 이것을 이용했다. 게다가 범패는 또 초·중·후의
셋으로 분리하여, 초패初唄에 여래패如來唄, 운하패云何唄의 2종이 있으며, 현행顯
行에서는 여래패로 a)를 청하고, 밀행密行에는 운하패를 창한다.(高野辰之, 『일
본가요사』, p.221) 그러나 이 a) 부분은 한국의 현행작법에서는 상용하고 있지
않다. 이러한 육시의 예찬은 삼계교도의 수행생활에도 엄격하게 적용되었던
것으로 알려지고 있다. 즉 『고승전』 권5 「도안전」 등을 본다면, 『승니규범삼례』의
하나에 "상일常日 육시행도, 음식창시법食唱時法"(대정장 50, p.353하)이 있었기
에 육시예참의 창시자는 도안이라고 일반적으로 알려져 왔다. 또한 정토교
선도의 『왕생예참게』에서도 육시의 예불의 행의가 설해져, 남북조에서 수·당대
까지 육시예참은 성행하였던 것이 알려진다.

380 田島德晉, 「예시작법과 삼계교와의 관계」(『대정대학학보』 30·31 합본); 佐藤哲
英, 「서방참법에 관한 연구」(『용곡대학논집』 제338호); 「법화삼매참의」(『천태
대사의 연구』); 「서방참회법」(『예산정토교의 연구』, p.482 이하), 자료편 28
이하.

道, 나량홍원奈良弘元, 정노구태순井ノ口泰淳, 복원융성福原隆善, 광천
요민廣川堯敏 등에 의해서 속속 관계 논고가 발표되고 있는데, 대부분이
천태·정토종 입장에서의 연구이다. 다만 텍스트에 있어서 정노구태순,
광천요민 등이 돈황본을 중심으로 하고 있는데 그 범위를 크게 벗어나고
있지 않다. 따라서 삼계교 예찬에 대한 연구는 본격적으로 돼 있지
않은 상황이라고 말할 수 있으며, 가일층 연구 성과가 기대되고 있는
분야인 것이다.

그런데 『예시작법』이란, 바꿔 말하면 삼계교의 보불예참이면서 선
도, 법도法道의 미타 일불의 예참이다. 여기에 천태 원융종圓頓宗의
일불일체불·일체불일불의 상즉원융의 교의가 발로되어 있으며,[381] 천

西村冏紹, 「예시작법성립고」, 『천태학법』 20호.

奈良弘元, 「예시작법과 서방참법」, 『정신과학』 17호.

塩入良道, 「자각대사改傳·相傳의 참법에 대해서」(『자각대사의 연구』).

_____, 「중국불교에 대한 예참과 불명경전」(結城교수송수기념 『불교사상사
  논집』).

추도논문집, 『천태사상과 동아사아문화의 연구』, 山喜房佛書林.

福原隆善, 「선도대사의 참회사상」(『정토종학연구』 12호).

_____, 「오회사상의 전개」(『천태학보』 22호).

_____, 「송대에 의한 참회」(『천태학보』 23호).

_____, 「법연정토교의 종합적 연구」(『불교논총』 21호).

_____, 「극락정토9품 왕생의에 대한 염불과 멸죄」(『예산학원연구기요』 6호).

_____, 「혜심승도와 기基법사」(塩入良道, 『천태사상과 동아사아문화의 연
  구』 743).

多田孝正, 「오대산불교와 예시작법」(塩入良道, 『천태사상과 동아사아문화의
  연구』).

381 田島德音, 「예시작법과 삼계교와의 관계」(『대정대학학보』 30·31 합본).

태대사의 지관³⁸² 및 『국청백록國淸百錄』³⁸³을 보면 '보불보예법普佛普禮法' 또는

---

382 『대정장』 46, p.721 이하. 예를 들면 제7의 정관장正觀章에서 관법의 대상으로서
① 음계입경陰界入境, ② 번뇌경煩惱境, ③ 병환경病患境, ④ 업상경業相境, ⑤ 마사
경魔事境, ⑥ 선정경禪定境, ⑦ 제견경諸見境, ⑧ 증상만경增上慢境, ⑨ 이승경二乘境,
⑩ 보살경菩薩境의 10종으로 분류, 먼저 음마입경(陰界入境: 오음, 십이입, 십팔
계)을 대상으로 관법을 실천할 것을 설하고 있다. 그 관법의 10종을 들어보면,
1) 관부사의경觀不思議境은 범부의 일상 심중心中에 일체의 것이 모두 갖추어져
있는 공가중空假中 3종의 진리가 일체화하고 있는 부사의한 묘경이라고 관하
는 것.
2) 발진정보리심發眞正菩提心은 기자비심起慈悲心이라고도 하여, 보리심을 일으켜
중생구제를 위하여 사홍서원을 세울 것.
3) 선교안심지관善巧安心止觀은 교안지관巧安止觀이라고도 하여, 지관의 실천에
의하여 마음(心)을 법성法性에 안정시키게 하는 것.
4) 파법편破法偏은 모든 것에 있어서 마음의 집착을 떨어트리는 것.
5) 식송색識通塞은 진리(三諦의 理)에 통하는 것과, 그것을 방해, 차단하는 것을
밝히는 것.
6) 도품조적道品調適은 수도품이라고 하여, 37조도품을 수행자의 능력에 응해서
적절히 응용하는 것.
7) 대치조개對治助開는 조도대치助道對治라고 하여, 육바라밀을 수행하는 것에
의해 지관의 보조행으로 하는 것.
8) 지차위知次位는 만심慢心을 일으키지 않는 것 같이, 자신의 수행단계를 자각하
는 것.
9) 능안인能安忍은 마음먹은 것이든 마음먹지 않은 것이든, 마음을 동요시키지
않는 것.
10) 무법애無法愛는 이법애離法愛라고 하여, 진실의 깨달음이 아닌 것에 집착하지
않는 것.
〈상근기는 제1의 관부사의경觀不思議境으로 족하나, 중근기인은 제2 내지 제7의
관법을 수행하며, 하근기인은 제8 이하의 관법을 닦아야 완전하다고 하는데,
이것은 실로 삼계교에서 주장하는 보법관에 기초한 것이라고 말할 수 있다.〉

'색맹불법설'이 설해지고 있다.[384] 그 색맹설이란 것은, 후에 송나라의 사명지례四明智禮[385]가『관음현의기』[386]에 성악법문性惡法門을 말하고 있는 것과 상통한다.[387]

그런데 일본의 예산에서 행해지고 있는『법화작법』은 원인圓仁의 행법을 모체로 한 것이라 하며, 그에 의해서 전해져 온 염불법에 기초한

---

383 대정장 46, p.795, "立制法第一, 敬禮法第二, 普佛法第三, 請觀世音懺法第四, 金光明懺法第五, 方等懺方第六." 이처럼 보불경례와 함께 참법이 행해진 것이 알려진다.

384 색맹色盲불법이라 함은, 범부는 색맹과 같아 제삼계의 중생에게는 당근불법當根佛法이 적절하다는 불법을 색맹불법이라고 한다. 즉 판단력의 결여가 열기劣機의 구체적 내용이 되어 있는 것이다. 또한 색맹천제色盲闡提라 하는 것은, 불법을 믿지 않는 이는 태어나면서의 맹인이 세상의 광명이 존재하는 것을 의심하기 때문에 색맹천제라고 한다.

385 福原隆善, 「송대에 의한 참법」(『천태학보』 23).

386 대정장 34, p.905. 지례는『관음현의기』에 있어서 천태성악설을 주장하여, 성악설이야말로 마하지관의 일념삼천 내지『법화현의』,『법화문구』의 백계천여百界千如의 법리法理를 밝히는 것이라고 말한다. 그는 "영지靈智는 시각始覺이 되며, 법신法身은 본각本覺이 되어 합해 일각一覺이니, 다시 또 무슨 합을 논할 것인가. 시각은 원래 명明이 있기에 이름하여 영靈이라 하고, 능숙하게 단정斷証하기 때문에 이름하여 지智라고 한다. 본각불이本覺不二, 이것은 소전所詮의 체体가 된다"고 말하는 것과 같이 '영지靈智', 즉 시각과 본각이 둘이 아니(不二)라고 하는 것을 경의 본질로 하고 있다.

387 성악법문에 대해서 矢吹는 "보불사상은 삼계교의 근본의根本義가 되지만, 실수상實修上에서는 자기의 다악多惡을 인정하고(認惡), 보악보선普惡普善의 이면적 세계관에 입각하고 있다. 실지로 화엄의 '무진연기無盡緣起', 천태의 '성구성악性具性惡'도 필경 삼계사가 설한 것에 지나지 않는다는 것을 알아야 한다"고 말하고 있다.

예시작법과 함께 오늘날까지 의연히 산문(일본 천태종)의 2대 행법인
것이다.[388]

원인은 법화에 의한 삼매를 중요시하는데, 그 법화삼매란『법화
경』을 21일간 독송하고 행도하며 체관하는 행법의 하나로 반행반좌삼
매라고도 한다. 그가 오대산에서 손수 그 행법을 익힘과 동시에 결본欠
本의 천태교적을 초사했던 것은『순례행기』와『신구성교목록』에서
엿볼 수 있는데, 이것이 후에 전해진『법화참법』의 근본을 이루게
되었다고 하는 것은『자각대사전』에 명기되어 일반에게 인정되고 있는
것이다.[389]

그런데 여기서 간과하기 어려운 것은 신라승들에 의한 불교의례와의
관계이다. 즉 강경의식이나 송경의식 등은 당나라 식으로, 신라 법화원
法華院의 의식과의 사이에는 다른 점도 있지만 공통되는 점도 있다는
것이다. 여기에서 법화원의 강경의식에 관하여 특히 주의를 끌고 싶은
것은 창경제唱經題에 관한 것이다. 창경제란 경전의 제목을 소리 내어
외는 작법이다. 장강식長講式에서는,

> 범패를 마치고, 강사가 제목을 창경하고, 삼문으로 나누어 개제하여,
> 제목을 해석해 마친다.(梵唄訖, 講師唱經題目, 便開題, 分別三門, 釋題目訖)

고 하여, 범패 뒤에 강사가 경 제목을 창하고, 그것은 다시 삼문三門으로
나뉘어 개제開題하는 것을 볼 수 있다. 또 일일강식一日講式에 있어서도,

---

388 小野勝年,「산동에서의 원인의 견문」(塚本善隆,『불교사학논집』, p.190 이하).
389 福田堯顗,「법화참법에 대해서」(『속천태학개론』35).

범패를 마친 후 남좌南座하여 경의 제목을 창하는데, 이른바 길게
당겨 창하여 음音에 굴곡이 있게 한다.(作梵了, 南座, 唱経題目, 所謂唱緯
長引, 音多有屈曲)

라고 하여, 범패 후에 경 제목을 창하는 것인데, 창하는 방법에 있어서
음은 길게 끌고, 그 위에 굴곡 있는 절을 붙인다고 자각대사는 설명[390]하
고 있다.

　하여튼 신라 법화원에서 행했던 강식(講式: 長期, 一日)의 대략적인
것은 한국의 전통 승가대학에 있어서도 『석문의범』을 중심으로 부분적
으로 비슷한 양식이 행해지는 곳도 있지만, 어쨌든 원인이 보았던
신라 적산법화원의 모든 의식이, 어떤 때는 당풍과 같고 어떤 때는
신라 음을 사용하고 있다고 특기하고 있다. 따라서 당풍과 신라풍
사이에는 다소의 차이는 있겠지만 그 의례 면에서는 대동소이하다고
생각되며, 이것이 당·송을 거쳐 일본의 나라조奈良朝 이래의 전통을
전수한 동대사東大寺의 『논의법요論義法要』는 구체적인 그 실제를 가르
치고 있는 것[391]이다.

4) 『예시작법』과 『서방참회법』
그러면 『예시작법』, 『미타작법』, 『서방참법』 등은 같은 계통의 것일까?
　『문엽기門葉記』[392]에 의하면, 관응 2년(1351)에는 예시작법이 행해졌

---

390 同, p.55.
391 小野勝年, 「원인이 본 당의 불교의례」(『자각대사의 연구』, p.187).
392 대정장 도상부圖像部 제12, pp.1~6.

던 것을 알림과 동시에 『아미타작법』, 『서방참법』, 그 위에 대염불이라 칭하여진 인성引聲의 부단不斷염불과도 구별된 근행勤行으로써의 『예시작법』이 행해지고 있다. 그렇기 때문에 "석예시夕例時의 예시라고 하는 것은, 서방참법을 약칭한 것으로 생각되고, 관응 2년에는 예시참법이라고 하여, 서방참법과 법화참법을 합병했다 하며, 근행의 명칭으로써 예시라고도 하고, 또는 서방참법이라고도 한 것 같다"고 하는 전도덕음田島德音의 논점은 개정되지 않으면 안 된다.[393] 그런데 청련원의 『서방참회법』을 조사한 연구 결과[394]를 압축하면,

①『예시작법』은 천태대사의 모든 참회법 안에 『법화삼매참의』를 모방하여 미타 중심의 참회법을 만든 것이다.

②그 참회의 방궤方軌는 『법화삼매참의』에 의거하면서도, 아미타불을 본존으로 하여 입으로 명호를 부르고, 마음으로는 아미타불을 염원하는 칠일간의 유좌유립唯坐唯立의 염불삼매 행법이다.

③법화 중심의 참회법을 미타 중심의 참회법으로 개편함에 있어서, 선도의 염불 사상을 도입하고 있는 점으로, 이는 원신의 『왕생요집』과 같이하는 입장으로서, 예산 정토교의 전개 사상 매우 중요한 사상사적 의의를 가진 문헌이다.

라 하고 있다. 또한 『서방참회법』과 『예시작법』의 다른 점을 나타내면 다음과 같다.

---

393 奈良弘元, 「예시작법과 서방참법」(『정신과학』 17호, pp.147~148).
394 佐藤哲英, 『예산 정토교의 연구』, pp.104~126.

	형식	내용
서방참회법	← 법화삼매참의	관념법문觀念法門
예시작법	← 법화작법作法	칠계불명, 오회염불약법의찬五會念佛略法儀讚, 왕생예찬往生例讚

　이처럼 『서방참회법』과 『예시작법』은 같은 루트가 아닌 것이 증명됨과 함께, 또 『만수원曼殊院 서방참법』도 『예시작법』과는 다르고, 『아미타작법』도 앞의 삼자와는 다른 계통[395]이라고 지적하고 있다. 그렇다면 천태 지의에 의한 참회 사상과의 관련은 대관절 어디까지 추구되고 있는가? 여기에 천태에 의한 오회 사상의 관련을 시도해 본 논고가 있다.

　천태 지의에 의한 오회五悔 사상은 후기의 것인 『마하지관』에 의거하지 않으면 안 되며, 일심삼제一心三諦의 관문觀門을 열기 위한 중요한 실천으로써의 위치를 지니고 있음을 명확히 하고 있다. 또 후의 선도의 오회 사상이 명확히 보이는 것은 『왕생예찬』 안의 중야시中夜時에서만 있고, 삼심三心과 오념문五念門과의 관계는 있으나 차제에 오회 사상 등은 강조되지 않게 되었지만 그 선구적인 것은 『관념법문』에서 보이고 있다. 즉 관념법문의 제4항목 「의경명도장내참회발원법사依經明道場內懺悔發願法四」에는 참으로 오회의 참회로부터 발원에 이르는 내용을 나타내는 것으로 볼 수 있어, 『왕생예찬』에서 오회 사상을 구성하는 의식이 있었음을 알 수 있다.[396]

　이렇게 천태에 의한 참회 사상은 일본 정토교에 지대한 영향을 끼치기

시작하며, 또한『서방참회법』과 같이 선도善導에 의한 오회 사상을 구성하고 있는 것인데, 그 구성을 보면,

① 행자전방편行者前方便
② 행자초입도량수삼업방법行者初入道場修三業方法
③ 청삼보방법請三寶方法
④ 찬탄삼보방법
⑤ 예불방법
⑥ 오회
⑦ 정관방법正觀方法
⑧ 명초야참회방법明初夜懺悔方法

의 팔문八門으로, 그 중심은 ⑥·⑦이 되는데, ⑥의 오회는 ⑦의 정관正觀 방법에 미치는 실천으로서, 여기서 볼 수 있는 오회의 내용은 완전히 선도의 것과 일치한다. 게다가 오회 사상의 전파에 대해서, "이미 지의와 선도뿐만 아니라 화엄과 진언교도들에게도 널리 행해져, 후에 송대의 지례와 준식 등 산가파山家派의 사람들을 필두로 많은 학도들 사이에 널리 행해졌다. 그 중 준식의『왕생정토참원의往生淨土懺願 儀』는 지의의『법화삼매참의』등에 따르면서도, 선도와는 다른 정토교 의 색채가 짙은 오회 사상을 전개하고 있다. 그러나 참회 등의 실천이 끝난 뒤 아미타불에 귀의하고, 동시에 일체삼보에도 귀의하기 때문에 지의의『법화삼매참의』와 선도의『왕생예찬』의 학설로 제각각 실천의 영향을 받고 있다. 게다가 오회에 있어서, 천태 정토교의 문헌으로는

지의의 『법화삼매참의』쪽으로 끌리는 것이 자연스럽지만, 그것은 선
도의 오회에 의한다. 그것은 『서방참회법』의 작자가 강한 정토교 신앙
을 가지고 있기 때문에, 관법을 용이하게 행하는 방법으로써 정토교
입장의 오회를 채택했다"[397]고 말해, 오회 사상은 일본 정토교 발전의
근본으로서 『서방참회법』과 같이 선도의 영향을 생각하고 있는 것
이다.

그렇다면 선도의 오회 내용은 어떤 것일까? 그것을 구체적으로
살펴보자.

①참회는 무시이래 이 몸을 받아서 십악을 범하고 자신의 신·구·의
삼업에 따라 닦는 일체의 죄를 인정하고 발로 참회하여 아미타불에
귀의할 것이다.
②권청勸請은 중생과 적극적인 관계의 제불의 자비를 깨달아, 제불을
맞아 법륜을 굴려 모든 고통으로부터 이탈을 구하려는 실천이다.
③수회隨喜는 권청에 의해서 불을 맞이하고, 불의 가르침에 의해 모든
고에서 해탈하는 것을 받아들이고, 자기 반성에 따라 그와 같은 자각을
느껴 수회심을 일으키는 것이다.
④회향은 삼계안에 떠도는 고해에 침몰해 있는 자신을 반성하고 수회
의 후에, 신앙생활 전체를 안락국토에 왕생하도록 회향한다.
⑤발원은 아미타불의 정토에 나서 아미타불을 만나, 육신통을 얻어
고통받는 중생을 구제하려고 노력한다.[398]

---

397 同上.
398 同上, 「선도대사의 참회사상」(『정토종학연구』12호, p.56).

이렇게 다섯 항목으로 되어 있다. 즉 오회에 의한 선도의 참회 사상은 천태와는 달리 독자의 구성과 내용으로, 『왕생예참』에 있어서도 세친의 오념문五念門을 이어받았으나, 행원(作願)과 관찰을 바꿔 넣음에 따라서 범부를 대상으로 한 오념문의 조직을 독자적으로 전개하고 있다. 또한 거기에는 삼심三心과 오념문과의 관계에 있어서 입체적인 구조를 설하고 있고, 결론적으로 삼심 등의 구체적인 참회법으로 구성된 것이 오회라 할 수 있다.[399]

이처럼 선도에 의한 참회 사상을 선학의 연구를 통해서 보았는데, 어쨌든 참법懺法 등의 선구, 또는 별칭으로 생각되어지는 회과법悔過法은 이미 천평 연간에 행해지고 있었고, 수에서 당 초에 걸쳐 중국에서 성행했던 불명예참도 방광회과方廣悔過·불명참회佛名懺悔 등의 이름으로 보구 5년(774) 이래 천장·승화에 걸쳐서 행해졌다. 또 『진첨낭칭塵添囊稱』 권9에 의하면, 불명참회 때에 어느 승려는 미성美聲 때문에 도사導師에 초청됐다든지, 그 밖에 범창梵唱·성명의 기술도 있어서 중국에 의한 음곡을 동반한 법요의례가 일본불교에 전해졌다[400]고 보아도 큰 무리는 없을 것이다.

5. 결론

인도로부터 흘러온 그 원류적인 행법이 중국에 들어와서 점점 형식화될 때, 삼계교의 보례법普禮法은 그 근본 사상인 보법普法 사상에 따라

---

399 同上, 「선도대사의 오회사상」(『불교논총』24호, pp.69~72).
400 塩入良道, 「자각대사 改傳·相傳의 참법에 대해」(『자각대사 연구』, p.619).

일반화, 보편화된 경향을 띄우게 되었는데, 이러한 영향은 민중에게 있어서는 엄중한 불명佛名을 손쉽게 다루게 된 동기가 되었다.

이번 장에서는 불명을 의례화하기 이전의 의식작법을, 먼저 불전상佛 典上의 음악론으로부터 살펴보고, 또한 베단타학파에 있어서의 긍정적 의미와 부정적 의미와 함께 중국불교 특히 삼계교의『칠계불명경』에의 영향도 함께 살펴보았다. 더욱이 이러한 의례작법들이 신라를 거쳐 일본에 들어갈 때에는 더욱 복잡한 양상을 띠게 된 것을 함께 고찰해 보았다.

예를 들면, 전술한 바와 같이『법화참법』은『법화삼매참의』의 근식 작법勤式作法을 충실히 승계하면서도 그 구성요소에 있어 삼계교의 『칠계불명예참』의 양식과 유사하다고 말할 수 있을 것이다. 시대를 거슬러 올라가 보면『국청백록國淸百錄』에서 수록한 경례법은 적어도 『법화삼매참의』보다 이전의 것으로, 그 후의 예불의식의 규범이 된 것이라고 생각된다.

이 경례법은 이미『정주자정행법문』에 인용되고, 거기에 발원이 덧붙여져 있던『십주비바사론』의 '참회'·'권청'·'수희'·'회향'의 문文을 인용하고, 그 위에 '발원'을 덧붙여, 「참회」를 오회五悔의 형식으로 조직하고 있는 것이다.[401]

행법의 일본 전래에 대해서는, 자각대사 원인의 업적이 지대한 것은 주지의 사실인데, 그『순례행기』의 기술 중에, 개성 5년(840) 오대산의 죽림사 제례불식齋禮佛式에서 "일체 상주삼보에게 공경례하며, 일체

---

401 同上,「문선왕의 정주자정행법문에 대해서」(『대정대학연구기요』 46).

보념으로 창을 함(一體恭敬敬禮常住三寶, 一體寶念 便唱一體普念)"이란
것은, 삼계교의 불명예참에서의 예불방법으로서 "차창次唱 불보살
명…… 일만 보살"이란 당시의 불명예참을 의미하며, 다음의 72성현의
공양으로써 "일심봉청대사석가모니불, 일심봉청당래하생미륵존불,
일심봉청12상원약사유리광불"로부터 문수, 보현, 일만 보살에 이르는
봉청은 삼계교의 불명예참 등에는 없는 것으로, 이미 중국에 있어서
모든 예참형식의 종합을 보는 것이다.

　이러한 것들로부터 본다면, 오대산에도 삼계교의 잔간殘簡으로써
남아 있던 불명예참이나 일체 보념, 그 위에 천태계의 참법, 또한
정토계의 예참 등이 함께 행해졌던 것[402]을 추측할 수 있다.

　이와 함께 중국의 불교의례의 또 하나의 특색은, 전술한 바와 같이
모든 곳의 불명을 예송禮誦하여 자신의 죄과罪過를 불전에 발로하는
참회의 의식을 받들어졌다는 것이다. 이들 참회의 의식은 더욱 발전해
서, 중국적 요구에 부응하여 불명경전佛名經典까지 성행시켜 왔던 것을
알 수 있다.

---

402 同上, 「중국불교에 의한 예참과 불교경전」(結城令聞송수기념 『불교사상사논집』,
　　pp. 569~574).

제7장 신라불교와 삼계교

1. 서론

신라불교와 삼계교에 관한 연구사는 의외의 것으로부터 그 연구가 시작된다. 그것은 민영규에 의한 신라 불교사 정비의 일단의 작업으로서, 이는 한국불교로서는 커다란 수확이 아닐 수 없다. 즉 그는 한국의 선종사禪宗史를 정비하기 위하여[403] 선종사 천 년의 왜곡과 조작의

---

[403] 민영규는 호적胡適의 선종사학의 성과(「능가종고」, 「법보단경」, 「宗密的神會」 등)에 따라서 한국 선종사의 법맥을 규정하기 위해 신라 구산선문의 성립을 연구 중에, 문하에 거의 모든 승려가 무상無相의 법을 전수한 마조의 법손인 것을 밝히고 있다. 이러한 탐색은 선종사뿐만 아니라, 능가종과 때를 같이해 화북지방에서 부흥했던 삼계교의 진정한 종교 운동으로부터 원광, 신방, 자장, 의상 등의 신라승들이 구하고 있던 정신은 무엇이고, 또한 무상과 김지장이 걸었던 길과 도선, 찬영의 양심 등은 무엇인가? 이러한 시각들은 역사에서 왜곡 조작되고 전수 되지 않았던 것들을 오늘에 올바르게 살린다는 소중한 의의와 함께 논의되어야 할 필요성을 지니고 있다.

오염을 '대표적인 것 중에 『보림전寶林傳』'⁴⁰⁴과 중국의 호적胡適의 연구에서 힌트를 얻어 신라 구산선문의 성립 연구로부터 진행하는 와중에 그 관련성 있는 삼계교에 봉착하게 된다. 민영규는 「신라불교의 정립과 삼계교」라고 하는 과제 중에서, 무상無相·신회神會·마조馬祖·백장白丈·남천南泉 등의 선사들이 실행한 '두타행頭陀行'⁴⁰⁵ 내지 '이류중행異類中行'의 대명제가 삼계교의 사상과 그 뜻을 같이 하던 공통점, 즉 민중불교적 혹은 실천불교적인 활동에 착안하여 그 흐름을 확인하고 고찰하려 한 것이다.

그러나 이 「신라불교와 삼계교」에 관한 연구 역사는 극히 최근의 것으로 불과 몇십 년도 되지 않았고, 국내 발표 논문으로는 삼계교 관련의 것은 있지만 '신라불교'라고 하는 타이틀을 갖지 않았기 때문에 신라불교와 관련된 삼계교 연구로서는 그의 것이 최초라고 말할 수

---

404 柳田聖山은 「보림전 성립과 조사선의 완성」(『초기선종사서의 연구』 6권, pp.351~378)에서 『보림전』의 새로운 전통의 입장이 전법계와 참게讖偈에 있는 것을 논하고, 특히 참게에서 커다란 문제가 있는 것을 지적하고 있다. 『조당집』, 『종경록』, 『전등록』 등에 수록된 전법계는 과거칠불로 시작해서 서천 28조, 동토의 6조를 지나서 남악회양과 마조도일에 이르러서 끝나는데, 6조 이후의 두 사람(남악·마조)의 전법계가 어떤 형태에서 이 게를 『보림전』이 미리 알고 있었나 하는 것을 추정하여, 원래 율장의 칠불교계게敎戒偈로 되었던 것은 아닐까 라는 생각을 하고 있다. 또 『보림전』을 둘러싼 외곡의 한 부분은 조통설을 둘러싼 황당무계함을 비판받는 것, 즉 『보림전』에는 종래의 것과 다른 완전히 새로운 구성을 보이고 있는 점이다.
405 민영규는 신삼론종, 즉 승랑의 실상론적實相論的 부정의 논리가 능가종의 두타행을 생기게 한 모태라 생각한다. 게다가 두타행에서 노무 작업과 이류중행異類中行의 새로운 의미를 부여받게 된 그 해석도, 사실은 신삼론의 삼론三論과 그 연원이 같은 『유마경』 제8 「불도품」에서 유래한 것이라 생각한다.

있는 상황이다.[406]

그런데 신라의 의상義湘과 삼계교의 관련은 의상의 스승인 화엄종의 지엄智儼과의 관계로 거슬러 올라간다. 지엄은 이미 야부키의 논저[407]에 그 내용이 기록되어 있는데, 지엄의 사사를 받았던 의상의 것을 고찰해 보면 무언가 연결 고리가 있다는 생각이 든다. 또 『십륜경』(지장신앙)과 관련 있는 삼계사三階師인 신방神昉에 있어서는 전술한 제1장 (삼계교와 지장신앙)의 내용이 있기에, 여기서는 원광·원효·의상·경흥 등의 주변 을 선학의 연구를 돌이켜 가면서 논의를 전개하고자 한다.

2. 원광과 삼계교

1) 원광과 점찰보의 개시

삼계교의 신행이 수의 개국공신인 고경高熲을 정면으로 받아들여, 장안의 진적사(후의 化度寺)에 들어갔던 것은 개황 9년(589)의 일이다. 신라의 원광법사가 수나라가 통일되기 전인 진나라에서 장안에 입성했

---

406 민영규 이전의 것으로, 삼계교 자체의 연구는 숫자로는 두 건으로 빈약하지만, 이후에는 이것을 포함한 또 다른 2,3편이 보인다. 예로 들면,

　①이상현, 「隋, 신행의 사상에 관한 연구」(동국대학석사논문, 1983).

　②방영선, 「삼계교의 무진장원에 관한 고찰」(동국대학석사논문, 1987).

　③민영규, 「신라불교정립과 삼계교」(『동방학지』, 연세대국학연구원, 제77~79 합집, 1993, 『四川강단』 재수록, 도서출판. 又半, 1994).

　④김상현, 「중국의 민중불교」삼계교를 중심으로(『민족불교』 권2, 1992).

　⑤이평래, 「삼계교운동 현대적 조명」(『한국불교학』 20호, 1995).

407 『연구』, pp.351~357.

던 때도 같은 해인 589년이었다. 그때 신행의 모습을 도선의 표현을
빌려서 본다. 『속고승전』 신행전의 내용이다.

(신행은) 상주 법장사에서 구족계를 버리고 친히 노역에 종사하며,
단의單衣로 절식하며, 무릇 모든 도속을 비경悲敬으로 예하였다.[408]

이렇게 구족계具足戒를 버리면서 스스로 노동에 종사했다고 전하고
있는데, 이것은 당시의 상황으로 비추어 보면 청천벽력과도 같은 것이
다. 왜냐하면 신행의 그 행동은 비전悲田과 경전敬田 때문이었는데,
비전이란 것은 소위 가난한 사람을 돕는 것이었고, 경전은 불사佛事를
바르게 하는 것이었다. 그런데 그 행동, 즉 승려의 몸으로 일일일식一日
一食을 하면서 더욱이 남녀노소를 불문하고 언제나 진중한 마음가짐으
로 예배하는 자세는 상상을 초월하는 행동이었다.[409] 이와 같이 천년의
금기를 깨고 승려의 사회에 노동을 부르짖은 그 최초는 상주相州의
신행이었고, 삼계교는 신생국가인 수나라 장안의 선남선녀들에게 무
언가 새로운 부흥의 기운을 불어넣었던 하나의 카타르시스 현상으로
불러도 좋을 것이다.[410] 어쨌든 신행은 50여 년의 짧은 생을 살았는데,
신행이 세상을 버렸을 때, 장안은 마을 전체가 떠들썩하였다고 한다.

---

408 대정장 50, p.560상, "相州法藏寺, 捨身具足戒親執勞役, 供諸悲敬禮通道俗, 單衣
節食."

409 이 행동은 『법화경』 「상불경보살품」에 나오는 내용으로, 이 사상에 실천적인
규범을 보이고 있는 것은 역사상에 그다지 보이지 않고 처음으로 삼계교의
교조 신행에 의하여 기록됐을 것이다.

410 민영규, 『사천강단』, pp.51~60.

그 기록을 살피면,

　　춘추 54세, 즉 14년 정월 4일로, 그달 7일에 화도사에서 종남산 치명골
로 보내지는 시신을 따라 도속의 울음소리가 경읍을 진동했다.[411]

　　즉 세수 54의 나이에 열반한 신행을 기리며 우는 소리는 읍과 고을을
진동시키고 장안의 부녀자들은 아낌없이 모든 것을 던져버리고, 이름
도 신분도 알리지 않은 채 돌아가는 행렬이 삼계교의 근본도량인 화도사
化度寺의 길을 메웠다고 하는 것은 상상하기 어렵지 않다. 즉 신행의
유문遺文에서 명확히 밝히고 있는 무진장행無盡藏行이 그 근본이 되는
데, 때를 같이하여 당나라에서 유학하고 돌아온 원광이 신라에 남긴
많은 업적 중에서 '점찰보占察寶'는 그 당시 신행이 부흥시킨 무진장원
(無盡藏院, 寶)을 보고 배운 것이라고 생각된다.[412]

　　여기서 한 가지 주의하지 않으면 안 되는 것이 있다. 그 점찰보가
그것인데, 겸전무웅鎌田茂雄은 일찍이 이 점찰보의 중요성을 깨닫고
그것이 정토교에도 영향을 받았던 것을 지적하며, 또 석전간지조石田幹
之助의 「수당시대에 있어 이란 문화의 중국(支那) 유입」의 설을 인용하
면서 '점찰'이라고 하는 것이 조로아스터교의 영향이 있다고도 말하고
있다.[413]

---

411 위와 같음, 5), "春秋五十有四, 卽十四年正月四日也, 其月七日於化度寺, 送屍終
　　南山鵄鳴 之擲道俗号泣聲動京邑."
412 위와 같음, 8).
413 鎌田茂雄, 『신라불교서설』, pp.67~71.

　그런데 신라에 들어와 있던 점찰이 그냥 점찰보행占察寶行이라고 하는 하나의 형식이 아니고 두 가지의 계통, 즉 '점찰보'와 '점찰행법行法'으로 발전한 것은, 이미 전술한 제2장과 제5장에서 살펴보았다. 이 점으로 보면, 신라에는 삼계교라는 새로운 불교를 지향하는 실천장으로서 삼계교의 교의敎義가 펼쳐졌다고 생각할 수 있는데, 그것이 실제로 원광의 활약으로부터 그 자취를 찾아볼 수 가 있는 것이다. 이에 관해서는 앞서 논했기에, 여기서는 원광의 제자인 원안의 기록을 살펴보기로 한다.

2) 원안·소우와 삼계교

원광과 삼계교와의 관계는 그의 제자인 원안에게서 결정적으로 나타난다. 『속고승전』 권13 의해편 9(「당 신라국 황룡사 석원광전」 5, 원안)에,

　제자 원안圓安…… 특진소우特進蕭瑀가 남전에 율량사를 지어 머물기를 청하면서, 육시에 사사공급하기를 변함없었다. 원안은 원광이 말하는 것, 즉 '본국의 왕이 병들어 의사의 치료도 듣지 않아 원광이 돌아오기를 청하여, 따로 성에 안치하여 밤의 두 때에 깊은 법을 설하며 수계참회를 하여 왕이 크게 신봉하였다'는 내용을 차례로 적었다.[414]

　원안은 스승인 원광이 특진관 소우의 영접을 받아 남전藍田의 율량사

---

414 대정장 50, p.523하(『속고승전』 13), "弟子圓安 … 特進蕭瑀, 奏請住於藍田所造律梁寺, 四事供給無替六時矣, 安賣敍光云, 本國王染患, 医治不損, 請光入宮, 別省安置, 夜別二時爲說深法, 受戒懺悔, 王大信奉."

에 살면서 육시에 변함없는 사사공급을 받드는 것 등을 기록하고 있다. 율량사에서 그의 불교신앙의 구체적인 실천 활동을 보면『홍찬법화전』 10에,

좌복사 송국공宋國公 소우蕭瑀는 심대한 불법을 숭상하였다. 즉 옹주 남전현藍田縣에 가람을 설치하고, 대덕을 초청하여 사사四事에 공양하며, 아뢰어 명액名額을 청하는 호로서 율량사律梁寺라고 하였다.[415]

는 것과 같이, 율량사의 재건 후에 시주로써 율량사의 유지와 명승, 고승의 초대·환대를 중심으로 한 열성적인 실천 활동이 보인다. 하여튼 그(소우)가 특진관이 되었던 것은 정관 9년(635) 11월이므로, 도선道宣이 '특진소우'로 불렀던 때는 635년부터 649년의 사이가 된다. 원래 소우는 본래 수나라 탕제황후煬帝皇后의 동생이고, 소우의 세 명의 딸과 손녀 한 명은 차라리 삼계교 비구니가 되어 여기에 묻혀 있다고, 어느 비문이 금석록 등에 기록되어[416] 오늘날까지 전해져 온다. 또

415 대정장 51, pp.45하~46상.
416 「濟度寺尼施法願墓誌」(『금석졸편』 권54, 당14, 7-8), 「석씨통감」 권7, p.451하 (『卍속장경』 131권), 「당전 13」 6, 『구당서』 중(王雲五主編, 臺灣商務印書館). 상기의 금석문에 대한 내용은 愛宕 元, 「수말당초에서 蘭陵蕭氏의 불교수용」(福永光司 편, 『중국중세의 종교와 문화』, pp.539~554)에 상세하다. 愛宕 元에 의하면 蕭氏 일족은 적어도 7인에서 10인 이상의 출가자가 있다고 논하고 있다. 본인의 확인된 내용만으로는,
①소우의 장녀:『八瓊室金石補正』 권39 「大唐濟度寺故比丘尼法樂法師墓誌銘 並序」, ②소우의 3녀:『金石萃編』 권54 「大唐濟度寺尼蕭法願墓誌銘並序」, ③소우의 5녀:『唐文拾遺卷』 권64 「大唐濟度寺故比丘尼法燈法師墓誌銘並序」 등이

304

『구당서』소우열전의 내용을 보면,

> 우(蕭瑀)가 출가를 청하나, 태종은 공이 불교를 숭상하는 것은 아나
> 뜻에 위배됨이라 하였다. '우'는 물러나 신하된 생각으로 출가 못함을
> 고하였다.[417]

라고 하여, 소우가 출가하여 승려 되기를 바랐는데, 황제가 이것을
허락하지 않아 소원을 이루지 못했다는 전후가 잘려진 이야기뿐, 삼계
교에 관해서는 일체를 덮어버리고 있다.[418]

어쨌든, 원광은 특진관인 소우에게 영접을 받아 남전藍田의 율량사律
梁寺에 살면서 육시에 변함없는 사사공양을 받았으나, 신행 적멸 후에
도 6년간이나 장안에 머물렀으며, 개황 20년(600)에 삼계교 탄압이
발생했을 때 신라로 가는 귀국 길에 올랐던 것이다. 그런데 여기에서
또 한 가지의 중요한 내용, 즉『속고승전』제19권「습선편」제4 승옹전의
내용에는,

> 위주의 신행 선사는 불법을 깊이 밝혔는데, 천성적으로 세상의 이인異
> 人이었다. 도가 숨은 시기에 뿌리에 해당하는 업을 익히다가, 승옹이
> 세상에 숨어 살고 있다는 것을 알고 사람을 보내 이르기를 "도를 닦아

있음이 확인되고 있다.

417 『당서열전唐書列傳』권13, p.5(臺灣商務印書館印行), "瑀請出家, 太宗謂曰甚知公
素愛桑門令者不能違意, 瑀旋踵奏曰臣頃思量不能出家."

418 위와 같음, 8).

행을 섰으면 마땅히 (중생) 제도를 우선할 것이다. 홀로 그 몸만 착하게
한다는 것은 들어본 적이 없다. 마땅히 널리 이익이 되게 하는 방법으로
세속의 사람들에게 밝게 보여주어야 할 것이다"라고 하였다.[419]

라고 하여, 자신의 이익보다는 중생 제도의 대명제를 도반인 승용에게
권유하고 있는 것이다. 그런데 이와 같은 신행과 승용과의 이야기는
「원광전」에서 그대로 반복하고 있는 것이다. 『삼국유사』 권4 「원광서
학전」에는, 원광이 진陳의 소주 호구산에서 천화하려는 것을 이름도
모르는 '신사信士'(「古本殊異傳」에서는 神人)가 원광에게 세상으로 내려
올 것을 권유하며,

지금 법사가 거주하는 이곳은 자리의 행은 될 수 있으나, 이타의 공功은
될 수 없다.[420]

고 하여, 이곳(三岐山)에 숨어 도업을 닦으면 자리는 되겠지만 이타의
공은 없다고 하면서, 민중의 편에서 중생을 교화할 것을 권장하고
있는 것이다.

이처럼 『삼국유사』의 원광전에서, 삼계교 신행과 승용의 이야기를
그대로 받아들이고 있는 것은, 시대의 풍조를 막을 수 없는 하나의

---

419 위와 같음, "有魏州信行禪師, 深明佛法, 命世異人, 以道隱之晨, 習當根之業,
知邑遜世幽居, 遣人告曰, 脩道立行, 宜以濟度爲先, 獨善其身非所聞也, 宜盡弘
益之方照示流俗."
420 대정장 49, p.1002중, "今思法師唯居此處, 雖有自利之行, 而無利他之功."

거대한, 시대가 요구하는 자연스러운 불교 사상의 흐름이라고 말할 수 있을 것이다. 그것은 마침내 오로지 민중을 위하고 생각하는 실천적인 불교 사상으로 발돋움하고, 말법 사상을 그 밑받침으로 하여 당시의 시대적인 요구에 부응하여 그 흐름에 궤도를 같이 했던 것이다. 그런데 이러한 사상은 한 세대 뒤의 자장에게도 이어져 내려온 것 같다. 일단 승웅과 자장의 연관을 생각해 보기로 한다.

3) 승웅·자장과 삼계교

그런데 민영규는 여기서 중요한 지적을 하고 있다. 그것은 다름 아닌 『삼국유사』 「자장정율」조에 나오는 "나의 꿈속에 천인이 내려와 수기를 주었다(娥夢天人來授五戒)"라는 8자는, 실은 도선道宣의 『속고승전』 「자장전」의 59자를 생략한 것으로, 이것은 단순한 문장의 생략이 아니고 삼계교라고 하는 거대한 레파토리, 그 개막의 전주곡을 오십아홉 글자로 표방한 것을 의미하기 때문이라고 한다. 그것은,

> 깊은 산속에서 혼자 수행하고 있는 자장의 꿈에 두 사람의 장부가 나타나 말하기를 "이 깊은 산속에 홀로 숨어 수행한들 그것이 무슨 이익이 된다고 말할 수 있는가!" 이에 오계五戒를 주며 부탁하기를 "너에게 오계를 주었으니 중생을 이익 되게 하기를 바란다. 나는 도리천에 오른다."

라는 내용이다. 그래서 자장은 바로 산에서 내려와 나라 안의 사녀士女들에게 오계를 주며 널리 민중포교를 시작했다는 이야기이다.

이 문장의 중요한 부분은, 우선 산중수행을 버린 것(당시에는 번잡한
세속으로 내려와서, 수행하는 도량을 도심지로 바꾸는 것은 이례적인 풍경이
므로)과 중생의 이익을 위하여 목적을 바꾼 것, 이 두 가지로 볼 수
있다. 이러한 사상, 즉 자리보다는 이타라고 하는 중생구제를 대명제로
하는 대승불교의 이념은 삼계사인 승옹에게도 그대로 나타나는데,
그 관련성을 살펴보기로 하자.

승옹과 자장이 삼계교와 관련돼 있다는 근거는, 신행과 도반인 승옹
에서 그 답이 나온다. 즉 북주 무제의 파불 사태(574~577)가 진행되는
동안 승옹은 세상에 절망하여 백록산중에 은거하여 거기서 인생을
마치려고 했는데, 그때 신행의 권유, 즉 "도를 닦아 행을 섰으면 마땅히
(중생) 제도를 우선할 것이다. 홀로 그 몸만 착하게 한다는 것은 들어본
적이 없다. 마땅히 널리 이익이 되게 하는 방법으로 세속의 사람들에게
밝게 보여주어야 할 것이다"라는 말에 깊은 동감을 느끼고, 산에서
내려와 신행과 함께 중생을 위하여 민중포교에 힘을 쏟았다고 하는
것이다.

그런데 이 내용은, 신라의 원광과 자장의 말을 실은 『삼국유사』에도
그대로 전하고 있으며, 또한 신라불교사에 큰 족적으로 남아 당시의
민중들에게 귀에 못이 박힐 정도로 들려주었던 것이다.[421] 다시 『속고승
전』·『삼국유사』에 등장하는 내용을 알아보기로 하자. 먼저 『속고승
전』 승옹전에는,

---

[421] 위와 같음.

백록산 깊은 숲속에 들어가 때를 피하고 종적을 감추어, 삽주 뿌리와
소나무로 식사를 대신하였다. 이때 삼경(三逕, 세 오솔길)마저 끊어져
온갖 풀들이 무리를 이루었고, 노루와 새들이 그의 손에 엎드렸다.[422]

라고 나온다. 즉 승웅이 백록산 깊은 숲속에 살고 있을 때, 이름도
모르는 새와 사슴 등의 짐승들이 과일 등의 공양을 가져와 먹었다고
하는 이야기이다. 그런데 이것이 『삼국유사』 권4 자장전에는,

깊은 바위 속에 숨어 식량을 걱정하지 않는데, 때에 짐승들이 와서
손에 과일 등의 공양을 올렸다.[423]

라는 유사한 이야기가 나온다. 또 더욱이 『속고승전』의 자장전에는
삼계교의 수행덕목인 비전과 경전의 업을 수행했다는 기록, 즉

처자를 버리고(僧이 되어) 전원을 희사하고, 형편에 따라 비전과 경전
의 업業을 수행했다.[424]

라고 하는 것은, 실로 삼계교도의 무진장無盡藏에 나오는 보시(悲田·敬
田)의 실천에 다름 아닌 것이다.

---

422 대정장 50, p.584상, "又入白鹿山深林之下, 避時削跡餌飯松尤, 三逕斯絶百卉爲
群, 麏麚伏其手."

423 대정장 49, p.1005상, "乃深隱岩叢, 糧粒不恤, 時有異禽, 含菓來供, 就手 而喰."

424 대정장 50, p.639상, "乃捐捨妻子宅田園, 隨須便給行悲敬."

3. 의상과 삼계교

1) 의상과 지론종 상주남도파

신라 화엄불교는 의상(義湘, 625~702)을 그 시조로 하고 있다. 그러나 의상과 삼계교의 관계는 의상보다도 스승인 지엄(智儼, 602~668)에게 서 보다 확실히 나타나고 있다. 따라서 여기서는 지엄과 의상 두 사람의 관계를 살펴보면서 의상과 삼계교와의 관련을 고찰하여 보기로 하 겠다.

의상은 661년에 당나라에 들어가 지상사의 지엄에게서 화엄을 배웠 다. 신라에서부터 종남산, 지상사에 이르는 과정을『송고승전』의상전 의 저자인 찬영贊寧은,

(의)상은 장안 종남산 지엄 삼장법사가 있는 곳을 경추徑趨로 하여 『화엄경』을 학습하니, 때에 강장康藏국사와 동학同學이라.[425]

라며, 지엄이 있는 곳으로 통하고 있는 의상의 모습을 경추徑趨라고 표현하고 있는데, 그 경추라는 것은 갑甲과 을乙의 두 지점을 보다 가깝게 직선을 그어 통하는 모습이다.[426]

그러면 의상은 왜 고승대덕(현장玄奘·원측圓測·신방神昉)이 모여 있는 장안에서 50여 리 북방에 위치한 종남산 지상사로 통하지 않으면

---

425 대정장 50, p.729상, "湘乃徑趨長安終南山智儼三藏所, 綜習華嚴經, 時康藏國師 爲同學也."

426 동 8).

안 되었는가? 지상사가 있는 종남산은 해발 2,604미터나 되는 고산준령이면서 북주 무제의 파불(破佛, 574~577) 때에 2, 3백만의 승려가 환속을 당했으나, 그때 난을 피한 승려들은 다름 아닌 저항의 자세를 굽히지 않았던 몇 명의 화엄학 승려였던 것이다. 그 편자곡便子谷에 숨어 조악한 지상사를 세우고 4년간 극심한 시련을 견딘 것은 보안普安과 정연(靜淵, 543~611)이라는 두 사람의 승려이다. 정연[427]의 제자가 지정智正이고 지정의 제자가 지상존자至相尊者라고 불린 지엄인데, 모두 지론종地論宗 남도파南道派의 계통으로 이어지고 있다.[428]

이처럼 의상은 난을 물리치고 엄격한 수행을 쌓고 있는, 시대의 양심적인 수행자의 뒤를 따르고 있는 것이다. 이 지론종, 상주남도파(相州南道派: 지상사 화엄교학의 원형인 지론종이 최초로 뿌리를 내린 것도 같은 시기의 상주임)로부터 계보를 이어받은 지엄의 저술 중에『화엄오십요문답』[429]을 보면, 그 권하 48장에서 신행의 팔종불법전문八宗佛法前文이 그대로 대체되어 나와 있다. 이 팔종불법은, 신행의 삼계불법의 핵심을 논한 것으로 일인일행一人一行·보경인악普敬認惡을 주장함에 따라, 새로운 자각의 위에 서서 출가승으로서의 기본을 규정한 내용이다. 이 점에서 볼 때 삼계교와 지론종계 화엄종은, 예를 들어 상호간에 그 문호는 다를지라도 근본은 둘이 아니고, 상주에서 발생한 그때부터 지엄에 이르기까지 그 사상의 핵심이 변하지 않은 좋은 증거가

427『西本』, p.109; 鎌田茂雄,「영천사석굴의 사상사적의의」(鹽入良道선생 추도논문집,『천태사상과 아시아문화의 연구』, pp.477~488).

428 常盤大定,『지나불교의 연구』, pp.181~183.

429 대정장 45, pp.532중~534상.

된다. 물론 신행의 적멸(594) 뒤, 수 문제文帝는 유행을 금지(600)한 이후, 수·당대의 불교인의 대다수는 삼계교를 이단시하여 삼계교는 탄압에 직면하게 된다. 즉 무주 695년에는 삼계교 전적 22부 29권이 공식적으로 '위경'이라고 인정되고, 725년에는 당 현종玄宗에 의하여 삼계교의 독립된 활동이 전면적으로 금지(제5장의 「삼계교와 무진장원」 참조)됨에도 불구하고 다른 종파나 학파에서 그것에 대항하거나 삼계교에 대한 옹호 발언의 흔적은 없다.[430] 이런 상황에서 유일하게 지론종계 화엄종의 지엄은 삼계교의 사상성을 높이 평가하여 부인하지 않았다.

작금의 백탑사의 유지遺址는 현지조사에 따른 결과, 지상사(現, 國淸寺)에 들어가는 편자곡의 입구에 세워져 있는데, 원래 두 사찰이 경계를 달리해서 세워졌다고 보는 것은 잘못된 것이다. 신행의 제자 중 한 사람인 배현증의 탑비(653)가 지상사 북벽北壁에 세워져 있는 것도 이것을 반증하므로[431] 원래 두 사찰이 아니라 하나의 사찰이었던 것 같다.

2) 종남산 지상사와 삼계교의 탑비

지상사가 처음부터 이 종남산 편자곡에 정착했던 것은 매우 심한 국가권력의 탄압에서 탈피해 출가승 본연의 자세를 지키기 위한 것이었다고 생각된다. 정연과 보안이 아직 이 편자곡에 살고 있을 때, 신행의

---

430 木村淸孝, 「지엄, 법장과 삼계교」(『인불학』 27~1, p.100); 「신행의 시기관과 그 의의」(『불교의 시기관』, pp.167~183).

431 동 8).

312

탑비가 여기에 세워졌는데(삼론종 길장吉藏의 탑비도 있었으나, 뒤에 신행의 것과 함께 철거됨), 그를 따르는 모든 신자들도 죽어 그 옆에 묻히는 것을 원하고 있다. 실제로 그 후에 신행의 제자인 혜료慧了, 선지善智, 승해僧海, 도안道安, 배현증裵玄證 등이 신행과 함께 죽을 때까지 베푼다고 하는 삼계교의 임장법林葬法에 따라, 유골을 수습하여 신행의 탑 옆에 묻는데,[432] 백탑사百塔寺라는 이름이 생겨난 원인도 여기에 있다. 백탑사에 탑비의 수가 늘어가고 거기에 불사佛事가 번성하면서, 그 규모가 커지고 독립된 사원으로서 그 자체를 유지시켜 나간 것은 대력 2년(767) 이후가 된다.

그런데 의상이 지상사에 들어갔던 662년에는 백탑사가 독립하기 이전으로, 699년에 재차 삼계교 탄압이 있어 713년과 725년에 탄압이 겹쳤던 것을 생각할 때, 의상이 활동하던 시절 삼계교는 표면적으로 정상적인 활동은 없었다고 생각된다. 그럼에도 불구하고 그 연대를 전후로 하여 속속 백탑사로 들어온 탑비들을 보면, 죽어서도 백탑사의 정의감 있는 곳에 묻히는 것을 원했던 것으로 생각된다. 그것은 승려들만이 아니었다. 즉 의상이 지상사에 도착하기 수 년 전에 왕 거사라는 이는,

현경 원년(658) 11월 29일 질환으로 임종, 춘추 73세로 현경 3년 10월 12일 뼈를 수습하여, 종남산의 편자곡에 영탑을 세웠다.[433]

---

432 神田喜一郎, 「화도사탑명에 관해」(『神田喜一郎전서』 권1, pp.360~367), 同朋舍 간행.

433 「완거사탑명비」(『금석졸편』 권51, p.7), "顯慶元年十一月二十九日寢疾終于, 京

라고 하여, 현경 3년(658) 편자곡에 그 전탑비가 세워졌다는 기록이 보이고 있다. 또한 도속道俗 등의 모두가 다 신행 선사의 근처에 묻히기를 원했던 것인데, 그 예로서 도안 선사 탑비의 내용을 보면 다음과 같다.

도안 선사는 장씨로…… 동자 때 출가하여 두타고행으로 삼계집록을 배워…… 총장 원년(666) 10월 7일 입적하여…… 동 3년(668) 2월 15일에 종남산의 치명추의 신행 선사의 탑 뒤에 탑을 세웠다.[434]

즉 도안 선사는 성은 장씨이고, 동자로 출가하여 두타고행과 삼계집록을 배우며 총장總章 원년에 입적하여, 3년(668)에 종남산의 신행 선사 탑 뒤에 세워졌다는 기록으로, 신행 선사 탑 주위의 그 규모 또한 점점 커져갔던 것을 상상할 수 있다.

하여튼, 이처럼 종남산·편자곡 일대는 의상이 661년 지상사에 들어간 후부터 671년 신라에 돌아올 때까지 계속해서 삼계교도들의 탑비가 집중되었는데, 의상은 탑비뿐만이 아니고, 삼계교의 심한 탄압의 상황 속에서 조용히 움직이고 있는 종남산 일대의 침묵을 주시했던 것은 말할 필요도 없다. 즉 출가정신에 엄격한 두타고행에 길들여 있던 삼계사들의 수행상이 마음에 각인되어 있던 의상에게 있어서는, 그의

第春秋七十有三, 卽以三年十月十二日收骸起靈塔于終南山梗梓谷."

434 「道安선사탑기」(『금석졸편』권57, p.5), "道安禪師姓張 … 童子出家頭陀苦行學三階集錄 … 以總章元年十月七日遷形 … 又以三年二月十五日起塔, 於終南山鴉鳴搥信行禪師塔後."

귀국 전후의 상황을 보지 않은 이상 그를 이해하기 힘들다고 생각된다.

3) 의상의 귀국과 부석사

『송고승전』의 의상전에는 그의 귀국 상황을 다음과 같이 기록하고
있다.

> (문무)왕이 (귀국한 의상을) 공경하여 전장田莊과 노복을 베푸니,
> 상湘이 왕에게 말하길 "내 법(불법)은 평등하여 고하가 공균共均하며
> 귀천이 같습니다. 『열반경』의 팔부정재八不淨財에 어찌 장전莊田을
> 소유하며, 어찌 노복을 삼으라는 것이 있습니까. 빈도는 법계로써
> 집을 삼고, 발우로써 음식을 경작하며, 법신혜명으로써 이를 빌어
> 살아갑니다."[435]

삼국을 통일한 문무왕(김법민)은 의상에게 밭과 노복을 하사하면서
최상의 예를 다하였으나, 의상은 '불법은 평등하고 귀천이 없는 것이며,
『열반경』에서 설하는 팔부정재八不淨財에 장전과 노복은 받지 않는다
고 했으니, 자신은 법계를 집으로 삼고, 발우로써 음식을 경작하며,
법신혜명으로써 이를 빌어 살아갈 뿐'이라 하며, 『화엄경』의 법륜을
굴릴 곳을 찾아 깊은 산속 부석사浮石寺로 들어갔던 것이다.

이후 의상은 지엄에게서 배운 지상사의 일과日課를 부석사에 그대로

---

[435] 대정장 50, p.729상, "(文武)國王欽重以田莊奴僕施之, 湘言於王曰, 我法平等高
下共均貴賤同撥, 涅槃經八不淨財, 何莊田之有, 何奴僕之爲, 貧道以法界爲家,
以盂耕待稔, 法身慧命籍此而生衝."

옮겼는데, 140년이 지난 821년에 구산선문 중 성주사聖住寺의 개산조인 낭혜화상朗慧和尙 무염無染이 입당할 때, 종남산 지상사를 방문하여 다음과 같이 설하고 있다. 즉 최치원崔致遠의 「무염화상비명無染和尙碑銘」에,

대흥성 남산의 지상사(지엄)에 이르러 『화엄경』을 강설하는 이를 만났는데, 부석사에 있을 때와 같았다.[436]

무염이 '이것은 내가 그동안 부석사에서 배운 것에 다름 아니다'라고 말하고 있는 그것이야말로 민중의 수고와 고통을 생각하면서 엄격한 수행에 정진하고 있는 삼계교의 정신이라고 말할 수 있다.

그러나 의상과는 달리, 법장法藏의 화엄교학에 대면할 때 우리는 마치 천체天體의 교향곡을 듣는 것 같은 황홀한 느낌이 든다. 즉 의상이 지상사를 떠난 후, 동문 제자인 현수賢首가 측천무후 시대를 보내면서 무후의 권모에 적극적으로 참가하고 있는 것은, 지엄으로부터 받아들인 지론계 유식철학唯識哲學과는 그 체질을 달리한 용수계 중관철학中觀哲學에 뿌리를 내린 법계관法界觀 체제의 뿌리를 바꿔치기 한 결과이다. 이처럼 지엄과 의상이 추구한 것은 출가승으로서 권문權門에 아부, 기식寄食을 하지 않는 엄격한 자각이다.[437]

이와 같이 자신에게는 엄격하고, 타인에 대해서는 존경해 마지않는

---

436 이지관, 「藍浦성주사랑혜화상白月葆光塔비문」(『교감역주 역대고승비문』, 가산문고, 1994, p.158), "行至大興城南山至相寺, 遇說雜花者猶在浮石."
437 동 8).

그것은 다름 아닌 삼계교도들이 수행하고 있는 삼계교의 근본교법이다. 즉 인악(認惡: 자신의 악을 인정)과, 보경(普敬: 널리 귀천을 불문하고 공경할 것)의 사상과 일맥상통하고 있는 것이다. 그런데 의상과 절친했던 원효와 삼계교의 관계는 과연 존재하는 것일까? 만일 있다면, 원효와 관계있는 인물은 과연 누구이며, 그 많은 저작 중에 어떤 것이 삼계교의 영향을 받고 있는 것일까?

4. 원효와 삼계교

원효와 삼계교를 논하기 전에 우리들은 먼저, 원효와 삼계교의 관련이 정말 있기는 한 것인지에 대한 의문에 직면하지 않을 수 없다. 과연 표면적으로 지금까지 원효가 남긴 80여 부 200여 권 등의 자료 중에서 삼계교와 직접 관련된 것은 아직 미발견이나, 그럼에도 불구하고 원효와 삼계교의 관련성 있는 연구 발표와[438] 또 그 논고를 비약시켰다는 목소리가 있는 것은,[439] 아직 원효와 삼계교와의 관계에 대해 무엇인가 중심점이 약하다는 생각이 든다. 물론 원효와 삼계교의 관계에 대해서는 이들 사상사적으로 관련된 연구가 요구된다는 주장도 나오고 있으나,[440] 이것 또한 이제까지 발표된 논고 중에 원효와 관련된 핵심적인 자료를 파악하고 있는 상태라고 할 수는 없다. 이런 와중에 일본학계에서는 삼계교를 중심으로 한 시대적, 사상적인 연구에 그 초점을 맞추려

---

438 田村円澄, 『고대조선불교와 일본불교』, 吉川弘文館, 1980, p.193.
439 吉田靖雄, 「행기에 의한 삼계교및 원효와의 고찰」(『역사연구』 19).
440 宮城洋一郎, 『일본고대 불교 운동사의 연구』, p.221.

는 경향이 있는 것이다. 그것은 원효와 삼계교라는 테마 자체를 위한 연구는 아니지만, 주변자료로서는 더없이 중요하다고 말하지 않을 수 없다. 이 점에서 삼계교의 민중불교와의 관련으로, 원효와 행기行基의 연결을 시도하여, 행기와 삼계교와의 사상사적인 관련성의 연구 주제가 진행되고 있는 것은 고무적인 일임에 틀림없다. 이와 같이 원효와 삼계교의 관계는 아직 진보된 분야라고 말할 수는 없지만, 이미 발표된 선학들의 연구를 답습하면서 원효와 관련된 삼계교의 일면을 고찰해 보고자 한다.

1) 원효의 삼계교 접근

전촌원징田村円澄은 백제계 승려인 행기行基(백제 왕족, 王仁의 후손. 『扶桑略記』에 백제 13대 후손임을 기록)의 민중불교 운동의 사상사적인 연결을 신라의 원효에서 구하면서, 다음과 같이 몇 개의 논리를 전개하고 있다. 즉

①요석궁의 공주와 맺어져 아이까지 생겨, 계戒를 파한 연유로 거사의 생활을 계속한다. 그럼에도 원효는 전국 곳곳을 누비며 불교를 설하고 스스로 지은 찬불가를 민중들과 함께 부르고, 거기에 맞춰 춤까지 추었다고 한다.

②같은 시대의 의상과 비교해 보면 원효의 기행은 확실한데, 그것은 의상이 태백산 부석사에 들어가 화엄을 설하는데 비해(즉 산림불교, 학문불교를 지향) 원효는 소위 도시불교, 실천불교의 전도에 전념하였던 것. 이것은 원효와 동시대의 장안에서 정토교를 설한 선도와, 또

318

한 세대 전의 삼계교 신행의 계보를 잇는 것이라 말할 수 있다.
③원효는 일종 일파에 집착하지 않고 오히려 통불교적 입장이었는데, 저술 중에는 『유가사지론』의 주류인 『유가론중실瑜伽論中實』 4권(실역)과 같이, 현장이 번역해 낸 논論의 주석이 적지 않다. 즉 당의 불교계에서 배운 신라불교의 전통이 원효에게도 전해져, 이미 8세기의 나라(奈良) 불교계에 전래되어(정창원 문서에 50여 부가 넘는 원효의 저서가 서사書寫됨) 그 행장이 나라 불교계와 귀족층에 알려져 있는 것.[441]

그리고 「승강僧綱과 신라 학문승」과의 관계를 논함에 있어서는,

①행기 집단이 정부의 과죄처분科罪處分을 받지 않았던 이유로, 행기에 귀의하여 그를 옹호하는 이들이 광범위하게 존재하고 있었던 것.
②행기가 현재 구제자로서의 역할을 완수하고 있었던 것.
③원효의 민중불교 운동을 듣고, 행기는 유랑과 도망자들을 구제하였는데, 이것은 명백히 승니령의 위반이고, 죄과의 조치까지 했던 것은 승강僧綱의 독자적인 판단이었다고 추측되어, 행기의 민중불교운동이 계보적으로 원효를 이은 것으로, 행기 당시의 일본 불교계가 신라 학문승의 경력자經歷者에 의해 지도를 받았다.[442]

라고 말하고 있다.

田村円澄, 「일본불교와 조선」(『동양학술연구』 18~1, 1979).
442 田村円澄, 「행기와 신라불교」(『불교산책』, 山喜房佛書林, 1984).

이와 같은 주장은, 행기의 옆에는 감히 정부도 무시할 수 없는 힘(백제계의 귀족 내지 그 후손의 힘으로 나라 동대사가 건립되는 등)이 있었던 것을 명확히 하고 있다. 그 힘의 근저에는 다음과 같은 승려들이 있었기 때문이다. 즉 승정僧正 의연義淵과 관성(觀成, 常), 변통弁通은 693년에 신라에 유학, 율사 관지觀智는 689년에 신라를 떠나 귀국한 학문승으로 그들은 전부 원효와 같은 시대나 후배 승려이며, 누구보다 신라의 사정에 밝았다고 생각된다.

그런데 길전吉田은, 전촌田村이 설한 다음의 세 가지 점에 있어서 찬부를 논하고 있다. 즉

1) 원효의 광대한 저작이, 나라奈良불교에 전해져 연구되고 있던 것.
2) 행기와 그 집단을 억압하는 칙령이 발포된 양로 원년의 승강僧綱은 많은 신라 학문승의 경력을 지녀, 그들은 원효에게 경의를 품고 있었던 것은 아닐까? 따라서 행기의 조치가 과죄科罪로까지 발전하지 않았던 것은 승강의 독자적인 판단이었던 것은 아닐까? 라는 두 가지의 점은 인정하지만,
3) 행기의 민중불교운동이 계보적으로 원효를 이었고, 행기 당시 일본 불교계가 신라 학문승 경력자에 의해 지도를 받았다는 사실에 대해서는 다음의 다섯 항목에서 반대의 의견을 내고 있다.
① 원효는 행기보다 50년 먼저 태어났고, 60년 먼저 세상을 떠났기 때문에 그의 행적이 행기에 충분히 알려졌을 가능성은 있다.
② 원효는 위대한 포교자였고, 그 진수는 뭐라 해도 저술에 있다. 『송고승전』·『삼국유사』에는 『금강삼매경소』를 집필하였다고 하는

320

신비적 전기를 기록하고 있다. 그 저술에 관련된 위대함은 당시 사람들에게 얼마나 경이적이었던가 하는 전설로 얘기되고 있다.

③원효의 족적은 전국 방방곳곳 및…… 상식을 따르지 않는 개성적인 포교 방법이었는데, 행기의 포교 방법은 정형적이었다.

④사제지간에 대해서 원효의 활동을 돕는 제자들의 이름은 완전히 알려져 있지 않지만 "행기는 소승小僧 행기 병제자並弟子 등"의 표현과 같이 도제 중에서 이름을 확인할 수 있는 자만 스무 명이나 있어 원효의 경우와는 커다란 차이가 있다.

⑤원효는 환속하여 속복을 입고 계를 파했다. 삼계교 개조 신행은 젊었을 때 계를 버리고 노동에 종사했지만, 이는 자신이 열등한 근기라는 자각 때문이었지, 스스로 파계했던 것은 아니다. 파계와 지계에 있어서도 원효와 행기는 대립적인 존재라고 말할 수 있을 것이다.[443]

라는 내용을 전개하고 있다. 그러나 원효에 관한 길전吉田의 연구는 많은 문제점이 있다고 말할 수밖에 없다. 왜냐하면 그의 설은, 정확한 자료를 중심으로 논하고 있지 않다는 것과, 원효가 방방곳곳을 돌며 파계한 내용을 기록한 『속고승전』이나 『삼국유사』 등의 기록을 전설이라고 간단히 단정해 버렸기 때문이다. 그것은 단순히 전설로 치부할 것이 아니라, 그 내용을 중심으로 한 자료 중에서 무엇인가를 전달시키려는 의미 깊은 메시지도 있고, 그것을 근거로 해서 우리들은 귀중한 단서를 얻는 것이 적지 않다고 생각한다. 예를 들면 ⑤의 경우는 파계냐 지계냐, 라는 단정적 사고에만 멈추었고, 「법상종의 전래와 도소道昭·

---

443 동 35).

행기의 관계」라고 하는 그의 논고에 있어서는, 신예神叡의 신라 유학(持統天皇 7년, 693)은 인정하더라도 원효와의 관계(해동법상종의 시조로서의 관련성)는 전혀 고찰하지 않는 과오를 범하고 있다. 어쨌든 여기서는 번잡한 것을 피해, 원효의 자료 중『금강삼매경』에 관한 것과 원효의 환속에 대하여 살펴보고자 하는데, 먼저 그의 전기부터 고찰한다.

2) 원효의 전기 자료 고찰

원효에 관한 전기 자료는 그 양이 풍부하다. 「신라정토사상의 연구」[444]에 의하면,

①『삼국유사』권4, 원효불기元曉不羈조(대정장 49, p.1006상)
②『삼국사기』권46, 설총전薛聰傳
③「고산사서당화상탑비高山寺誓幢和上塔碑」
④「화쟁국사탑비和諍國師塔碑」
⑤『신편제종교장총록新編諸宗教藏總錄』(대정장 55, p.1165)
⑥『대각국사문집』권16, 제분황사효성문祭芬皇寺曉聖文
⑦『동문선』권5, 화쟁국사영찬和諍國師影贊
⑧『동국여지승람』권21
⑨『동경잡기東京雜記』권2

등의 국내외 자료(국외는 일본 소장본)가 보이고 있다. 이들 자료 중에서 가장 귀중하다고 볼 수 있는 것은『삼국유사』의 「원효불기」조와 찬영의

444 한태식, 「신라정토사상의 연구」, 경도불교대학 박사학위논문, 1989, p.75.

『송고승전』, 또는 『고산사 서당화상탑비』의 내용인데, 여기서는 제1의
자료인 『삼국유사』에 따라 고찰해 보기로 한다.

(1) 「원효불기」조와 「삼계 모 선사 행장시말」 비교

일연一然의 기록인 「원효불기元曉不羈」라는 타이틀에서 알 수 있듯이,
불기不羈의 의미는 일체의 카테고리에 묶이지 않는 것이다. 그 내용을
간단히 보면,

> 원효는 계戒를 잃고 설총을 낳은 후 속복으로 갈아입고 스스로 소성거사
> 라 이름 붙이고는, 큰 바가지(大瓠)를 가지고 다니며 춤을 추는 등
> 기이하게 보였다. 그 형상에 따라 도구를 만들고, 『화엄경』에 있는
> "일체무애인一切無碍人, 일도출생사一道出生死"라는 경구를 따라 무애
> 無礙라 이름 붙였다. 이처럼 원효는 노래를 만들어 부르고 춤을 추면서
> 전국을 돌아다녔으며, 노래로 교화시키기고 돌아오니, 그 때문에 남녀
> 노소 모두가 부처님의 이름을 알게 되고 모두가 나무南無를 칭할 수
> 있게 되었다.[445]

이 무애행無礙行은 찬영의 『송고승전』[446]에도 기록되어 있다. 찬영은
원효의 무애행만이 아니라 신이한 행적과 교화에 있어서도 다음과

---

445 대정장 49, p.1006중, "曉旣失戒生聰, 已後易俗服, 自號小姓居士, 衡得優人舞弄
  大瓠, 其狀瀆奇, 因其形製爲道具, 以華嚴經一切無礙人一道出生死命名曰無礙,
  作歌流于世, 嘗持此龝邨萬落且舞, 化詠而歸, 使桑賑甕敬杅憬之輩, 皆識佛陀之
  號, 咸作南無之稱."
446 대정장 50, p.730상.

같이 설하고 있다.

(원)효는 자취를 보임에 항상함이 없고 일정함이 없었다. 혹 반盤을 던져 대중을 구하고, 혹 물을 뿜어 불을 끄고, 혹은 여러 곳에 몸을 나타냈다.[447]

이와 같이 교화와 학문에 떨어지지 않는 원효의 모습을 신통자재하고 우월한 고승으로 표현하고 있다. 그리고 원효의 무애행에 대해서 긴 설명을 하고 있는데, 실은 이와 같은 하나의 범주를 초월한 자유분방하고 기이한 행색은 원효 이전에도 있었던 것 같다. 그것은 다름 아니라, 본고에서 추구하는 삼계교도의 행적에도 나타나고 있다. 즉 페리오본 돈황 자료인 「삼계모선사행장시말三階某禪師行狀始末」에도 다음과 같은 흥미 있는 문장으로 이야기하고 있다.

한 승려가 있어 서울에서 기譏 선사를 쫓아 왔는데, 오직 속인을 교화할 뿐 승려들을 교화하지는 않았다. 사師가 어떻게 취용取用할 것인가를 알지 못하니, 선사는 불장경문佛藏經文을 인용하여 그를 위해 말법의 때를 설하였으니, 단지 가사 한 조각만을 걸쳤을 뿐이었다.[448]

---

447 위와 같음, p.730중, "曉示跡無恒化人不定, 或擲盤而救衆, 或噴水而撲焚, 或數處現形."

448 大谷勝眞, 「삼계某선사 시말에 대해」(『경성제국대학문학회논찬』 7권, p.287), "有一僧, 從京來譏禪師, 唯化俗人不化衆僧, 師是無知有何取用, 禪師卽引佛藏經文, 爲彼師說末法惡時, 但披袈裟一片在身者."

이라고 하여, 승려보다는 속인들의 교화에 힘쓴 일과 다만 가사 한 조각을 걸치고, 말법의 악한 때를 경문을 통해 설하고 있음을 알 수 있다. 또 더욱 흥미 있는 구체적인 복장과 행동에 대해서 표현하고 있다.

선사는 명상名相을 버리고 계를 반납하고는 환속해 무상의 법을 배우니, 어떤 이가 사師에게 묻기를 "양가죽을 두르고 단표를 쥠에는 무슨 의미인가?" 선사 이르길 "불법에 있어 양장羊裝을 입고 단표를 쥠에는 3종의 이익이 있다. 하나는 풍한風寒을 차단함, 둘째는 우설雨雪을 막음, 셋째는 내가內家에서는 진귀한 옷이 된다"고 하였다. 단표자單瓢者란 가볍게 쓰는 그릇이다.[449]

즉 선사는 명성과 아상을 버리고 계를 반납하고는 환속하여 무상의 법을 배우는데, 양장羊裝을 입고 단표를 가진 의미를 물으니, 첫째는 찬바람과 추위를 막고, 둘째로는 눈과 비를 막고, 셋째로는 부인에게는 진귀한 옷이 되기 때문이라고 한다. 이렇게 속인의 포교를 위해서 선사는 오히려 비구의 모습에서 한 거사의 신분으로 바꾸어, 단표를 쥐고 유발有髮의 모습을 하고는 속인들의 교화를 위해 편력했는데, 이것은 정말로 원효의 행동과 흡사하다고 말할 수 있을 것이다.

이와 같은 점을 어떻게 이해하면 좋을까? 삼계교의 신행은 계戒는

---

449 同上, p.296, "禪師捨名相, 返戒還俗, 學無相之法, 有人間禪師, 着羊裝把單瓢者有何意, 禪師道, 佛法竝在着羊裝把單瓢之下, 在有三種利益, 一者遮風寒, 二者障雨雪, 三此是內家珍御服, 單瓢者輕用之器, 具在儒文."

버려도 사문의 자세를 버리지는 않았고, 배현증은 승僧을 버리고 속俗으로 돌아와 함께 그 법을 받들었다. 삼계교의 무리 중 거사들이 많은 것은 말법악시의 색맹불법으로서 그 몸에 사악파계의 악행을 인정하기 때문이며, 선사도 후에 가사정의袈裟淨衣를 버리고, 그 가르침에 귀의한 사문에게 '계를 반납하고 속俗으로 돌아가는' 것이 많았음을 기록한 것도 또한 이 때문일 것[450]이라는 것처럼, 그 당시의 계에 대한 관념은 이미 하나의 거추장스러운 것이었을지도 모른다. 이러한 모양은 선종의 4조 도신의 행동(수백 명의 집단 수행처에서의 불가피한 생산 활동으로 인한 계율의 파괴)에서도 보이고 있다.

그러나 어쨌든, 이처럼 승속을 괘념치 않았던 이런 사상은 여래장 사상을 근간으로 하여 빈부귀천(僧俗)은 원래 없는 것이라는 가르침을 좇아 더욱 깊어지며, 일천제까지 구제한다고 하는 대승불교의 극치의 사상이 전개된 것이었다고 생각된다. 그리고 그 일천제를 중심으로 흘러온 불교의 민중선언이라는 대승 사상은, 지금까지의 격의불교를 물리치고 크나큰 실천불교로 통하게 된 원인이 되어 순식간에 동북아시아 불교정신에 침투했던 것이다. 여기서 우리들은 삼계 모某 선사와 같은 풍격을 지니며 보다 민중에 접근하여, 그들의 구제와 포교 쪽에 열성인 승려들이 있었음을 인정하지 않을 수 없다.

그런데 원효와 삼계 모 선사와 연관된 가능성을 살펴보자면, 우선 같은 시대를 살았다는 데서 찾을 수 있을 것이다. 즉 페리오사본 「삼계모선사행장시말에 대하여」에 등장하는 선사의 입멸 시기는 함형咸亨

---

450 同上, p.280

3년(672) 6월이 되는데, 이것은 원효의 적년(寂年, 686)보다 14년이나
빨라, 원효가 삼계 선사의 영향을 받았을 가능성이 크다고 생각된다.
그러나 원효의 저술에는 직접적인 삼계교의 영향을 받았던 증거는
하나도 나오지 않는다. 다만 『금강삼매경』의 내용에서, 삼계교의 영향
이 추정되고 있다. 그렇다면 그것은 어떠한 내용이며, 또한 삼계교와
『금강삼매경』은 어떤 상관 관계가 있는 것일까?

(2) 『금강삼매경』에 나타난 삼계교 사상

『금강삼매경』의 저자로는 여러 설[451]이 있지만, 유력한 설은 역시 원효
이다. 『금강삼매경』에 나와 있는 삼계교 용어를 생각할 때 원효 자신도
삼계교의 영향을 받지 않았다고는 말할 수 없을 것이다. 『금강삼매
경』의 「입실제품入實際品」 권5 부분을 보면,

---

[451] 『금강삼매경』의 성립에는 여러 설이 있는데, 그 중에 柳田聖山은 水野弘元설을
답습하면서 『금강삼매경』의 출현을 달마의 이입사행설과 동산법문의 수심설,
그 외의 주장을 불설로써 권위를 세우기 위해서 650~665년경의 위경으로 주장하
며, 이 경의 작자가 누구이든 이 경이 달마의 이입사행설과 함께 도신—홍인의
수심설을 결부시키는 것이 이 경전 출현의 의도의 하나라고 말하고 있다.(『초기선
종사서의 연구』 제6권 27, p.450) 그런데 원효 주변의 관련성을 주장하고 있는
것으로,
① 水野弘元, 『駒澤대학연구기요』 제13호(1995)에서 원효설.
② 木村宣彰, 『불교사학연구』 제18권 2호(1976)에서 대안과 원효 주변인설.
③ 김영태, 『불교학보』 제25집(1990)에서 원효의 스승이었던 혜공설.
④ 柳田聖山, 『백련불교논집』 제3(1993, 해인사간)에서 원효와 대안의 합작설.
⑤ 한태식, 『인불학印佛學』 제45~1에서 대안 작성, 원효의 주석설. 1996년 등의
설은 원효와의 관련설을 추정하고 있다.

보살이여, 이와 같은 사람은 두 가지 상에 머물지 않는다. 오히려
출가하지 않았다고 하더라도 재가에 머물지 않고, 오히려 법복이
없어도 바라제목차계를 가지지 않으며, 포살에 들지 않더라도 자주
스스로 마음을 내어 무위자자無爲自恣하여 성과聖果를 얻어 이승에
머물지 않고, 보살도에 든 후에는 마땅히 그 지地를 채우고 불보살이
된다. …… 대력보살은 말한다. 인자는 과족만덕불果足滿德佛·여래장
불如來藏佛·형상불形像佛과 같은 불소佛所에 있어서 보리심을 내서
삼취계三聚戒에 드는데, 그 상에 주住하지 않는다.[452]

라고 하고 있다. 위의 내용 중에 인용되는 '여래장불·불상불'이라는
말[453]은 여래장 사상에 기초하여 모든 사람을 불佛로 간주하고, 한
사람 한 사람에게 예배하는 삼계교도의 독특한 용어이다. 이것은 『금강
삼매경』의 행자가 승려를 예배하였다고 하여도, 상불경보살이나 그것
을 모방한 삼계교도가 세간의 승속을 같이 예배한 행위와 같은 것이어서
『금강삼매경』이 승려들만을 그토록 존경하지는 않았던 것을 알 수
있다. 이는 보경(악한 중생도 널리 존경하는)을 설한 삼계교 문헌이,

일체의 악승보, 일체의 악중생, 일체의 사선邪善승보, 일체의 사선중생
을 존경하며, 모두 널리 일체 불성불을 지어 모두 다 널리 불멸을

---

452 대정장 85, p.370상, "菩薩如是之人, 不在二相, 雖不出家, 不住在家, 雖無法服,
而不具持波羅提木扠戒, 不入布薩, 能以自心無爲自趣, 而獲聖果, 不住二乘, 入
菩薩道, 後當滿地成佛菩薩 … 大力菩薩言, 彼仁者, 於果足滿德佛, 如來藏佛,
形像佛, 如是佛所, 發菩提心, 入三聚戒, 不住其相."
453 '여래장, 형상불'이라는 말은 『연구』, pp.395~400을 참고.

얻은 까닭이다. 일체 호승보好僧寶에 있어서도 이와 같다.[454]

라고 하여, 선과 악을 가림 없이 모두 다 존경하고 받듦에 있어, 일체가 모두 불성불을 지어 불멸을 얻자고 명확히 말하고 있는 것으로 보아도 추측이 된다. 더구나 흥미 있는 논리, 즉

①「입실제품」의 수일守一
(수일을 설하고, 사문에도 존경 받았던 傳大士) →
②사문은 비승비속의 『금강삼매경』 지경자持經者를 반드시 예배하고 →
③『범망경』의 사문불경왕자沙門不敬王者 →
④『금강삼매경』의 지경자도 사문을 예배하지 않는 것은 아니다 →
⑤삼계교의 보경설普敬說 → 여래장불如來藏佛

이라는 연상의 전개[455]를 명확히 하고 있다.

이와 같이 『금강삼매경』에 있어서 출가와 재가의 어느 측에도 기울지 않는다고 하는 것은, 전술한 삼계교의 보경 사상과 함께 원효의 출가와 환속을 이해하기에 좋은 참고가 되는 것이다.

원효의 『금강삼매경』이 끼친 영향은 속히 일본에도 유입되었으며, 원효에 대한 평가는 신라보다 당과 일본에서 더욱 높았다. 그 증거로써

---

454 『연구』, p.400, "敬一切惡僧寶, 一切惡衆生, 一切邪善僧寶, 一切邪善衆生, 皆悉普作一切佛性, 佛皆悉普得不滅故, 於一切好僧寶等, 亦如是."

455 石井公成, 「『금강삼매경』의 성립」(『인불학』 제46~2, pp.31~36).

현장의 유식비량唯識比量의 과오를 지적한 원효의 결정상위비량決定相
違比量이 당에 전해지자, 중국의 논자들은 동쪽을 향해 삼례를 올리면서
진나陳那보살의 후신이라는 찬탄을 하였던 것이다. 그리고 그 부분이
장준(藏俊, 1104~1180)의 『인명대소초因明大疏抄』 권5에[456] 전해오고
있다.

위 내용과 관련되어(원효의 찬탄) 함께 생각하지 않을 수 없는 것은,
『금강삼매경론』의 저술에 관련된 이야기다. 즉 『송고승전』 권제4의,

원효가 이 경을 얻은 것은 고향인 상주에서다. 그는 시종에게 말하길
"이 경은 본각·시각의 2각(本始二覺)으로써 종宗이 된다. 나를 위해
각승(角乘, 우마차)을 준비하고 책상을 양쪽 뿔 사이에 두고, 붓도
준비하라" 하였다. (그리하여) 소 수레(牛車)에서 시종始宗 5권의 소를
작성했다. 왕이 황룡사에서 부연을 시켰는데, 때마침 비천한 자가
신소新疏를 훔쳐갔다. 이것을 왕에게 아뢰어, 삼일을 연기하여 또
3권을 만드니, 이것이 약소略疏이다.[457]

라는 내용이다. 이 중에서 "이 경은 본각과 시각의 둘로서 종을 삼는다
(此經以本始二覺爲宗)"라는 부분은, 이 경이 본각과 시각을 종으로 하여
원통의 보살행을 보이고 있다는 말이다. 이 『금강삼매경』을 선택하여

---

456 藏俊, 『인명대소초』 권5(대정장 68, p.525중).

457 대정장 50, p.730중, "曉受斯經正在本生湘州也 謂使人曰 此經以本始二覺爲宗
爲我備角乘將案几 在兩角之間 置其筆硯 始終於牛車造疏成五卷 王請剋日於黃
龍寺敷演 時有薄徒竊盜新疏 以事白王 延于三日 重錄成三卷 號爲略疏."

강의하고 해석하는 사람은 원효뿐이었다. 또한 언제나 소 수레를 타고, 소의 두 뿔 사이에서 붓과 벼루로 소를 완성했다는 이야기는, 그가 얻은 각승의 특수성과 유래가 없는 창의성을 보였던 것이라 할 수 있다.

그런데 이러한 본각과 시각의 이야기는, 삼계교도들에게 소중하게 다루어졌던 『점찰경』의 행법(점찰행법)의 실천가였던 신라 후기승 진표眞表의 전기에서도 같은 내용이 나온다. 즉 『삼국유사』 권4 「관동 풍악발연수석기」의 「진표전」에,

> 이 두 간자簡子는 나의 수지골手指骨이다. 이것은 시각과 본각을 비유한 것으로서, 구자九者는 법이고 팔자八者는 새로이 훈성燻成한 불종자佛種子이다. 이것에 의하여 과보가 뭔지 알지 않으면 안 된다. 너는 현세의 육신을 버리고 대국왕의 몸을 받아서 나중에는 도솔천에 태어날 것이다.[458]

라는 미륵으로부터의 말 가운데, 본각과 시각을 비유한 이야기가 동일 선상에서 이해되며, 또 이것은 삼계교의 소의경전인 『점찰경』의 실천 법('점찰행법'의 수행)을 통한 진표의 공적이 국내의 『삼국유사』는 물론, 중국의 『송고승전』 등에도 평가되고 있는 것으로 주목을 요하는 부분 이다.

---

458 완역 『삼국유사』, pp.357~368(조일신문사, 김사화 역), "此二關子者, 是吾手指骨, 此喩始本二覺, 又九者法爾, 八者新燻成佛種子, 以此當知果報, 汝捨此身, 受大國王身, 後生於兜率."

어쨌든 이『점찰경』은 진여연기에 뿌리를 둔 대승법문의 사상적인 면을 선양함과 동시에, 여래장 사상을 특히 지장신앙과 결부시켜 지장 교의敎義에 의한 참회계법戒法의 실천도를 설하고 있다. 그리고 자서수 계自誓受戒를 설한 점찰 참회계법에 삼계사師인 신방神昉 → 숭제崇濟 → 진표의 실천계보가 있으며,『십륜경』에서『점찰경』까지의 성립에 여래장 교의와 밀접한 관계가 보이고 있는 것이다. 게다가『기신론』에 서 심진여문心眞如門과 심생멸문心生滅門을 설치하여 시각·본각과 염 정호훈染淨互燻 등을 설하고 있는 그 사상이나 서술의 형식과 함께 용어까지도 많이 닮아 있다.[459]

이런 점들을 생각해 보면, 삼계교의 소의경전인『점찰경』과 원효의 『금강삼매경론』또는『기신론』등 여래장 계통의 경전은 대승불교의 교리사상사를 둘러싸고 수행의 터전을 마련하였으며, 특히 '점찰행법' 의 실천계보의 발전에 커다란 영향을 주었던 것을 확인할 수가 있다.

그 위에 또 하나 덧붙여 두고 싶은 것은, 자서수계自誓受戒를 설한 점찰 참회계법의 사상 혹은 일천제를 구제하려는 여래장 사상은, 동북 아불교 전반에 일직선상으로 통하고 있는 것을 알 수 있으며, 이러한 면에서 볼 때 삼계교의 보법 사상 등은 원효·행기·진표 등의 강한 실천가에 의해서 그 영향이 더욱 전파되었음을 인식해 둘 필요가 있다 하겠다.

---

459 채인환,「신라에 있어서 점찰참회계법의 실천」(關口眞大編,『불교의 실천원리』, pp.379~399, 山喜房佛書林).

3) 원효의 천제불성론과 삼계교

원효의 천제불성론闡提佛性論에서 삼계교와의 연관성을 발표한 것은 목촌청효木村清孝[460]이며, 그는 원효의 천제불성론이 거의 『열반경』의 불성의 유무有無에 관한 4구[461]의 해석에 집중적으로 나타나 있는 것에 주목하여, 그 특징을 알기 위해 그 4구가 원효 이전 중국문화권에서 어떻게 이해되어 왔던가를 확인하고 있다. 그 중에서 법현法顯·도생道生·법랑法朗·혜원慧遠 등의 설을 들고 있는데 그 설들의 발전 원인이 되었던 것은 도생(道生, 369~434)에서부터이다. 도생은 "생명 있는 것은 전부 불성이 있다"라고 말하며, 그 교설을 불충분한 것으로 간주하여 "천제도 성불한다"[462]라는 그의 주장은 이윽고 북량 담무참曇無識이 번역한 『대반열반경』36권의 번역에서 증명되어, 이후 중국의 천제성불 사상이 일반화되었던 것이다.

그런데 천제에 대해서 주목할 논고가 다수[463] 있는데, 삼계교와 관련하여 그 사상의 유래를 생각해 보고자 한다.

---

460 木村清孝, 「원효에 의한 천제성불론」(古田紹欽고희념논문집, 『불교의 역사적 전개에서 보는 제형태』, pp.323~326).

461 사구四句라는 것은 도생의 주장이며, 북량 담무참 역인 『대반열반경』36권의 전역에 의하여 조명된 이후, 중국에 천제성불이 일반적 사조로 되었다. 그것은 ①천제에 고유의 불성, ②선근善根인 사람에 고유의 불성, ③양자에 공통하는 불성, ④양자에게 똑같지 않는 불성 등의 4종류 가운데 원효는 사구를 구별하는데, 사의四義가 있다 하여 다시 이를 설명하고 있다.

462 『一乘佛性慧日抄』(대정장 70, p.173하).

463 水谷幸正, 「일천제攷」(『불교대학기요』 40, 1961); 小川一乘, 『인도 대승불교에서의 여래장·불성의 연구』(文英堂, 1969); 高崎直道, 『여래장 사상의 형성』(春秋社, 1974); 常盤大定, 『불성의 연구』 등을 참고.

수곡행정水谷幸正은 「대승열반경전군에 드러난 위기사상」에서 천제도 성불할 수 있다는 사상의 원인을 추측하고 다음과 같이 말하고 있다.

"근대사회에 손색이 없을 정도로 발달한 당시의 향락생활, 그 폐해는 교단 내에도 커다란 영향을 미쳤고, 비구의 타락은 도를 넘었던 것이다. 『열반경』의 금계호지禁戒護持를 구체적으로 제시하여 강하게 호소하고 있는 직접적인 배경이 여기에 있다"라며, 또 "당시의 불교 사상 자체에 비구들을 타락시키는 내적인 요인은 없었는가? 바꾸어 말하면 교법이 비구들의 지도 원리로 되어 있지 않았던 것은 아닌가?"라고 추리[464]하고 있다. 확실히 용수·제바 등에 의해 대성되었던 공空 사상은 현실적으로 비구들의 실질적인 실천원리로는 되어 있지 않았지만, 어쨌든 이들 괴법무도壞法無道의 대표로서 일천제라고 하는 대명사를 등장시킨 것에 의해서 불법의 위기상을 보다 심각하게 하고 있다. 그러한 양상을 『열반경』「수회품隨喜品」 제18의 내용에서 보면,

순타가 부처님께 묻되 "무엇을 일러 일천제라 합니까?" 부처님이 순타에게 이르되 "비구, 비구니, 우바새, 우바이가, 경법經法을 비방하여 악언을 설하여 영구히 회개치 아니 하고, 모든 경법에 마음을 귀의치 아니 하는, 이와 같은 이는 일천제의 길을 향한다. 만일 또 중생이 사중금四重禁을 범하거나 무간죄를 지음에 스스로 회개나 후회나 뉘우침이 없다면 정법을 영구히 아끼고 보호치 못하리니, 호법의 사람과 더불어 선지식을 삼지 못하리라. 모든 선사善事에 찬탄한 적이 없고

또한 삿되어 불법승을 본 적이 없는 것을, 일천제의 길을 향한다고
말한다."[465]

라고 하고 있다. 일천제란 정법을 비방한 사무간죄四無間罪 등을 범한
단선근斷善根의 극악인으로, 참치慚恥, 이른바 후회와 뉘우침이 전혀
없는 자가 본경에서 최초로 취급되었다고 하는 것은 매우 주목할 만한
일이다.[466]

이와 같이 『열반경』 등에 나타나는 위기 사상은 마침내 불성의 유무에
관련된 중요한 문제(일천제 포함)가 되어 원효에게 다시 돌아가고 있는
것인데, 여기서 화제를 돌려 원효에 의한 사구四句의 해석을 보기로
하자.

원효의 『열반종요』 1권에 의한 사구의 해석은 크게 사의四義로 되어
있다. 그 사의 중 제일의로서 의지문依持門과 연기문緣起門의 2문門을
나타내기 위해서 사구를 설하고, 앞의 2구를 오종설五種說을 설한
의지문依持門에, 후의 2구를 인과성因果性을 나타내는 연기문에 둔
것이다.

이것은 당시 유행하던 오성각별五性各別의 법상의法相義에 대해서
만들어 낸 사상이기도 하며, 또 '화쟁'[467]을 위한 하나의 관점으로,

465 대정장 12, p.897중, "純陀白佛, 何等名爲一闡堤, 佛告純陀, 比丘比丘尼優婆塞優
    婆夷, 誹謗經法口說惡言永不改悔, 於諸經法心無歸依, 如是等人向一闡堤道, 若
    復衆生犯四重禁作無間罪, 不自改悔而無慚恥, 彼於正法永無護惜, 不與護法之
    人以爲知識, 於諸善事未曾讚歎若復邪見無佛法僧, 我說等向一闡堤道."
466 위와 같음.
467 「화쟁」은 원효에게 일관된 사상으로서,

그것이 법상교학法相教學을 초월하려는 원효의 입장을 나타내고 있는 것은 틀림이 없다.[468] 여기서 매우 중요한 것은 제3의의 4종의 의도에서 4구를 설한 것 중에 제3구와 제4구가 삼계교와의 관련성이 매우 강하게 보이고 있는 것이다. 즉 『열반종요』에서는,

제3구는 보경普敬의 뜻을 나타낸다. 유정으로서 당과(當果, 불성)를 포함하지(含) 않은 것은 하나도 없다. 불성은 반드시 대각을 이루기 때문이다. 제4구는 광도(廣度: 모든 중생을 제도 하려는 마음)를 일으키려는 의도이다. (중생은) 불성을 가지고 있지만 (현실에서는) 자각(覺)이 없다. 자각이 없는 것은 고해의 바다에 빠져 있기 때문이다. 이 사의에서 뜻하는 의미는, 제1구에서는 사견邪見의 대강을 설하고 있다. 2구에서는 신심의 대강을 설하고, 3구와 4구에서는 같이 장래에 당과(불성)를 희망하는 의도를 지적해서 함께 한다고 설하고, 현실에 없다는 의미로 함께 하지 않는다고 설하는 것이다. 제3의는 이와 같다.[469]

---

①『열반경종요』에서는 "統衆典之部分歸萬流之一味, 開佛意之至公和百家之異爭"(대정장 38, p.239상)라 하고,
②『기신론별기』에는 "是謂論之祖宗,群爭之評主也"(대정장 44, p.226중) 또는 "三性不一不異義者,百家之爭無不和也"라고 한다.
③『법화경종요』의 "一乘教者, 十方三世一切諸佛, 從初成道乃至涅槃, 其間所說一切言教, 俘不令至一切智地, 是故皆名爲一乘教"(대정장 34, p.871중)의 문장 중에서 쟁론은 우자愚者의 망집이며, 지자智者에게는 하나의 성불의 길만 있기 때문에 모든 삼승의 교의가 일불승一佛乘에 회통된다고 하여 『법화경』을 최후의 화쟁의 가르침으로 하고 있다.

62) 동 55), pp.329~334.

336

이것은 말하자면, 철저한 이타의 관점에서 본 해석인데, 원효 스스로 믿은 광대한 보살정신의 발로로 볼 수가 있을 것이다. 또 제3구의 해석에 나타난 '보경'이란 삼계교가 선양하는 '나 이외의 모든 생명을 널리 존경함'의 실천을 지적하고 있는데, 그렇다면 원효도 지엄과 마찬가지로 삼계교에 적지 않게 공감하는 것이 된다. 또한 '소성거사小姓居士'로 자칭한 후반생을 민중 속에서 보낸 것도, 삼계교 정신을 몸으로 나타내 보인 신행의 삶의 방식에 영향을 받았기 때문이 아닐까?

목촌木村은 "원효의 『열반종요』 4구의 중복적인 해석의 각각에 대해서 말한다면, 확실히 혜원慧遠과 지엄의 사상적인 영향을 인정할 수가 있다. 그러나 이런 해석법은 틀림없이 원효의 독자적인 것인데, 우리들은 그의 사상사 위에 묘사된 풍부한 구상력과 은밀한 논리성을 높이 평가할 필요가 있다"[470]라고 하여, 『열반종요』 4구를 해석함에 있어 원효와 혜원과 지엄을 둘러싼 사상적 관련성에 주의를 기울이고 있다.

그렇다면 삼계교 신행은 '일천제'의 내용에 대해서 어떻게 논하고 있는 것일까? 돈황 자료인 『삼계불법』 권2(S·2684)에 보면 다음과 같이 나온다.

경문에 믿음이 구족되어 있지 않는 것을 일천제라 이름한다. 20살에

469 대정장 38, p.252상, "第三句者生普敬意, 無一有情不含當果, 當果者必成大覺故, 四句者起廣度意, 有當果而無觀覺, 無觀覺者長沒苦海故, 四意內所詮義者, 一句中約邪見說, 二句中約信心說, 三四句同望當果指當有意說爲俱有, 現無義亦說俱無, 義如是."

470 동 55), p.332

대승경을 처음 듣고 54살에 이르렀다. 보아온 것은 이근利根의 도속들이 불법을 해석한 것으로, 『대반열반경』에서 설하고 있는 최대 다선多善을 믿어 스스로 나는 열반을 믿는다, 나는 불성을 믿는다, 따라서 일천제가 아님을 안다. 단 한 사람의 이근도속이라도, 불법을 해석하여 『대반열반경』에서 설하고 있는 최대 다악多惡을 믿어, 스스로 나는 일천제라고 하는 것을 본 적이 없다. 일천제를 다소의 분량으로 검토하면, 믿음이 구족하지 못하기 때문에 일천제라 명명한다. (이는 마치) 시방세계 지면의 흙과 같은 것이다.[471]

신행은 이렇게 열반과 불성을 믿지 않는 것을 '일천제'로 명명하며, 그 수는 시방세계의 흙과 같다고 설하면서 '믿음'의 중요성을 설하고 있는 것이다.

한편, 『삼계불법』 권1에서도 일천제를 중시하는 내용이 보이고 있다.

『인집록』에서 밝히는 것은, 일체의 제삼계 불법 중에 오직 가장 우매한 중생인 양종兩種의 아양승啞羊僧 이외에는 모두 명민한 중생으로 널리 공空을 볼 수 있는 중생이다. 그것은 명확히 『대반열반경』의 설과 같다. 경문에는 세간의 의義를 일체의 제삼계 불법 내의 모든 이근공견

---

471 『돈황보장』 22, p.245하, "經文道, 信不具足名一闡堤, 從年甘得聞大乘經, 至年五十四, 唯見道俗根解佛法者, 信大般涅槃經所說最大多善, 自言我信涅槃, 我信佛性, 故知非是一闡堤, 不見有一箇道俗利根解佛法者, 信大般涅槃經所說最大多惡, 自言我是一闡堤, 以一闡堤多少分齊, 驗之卽是信不具足, 故名爲一闡堤, 如十方世界所有地土."

338

유견利根空見有見의 일체선근이 끊어진 모든 일천제 중생을 위해 설하기 때문이다.[472]

이와 같이 경문에서는 세간의 의義는 일천제와 오역죄五逆罪를 위하여 설한다고 말하고 있는데, 삼계교 문헌에서는 상기한 바와 같이 일천제에 한정하여 이끌리는 경우가 많으며, 또『대근기행법』에서도 역시 일천제에 한정하여 인용하고 있다. 경문에서도 제2의 비유 이하에서는 오역죄란 말은 나오지 않지만, 삼계교가 세간적인 내용을 설하는 대상으로 일천제에 중점을 두고 해석하고 있는 것은 어떤 의미에서는 경지經旨에 덧붙인 해석이라 할 수 있다.[473] 아무튼, 이처럼 삼계교는 세월이 흐름에 따라 말법, 오탁 속에서 '일천제'의 문제를 떠맡아 그 실천적인 방법으로 민중의 구제책을 폈던 것인데, 이것은 삼계교의 특징이라고 말할 수 있는 것이며, 이것이 원효에게도 강한 영향력을 끼쳤던 것임은 말할 필요도 없다. 그러나 원효의 영향은 그것만이 아니고, 정토교계의 경전인『유심안락도』의 저자를 둘러싸고도 그의 이름이 빈번히 나오고 있는 것이다.

---

472 『연구』별편, p.257(일본所傳), "人集錄明, 一切第三階佛法內, 唯除一切最大鈍根衆生兩種啞羊僧已外, 一切利根衆生皆悉普是一切利根空見有見衆生, 何以故, 明如大般涅槃經說, 文當世間之義, 爲一切第三階佛法內一切利根空見有見斷一切善根皆悉普盡一闡提衆生說."

473 『西本』, p.265.

4) 원효의 『유심안락도』와 삼계교

『유심안락도』는 원래 위작僞作을 둘러싼 문제가 많은 정토교 계통의 교전이다. 그 위작의 원인은 원효의 임종(686)으로 알려진 때부터, 본서本書에 보리유지에 의해 한문으로 번역된 『대보적경』(706~713년 역)이나 『정토론』·『불공견색신변진언경』(707~709년 역) 등이 인용된 것이 문제가 되어, 원효의 진찬眞撰에 의문이 생기게 된 것이다. 『유심안락도』에 관한 논고는 몇 가지[474]가 있는데, 여기서는 다만 위작의 문제에는 깊은 관심을 두지 않고, 그의 사상적 배경을 생각하면서, 왜 그것이 원효에게 기탁寄託할 필요가 있었는가 하는 것을 가능한 한 일천제와의 관점에서 접근하고 싶다.

장휘옥은 『유심안락도』의 위작을 둘러싼 하나의 추측으로, 이것은 주로 가재迦才의 『정토론』에 근거하여 그의 정토 사상의 정수를 승계하면서 원효에게 가탁한 서적이라고 하여, 그 예로 다섯 항목을 들고 있다. 그 중에서 특히 저자, 저술 목적, 원효에게 가탁한 의도 등을

---

474 『유심안락도』에 대한 고찰에 관한 종래의 발표는,

① 村地哲明, 「『유심안락도』 원효작설作說의 의문」, 1960.

② 安啓賢, 「원효의 미타정토 왕생사상」, 1961.

③ 源弘之, 「신라정토교의 특색」, 1973.

④ 惠谷隆戒, 「신라원효의 유심안락도는 위작인가」, 1974.

⑤ 高翊晋, 「유심안락도의 성립과 배경—유심안락도는 무량수경종요의 증보개편이다」, 1976.

⑥ 申賢淑, 「故 惠谷선생, 신라원효의 유심안락도의 위작의 재고」, 1984.

⑦ 章輝玉, 「『유심안락도』고考」(『南都佛教』제54호, 1985).

⑧ 愛宕邦康, 「『유심안락도』의 선술자에 관한 일고찰」(『南都佛教』 제70호, 1994) 등의 설이 있다.

몇 가지로 정리해 보자.

제1. 저자(撰者)에 대해서 『유심안락도』에는 『정토론』과 『불공견색신변진언경』의 내용이 자주 나오기 때문에 가재의 영향을 받은 사람. 또 지엄의 『공목장孔目章』과 화엄교학에 많은 영향을 받은 원효의 『무량수경종요』 등이 복잡하게 됨에 따라서 화엄 교학에 밝을 것. 게다가 지엄의 『공목장』 「왕생의往生義」 설에 의존해 있기 때문에 본서의 찬자는 신라인이 아닐까? 그 이유는, 지엄은 삼계교를 높이 평가하여 중국보다 신라에서 공경 받았던 것. 그래서 7세기경의 화엄 사상에 밝은 정토학자로서 가재의 영향을 받은 홍법사 계통의 신라인이었다고 추정된다.

제2. 찬술 목적은 주로 권말의 제 7 문 「작의부제의作疑復除疑」에서 행해져 온 9문답에 나타나 있다고 생각된다. 제3과 제4문답에서는 '여인·근결根缺 및 이승종二乘種'의 왕생을 인정, 제 8 문답에서는 정토종의 종의宗意가 '본시 범부를 위함이며, 겸하여 성인도 위함(本爲凡夫, 兼爲聖人)'인 것을 주장, 제9문답에서는 삼악도의 범부, 즉 일천제인의 왕생을 적고 있다. 그런데 본서의 전체를 통해서 저자 나름의 자구字句를 대체하고, 보충하기도 했다고 생각되는 부분, 즉 『정토론』의 "일유장명고불퇴一由長命故不退…… 예토유단명고퇴야穢土由短命故退也"라는 부분인데, 본서에서는 "일유장명무병고불퇴一由長命無病故不退…… 예토유단명다병고퇴穢土由短命多病故退"라는 것처럼 '무병無病'과 '다병多病'이란 말을 덧붙이고 있다.

이같이 정토의 세계를 무병, 혹은 선善의 말로 표현한다. 게다가 민중을

계몽하는 자세를 나타냄과 제9문답의 일천제의 왕생을 적고 있는
것은 삼계교 교의와 입장에서 닮아 있는 것을 알 수가 있다. 특히
'무병'과 '다병'이라는 것은 삼계교의 교의 중에 "능행인유병무병분제의
能行人有病無病分齊義"[475]를 논함에 있어 근간이 되는 말이며, 일천제는
삼계근기의 중생을 나타내는 말이다. 이것으로 보아 본서는 가재의
시기관時機觀을 승계하면서 삼계교의 대응이 의식되었다고 생각된다.
제3. 원효에게 가탁한 의도에 대해 상술한 대로라면, 본서의 찬술
연대는 회감懷感의 『군의론』보다 내려간다. 당시 정토교는 특히 삼계
교 사상과의 대응방법을 중심으로 하여 스스로 새로운 전개의 법을
모색하면서 하나의 대책으로써 도작·가재·선도·회감 등 정토교와는
다른 계통의 사람, 즉 원효의 이름을 빌려서 본서의 권위를 높이려고
한 것은 아닐까? 또 본서가 일천제의 왕생을 적고 있는 것은, 저자가
민중에 대해 강한 공감을 가지고 그 구제를 바랐던 것을 엿볼 수
있게 한다. 이 정신은 말할 필요도 없이 삼계교가 가장 표출하고 싶었던
것에 다름 아니다. 그것은 다음 두 가지 사실, 즉 ①8세기 전반의
중국에서는 삼계교가 명확하게 이단시 되었던 것, ②원효가 삼계교에
공명을 하면서 천제 성불을 강조하고 있는 것 등을 종합해서 생각해

---

475 삼계교에서는 제삼계의 근기로서, 도저히 해탈의 길이 없는 악기惡機의 선천적
본성과 후천적 습벽習癖의 죄악을 병험病驗이라 한다. 또 행험行驗은 이러한
기류機類 행상行相의 죄악을 들어, 생득生得도 습관도 수양도 함께 죄악에 빠져
해탈의 소망이 없게 됨을 지적하는 것이다. 근본 행험으로 12종 전도중생(空有見,
破見의 機)이 되며, 그 원인은 내심의 삼독을 들어, 연緣은 신귀마보神鬼魔輔가
된다고 하며, 그 근본 병으로 탐진치를 없애지 않는 한 도견倒見의 중생을 면할
수 없다고 한다.

볼 때, 본서가 원효에게 가탁했던 하나의 이유는, 저자가 이단시된 삼계교의 정신을 안전하게, 또 그 공을 고취시키려는 의도로 생각된다.

이와 같이 원효의 삼계교 공명을 추측하면서, 천제 성불을 강조하고 있는 삼계교 사상을 통해 원효를 『유심안락도』의 저자로 주장하고 있다. 참고로, 삼계근기의 중생을 나타내는 일천제의 논란은 근기의 논함을 말하는 것으로서 『무량수경』·『관무량수경』의 역방취제逆謗取除 부분의 정토교와 밀교 관련 교적 중에서도 악기구제惡機救濟를 논하는 등 서로의 공통점이 있는 것을 알 수 있다.

이렇게 하여 우리는 『금강삼매경』을 통해서 삼계교의 용어가 사용된 점, 또 천제 성불론 및 정토 계통의 교전인 『유심안락도』를 둘러싼 위작의 문제를 통하여 원효와 삼계교와도 연관성이 있음을 살펴보았다. 여기에서 기억해 둘 것은, 일천제를 둘러싼 여래장 사상의 흐름이 삼계교와 맞물려 당시의 저작이나 저명인사의 이름까지 가탁해서 그 사상적 공적에 편승하려 했던 움직임이 있었다는 사실이다.

한편, 이러한 사상과 그 흐름(원효의 영향)은 일본의 심상審詳에게도 미쳤는데, 예를 들면 정창원의 문서에서도,

합론소병 32권, 분별론소 4권(원효師, 이상 更出者백지)…… 세친섭론소 4권(元曉師紙白已上심상師 書本을 먼저 청함)…… 우의차관좌백의佐伯禰, 천평 승보 6년(754) 11월 16일 화엄종소에서 널리 받들어 청함. (전교륜사)[476]

---

476 수律洪嶽, 「원효대덕의 사적 및 화엄교의」(『宗教界』 11의 11, pp.20~32), "合論疏

이라고 하여, 원효의 『세친섭론소』 4권은 심상이 청한 것이 알려져
있고, 천평 승보 6년(754)에는 신라 화엄종을 받아들이고 있는데,
그 심상 또한 신라 유학승으로서 일본 화엄의 초조初祖인 것이다.

어쨌든 원효는 학문적인 것뿐만 아니라 민중 속으로 들어가 불교를
모르는 이들을 가르치며 실천하는 실질적 행동을 보이고 있는 것에서,
후대 역사가의 높은 평가를 받게 되는 것일 것이다.

5) 원효의 복전福田과 삼계교

그런데 여기서 하나 짚고 넘어가지 않으면 안 되는 것이 있는데, 그것은
원효와 복전의 관계이다. 원효의 나이 60세 때, 반도의 삼국을 통일(676
년)한 신라의 정치계는 승리감에 넘치면서도 다방면에서 당나라와
마찰의 긴박감에 초조하였다. 이러한 민감한 사항은 민중에게도 정신
적인 불안감을 불러 일으켰는데, 그럼에도 불구하고 민중의 생활은
물자가 부족하여 궁핍한 상황이었다는 기록은 어디에도 없다. 여기에
서 원효는 물질뿐만 아니라, 신라의 민중에게 가장 잘 적응하는 시대에
맞는 복전[477]을 고안했다고 생각된다. 원효에게 있어서 그것은 다름

並參拾貳卷分別論疏四卷(元曉師,已上更出者白紙) … 世親攝論疏四卷(元曉師
白紙已上審詳師書 本先請) … 右依次官佐伯禰天平勝寶六年(754)十一月十六日
宣令奉請華嚴宗所(傳敎輪師)."

[477] 복전은 푸냐 크세트라punya ksetra의 번역어로서 복덕을 생기게 하는 밭의 의미.
불·승·부모·괴로움에 고통받는 사람들을 공경하고 보시를 베풀면 복덕과 공덕
을 얻게 된다. 불과 승 등을 공경하는 것을 경전敬田, 부모와 스승 등의 은혜를
갚는 것을 은전恩田, 빈자나 병자 등과 같이 불쌍한 사람들의 것을 비전悲田이라고
하여 이것을 삼복전三福田이라 한다. 복전의 종류는 많은데 예로 2종복전이라는

아닌 통일 후에 수습하지 않으면 안 되는(전쟁으로 죽은 전몰자의 위로 등) 민중의 정신적인 불안감을 떨쳐버리기 위한 치료용법으로서, 당시 아무것도 모르는 일반 민중에게 불교의 정신을 가르치고, 번뇌로 고통받는 사람들에게 인생의 돌파구가 되는 그 시대에 맞는 복전을 생각해 내었을 것이다.

원효의 민중을 위한 구제의 행동은 "스스로 소성거사라 이름하며 우연히 광대가 춤추며 가지고 노는 큰 표주박(大瓢)을 가졌는데 그 모양이 기괴했다"고 하여 『삼국유사』의 「원효불기」조에서 그 이야기를 상세하게 전하고 있다. 그는 소위 『화엄경』의 "일체무애인一切無碍人, 일도출생사一道出生死"를 무애라 이름 붙이고 노래를 지어 널리 방방곡곡을 돌며 노래하고 춤추며 교화를 시키니, 모두 불타의 명호를 알게 되고 나무南無를 칭했다고 하는 교화의 형태는 확실히 정토적인 요소가 농후하다.

원래 원효의 대중 교화 운동의 신앙적인 배경은 정토 사상이 중심이었다. 특히 그는 무애무無碍舞와 무애가無碍歌를 부르면서 전국을 주유하며 서민들에게 염불법을 가르쳤다.[478] 그런데 여기서 논하고 싶은 것은

것은, 그 보은을 구하느냐 아니냐에 따른 분류이다. 그 외에 학인전(學人田: 수행 중의 聖者), 무학인전(無學人田: 궁극의 깨달음을 얻은 聖者)의 2종, 취전(趣田: 축생 등), 고전(苦田: 빈자 등), 은전(恩田: 부모 등), 덕전(德田: 佛 등)의 4종이 있고, 다시 8복전이라고 하여 불전, 성인전, 승전, 화상전, 아사리전, 부전, 모전, 병전病田의 여덟로 나뉜 복전의 종류가 있다. 常盤大定은 양 『고승전』 제8의 흥복조 下의 것들은 넓은 의미의 복전적 행업을 위한 전이라 하고 있다.(속 『지나불교의 연구』, p.473 참고).

478 한태식, 「신라·원효의 마타증성게에 대하여」(『인불학』 제43의 1, p.267).

그러한 것들을 납득한 위에(원효의 사상이 하나의 교학선상에 국한됨은 불가능) 전체적인 것을 상기하지 않으면 안 된다는 것이다. 즉 그의 『금강삼매경론』에서 보았듯이 본각本覺과 시각始覺의 어디에도 의지하지 않는 것, 또 출가와 재가 중 어디에도 안주하지 않는 태도는 그의 독특한 풍조가 되어, 그것이 민중에게 접근하기 쉬운 것으로 표현될 수도 있었을 것이다. 때문에 그의 교학을 근간해서 실천이라는 또 다른 모양의 '복전 사상'과 연결시키는 것이 가능하였다고 생각된다. 왜냐하면 전국을 주유하면서 불타의 명호를 가르치는 사람이, 병자를 돌보지 않는다는 것은 생각할 수 없기 때문이다. 이는 다음의 내용에서도 확인되고 있다. 즉 『금강삼매경론』 권상에서는,

삼계를 의지하지 않는 고로 시도施度를 갖추고, 계상에 주하지 않는 고로 계도戒度를 갖추며, 청정무념한 고로 인도忍度를 갖추며, 무섭무방한 고로 정진을 갖춘다.[479]

라고 하여, 하나의 범주에 안주하지 않는 풍조는 그러한 정신성이 있었기 때문에 가능했다고 생각된다. 또 같은 책 「입실제품」에서도,

이와 같은 이는 2상에 주하지 않아, 출가하지 않으나 재가에 주하지 않고, 비록 법복은 없으나 바라제목차계를 갖추지 않음이라. 포살에 들지 않으나 자심으로 무위 자자하여 성과聖果를 얻네. 이승에 주하지

---

479 대정장 34, p.971중, "不依三界故具施度, 不住戒相故具戒度, 淸淨無念故具忍度, 無攝無放故具精進."

346

않고 보살도에 들어 지위에 올라 불보리를 이루네.⁴⁸⁰

라고 하는 것과 같이, 원효는 출·재가의 어느 한쪽으로도 기울지 않아, 그의 철저한 주체사상은 그의 일생을 건 생활 철학이었을 것이다. 같은 맥락에서 한 군데 더 살펴보면 『무량수경종요』에,

> 출세법出世法은 세간법을 치유하는 법이고, 출출세법出出世法은 출세법을 치유하는 법이다.⁴⁸¹

라고 하여, 어느 한쪽에만 국집함이 없이 양단에 상통하는 것을 볼 수가 있다.

원효의 이와 같은 범성梵聖을 분별하지 않는 사고는 시종일관 그의 저작에 나타나, 전술한 '일천제'에도 적용되었지만, 특히 삼계교의 교의 중에 "능행인유병무병분제의能行人有病無病分齊義"라고 하는 근기를 논하는 곳에서도 영향을 받았던 것은 당연한 일이라고 생각된다. 이러한 원효의 '병인을 치료한다는 복전 사상'과 관련된 일련의 사항은 다음의 『불조통기』권제40의 기록과 관련하여 추측할 수 있다.

> (개원) 8년(720)…… 5월 경사京師에 많은 사람이 병들어, 의왕인

---

480 『한국불교전서』권1, p.647중, "如是之人, 不住(在)二相, 雖不出家, 不住在家故, 雖無法服, 不具持波羅提木叉戒, 不入布薩, 能以自心, 無爲自恣, 而獲聖果, 不住二乘, 入菩薩道, 後當滿地, 成佛菩提."
481 『무량수경종요』(『국역원효성사전서』권1, p.560).

위韋 노사가 시약施藥으로 구함에 차도가 있었다. 노사는 매번 마음을 발해, 사람들이 병이 든 것을 보고 임금의 부름에 응해 치료하여 약왕보살이라 하였다. 노사는 소륵국 사람인데, 서역인들은 항상 솜털 옷을 입고 허리에는 수백 개의 호로胡盧를 걸었다.[482]

장안에 질병이 유행해 소륵국疎勒國의 의왕 위로사韋老師가 치료를 위하여 약을 보시하여 약왕보살이라고 불리었다는 이야기가 있는데, 이 내용과 흡사한 것이 『금강삼매경』에도 나와 있는 것이다. 그 내용인 즉 『송고승전』 권4 「원효전」에,

왕의 부인이 뇌에 심한 종기를 앓았는데, 의사의 영험이 없었고, 왕과 권속 등이 신령한 산에 기도를 해도 낫지 않았다. 용왕이 이르길 "대안 성자로 하여금 (경의) 차철次綴을 꿰매게 하고, 원효 법사를 청하여 소를 지어 강석하게 하면 부인의 병이 반드시 치유될 것이다. 설사 설산의 아가타약의 효력이라도 이보다 못할 것이다"라고 하였다.[483]

라고 하여, 왕비의 병이 원효로 하여금 『금강삼매경소』를 작성하고 강석하는 것에 의해서 치유되기에 원효의 이 법문이 좋은 약이라고

---

[482] 대정장 49, p.373, "(開元)八년(720) … 五月京師, 人多疾病, 醫王韋老師施藥以救, 無不差, 師每存心發願, 人睹之者病爲, 上聞之召愈見禮, 爲藥王菩薩, 老師者疎勒國人, 西域常衣毳袍腰懸數百胡盧."

[483] 대정장 50, p.730상, "王之夫人腦嬰溢腫, 醫工絶驗, 王及王子臣屬, 祈請山川靈鳶無所不至龍王言可令大安聖者鈴次綴縫, 請元曉法師造疎講釋之, 夫人治癒無疑, 假使雪山阿伽陀藥力, 亦不過是."

348

하는 것이다. 즉『불조통기』의 그것이 육체적인 치료라고 하면,『송고
승전』의「원효전」의 이야기는 정신적인 치료라 해도 좋을 것이다.
어쨌든 이 설화에서는 구체적인 왕비의 병과『금강삼매경』의 법문으로
인한 약효를 대비하면서, 이 경문이 가장 좋은 약이고 설산의 아가타
선인의 약의 효과도 이 경문보다는 뛰어나지 않다고 주장[484]하고 있는
것이다.

또 흥미로운 이야기는, 허리에 매달려 있는 몇 개의 호로胡盧로,
원효가 전국을 주유할 때 이런 이상한 형상을 했다는 이야기가「원효불
기」조에 등장하고 있는데, 그것은 일단 뒤로 미루고 위에서 말하는
'아가타약'은 어떤 의미가 있는 것일까?『금강삼매경』권상에는 다음과
같이 말하고 있다.

아가타라고 하는 것은 무거無去 혹은 멸거滅去라 한다. 이것은 약의
이름이다. 모든 병을 잘 낫게 하기 위하여 무거無去라 명명한다. 이
보살도 또 이와 같이 중생의 모든 번뇌의 병을 잘 낫게 하려고 이
약을 이름으로 삼았다.[485]

이렇게 '아가타'라고 하는 것은 사실은 약명藥名이다. 이것은 육체적
인 병뿐만 아니라, 정신적인 번뇌에 빠져 있는 미숙한 중생의 병을
낫게 하는 좋은 약으로 판명되고 있다. 이러한 육체적, 정신적인 병을

484 김상현,『원효연구』(민족사, 2000), pp.125~153.
485『한국불교전서』권1, p.608상, "阿伽陀者, 此云無去, 或言滅去, 此是藥名, 能令諸
病, 皆悉滅盡, 故名無去, 此菩薩亦如是, 能治衆生諸煩惱病故以藥名爲其目也."

치유하는 복전 사상은, 물론 원효의 민중구제가 그것을 불러일으켰다
고는 단정할 수는 없다. 오히려 그 사상의 연원은 깊어서 삼계교 이전부
터 있었던 것이며, 그것이 원효에게 영향을 미쳤다고 하는 것이 타당할
것이다.

어쨌든 이들 복전 사상은 정토교도에의 증거도 남아 있는데, 여기서
는 우선 대표적인 삼계교도의 복전 사상의 흔적을 살펴보기로 하겠다.
후대 삼계교도의 복전 사상을 살펴볼 때, 삼계교 사상의 유통연대와
함께 간과하면 안 될 중요한 부분은『속고승전』권제29 홍복편興福篇에
나오는「덕미전德美傳」이다.

> 19세에 출가하여…… 예참을 업으로 하여 수행하고…… 태백산 구룡사
> 에 승옹僧邕 선사가 있었는데…… 그를 스승으로 모시고…… 묵 선사를
> 만나(默禪師←道善禪師←信行禪師) …… 십여 년간에 걸쳐 묵默 선사의
> 가르침을 받았으며…… 묵 선사가 곧 멸도하려 함에 널리 복전福田의
> 업을 덕미에게 위임하였다. 덕미德美는 이것을 소중히 행한 까닭에,
> 비전悲田과 경전敬田의 양전은 해마다 항상 하나로 베풀었다.[486]

이처럼 덕미는 신행의 사상을 이어 복전에 대한 실천 활동을 행하여,
실로 민중에게는 최고의 구제책을 향유할 수 있게 했다고 말할 수

---

[486] 대정장 50, pp.696하~697하, "年至十九方蒙剃落 … 禮懺爲業 … 太白山九龍寺有
僧邕禪師 … 因又奉之而爲師導 … 值默禪師又從請業, 默卽道善禪師之神足也,
善遵承信行普功德主 … 美依承默十有餘年 … 默將滅度, 以普福田業委於美,
美頂行之, 故悲敬兩田年常一施."

있다.

이와 같은 실천불교의 맥락에서 본다면, 정토교도 삼계교와 같이 무시할 수 없는 것이, 바로 산림불교를 시정으로 끌어내린 도작·선도에 의한 정토교 때문이다. 서민계급 중심으로 교화를 한 법조(法照, 선도의 후계자)의 오회염불五會念佛은 「오회법사찬서五會法事讚序」에서 보면 염불을 완전히 음악화한 것이라 할 수 있다. 또 소강少康의 아동포교 같은 것은 타 종파에서는 볼 수 없는 것인데, 그는 오회염불을 계승하여 행도창찬行道唱讚하는 것을 행하여, 재일에는 모인 사람 수가 남녀 삼천 명이나 되는데, 모두 함께 고성염불로 불의 명호를 불렀다는 것이 『송고승전』 권25 「당목주오룡산정토도량소강전唐睦州烏龍山淨土道場少康傳」에 보이고 있다. 그 내용인 즉,

소아를 꾀어 아미타불을 염하게 하는데, 일성一聲에 일전一錢을 주어, 연월을 보내 익히게 하여, 많은 이에게 급전給錢하기를 일 년, 남녀가 건강히 아미타불을 염한즉, 드디어 오룡산에 정토도량을 건립했다. …… 고성으로 아미타불을 창하여 …… 이르길 "너희는 불신을 보았으니 곧 왕생을 얻었다"고 하였다. 정원貞元 21년(805) 10월의 일이다.[487]

이렇게 소아들에게 아미타불 한 번에 일전一錢을 주어 염불을 익히게 하여 달과 해를 보내어 포교해, 오룡산에 정토도량을 건립하여 민중과

---

487 위와 같음, 867중~하, "誘掖小兒能念阿彌陀佛, 一聲卽付一錢, 後經月餘孩孺蠶慕念佛, 多者卽給錢, 如是一年, 凡男女見健康則云阿彌陀佛, 遂於烏龍山建淨土道場 … 高聲唱阿彌陀佛 … 告曰, 汝見佛身卽得往生, 以貞元二十一年十月."

동거동락을 하며, 번뇌로 고통받는 사람에게 불교의 가르침을 전하고 그것을 해결하려 했던 것은 비록 원효나 소강少康만이 아니었을 것이다. 즉 격의불교格義佛敎를 지양하며, 실천적 불교태동의 선봉에 선 삼계교·정토교·선종 등의 많은 승려들의 움직임은 상구보리 하화중생이란 대승불교의 대의명분에 걸맞는, 시대에 없어서는 안 될 중요한 행동강령이었던 것은 두말을 요하지 않는다.

5. 경흥과 삼계교

1) 경흥의 전기와 저작

지금까지 신라승과 삼계교와의 관련으로 원광·의상·원효·신방 등을 논했는데 그들은 전부 삼계교와는 직간접적으로 호의적인 면을 가지고 있었다고 생각된다. 그런데 지금 이야기하고자 하는 경흥은 삼계교에 어떤 입장이었을까? 우선 그의 전기인 『삼국유사』 권제5 감통 제7의 「경흥우성憬興遇聖」조에서 그의 사상을 살펴보기로 하자.

> 웅천 출신으로 18세에 출가하여…… 개요 원년(681)에 문무왕이 승하하며 뒷일을 당부하길 "경흥 법사는 가히 국사가 될 만하니 내 명을 잊지 말라" 하였다. 신문왕이 즉위하자 국로로 삼고, 삼랑사에 거주하게 하였다.[488]

---

[488] 대정장 49, pp.1012하~1013상, "熊川州人也, 年十八出家 … 開燿元年, 文武王狀昇遐, 顧命於神文曰, 憬興法師可爲國師, 不忘朕命, 神文卽位, 曲爲國老, 住三郎寺."

352

이때(681)는 중국으로서는 당 고종 때로 측천무후는 아직 등극하기
전의 시기이며, 신라는 통일(676) 직후로서, 신문왕이 경흥을 국로國老
라고 하여 삼랑사三郞寺에 살게 했던 것은 그의 말년의 시기라고 생각할
수 있다. 여기서 경흥과 같은 시대를 산 사람을 대략 살펴보면,

　　현장(玄奘, 602~664), 원측(圓測, 612~696), 선도(善導, 613~681),
　　원효(元曉, 616~686), 규기(窺基, ?~682), 의상(義湘, 624~702)

과 같은 인물이 등장한다. 이 시기는 주지하는 바와 같이, 불교의
새로운 학문의 정보가 속속 입수되어, 현장이 인도에서 돌아온(645)
그 무렵 번역한『유가사지론』100권 등은 곧바로 신라에 입수될 정도로
신라의 학술 정보가 번성한 시기이기도 하다.

　경흥의 저술에는 유식唯識을 비롯한 불교학 전반의 44부가 있고,[489]

---

489 경흥의 저술일람은 유식, 정토, 열반, 계율 등으로 나누어지는데, 자세한 것은
다음과 같다.

유식:『解深密經疏』,『俱舍論抄』,『瑜伽論疏』,『瑜伽論抄』,『瑜伽釋論記』,『成唯
識記』,『成唯識義抄』,『唯識淸要記』,『顯唯識記』,『顯敭論疏』,『顯敭論述贊』,
『因明論義抄』,『法苑義林記』,『金光明經略意』,『金光明經述贊』,『金光明經最
勝王經略贊』(現存),『最勝王經疏』

정토:『無量壽經連義述文贊』(現存),『無量壽經疏』,『觀無量壽經疏』,『阿彌陀經
略記』,『大集經疏』,『藥師經疏』,『灌頂經 疏』,『無垢稱經疏』,『十二門陀羅尼經
疏』,『三彌勒經疏』(現存),『彌勒經疏』,『彌勒經述贊』,『彌勒經邃義述文』,『彌勒
成佛經古跡』

열반:『涅槃經疏』,『涅槃經述贊』,『涅槃經料簡』

계율:『四分律羯磨記』,『四分律拾毘尼要』

이 중에 현존하는 것을 들면 『무량수경연의술문찬』(이하 『연의술문찬』)·『삼미륵경소三彌勒經疎』·『금광명최승왕경약찬金光明最勝王經略贊』 등이 있다. 경흥의 44부의 저술은 유식이 17부, 정토가 14부, 계율이 2부의 순서로 유식관계의 경론이 가장 많으나,[490] 거의 전해지지 않아 정확하게 알 수가 없다. 그러나 정토관계의 저술에 나타난 입장을 조사해 보면, 그의 입장은 원효 이래 신라 불교학보다는 중국 법상종의 규기와 더욱 가까운 듯한 점이 보이고 있다.

이러한 경흥의 사고는 다음에 논하는 삼계교와의 영향도 고려할 수 있는데, 그것을 논하기 위해서도 그의 말에 주의를 기울일 필요가 있다고 생각된다. 그의 전기인 「경흥우성」조에는 국로 또는 국사 등의 직위가 보여, 원효의 소성거사와는 다른 격의 풍경이 전개된 것을 알 수가 있다.

(경흥이) 어느 날 왕국에 들어가려 할 때, 수행원들이 동문 밖에서 말안장과 구두, 삿갓 등으로 화려하게 장식하고 기다리고 있어, 길가는 사람들이 그것을 보고 길을 물러났다. 한사람의 거사(혹 승려)가 다가 와서 하마대下馬臺 위에서 쉬고 있었다. 광주리 속을 보니 마른 생선이 들어 있었다. 수행원이 꾸짖기를 "너는 승복을 입고 있으면서 어째서 금하는 것을 등에 지고 있는가?"라고 하였다. 그 말에 승은 "양 허벅지 사이에 살아 있는 고기를 끼우고 있는 것에 비교하면 삼시(三市: 大市·

그 외는 『법화경소』, 『금강반야경료간』, 『대승기신론문답』 등이며, 전체적으로 보면 유식이 17부(『금강명경』이 4부), 정토가 14부, 열반이 3부, 계율이 2부이다.
490 안계현, 『신라정토사상사연구』(현음사, 1987) 제2, 3장 참고.

朝市·夕市)에 (어디든 팔고 있는) 마른 생선을 등에 지고 있는 것은
아무것도 아니다. 무엇이 거리낄 것이 있겠는가?"라며 물러갔다. 경흥
이 문을 나서면서 이 이야기를 듣고, 사람을 시켜서 뒤를 쫓게 하였는데
남산의 문수사文殊寺 문밖에 오자 광주리를 버리고는 보이지 않았다.
지팡이는 문수상 앞에 있고, 마른 생선은 소나무 껍질이었다. 심부름꾼
이 되돌아와서 그것을 보고하자, 경흥이 듣고는 탄식을 하면서 "대성大
聖이 와서 내가 말 타는 것을 경고하는 것이다"라 하며, 그 뒤로는
일생 동안 두 번 다시 말을 타지 않았다.[491]

이 글은 민중과 어울리며 민중 속에서 전법하는 원효와 대조적인
풍조를 볼 수 있는데, 이러한 이야기는 그냥 단순한 설화로만 그치지
않는다고 생각된다. 여기에는 민중을 위하는 승려의 규범과 엄격한
생활상을 계도하고 있기 때문이다. 즉 신라 통일 후 승려의 타락상을
표현하고, 또 한편으로는 훈계하며, 동시에 경흥 자신의 참회를 통한
감화력과 유풍은 삼랑사의 비문에 남겨서 후학의 교화로 삼게 하였다고
생각된다.

---

[491] 대정장 49, p.1013상, "一日將入王宮, 從者先備於東門之外, 鞍騎甚都, 靴笠斯陳,
行路爲之闐噎, 一居士(一云沙門)形儀疎率, 手杖背筐來, 憩于下馬臺上, 視筐中
乾魚也, 從者呵之曰, 爾著緇, 奚負觸物耶, 僧曰, 與其挾生肉於兩股間, 背眞三市
之枯魚, 有何所嫌, 言訖起去, 興方出門, 聞其言, 使人追之, 至南山文殊寺之門
外…杖在文殊像前, 枯魚迺鬆皮也, 使來告, 興聞之嘆曰, 大聖來戒我騎畜爾, 終身
不復騎."

2) 경흥의 『연의술문찬』에서의 삼계교 비판논리

경흥의 저술에서도 알 수 있듯이 그의 교학은 법상교학에 속하면서도 정토교학에 전력한 것은 『연의술문찬』의 저술을 해명하는 것에 의해서도 알 수 있다. 『연의술문찬』권하에서는 정, 상, 말법에 대해서 다음과 같이 말하고 있다.

> 이는 세 번째로 경이 널리 구제함을 찬탄하신 것이다. 석가의 정법 오백년, 상법 천년, 말법 만년의 법이 다 지나 법은 이미 멸했으나, 부처님의 자비로 고통받는 중생을 가엾이 여겨 유독 이 경만을 남겨 백세 동안 제도하게 하신 것이다.[492]

그런데 『무량수경』권하 유통분에서는,

> 미래 세상에 경도經道가 멸진하리니, 내 자비로써 애민하게 여겨 이 경을 백세까지 머물게 함으로써 경을 만나는 중생들로 하여금 원하는 것을 모두 얻게 하리라.[493]

라는 경문을 「제삼탄경보제第三歎經普濟」로 분과分科하였다. 이어서 유설有說이라고 해서 앞서 말한 지론종계 정영사 혜원의 『무량수경의

---

492 대정장 37, p.170중, "此第三歎經普濟也, 有說釋迦正法五百年像法千年末萬歲一切皆過故云滅盡, 法雖滅已佛以慈悲憐苦衆生, 獨留此經百歲濟度."

493 대정장 12, p.279상, "當來之世經道滅盡, 我以慈悲哀愍, 特留此經止住百歲, 其有衆生値斯經者, 隨意所願皆可得度."

소』의 설[494]을 부정하며, 「법주기」를 들어 말법사상관을 말하고 있다.

이것은 아마 그렇지 않을 것이다. 오직 법주(『법주기』)가 아니고서는 모든 성교聖敎가 어긋나며, 일에 있어서도 미진함이 있다. 그러므로 지금 『법주기』에 의지하는 것이다.[495]

혜원慧遠의 설도 경설에 근거한 타당한 설임에도 불구하고, 왜 경흥은 『법주기』에 의거하였던 것일까?라는 의문이 제시되는데, 그것은 법상·계율에도 정통했던 당대唐代의 정토교승인 회감懷感의 설을 이어 받은 것은 아닐까 한다.[496] 어쨌든 이러한 내용으로 알 수 있는 것은, 경흥 또한 회감의 『군의론』에서 근기를 둘러싼 논쟁 중 삼계교 신행 선사의 설을 비판하고 있으며, 회감의 취지에 동의하고 있는 부분이 있기 때문이다. 즉 회감은 선도가 문제시하지 않았던 많은 새로운 문제에 직면하는 가운데, 삼계교의 유력한 적수가 되었던 것이다. 회감의 『군의론』, 경흥의 『연의술문찬』, 자은의 『서방요결』, 선도·도 경의 공동 집필인 『염불경』의 4부는 모두 정토문의 입각지에서 삼계교 를 비판한다[497]는 내용은 이를 잘 말해주고 있다.

---

494 대정장 37, p.116상, "釋迦正法有五百年, 像法千歲末法萬歲, 一切皆過, 名爲滅 盡我以慈下, 明已留意, 佛以慈悲燐愍衆生, 故法滅後, 獨留此經百歲濟度, 以此 經中."

495 동 83), "此恐不然, 非唯法住違諸聖教, 事亦未盡, 故今依法住記."

496 渡辺顯正, 「경흥사와 당불교의 교섭」(『인불학』 29~1, 1980); 高雄義堅, 「말법사상 과 제가의 태도」 상하(『支那불교』 제1의 제3호).

497 『연구』, p.584.

그러면 혜원의 견해는 어떤 것일까? 혜원은 '범부는 어리석은 그대로 왕생을 얻는 것이 아니고, 보리심을 내서 기機의 자력적인 향상이 있어야 함을 주장했으나, 정토왕생이 말대末代를 위한 교법이 된다'고는 말하지 않았다. 그는 『무량수경의소』 권하에서 「특유차경特留此經」의 문을 다음과 같이 해석하고 있다.

『대열반경』은 불성을 드러내니, 성인을 가르치는 경 가운데서도 심오하다. 성인이 먼저 사라지면 경도 먼저 멸하게 된다. 이 경(『무량수경』)은 사람에게 고통을 싫어하고 안락(정토)을 구하기를 가르치니, 범부를 제도하는 중에서도 핵심이므로 나중에 멸하게 된다.[498]

이처럼 그는 『열반경』과 『무량수경』을 대비하고 그 멸후의 선후를 논하고 있지만, 이것은 두 경이 특히 불멸 후의 교법인 자각의 아래에서 비교되었는가는 밝혀지지 않았고(『열반경』의 교성敎聖에 대해서만 이 경을 제범濟凡이라 한 것으로), 말대 범부의 근기 하열에 대해서는 깊이 논하고 있지 않다.

다음은 길장의 『무량수경의소無量壽經義疏』에서 보면,

오탁의 중생으로 하여금 승업勝業을 청허하게 하고, 삼배三輩[499]의 행인

---

498 대정장 37, p.116상, "大涅槃經顯示佛性, 敎聖中深, 聖人先隱, 爲是先滅, 此經敎人厭苦求樂, 濟凡中要, 爲是後滅."

499 『무량수경』에 정토에 왕생하는 사람들을 상중하 셋으로 분류한 것을 말한다. 즉

358

으로 하여금 하년(遐年, 長壽)의 선善을 심는다.[500]

라고 하여 삼배의 근기에 대해 기록하고 있다. 한편, 삼배에 대한 천태 지의의 인식은 혜원이나 길장보다는 기機에 대해서 더 깊은 고찰을 하였으나, 스스로 기근機根에 심각한 반성을 더한 정토교 제가諸家에게는 훨씬 미칠 수 없는 점을 보이고 있다. 그러나 신행과 도작, 선도 등의 반성적·신앙적인 태도는 이론적·철학적인 학풍으로서 일세를 풍미하려 한 시대사조의 고려 없이 정상적인 이해는 불가능하다.[501]

다시 경흥의 이야기로 돌아가자면, 그는 어떤 점에 있어서는 정토교의 학승들과 같은 견해를 지니고 있다. 『무량수경』에서 오역五逆은 제한다고 했는데, '18원 및 동성취문同成就文에는 역방逆謗은 아미타불의 본원인 구원으로부터 제외한다고 설하나, 『관경』에서는 오역십악을 범한 악인이라도 십념十念의 염불로 왕생한다'라고 한다. 그런데 경흥에 있어서 방법謗法은 죄심중수겁罪深重數劫의 고통을 받아 십성十

상배; 세속의 욕망을 버려, 사문이 되어 일심으로 무량수불을 생각하는 이,
중배; 사문으로 큰 공덕은 못 닦으나, 무량수불을 생각하며 다소의 선을 닦는 이,
하배; 깨달음을 구하려는 마음으로 단지 무량수불을 생각하는 이.
경흥은 『연의술문찬』 권하(『정전』 권5, p.146상)에서, "三輩別有三義, 一身心異心卽俱發菩提之心, 專念彌陀從多同也, 身卽出家爲上在俗爲中下, 二脩因異卽具脩行, 爲上少分脩福爲中, 稱念彼佛十念一念爲下, 三生緣異卽彌陀觀音眞身來迎爲上, 化身迎接爲中夢見佛身爲下"라고 하여 삼배의 차별에 세 가지 뜻이 있다고 말한다.
500 대정장 37, p.116, "使五濁衆生淸虛勝業, 令三輩行人殖遐年之善."
501 橫超慧日, 『중국불교의 연구』 권2, pp.45~47.

聲을 갖추는 것도 안 된다 하여, 선도의 오역제취五逆除取의 회통도 파하고 있다.[502]

이 내용은 앞의 제2장 「삼계교와 정토교」에서도 언급된 바 있는데, 15가家의 모든 종파의 해석이 분분한 와중에 경흥의 『연의술문찬』은 제2와 제4부분에 대해서 언급하고 있는 것이다. 즉 구체적으로 보면, 먼저 제2는 "취자시경심조역인取者是輕心造逆人, 제자시중심조역인除者是重心造逆人"으로, 경흥은 『연의술문찬』 권중에서 "중심조자제重心造者除, 경심조자생輕心造者生"[503]이라 표현하고 있는데, 이 경심중심조輕心重心造의 의미는 혜원의 『대승의장大乘義章』 권7의 부분에서,

부父를 죽임은 가볍고, 모母를 죽임은 무겁다. 아라한을 죽인 죄는 더 무겁고, 부처님의 몸에 피를 냄은 더더욱 무겁고, 승가를 파한 죄는 최고로 무겁다. 고로 『성실론』에 이르길 "승가를 파한 것이 어째서 최고로 무거운가 하면, 삼보를 여윔이며, 승으로 불을 떠나게 함이며, 또한 법보를 방해하기 때문이라"고 하였다.[504]

라고 이해되어, 오역五逆의 경중輕重설에 근거하였을 것이다. 그런데 계속해서 경흥은 『연의술문찬』에서 말하기를,

---

502 『정전』 권21, pp.199~202.

503 『정전』 권5, p.131하.

504 대정장 44, p.608상, "殺父最輕, 殺母次重, 殺阿羅漢罪復轉重, 出佛身血轉轉彌重, 破僧最重, 故成實云, 破僧最重, 何故如是, 離三寶故, 令僧離佛, 亦礙法寶."

정법을 비방하는 것에는 반드시 가벼움과 무거움이 있다. 오직 제除하
여 왕생하지 못한다고 이야기할 수는 없기 때문이다.[505]

라고 한다. 정법을 비방함에는 반드시 경중이 있다 하여, 이 말을
시작으로 하여 삼계교에 대한 비방의 논리를 전개하고 있는 것이다.
삼계교는 15가 중의 제14에서 "관경취자시제이계인觀經取者是第二階
人, 수경제자제삼계인壽經除者第三階人"의 설을 들고 있는데, (삼계교에
서 제1계는 일승一乘, 제이계는 3승三乘, 제삼계는 계견구파戒見俱破의 말법
중생) 다시 이 논을 비방하는 것은 회감으로 그의 『군의론』권3, 「별파別
破신행」조에서 상세하게 언급하고 있다. 그의 논리를 살펴보면,

신행 선사가 이 양경의 제취除取를 해석함에 2, 3의 계로써 별취別取하
므로 경의 지귀旨歸를 잃는다. 만일 해석한다면 태과太過의 실失 및
태감太感의 실失이 된다. 태과의 실이란, 제이계의 사람도 오역을
짓는다면 이름은 이것과 같음으로 같이 이것을 제거해야 한다. 태감의
실이란, 제삼계의 사람이 오역을 짓지 않는 것은 문文에서 제除라
설하지 않음으로써 같이 이것을 취할 수 있다. 경에 설하는 '오직
정법을 비방하는 오역을 제한다(唯除五逆誹謗正法)'의 말은, 이것은
사람을 제하는 데 과過와 감減 둘의 허물이 있다. 그(신행)의 경에
오로지 제삼계의 중생을 제해야 한다고 하는 것은, 이실二失을 벗어나
지 못한다. 이는 법장비구가 큰 원을 발해 사람을 제함에 과감의 허물이
있어, 성자聖者가 부족해서 말을 널리 다하지 못한 것이 되고 만다.

---

505 『정전』, 위와 같음, "誹謗正法必有輕重, 不可唯言除不生."

만일 법장의 말에 잘못이 없다면 신행 선사에게 잘못이 있으니, 진퇴의 이제二除는 무엇으로도 면할 수 없을 것이다. 때문에 진실로 범자凡者의 허물로서 성인의 잘못은 아니다. 여러 삼계사師들의 오역 등을 제한다는 말은 일체의 제삼계를 제하는 것이 된다. 제삼계에는 오로지 사邪로서 정正이 없고, 순악純惡해서 선善이 없는 사람만으로, 처음부터 지금까지 범죄만 있을 뿐, 모두 일체제불께서 구제할 수 없는 것으로, 시방의 정토에 모두 함께 배척만 당할 뿐이다. 따라서 법장의 '제오역등除五逆等'이라 말하는 문文은 일체의 제삼계 중생을 제함이 된다.[506]

라고 함으로써, 그(회감)의 제15설인 "취자란 십념을 구족한 이며, 제자란 십념을 구족하여 통함 및 십념을 구족하지 못한 이(取者是具足十念人, 除者是通具足十念及不具足十念人)"를 주장하고 있는 것이다. 그러나 도충은 오역의 경중설輕重説에 동의하지 않고 『탐요기』에서 다음과 같이 말한다.

　(죄악을 일으켰을 때) 그 결정의 원인에 근거하여 반드시 보를 감득하

---

506 위와 같음, 권6, pp.34~35, "信行禪師釋此兩經除取, 以二三階別取失經旨歸, 若依所解便有太過失及太減失, 太過失者第二階人亦造五逆, 逆名是同應同是除也, 太減失者第三階人不造五逆無文說除應等是取也, 經說唯除五逆誹謗正法之言, 此乃除人有過減之二過也, 彼經應言唯除第三階衆生離於二失, 矣此即法藏比丘發斯弘願, 除人有過減之過爲聖者不足而言不周悉耶, 如法藏言無有毆即禪師有謬解之愆, 進退二除何以逃責, 故當是凡者之失非聖人之誤也, 諸三階師救言唯除五逆等言即是除一切, 第三階也以第三階者竝是純邪無正. 純惡無善之人無始迄今有愆犯, 皆一切諸佛之所不救, 十方淨土咸(減)共擯棄, 故法藏言除五逆等文, 即是摠除一切第三階衆生盡也."

362

게 되며, 어찌 마음의 경중에 의해 업의 전부轉不를 분별하겠는가?
『구사론』에서 결정의 사인四因을 밝혀 말한다.[507]

도충은 이처럼 『구사론』을 들어서 결정사인決定四因을 설명하고
있다. 그런데 경흥의 『연의술문찬』에서는 회감의 제15설에 대해서,

어느 사람은 말하기를, '제한다'라는 것은 십(념)을 구족함과 구족하지
않음 모두 왕생을 얻을 수 없기 때문이다. 왕생한다고 하는 것은 그저
십성+聲을 갖추는 것이기 때문이라고 했지만, 이 또한 그러하지 않다.
비록 십성을 갖추지 못한 것을 겸하기는 했지만, 이미 또한 십념을
갖추어 펼쳤으니, 마땅히 저 경(『관경』)에서와 같아서 제할 수 없는
것이기 때문이다.[508]

라고 하여, 가일층 특유한 관점을 들고 있다. 나아가 경흥은 삼계교에
대해서는,

어떤 설(삼계교)에서 제除라 하는 것은, 곧 제삼계의 오역을 지은
자이고, 왕생하는 자는 제이계의 오역을 지은 자라고 하는데, 이것
또한 그렇지 않다.[509]

---

507 『정전』 권6, pp.280~281. "決定因故必感其報, 何由心輕重判業轉不耶, 俱捨論明
    決定四因云."
508 『정전』 권5, p.132상, "有說除者具十不具十悉不得生, 故生者唯具十聲故此亦不
    然, 雖兼不具十聲既亦申具十念, 應如彼經不可除."
509 위와 같음, "有說除卽第三階造五逆者, 生則第二階造逆者, 此亦不然."

라고 비판하고 있다. 이 부분을 도충이 회감의 지적을 받아 명료하게 설명하고 있는 것을 알 수 있다.

태과자의 제除란 제이계의 역逆을 제하지 않는 연고로, 피사彼師들은 제이계자 또한 오역을 짓는다고 한다. 그러나 문文에는 오직 오역을 제하며 모든 역을 제한다. 저 『관경』의 제이계의 역을 취함이 란, 수경의 과過를 제하지 아니하고 어찌 제이계의 역을 제하지 아니하리오. 고로 이름하여 태과의 실이라 한다.[510]

이와 같이 『무량수경』의 제除를 제삼계에 적용하려 해도, 문文에 "오직 삼계를 제함(唯除三階)"이라 하지 않고 "오직 오역을 제함(唯除五逆)"이라고 되어 있어, 제삼계의 역죄逆罪도 되지 않고, 제이계의 역죄까지도 제외당하기에 이르렀다는 것이다.

6. 결론

본 장에서는 신라기 불교에 있어서 삼계교의 영향을 살펴보았다. 그러나 그 주제에 비하여 삼계교 연구의 역사가 짧은 탓으로, 더욱 자료의 수집이 요구되는 부분이기도 하다. 이렇게 더욱 폭넓은 자료가 요구되

---

510 위와 같음, 권6, p.302하, "言太過者除不可除第二階逆故, 謂彼師許第二階者亦造五逆, 然願文云唯除五逆惣除諸逆, 若觀經取第二階逆壽經豈非除過不可除第二階逆, 故名太過失."

는 가운데 비록 여기서는 선종과의 관련에 대해서는 언급하지 않았지만, 특히 여러 종파와의 관련 자료 또한 중요하다 하겠다.

특히 『삼국유사』의 자료로 인해 신행과 같은 시대인 원광의 주변에는 그 영향이 명확하게 나타나고 있지만, 시대의 흐름에 따라 그 영향으로부터 멀어지는 것은 당연하다고 하겠다. 즉 원효 당시의 명확한 흔적을 찾기란 쉽지가 않은데, 그 점에 대해서는 다각적인 면에서 주의 깊게 고찰해 보려는 시도도 필요하다 하겠다. 한 예로써, 일본불교사의 부분에서 삼계교를 둘러싼 원효와의 연결 고리인 행기의 사상사적인 부분은 구체적으로 깊이 들어가지 못하고 지적만으로 그친 아쉬움도 없지 않았는데, 이 부분은 앞으로 더욱 일본학계의 동향을 주시할 필요가 요구된다.

신라기 승려들(원광, 원안, 의상, 원효 등)에 대해서는 삼계교의 사상을 여러 각도에서 고민하여 민중들의 활동에 적지 않은 영향을 끼쳤다고 생각하지만, 반면에 경흥은 『연의술문찬』을 통해서 꽤 비판적인 면을 보여주고 있는 것을 지적했다. 이것은 회감의 『군의론』과 도충의 『탐요기』의 자료에서 그 견해를 명확하게 할 수 있었다. 이런 관점에서 생각할 수 있는 것은, 신라기의 불교는 중국불교에 있어서 삼계교의 교리가 직면하고 있는 문제(교단의 탄압을 포함, 교전이 정형화되어 있지 않는 점 등)가 적지 않은 것을 주시해서, 삼계교의 교학 발전보다 민중의 구제를 지향하여 보다 근본적인 실천불교의 활동으로 그 방향을 잡은 것이라 생각되며, 그것은 신라불교의 하나의 특징이라고 말하지 않을 수가 없다.

제8장 불교 문학 사상사에 나타나 있는 삼계교 사상

1. 서론

삼계교 사상이 불교 문학사에 그 모습을 나타내고 있다면 의문점이 앞설 것이라고 생각한다. 왜냐하면 당시의 삼계교의 신앙은 철저히 조정으로부터 탄압[511]을 받아서 역사상에 그 흔적이 없어졌기 때문이다. 그러나 어떤 종교가 외압에 의해서 쉽게 멸망하는 것은 역사상에서 흔히 보이지는 않았고, 또 위기에 당면한 그 종파는 가능한 한 모든 수단을 사용하여 살아남기 위한 방법을 찾는 것이 당연한 것이라 할

---

[511] 삼계교의 탄압은 아래와 같이 들 수 있다.

제1회 탄압, 개황 20년(600) 그 유행이 금지된다.

제2회 탄압, 증성 원년(695) 전적이 위경으로 발표되다.

제3회 탄압, 성력 2년(699) 활동이 제한되고 전적은 목록에서 삭제.

제4회 탄압, 개원 9년(721) 교단 재정의 근원인 무진장을 없앤다.

제5회 탄압, 개원 13년(725) 거처 삼계원의 철거 후, 타 종파승과 동거

수 있을 것이다. 무려 일천여 년간 돈황 석굴 속에서의 은거가 그것을 말하고 있으며, 또한 다른 종파와의 습합習閤[512]을 하기도 하며, 더욱 민중 곁으로 접근한 것은 실로 그 명맥을 유지하기 위한 것이었다. 이처럼 필사적인 노력으로 전해져 온 삼계교 사상은 문학사 안에서도 탄압이 엄했던 탓인지 쉽게 그 내용을 발견하기를 기대할 수 없기에, 더욱 용의주도한 고찰이 필요하다고 하겠다.

여기서 논하고 싶은 것은, 신행의 삼계교 사상의 흐름을 민중의 저변에 전파했던 『명보기冥報記』와 그것을 받아들였다고 생각되는 『영이기靈異記』의 흔적에서 찾는 작업이다. 그러기 위해서는 『명보기』의 저자인 당림唐臨과 『영이기』에 나타나 있는 저자 경계景戒의 의식을 비교, 또 걸식승과 삼계교의 아양승 등에 관한 일련의 수행승들의 동향을 조사할 필요가 있다 하겠다. 따라서 그것은 『명보기』의 사상과 삼계교의 관계를 수·당 소설사 상에서 고찰해야 하는 것이며, 먼저 요구되는 것은 『명보기』의 역사적인 배경과 삼계교와의 관계를 조명해야만 할 것이다.

2. 『명보기』의 내용과 삼계교

1) 당림·고경 및 신행의 관계

『명보기』의 저자인 당림과 삼계교의 관계는, 그의 외조부인 고경高熲에

---

512 당시의 삼계교는 지장종이라 불릴 정도로 지장신앙을 강하게 전파했는데, 지장신 앙은 타종파와 습합이 보이고 있다. 그 연원에 대해서는 졸고, 「삼계교의 영향」 (『인불학』 제47권 제1호) 참고.

그 연원이 있다. 고경은 수 문제 양견(581~604)의 정권 찬탈에 힘을 빌려, 개황 원년 봄 그의 즉위식 때 '상국사마相國司馬 고경高熲' 상서좌복사겸납언尙書左僕射兼納言의 관직을 손에 넣었다. 삼계교의 개조인 신행을 장안으로 불렀던 것도 고경으로, 그의 보호에 의해서 신행은 개황 9년(589)에 장안의 진적사에 주석하여 삼계교의 부흥도 장안을 중심으로 많은 제자와 도제를 얻게 되었다.[513]

『명보기』 상권 제1~2조에 보이는 내용을 보면,

> 개황 초에 좌복사 제공齊公의 명성을 듣고 진 문제는 제경諸京에 사가 주하는 곳을 진적사로 만들었다. 신행은 경율에 의거하여 『삼계불법』 4권을 내었는데, 그 요지는 사람에게 보경普敬과 인악認惡을 권하는 것이었다.[514]

라고 하고 있다. 여기서 제공齊公이 바로 제국공 고경으로, 그는 스스로 자기 집을 희사해서 진적사眞寂寺라고 하여 신행을 살게 했다는 기록이 그것이다.[515] 뿐만 아니라, 자주 진적사를 방문하여 신행과 담론하고, 그 법을 따른 삼계교도뿐만 아니라 신행의 좋은 이해자였던 것이 확실하다.[516] 그러나 고경의 힘은 오래가지 않았다. 즉 신임을 받았던 문제의

---

513 大谷勝眞, 「삼계모선사행장 始末에 관해」(『경성제국대문학히논집』 7권 p.9).

514 內田道夫, 『校本冥報記』, "開皇初左僕射齊公聞其盛名, 秦文帝徵諸京師住公所造眞寂寺, 信行又據經律出三階 法四卷, 其大旨勸人普敬認惡."

515 小南一郎, 「六朝隋 소설사의 전개와 불교신앙」(福永光司 편, 『중국 중세의 종교와 문화』, 1982, pp.479~499).

516 동 3)의 大谷勝眞은 고경을 확실한 삼계교도로 하지 않았지만, 유력한 후원자임에

368

태자 용勇의 폐위에 반대[517]했던 것을 원인으로 그 세력으로부터 소외당하게 되었다. 그런데 여기서 중요한 것은, 그가 실직(개황 19년, 599)한 다음해부터 신행의 삼계교의 집록이 '칙단불청유행勅斷不聽流行'으로 된 것이다.[518] 이와 같이 고경의 제명 사건은 단순한 개인의 실각만이 아니라 삼계교에 있어서는 크나큰 후원자를 잃은 것이 되고, 동시에 수조의 운명을 예견할 수 있게 하였던 것이다.

2) 『명보기』의 구성내용에 보이는 삼계교 신앙

그러면 당림은 『명보기』에서 무슨 얘기를 어떻게 전하고 있는 것인가.

우선 당림이 스스로의 작품을 『응험기應驗記』, 『명상기冥祥記』, 『선험기宣驗記』를 계승한 것이라는 내용을 그 서문에서 적고 있다.

『관세음응험기』 및 제경릉왕齊竟陵王 소자량의 『선험기』와 왕완작의 『명상기』는 모두 선악을 밝힌 것이다. 장래의 계戒를 권하여 듣는 이로 깊은 마음으로 감응을 느끼게 하기 위해, 당림은 이미 그 풍지風旨를 사모하여 후세인으로 하여금 들은 바를 기록하여 집적한다.[519]

는 확실하다고 본다. 사실, 그는 삼계교 초기 때부터 신행에 대해서는 재단을 지탱하는 큰 시주였을 뿐만 아니라 신행의 더없이 좋은 이해자였음이 삼계교적 등에 기록돼 있다.

517 谷川道雄, 「고경과 수의 정계」(『田村實造박사 동양사논총』, pp.395~400).
518 『연구』, p. 54. 삼계교 탄압의 서막은 600년부터인데, 그해는 신행 사후(594)로부터 6년이 지난 해이다. 삼계교 실력자인 고경이 건재해 있던 때에는 조정의 탄압은 생각할 수 없었을지도 모른다. 따라서 삼계교에 있어서 고경의 실직(599)은 그 의미가 상당히 깊다고 할 수 있다.

이렇게 명보기를 만든 목적과 기술의 방침을 명확히 하고 있으며, 그 예로 이 얘기를 누구로부터 들었고, 어떤 관계로 듣게 되었는지 등을 기록하여 문장을 꾸미는 일 없이 사실만을 열거하여, 후세에 이것을 읽는 사람은 선악의 응보應報에 마음을 다지게 주의를 주고 있는 것이다.

그런데 『명보기』의 내용에는, 신앙체험에 밀착한 설화와 또 신앙에는 직접적인 관련이 없는 설화가 뒤섞여 그 외형을 현보現報의 이론이 점유하는 형태로 되어 있다. 그리고 그 구성을 보면 상권은 승려라 하는, 소위 성인들이 일으킨 신령한 이야기, 중권은 재가신자의 일상생활의 이야기, 하권에는 현보의 얘기와 유명계幽明界와의 교섭의 기록으로 되어 있다.

상권을 살펴보면, 삼계교의 의지를 민중에 확실히 전하고 있는 것이 보인다. 즉 제1조에 신행이 『인집록』 36권을 만든 의도를 말하고 있는 것으로서,

지금 성인이 가신 지 오래되었고 근기의 때도 또한 다르다. 만약 하인下人으로서 상법을 수행한다면 법法은 근根에 합당치 않다. 참으로 착도錯倒하지 말기를.[520]

---

[519] 대정장 51, p.788상, "觀世音應驗記, 及齊竟陵王簫子良作宣驗記, 王琰作冥祥記, 皆所以徵明善惡, 勤戒將 來, 實使聞者深心感奏, 臨旣慕其風旨, 亦思以勤人, 瘤錄所聞, 集爲此記."

[520] 內田道夫, 『교본명보기』, "今去聖久遠根時久異, 若以下人修行上法, 法下當根容能錯倒."

370

이라 하여 삼계교의 핵심적인 근기에 대한 행법(『對根起行法』)의 논리[521]가 인용되고 있는 것이다.

게다가 소남일랑小南一郎은 『명보기』에 보이는 소우蕭禹[522]를 중심으로 한 난릉蘭陵의 소씨 일족의 불교신앙을 전한 기록(상권 7, 중권3)도 삼계교로의 신앙을 매개로 하여 당림에 전해진 가능성이 있다는 의견을 보이고 있다.

어쨌든 당림은 삼계교의 교리에는 그다지 깊은 조예가 없었으나, 삼계교의 상황은 구씨(舅氏, 외삼촌)로부터 받아들인 얘기에서도 알고 있었고, 또한 그것을 사실적인 서술의 형태로 말하고 있음을 알 수가 있다. 그것을 신행의 제자인 석혜여釋慧如가 말하는 것으로 본다면,

화도사는 당외조부 제공이 설립한 것으로 항시 유관하며, 매번 구씨에게 이야기를 들었다.(此寺, 唐外祖齋公所立, 常所遊觀, 每聞舅氏說爾)

라고 하여, 당림은 삼계교 운동의 중심지였던 화도사에서 삼계교 초기 승려들의 것을 외삼촌으로부터 들었다고 하는 것을 증명할 수 있는 것이다.

이렇게 당림은 『명보기』에서 인과응보 사상을 근거로 하여 어렸을 때부터 외삼촌에게 들었던 대근기행법 등 삼계교 사상을 전파하는 동시에 적극적으로 삼계교를 실천하였던 것을 아닐까?

521 『대근기행법』은 신행 저작 중 만년 작이라고 추측되는 문헌으로 그 주장하는 바는 근기, 즉 삼계의 각각에 해당하는 법을 설하는 것이다.
522 소우에 관해서는 『연구』, pp.51, 54를 참고.

그 이유로 두 가지를 추측해 본다면, 첫째로 당림은 민중불교에 전념하고 있는 삼계교의 그 위험한 움직임을 주시하면서, 교단의 후원자 쪽에 관심을 가져, 그 시대가 가지고 있던 관료사회의 중요성을 인식하고 만일의 사태에 대비하려 했던 것, 둘째는 삼계교의 사상을 정치·종교의 성격을 띠지 않는 문학적인 성격으로서 후대에 면면히 이어가고자 했던 점을 생각해 볼 수 있다.

3. 『영이기』와 삼계교 사상

1) 『영이기』를 주로 한 삼계교의 연구사

『영이기』에 대해서는 수많은 연구가 나와 있는데, 그것들과 관련하여 일본 고대불교사에서 중요시되고 있는 행기(行基, 668~749)에게 삼계교의 영향이 있었다는 연구[523]도 있는데, 그 중에는 정상광정井上光貞, 승포영자勝浦令子[524] 등의 긍정설과 궁성양일랑宮城洋一郎, 길전일언吉田一彦[525]의 비판설도 있다.

그러나 그보다도 먼저 확실한 관련 근거를 제시한 것은 대야덕성大屋德城, 석전무작石田茂作에게서 확인된 다음의 말은 중요한 시사점이지 않을 수 없다.

"도소(道昭, 629~700. 고구려 승)가 가져온 삼계교 전적을 나라(奈良) 시대에 사경을 했다"[526]라는 움직일 수 없는 사실이 그것이다. 따라서

---

523 吉田靖雄, 「행기와 삼계교의 관계」(『일본고대의 보살과 민중』 42, 吉川弘文館版).
524 勝浦令子, 「행기의 활동과 幾內 민간불교」(『논집일본불교사』 2, 雄山閣).
525 吉田一言, 「행기와 주술」(『불교사 연구』 22·23합호).

도소의 제자로 일컬어지는 행기가 삼계교의 영향을 받은 것은 아닐까
하는 추측을 하는 것은 당연한 것이다. 그러나 행기와 삼계교의 연결의
가능성은 정상(井上光貞)의 지적, 즉

① 행기의 종교운동 기원을 찾기 위해.
② 행기의 사회사업의 경제적 메커니즘을 밝히기 위해.
③ 일본에서의 삼계교와 화엄경과의 관계를 밝히기 위해.[527]

라는 내용 또한 중요한 과제로서 간단히 해결할 수 있는 문제는 아닌
것을 알 수 있다. 또 비판적인 입장, 즉 "삼계교의 근본 교적을 도소,
행기가 검열하며 읽고 그 실천 중에서 공통점을 발견하여도, 행기가
가진 사상은 앞서 남긴 교전에서 배우는 것이 아니라, 그것을 주체화하
는 것을 통해서 획득된 것이다. 따라서 어떠한 많은 공통 항목이 발견되
어도, 행기와 삼계교가 공통으로 한 민중 교화의 의의를 사상사적으로
이해되지 않는 한, 이 방법은 어떠한 유효성도 가지지 못한다"[528]라
하고 있다.

따라서 이러한 문제점들을 해결 위해서도 『영이기』에 나타나 있는
사도승, 혹은 조정에 대한 행기의 행위는 주도면밀한 조사가 요구되며,

526 大屋德城, 「나라조의 불교전적의 전래에 대해」(『일본불교사의 연구』 2권, p.156).
石田는 삼계교적이 慈訓에 의해서 천평 15년부터 19년에 걸쳐서 한국으로부터의
전래설을 말하고 있다. 『사경에서 본 나라조 불교의 연구』, p.180.
527 井上光貞, 「행기연보, 특히 천평 13년 연구」(『일본고대사상사연구』, p.409).
528 宮城洋一郎, 『일본고대불교 운동사연구』, p.221.

특히 고대의 다양한 사상과 혼합돼 있어 다각도에서의 연구가 필요하다 하겠다.

2) 『영이기』와 삼계교에서 본 걸식승 등의 활동

여기서 주목하고 싶은 것은 유행승에 관한 부분인데, 먼저 시대를 중국으로 넘겨서 한 시기 앞선 신불교 운동의 상황을 알아보기로 하자.

북주 무제의 폐불의 영향을 생각할 때, '지금 여기의 나'라는 문제를 해결할 수 있는 새로운 대승불교의 움직임은 당시 불교계의 주류가 황실과 관료, 귀족과 결부된 도시사원의 강설법요가 번성했던 것에 비해, 실천적인 수행자들, 소위 유행승[529]의 계열이 존재했다. 이 계열이야말로 북제의 멸망, 북주 폐불의 고난을 지나서, 수대에 실천적인 신불교 운동을 낳은 원류이다. 그 어린나무의 싹은 다름 아닌 삼계교·천태종·정토종·화엄종·선종 등이다.[530]

그러나 이러한 신불교 사상은 중국만으로 한정하지 않고 곧 한국, 일본에도 밀려들었다. 따라서 신불교 사상의 주역자(遊行僧)가 많이 등장하는 일본 불교소설의 화제 등이 크나큰 사상 변동의 물결을 탔던 것은 매우 자연스런 것이다. 그런데 『영이기』에 많이 보이는 걸식승의 행을 보기 전에, 삼계교 안에서의 걸식이란 어떤 위치에 있는가를

---

529 유행이란 불교에서 지방을 돌면서 불도를 수행하는 것을 말한다. 소욕지족을 요지로 하고, 탁발을 호구糊口의 자본으로 하여 오직 해탈을 구하는 것이 본뜻이다. 이러한 류의 승려를 넓게 유행성遊行聖 등이라 부르며, 사도승은 관의 직접 인가를 받지 않은 성聖이다. 사도승은 중국불교사의 전반에 걸쳐 세금이나 노동 역役을 피해 사사로이 출가한 승을 이른다.

530 塚本善隆, 『위서석노지의 연구』, 불교문화연구소간 pp.62, 71.

374

알아 볼 필요성이 있을 것이다.

소위 삼계교의 걸식행은 좌선·육시예배와 함께 수행생활 중에서 빠뜨릴 수 없는 중요한 기본 요소이다. 삼계교에 의한 두타걸식의 구체적인 내용은 돈황사본 『대근기행법』[531]에서 제삼계의 수선修善의 부분에서 볼 수 있다. 또 2,849쪽에서는 '제법', '걸식법', '수팔계법' 등이 보이고 있는데, 그 중에 '걸식법'의 경론으로 들 수 있는 것은 『해탈도론』 권2, 『열반경』 권38, 『불장경』 권하 등으로, 이 세 경론에서 걸식법에 관한 문장이 인용되고 있다.[532] 이와 같이 삼계교에서는 하루의 식사는 1회만으로, 그것도 걸식에 의한 식사를 실천하였는데, 그것은 교의에 따라 두타걸식을 중시한 때문이다. 걸식에 의하여 음식을 얻을 수 있다고 하는 물질적 기반이 보증되었던 것은 취락불교[533]로서,

---

531 『연구』, p.373 이하.

532 『대반열반경』 권38 「가섭보살품」 제12의 6(대정장 32, p.589상), "若有比丘發心乞食豫作是念, 我當乞食願得好者莫得麤惡 … 若有比丘慾乞食時, 先當願言, 令諸乞者悉得飽滿, 其施食者得無量福, 我若得食爲療毒身, 脩習善法利益施主, 作是願時所脩善法日夜增長 … 智者具足如是四想."

　　『불장경』 「요계품」 제9(대정장 15, p.802상), "乞食比丘, 應諸法中無所分別, 常攝其心不令散亂而入聚落, 以諸禪定而自藏, 乞食得已心不染汙, 持所得食從聚落出, 在淨水邊可脩道處."

　　『해탈도론』 권2, 「두타품」 제3(대정장 32, p.405상), "云何受乞食, 若受他請則妨自業, 不爲悅人, 不與非法比丘接膝共坐, 知是過患, 復見乞食功德, 我從今日斷受他請, 受乞食法, 云何乞食功德."

533 삼계교는 음식에 관해서 지나치게 엄할 정도로 철저했고, 더구나 두타걸식을 하였다. 걸식에 의해 음식을 얻을 수 없었다면 매우 곤란했을지도 모르나, 그 편의나 보증 때문에 도시형 불교를 원했다고는 볼 수 없다. 승옹전에 의하면 그는 백록산에서 수행을 할 때 신행의 전하는 말, 즉 "널리 중생 제도를 먼저

삼계교의 수행관과 대사회적인 포교의 양자를 분리해서는 생각할 수
없는 것이다. 이처럼 걸식은 삼계교의 실천에서 빠뜨릴 수 없는 기본적
인 수행 덕목이었기에, 제3회 탄압(699년: 활동이 걸식, 절곡, 지계,
좌선에 한정됨) 때에도 그 활동의 금지에서 삭제 당했을 만큼 중요한
사항이었다.

　그러나 일본의 『영이기』로 눈을 돌리면, 그곳에 보이는 걸식은 자주
금지 당한 것을 볼 수 있다. 즉 양로승니 영에는 제5조, 제13조, 제23조[534]
에서 볼 수 있듯이 승니를 사원에 정주시켜 일정의 범위 내에서만
민중교화를 허락하였다. 그것은 민중을 향리에 묶어놓으려는 정책으
로, 양자가 서로 의지하여 이 법령도 보전할 수 있었다. 그러나 등원藤原
시대 이래에는 승僧의 활동이 지방을 주유하여, 널리 민중에게 가까이
다가가는 것이 많이 보이는 때로서, 유행하는 것을 나라가 엄히 금지한
시대는 역시 이 『영이기』의 당시일 것이다.[535] 그러나 여기서 주의할
것은, 나라가 금지와 탄압함에도 불구하고 『영이기』의 한편에서는

할 것이요 … 자신의 몸을 이롭게 함은 들은 바 없다(宣以濟度爲先 … 獨善其身,
非所聞也. 宜盡弘益之方)"에 의해 산을 내려와 중생구제를 생각했기 때문에,
그 모양이야 어떻든 상관없었을 것이다. 즉 산림불교보다는 도시불교를 원했고,
그 우선적 이유에 고통의 중생을 구하는 것을 급선무로 하였던 것이다.

534 승니령 제7 『율령』, pp.216~223(『일본 사상대계』 권3, 岩波書店).
　제5조: "凡僧尼, 非在寺院, 別立道場, 聚衆敎化, 竝妄說罪福 및 擊長宿者, 還俗,
國郡官司, 知而不禁止者, 依律科罪, 其有乞食者, 三綱連署."
　제13조: "凡僧尼, 有禪行修道, 意樂寂靜, 不交於俗, 慾求山居服餌者, 三綱連署,
在京者, 僧綱經玄蕃, 在外者, 三綱經國郡, 勘實竝錄申官."
　제23조: "凡僧尼等, 令俗亻付其經像, 歷門教化者, 百日苦使其俗人者, 依律論."
535 井上光貞, 『일본고대의 사상사연구』, pp.395~411.

나라에서 용인되지 않는 이들 사도私道 걸식승을 강하게 옹호하고
있는 것을 알 수 있다.

(1) 『영이기』에서의 걸식승의 옹호

『영이기』의 내용 중에서, 걸식승을 박해하여 받은 현보담(中卷)을
보기로 하자. 내용인 즉 지혜 제일의 지광智光이 사미 행기가 대승정에
임명된 것을 비난한 결과, 지옥의 업화에 태워진다는 이야기는 걸식승
의 인과응보의 얘기를 최극단까지 끌어올린 것이다. 또 걸식 부랑승을
박해하여 악보를 받는 설화는 『영이기』 상·중·하권에서 많이 볼 수
있는데, 거기에는 어떠한 이유가 있는 것일까? 그것은 작가 경계景戒에
의한 하권 제33화로서, 사도승을 포함한 승니의 생각을 총괄적으로
나타내고 있다.[536]

그러한 내용은 『십륜경』에서도 자주 표현된,

"포도화葡萄花는 시들하지만 모든 꽃보다 뛰어나며, 파계의 모든 비구
는 모든 외도보다 뛰어나네. 출가인의 허물을 말함은 만일 파계 또는
지계거나, 또는 유계有戒거나 또는 무계無戒거나, 또는 허물이 있거나
허물이 없거나 (그 허물을) 말하는 것은, 만억의 불신에 피를 내는
것에 지나지 않는다"라고 하며, 『의해義解』에서 이르길 "피를 내는
것도, 불도를 방해하지는 못한다. (그러나) 승의 허물을 말할 때는
많은 사람의 신신을 파괴해, 번뇌를 일으켜 성도聖道를 방해한다"고
말한다.

---

536 入部正純, 『일본영이기의 사상』, pp.70~72.

라는 내용으로, 비록 허물이 있어도 출가인의 허물을 논하는 것을
금기시하고 있다. 또한 속인과 관인 등의 관계 등을 논한『상법결의
경』에서는,

미래세 가운데 속관俗官이 비구를 부려 세稅를 굴리는 일이 없도록.
만일 세稅를 빼앗는다면 죄를 지어 헤아릴 수 없음이 된다. 일체의
속인은 삼보의 우마牛馬에 탈 수 없고, 삼보의 노비 및 육축六畜을
때릴 수 없고, 삼보 노비의 예배를 받을 수 없다. 만일 범하는 자
있다면 모두 재앙을 받을 것이다.

라고 하여 철저하게 삼보를 옹호하고 있지만, 여기에서 인용하는 경전
인『십륜경』과『상법결의경』은 삼계교의 소의경전에서도 수위를 점유
하고 있는 것이다. 특히『십륜경』은『삼계불법』4권 가운데서 그 인용횟
수가 무려 120건 정도 나오고 있는 것이다.[537] 또한 특기할 것은, 이
『십륜경』등으로부터 나타내고 있는 파계비구의 변호 입장이, 일본승
최징催徵의 저술인『말법등명기末法燈明記』에도 똑같이 등장하는 것이
다.[538] 이것은 당시의 삼계교 사상이 얼마만큼이나 신속히 대륙에서
반도를 거쳐 일본으로 향했던가를 알 수 있는 귀중한 자료라 이야기
하지 않을 수 없다.

　그런데『십륜경』에서는, 위에서 말한 바와 같이 계戒의 중요성과
함께 말법기에 의한 승려관을 밝히고 있는 것이다. 즉

537『연구』, p.593.
538 최징,『말법등명기』(『개정증보일본대장경』제77권 p.284).

나의 법에 의해 출가하여 악행을 짓는다면 이는 (옳은) 사문이 아니라 자칭 사문이요, 범행이 아니라 자칭 범행이라. 이와 같은 비구는 능히 일체 천·룡·야차 내지 일체 선법의 공덕복장을 열어 중생의 선지식으로 삼아야 한다. (왜냐하면) 욕심을 제치고 삭발하여, 법복을 입은 연고로 모든 중생의 선근을 증장함인데, (이는) 모든 천인에 선도를 열고, 내지 파계비구와 사인死人까지 미침이라. 계의 힘은 마치 우황과 같아, 소가 죽은 뒤에 사람이 취하며, 녹향 역시 죽은 뒤에 사용함이라.[539]

라고 하여, 악행을 지으나 출가의 공덕성을 중히 여겨 그 '계'의 힘이 우황이나 사향과 같다고 주장하는 것이다. 그런데 다른 한편으로 이러한 내용은 삼계교에서 주장하는 아양승啞羊僧을 대변하기도 하는 것이다. 삼계교단은 스스로의 칭호로서 '도중徒衆' 혹은 '아양승중衆'이라 호칭하고 있으니, 교단규율인 『제법製法』 제2조에서 「아양승중간택」이라는 일조목一條目이 보이는 것[540]이 그것이다. 그러면 『십륜경』에 나타나 있는 아양승의 개념에 대해서 조금 더 구체적으로 살펴보기로 하자.

---

539 대정장 13, p.694상, "若依我法出家, 造作惡行, 此非沙門自稱沙門, 亦非梵行自稱梵行, 如是比丘能開示一切天·龍·夜扠一切善 法功德腹藏, 爲衆生善知識, 推不少慾知足, 剃除鬚髮被著法服, 以是因緣故能爲衆生增長善根, 於諸天人開示善道, 乃至破戒比丘推是死人, 亦戒餘勢猶如牛黃, 此牛推死亦人故取之, 亦如鹿香死後有用."

540 『西本』, pp.410, 433.

(2) 『영이기』, 『십륜경』에 나타나 있는 아양승의 개념

아양승이란 도대체 무슨 의미이며, 그것들을 경계景戒는 어떻게 사용하고 있는 것일까? 우선 그는 많은 『십륜경』을 인용하고 있는데 그것에 의하면,

> 어떤 것이 아양승인가? 근본죄를 모르고 범犯과 불범을 모르고, 경중을 모르고, 미세죄微細罪를 참회하는 것을 모르고, 우치 무지하여 죄 있음을 두려워 않고, (또한) 선지식 장부에 의지하지 않고, 자주 선지식 장부와 친하지 않기에, 경중의 깊은 뜻에 (있어) 무엇이 선이고 비선非善인가? 무엇이 무거움을 범하고 무엇이 가벼움을 범하는 것인가? 수행에서는 무엇을 선으로 하고 무엇을 악으로 하는가를 자문할 수 없다. 이러한 양상을 아양승이라 한다.[541]

라고 함으로써, 아양승의 의미에 철저한 해석을 붙이고, 또 (삼계교승을) 스스로 그리 부르고 있는 것이다. 그러면 이 아양승이 지켜야 할 규칙에는 무엇이 있을까? 그것을 분별해서 세분해서 보자면,

① 태어난 이래(生來) 삼업이 온화하여 사람들과 싸우지 않는다.
② 태어난 이래(生來) 입신출세하는 것을 원하지 않으며, 가장家長도

---

[541] 대정장 13, p.703상, "云何名瘂羊僧, 不知根本罪, 不知犯不犯, 不知輕重, 不知微細罪而可懺悔, 愚癡無知不見有罪可畏, 亦不依止善知識丈夫, 不數親近善知識丈夫故, 不能諮問經中深義, 何者是善知識, 何者犯重何者犯輕, 脩行何者爲, 善何事爲惡, 如是等相名瘂羊僧."

380

되지 않으며, 관직도 가지지 않는다.

③태어난 이래(生來) 죄를 두려워하여 십악十惡과 계戒를 범하지 않는다.

④출가 후에 계를 지키고 죄를 피한다.

⑤출가 후에 입신출세를 바라지 않으며, 인간과 법法의 주인이 되려하지 않는다.

⑥십이두타를 배우고, 항상 겸손하여 열악한 상황을 기꺼이 받아들이려 한다.[542]

등의 여섯 가지를 들고 있다. 또 선지식을 구해 마지않는 것을 『제법製法』에서 구체적으로 논하고 있으나 여기서는 관련시키지 않겠다.

아무튼 '아양'이라는 의미로 승려를 종교성宗敎性의 위에서 분류한 것은 『십송률』·『십륜경』·『대지도론』[543] 등에도 보이고 있으나, 어쨌든 이 아양이란 말은 그 이후 (일본에서는)『영이기』를 필두로 보이기 시작하여 평안平安 시대에는 스스로를 낮추는 겸양어로서도 정착되었던 것이다.[544]

이와 같이 삼계교에서의 아양승의 개념을 조사하여, 그것이 문학사 위에서 영향을 주고 있는 움직일 수 없는 사실을 밝혀 보았는데, 저자인 경계景戒는 왜 이 말을 즐겨 사용했던 것일까? 그것을 그의 『영이기』

동 27), p.416.
543 대정장 25, p.80상.
544 吉田靖雄, 「일본영이기와 삼계교의 관계」(『일본고대의 보살과 민중』, 吉川弘文館, p.147).

하권 서문에서 말하는 내용을 보기로 하자.

아양승 경계는 배운 것이 천태지자의 문술問術을 얻지 못하고, 깨달은 것은 아직 신인이나 변설에 능한 자의 답술答術을 얻지 못했다. (이것은) 마치 소라 고동으로 바닷물을 긷고, 대롱으로 하늘을 보는 자와 같다.(羊僧景戒, 所學者未得天台智者之問術. 所悟者未得神人辯者之答術. 是猶以螺酌海因管窺天者矣.)

이처럼 철저한 자기 질책과 함께 겸양의 표현을 사용한 아양승이라는 말은 삼계교가 의미하는 것(자신의 입장에서의 인악의 논리)과 상통하는 논리가 보이고 있다. 그런데 이러한 자기질책의 구도적 실천행의 사상은 도대체 왜 일어났으며 어떠한 양상으로 발전하였는가? 그러한 상황을 일단 시대를 거슬러 올라가 남북조 말기의 불교운동에서 찾아보기로 하자.

남북조 말에서 수隋에 걸쳐 중앙 관권적 불교도가 구도적 실천행을 쉽게 잊어버린 것을 엄히 비판하여, 신실천적 불교운동이 일어났던 셈이다. 이 불교계 혁신의 실천운동 안에서, 왕권의 불교 지배를 정면에서 반대하고, 불교교단의 치외법권이 북제北齋 불교계에서 자란 신행의 삼계교인 것도 흥미롭다.[545]

---

[545] 塚本善隆, 「지나에 의한 불법과 왕법」(宮本正尊, 『불교의 근본진리』, p.702) 33) 동 24), p.29.

382

　이와 같이 삼계교가 부흥한 원인은 구도적 실천행과 함께 민중의 편에 서서 초기의 실천적 불교운동을 시대적 상황에 잘 융합시켰다고 생각된다. 그러한 흐름, 즉 소위 성(聖, 僧) 내지 사도 걸식승들에 의해서 삼계교의 사상 위에 인과응보 사상을 밑바탕으로 하여, 문학사 위에서 커다란 역할을 끼치고 있는 『영이기』까지 일직선상으로 달려온 것은, 어쩌면 그 시대성이 요구하는 지극히 당연한 것이라고 말할 수도 있을 것이다. 그렇다면 『명보기』와 『영이기』와의 관련은 어떻게 이해해야만 할까?

4. 『명보기』와 『영이기』의 관계

1) 『명보기』의 성격과 삼계교 사승師僧

입부정순入部正純은 「영이기와 명보기에 관하여」33)에서 "『명보기』는 당唐의 당림 찬술인데, 일본 경계의 『영이기』 성립보다 약 170년 전인 영미 4년(652)에 저술되었다.[546] 수에서 초당에 걸친 내용은 저자인 당림이 직접 보고 들은 응보, 영험담을 집록한 것"이라 한다. 게다가 "『명보기』와 『영이기』 두 권과 유사한 설화가 여러 가지의 예로 보이는 것에 대해서는, 좌등겸삼佐籐謙三의 『교본일본영이기』를 언급하면서 양서의 설화 내용의 개괄적인 시점(불교설화의 話型)에서 비교할 필요가 있다"고 말하고 있다.

　여기서는 내용의 검토에 들어가기 전에 먼저, 당림의 『명보기』가

---

[546] 쏙仲勉, 「당, 당림 명보기의 복원」(『역사어언연구소집간』 제17).

육조 시기의 같은 양상의 설화집을 어떻게 계승하고, 또 같은 시대에 어떠한 새로운 요소를 그 속에 덧붙였는가를 알아보기로 한다.

당림은 『명보기』서문의 마지막에 다음과 같이 말하고 있다.

> 사부·전량·장연·육과 등이 「관세음응험기」를 저술하고, 소자량이 「선험기」를, 왕완이 「명상기」를 지었다. 자신도 그들의 풍지를 좇아 선악에 보답하는 것을 전하여 사람들의 마음을 움직이게 하고자 친절하게 귀에 들었던 말을 기록하여 이 「명보기」를 지었다. 여기에는 그 이야기를 누구에게서 들었는지, 어떤 관계로 듣게 되었는지 상세하게 기록하고 문장을 꾸밈없이, 사실만을 예로 들어 어떻게든 후세에 이것을 읽는 사람들로 하여금 선악 응보에 그 마음을 머물게 하고 싶다.[547]

위와 같이 책을 편찬한 목적과 기술의 방침이라고 밝히고 있다. 이렇게 『명보기』에는 최초로 승려가 전승자의 직무를 수행하고, 이 책에 수록된 이야기를 예로 들고 있는데, 그러나 이 부류의 직업적인 불교자가 설화의 전승에 관계했다고 생각되는 이야기의 수집 비율은

---

547 대정장 51, p.788상, "昔晉高士謝敷,宋尙書令傳亮,太子中書舍人張演,齊司徒 (從)事中郎陸果,或一時令望,或當代名家,竝錄觀世音應驗記,及齊竟陵王蕭子良 作宣驗記,王浣作冥祥記,皆所以徵明善惡,勤戒將來,實使聞者深心感奏,臨旣慕 其風旨,亦思以勤人,瑠錄所聞,集爲此記.鰹具陳所受及聞見由緣,言不飾文,事專 揚確,庶後人見者,能留意."

36) 小南一郎, 「육조수당 소설사의 전개와 불교신앙」(福永光司 편, 『중국중세의 종교와 문화』, p.480).

육조 시기의 것과 비교해 이 책에서는 크게 감소[548]했음을 알 수 있다.

(1) 『명보기』의 일본 소장본

『명보기』에 관한 일본자료의 보존 상태는 잘 알 수 없지만, 그 수는
적지 않을 것이다. 일본 소장본의 『명보기』의 텍스트를 살펴보면,

  ① 경도, 고산사장 나양조 초본(京都, 高山寺藏奈良朝抄本)
  ② 동경, 전전가 존경각장 장치2년 초본(東京, 前田家尊經閣藏長治二年
  抄本)
  ③ 경도, 지은원장 평안말 사본(京都, 知恩院藏平安末寫本)
  ④ 동경, 삼연산모원장 보원년간 사본(東京, 三緣山某院藏保元年間
  寫本)

등이지만, 어느 것도 완본이 아니고 이것들에 실려 있는 부분이 또
『법원주림』 등에도 수록되어 있는 것으로 지적된다.[549] 그런데 최근
연구에서는, 위의 4종류 외에 ⑤ 대일본속장경소수본과 ⑥ 돈황본『명
보기』 잔권은 안지추顔之推, 『환원지』의 잔권인 것이 이미 지적[550]되고
있다.
  이 『명보기』 3권[551] 53조의 이야기 안에 승려들이 직접적으로 전승자

---

548 위와 같음.

549 『망월대사전』 권10, pp.1084~1085.

550 『명보기의 연구』 권1(설화연구회간, 1999, pp.432~436).

551 대정장 제51권(史傳部)에 고산사본을 원본으로 하며, 지은원본과 속장경본으로

의 역할을 담당하고 있는 것은 불과 6조[552]밖에 보이지 않는다.

소난일랑小南一郎은, 『명보기』가 불교 경전의 응험을 말할 때, 중권 제17조의 『금강반야경』의 응험담 이외는 모두 『법화경』에 관한 것이고, 『명보기』의 중요한 성격으로서 『법화경』 응험담집이라고 하는 측면이 있다. 그리고 육조 시기의 관세음응험담의 배후에 있는 것이 관세음보살의 신앙에서 「관음경」 신앙으로 변질하고, 『명보기』에서는 『법화경』의 신앙이 중심으로 되어 있다[553]고 하는데, 이것의 일부분은 수긍 가능한 점도 있지만 전체적으로는 긍정할 수가 없다. 왜냐하면 『명보기』의 설화 내용은 다양하고, 그 중에서 법화경 응험담은 몇 개 있으나 전체의 비율은 그다지 높지 않기 때문이다.

그런데 입부정순入部正純에 의하면 "『영이기』와 『명보기』 설화의 대조를 보면, 지옥(지장명은 없음)이라든지 그것을 의미하는 명계에 관한 설화군의 비율(17화)이 설화의 총수(53화)와 비교하면, 명계가 단연히 압도적인 것이 명확하게 나와 있다"[554]고 한다. 이렇게 당림의 『명보기』에 나타나는 설화의 내용이 명계 쪽이 많았던 것은, 지장신앙의 활약을 보이고 있던 신행의 삼계교(지장교)도를 의식하고 있었을 것으로 추측된다. 그러면 삼계교도와 관련해서는 어떠한 이야기들이

교정을 덧붙인 『명보기』 2권이 정리되어 있다.

552 상권 제1조, 제3조(2件), 제4조, 중권 제18조, 하권 제8조, 등이 있는데 특히 제1조의 내용은 신행과 그 제자들의 것을 기록한 후에(…老僧及臨舅說云爾…)라 기록해, 삼계교 운동의 부흥기에 살아남은 듯한 노승이 전승자로서의 모습을 보이고 있다.

553 동 36).

554 滋野井 恬, 『당대 서민층에 의한 불교신앙』, pp.239~250.

수록되어 있는가 알아보기로 하자.

(2) 명계에 나타나 있는 삼계교승

경계는 인과응보의 사상을 명계와 잘 관련시켜서 독자로 하여금 흥미를 유발시키고 있다. 게다가 그곳에는 삼계교 스승들이 체험한 내용도 소개하고 있다. 즉 삼계교도의 혜여 선사를 논하고 있는 곳에,

진적사 사문 혜여는 어릴 때부터 정근 고행하고 신행에게 사사했는데, 신행 사후에도 그 법을 잘 받들었다. 수 대업 당시에 좌선 수정하여 7일간이나 움직이지 않아 모든 대중들이 감탄하였다. 삼매에서 깨어난 혜여가 눈물을 흘리고 있는 것을 보고 대중이 물었다. 그 일에 대해 혜여가 말하길, 염라왕의 부탁을 받아 7일간의 행도가 찬 날, 왕으로부터 선망 지식知識을 보지 않겠냐는 물음에 두 사람을 보고 싶다 하였다. 그래서 염라왕이 한 사람을 불렀는데 거북이가 와서 혜여의 발을 핥으면서 눈물을 흘렸다. 또 한 사람은 죄가 너무 무거워 부를 수 없다 하였다. 이것을 본 사자는 혜여를 옥문까지 안내했다.[555]

라고 하였는데, 좌선삼매로부터 지옥 순례의 체험에 의해서 죄가 무거

---

555 대정장 51, p.788하, "眞寂寺沙門慧如, 少精勤苦行, 師事信行, 信行亡後, 奉遵其法, 隋大業中, 因坐禪修定, 逕七日不動, 衆皆歎異之, 以爲入三昧也, 旣而慧如開目, 涕泣交流, 僧衆怪問之, 答曰火燒脚痛, 待親覩畢乃說, 衆怪問, 慧如曰, 被閻羅王請, 行道七日滿, 王問須見先亡知識不, 如答曰慈見二人, 王卽遣喚一人, 唯見龜來, 舐慧如足, 目中淚出而去, 更一人者, 云罪重不可喚, 令就見之使者引慧如至獄門."

운 중생의 경계심을 불러일으키는 것이다. 이 부분은 『명보기』 중에서
도 특히 지경誌怪 소설적인 경향이 강한 것인데, 불교적인 지옥 순례의
이야기와 지경 소설적인 설화가 여기서 융합하고 있는 것을 알 수
있다.

그러나 무엇보다 중요한 것은, 삼계교도의 거주사인 진적사 혜여
선사의 등장이며, 그는 평생을 삼계교의 신행 선사에게 사사 받았고,
사후에 그의 유지를 받아들여 진적사에서 생을 마감한 평판 있는 삼계교
도인 것은 틀림없다. 당림은 이러한 삼계교승의 말을 통해서, 인과응보
등의 충고에 의해서 무시이래의 중생의 뿌리 깊은 죄의식을 깨닫게
하려 했을 것이다.

또 명부의 장부를 열람하여 복의 경중에 따라 그 판결을 한 이야기가
『명보기』 권하의 하동河東, 유지감柳智感조에 나타나고 있다.

> 과과果란 명부의 검보檢報로서 뭇사람의 신복을 구휼함이라. 지감은
> 매번 명부에서 친식명상親識名狀의 때(時月日)의 과보를 보아, 그 복을
> 닦게 하여 많이 면하게 하였는데, 지감의 3년의 판단을 관리가 와서
> 보고함이라.[556]

이와 같이, 하동의 유지감이 3년간 명계의 장부를 열람하고, 그것에
따라 중인의 수복에 따른 면죄를 행하는, 소위 권판權判의 경험을
말하고 있다.

---

556 대정장 51, p.801중, "果是冥簿檢報者, 於是衆人恤信服, 智感每於冥簿, 見其親識
名狀, 及時月日, 報之, 敎令脩福, 多得免者, 智感判三年, 其吏來告."

마지막으로 한 군데 더 살펴보자. 『명보기』중권의 「목인개睦仁蓋」조를 보면, 목인개라는 인물과 귀신 성경成景과의 사이에 명계의 것, 즉 명계의 권속과 삼세인과, 육도 등 도교와 불교와의 관계에 대해서 문답을 교환하고 있는 것을 볼 수 있다.

경景에게 물었다. "불법에는 삼세의 인과를 설하는데, 이것은 온당합니까?" 경이 "온당합니다"라고 함에, "그렇다면 사람들은 죽어 제각각 육도에 들어가는데 어떤 사람이 귀신이 되는 도리가 있습니까? 무엇으로 조趙의 무령왕武靈王과 당신은 아직도 귀신이 되어 있는 겁니까?" 경은 되물었다. "당신의 현 내에 집은 몇 채나 있습니까?" 개蓋가 답하기를 "만여 호입니다." 경은 "죄수는 몇 명입니까" 하니, 개는 "늘 스무 명 이하입니다"라고 대답했다. "만 호안에 오품관은 몇 명 있습니까?" "없습니다." "9품 이상의 관은 몇 명입니까?" "수십 명입니다." 경이 말하기를 "육도 안과 같이 천도를 얻는 것이 만에 한 사람도 없는 것은 당신 현 내에 오품관이 한 사람도 없는 것과 같은 것입니다. 인도人道를 얻은 것이 몇 명 있는 것은 당신의 9품관九品官의 경우와 같고, 지옥에 있는 사람이 수십 인이나 되는 것은, 당신 감옥의 사람 수의 경우와 같은 것입니다. 단 귀신과 축생이 가장 많은 것은 당신 현 내에 역役을 과課하는 호戶의 수가 많은 것과 같은 것입니다." …… 개가 말하길 "귀신에게 죽음이라고 하는 것이 있습니까?" 경은 "있습니다." "그러면 죽으면 육도의 어디에 들어갑니까?" "모르겠습니다. 그것은 사람이 죽는다는 것은 알지만 사후의 것은 모르는 것과 같은 것입니다." "도가道家의 장거(章拒, 제사)는 이익이 있는 겁니까?" "도에 대해서는 천제가 육도를 모두 통솔하고 있기 때문에 이것을 천조天曹라 합니다. 염라왕은 인간계의 천자天子와 같은 것이고, 태산부군은 상서령, 녹오도신錄五道神은 제상서諸尙書와 같은 것입니다"라고 하였다.[557]

여기에는 염라왕과 태산부군 등에 관한 인간계의 직업과 비교, 또 사후의 의문점 등의 내용이 풍부하게 등장하고 있다. 의외로 재미있는 것은, 지옥에 들어간 사람의 수가 수십 인이라는 적은 수를 들고 있는 점과, 문답의 형식을 취하면서 지옥의 구조를 독자들에게 상세하게 보여주고 있는 점이다.

어쨌든 현존하는 『명보기』가 얼마만큼 당대의 옛 양상을 전하고 있는가 하는 점에서는 문제가 있지만, 우선 현존하는 텍스트에 의존해 보면, 당림은 무엇이든지 좋다하여 이야기를 한군데로 모아 이 서적을 만든 것이 아니라, 같은 종류를 모아 전후의 배열에도 주의를 기울이고 있는 듯하다. 『명보기』 전체를 가장 크게 보았을 때 그 전후 배열은 성聖에서 속俗으로의 순서를 취하고 있다고 생각할 수 있다. 즉 상권은

---

557 대정장 51, p.788중, "因問景云, 佛法說有三世因果, 此爲虛實, 答曰實, 蓋曰, 卽如是人死, 當分入六道, 那得盡爲鬼, 而趙武靈王, 及君今尙爲鬼耶, 景曰, 君縣內幾戶, 蓋曰萬餘戶, 又獄囚幾人, 蓋曰, 常二十人已下, 又曰萬戶之內, 有五品官幾人, 蓋曰無, 又曰, 九品已上, 官幾人, 蓋曰, 數十人, 景曰, 六道之內, 亦一如此耳, 其得六(天)道, 萬無一人, 如君縣內無一五品官, 得人道者有數人, 如君九品, 入地獄者亦數十, 如君獄內囚, 唯鬼及畜生, 最爲多也, 如君縣內課役戶, 就此道中, 又有等級, 因指其從者曰, 彼人大不如我, 其不及彼者尤多, 蓋曰, 鬼有死乎, 曰然, 蓋曰, 死入何道, 答曰不知, 如人知死, 而不知死後之事, 蓋問曰, 道家章拒, 爲有益不, 景曰, 道者, 天帝總統六道, 是謂天曹, 閻羅王者, 如人天子, 太山府君尙書令, 錄五道神如諸尙書."

승려, 혹은 그에 준하는 사람들이 만든 영이靈異의 이야기, 중권은 재가신자들에게 얽힌 사건, 하권은 세속 사람들의 현보담과 유명계와의 교섭의 기록으로 『명보기』의 구성을 대담하게 처리하는 것이 가능하였던 것 같다. 만약 이 가정이 맞다면 『명보기』의 성스런 핵심에 삼계교 승려들의 사적이 놓여진다.[558]

이렇게 해서 명계의 지옥풍경 내지 현보담을 삼계승들과 관련된 두 작품을 통해 살펴보았는데, 저자들은 이러한 작품을 통하여 말법의 시기에 불법수행의 어려움 내지 삼계교의 사상을 조심스레 표현하면서 이 사상이 결코 끊어짐 없이 민중의 귀와 입을 통해 전승되기를 바랐다고 볼 수 있다. 그 작품을 통한 그들의 의식을 조금 더 구체적으로 알아보기로 하자.

2) 『명보기』와 『영이기』에 의한 저자의 의식
(1) 『명보기』에 나타나 있는 당림의 의식
남북조 시기의 말법관을 받아들인 말법탁세의 중생이 석가의 올바른 법을 이해할 리는 없었다. 그러나 기성 불교교단에 대항을 하는 삼계교도의 이론과 특이한 실천은 많은 반대자를 만들어 내었고, 드디어 수의 문제, 당의 측천무후, 현종 등의 탄압을 받았음에도 불구하고 교단의 존속이 송대까지 이어졌던 것은 주지의 사실이다.

여기서는 『명보기』의 핵이라 일컫는 상권의 최초 부분을 통하여, 삼계교를 발생시킨 불교도들의 위기를 전하는 당림의 의식이 어떤

의도로 수록돼 있나? 하는 것을 살펴보기로 한다.

부처님께서 설한 경으로서 중생제도에 힘쓰며, 근성을 따라 사람을
가리켜 도를 보이며, 혹 때에 마땅히 일에 인해 법을 판단함을 따르니,
지금 성이 사라진지 오래되며, 근시도 또한 다르다. 만약 근기가 하열한
사람으로 하여금 상법을 수행하면 법은 근에 맞지 않는다. 수용함에
착도가 없기를. 이에 경론을 초집하니 인人과 법法에 참험(참고로
조사)함이라. 마땅히 배울 바는 36권이며 이름하여 『인집록』이라
한다.[559]

이것은 신행이 『인집록』 36권을 엮은 취지를 말한 곳에, "지금 성聖이
사라진 지 오래되어, 근시根時도 또한 다르다. 만약 하인으로 하여금
상법을 수행하면 법은 근에 맞지 않는다. 수용함에 착도 없기를 바라며,
이에 경론을 초집하니 36권으로 이름하여 인집록이라고 한다"고 하여,
현세의 인간이 전부 근기가 하열한 사람(下人)으로 상법을 이해하는
능력은 부여받지 못했다고 하는 삼계교의 이론이 일부분이지만 인용되
고 있다.

이처럼 『명보기』는 수에서 당 초의 불교도들의 말세 법멸의 위기의식
을 설화로서 전하기는 하나, 당림 자신의 의식은 충분히 반영하고
있지 않은 듯이 보인다. 당림의 시점은 이러한 승려들의 행위와 신앙적
인 면이 아닌, 그들의 신변에 일어난 영이한 쪽으로 향하고 있다.

---

559 대정장 51, p.793중, "以爲佛所說經務於濟度, 或隨根性指人示道, 或遂時宣因事
判法, 今去聖久遠, 根時久異, 若以下人脩行上法, 法不當根, 容能錯倒, 乃抄集經
論參驗人法, 所當學者爲三十六卷, 名曰人集錄."

예를 들면 신행에 대해서 말하면, '좌선 설법을 할 때, 항상 네 명의 청의를 입은 동자가 모시고 서 있는 것을 보았다, 또 사후에 그 두골을 보면 귀의 구멍이 좌우로 통하고 있다'는 등 흥미 위주의 관심이다. 그리고 나중에 당림은 이런 이야기들을 구씨(외삼촌)로부터 들었던 것을 빠뜨리지 않고 기록하고 있다.[560] 한편, 당림의 시대에도 『법화경』의 상불경보살의 수행을 모방하여 길가는 남녀를 불문하고 예배를 한 삼계교도들이 있었는데, 그러한 종류의 격렬한 신앙적 행위는 『명보기』에는 기록되지 않았다.[561]

그러한 이유로서 생각할 수 있는 것은, 당림의 『명보기』에서의 현실은 그 중심이 관료로서의 생활과 인간관계 속에 있었고, 불교 설화의 기록자의 현실과 당림의 현실은 그 성격이 크게 달랐으며, 그 변화를 반영해서 이야기의 중심적인 장소도 계속 옮겼던 것이다. 왜냐하면 육조 때는 불교 신앙에 얽힌 장면이 주로 친족 관계였는데, 당대에 와서는 관료사회의 동료 관계 속으로 위치를 옮기고 있기 때문에, 『명보기』에는 승려나 친족들이 전한 이야기보다 관료사회의 세간적인 것이 많이 수집되고 있는 것이다. 또한 『명보기』에 보이고 있는 것은

---

560 당림 자신의 의식이 충분히 반영돼 있지 않은 것은, 그 자신이 관리의 신분으로 (민중에게 다가가기 위해서는) 의식의 차가 있었고, 또 소설의 목적상 지식이 그다지 요구되지 않고, 게다가 읽기 쉽고 재미있는 이야기를 민중에게 전하는 것을 우선으로 했을 것으로 생각된다.

561 당림은 삼계교 탄압의 역사를 충분히 인식하고 있었다고 생각된다. 즉 숙부로부터 삼계교 탄압의 역사 얘기는 귀에 못이 박힐 정도로 들었기 때문에, 상불경보살의 강렬한 전법정신 같은 민감한 것 등은 당시의 민중에게 전해지지 않았다고 생각한다.

『신당서』재상 세계표에 이름을 남긴 당림과 그 동료 등 최상층의
관료들의 생활 의식이다. 따라서 이『명보기』와『반야험기』의 뒤를
전수하였다고 서문에서 말하는 일본『영이기』에 수집된 경계의 사도승
으로서의 생활(밑바닥 사람들의 생활의식을 결정시킨 것) 양식은 여기서
볼 수가 없다. 경계가 죄라고 하는 시점에서 그려낸 고대 말기 일본의
현실과 대비할 때,『명보기』의 현실은 아무래도 힘이 약했던 것이다.
그러나 육조 시대 이래의 불교설화집이 불교선전을 위한 것이라는
범위를 넘어서, 한 시대를 살아가는 사람들의 생활의식을 설화 속에
단적으로 결정화시킨 것에『명보기』의 문학적인 가치와 문학사적인
의미가 존재하는 것은 높이 평가해야 할 것이다.[562] 다만, 시대적 상황에
따라서『명보기』와『영이기』의 저자의 의식이, 관료와 서민에게로
그 방향을 바꾸었다는 것을 인식할 필요는 있다 하겠다.

(2)『영이기』에 나타난 경계의 의식

그러면『영이기』의 작가는 그 죄의식 깊은 중생의 경계심을 불러일으키
는 쪽으로의 방향전환을 어떻게 생각하고 있을까?

진과광제眞鍋廣濟는『십륜경』에서부터 내려오는 지장 신앙 내지
지옥 사상은『영이기』가 그 영향을 확실히 받고 있는 것을 밝히면서
『영이기』의 출전을 비교하고 있다. 즉 일본 약사사藥師寺 사문 경계가
대화조 시대의 현보 이야기를 모은『영이기』에 의하면, 그 권하 제33화
「걸식하는 비천한 사미에게 형벌을 주다가 갑자기 악한 죽음의 보를

---

562 동 36).

받음을 기록(刑罰賤沙彌乞食現得頓惡死報綠)」 중에서 볼 수 있는,

『십륜경』에 이르기를 "첨복화詹蔔花는 비록 풀이라고 하나 오히려
모든 꽃 중에서 뛰어남과 같이, 파계의 모든 비구도 모든 외도보다
오히려 수승하다" 하였다.(所以十輪經云, 詹蔔花雖莽, 猶勝諸餘花, 破戒
諸比丘, 猶勝諸外道)

라는 문구는 『대방광십륜경』 권제3 「상륜품」 제5의 게문,

때에 세존께서 제후에게 이르시길 "첨복화는 풀이라고 하여도 모든
꽃 중에서 뛰어나고, 파계한 모든 비구도 오히려 모든 외도보다 수승하
다"고 하셨다.(爾時世尊, 而說侯言, 瞻蔔華雖萎, 勝於諸餘華, 破戒諸比
丘, 猶勝諸外道)

에 의한 것은 명료한데, 『십륜경』 권제3 「무의행품無依行品」 제3의
1에서는,

첨박가화는 비록 망췌(萎悴, 초췌한 풀)하다 하나 오히려 그 모든 꽃보다
도 수승하다. 파계 악행의 모든 비구(苾芻)도 오히려 일체의 외도
무리보다 뛰어나다.(瞻博迦華雖萎悴, 而尙勝彼諸餘華, 破戒惡行諸苾芻,
猶勝一切外道衆)

와 같이 칠언의 게문으로 되어 있어, 형식면에서는 상기한 『영이기』의

출전이라고 생각하기가 쉽지 않으나, 내용면에서는 같다고 인정하지 않을 수 없다. 또 같은『영이기』권하 제9화「염라왕이 사람으로 하여금 선을 닦게 권하는 인연을 기이하게 나타냄(閻羅王示奇表勸人令修善緣)」의 글에서도,

나는 염라왕으로, 너희 나라에서는 지장보살이라 칭한다.(我閻羅王汝國稱地藏菩薩是也)

라는 것은, 신역 서품 제1에는 지장보살이 '혹작염마왕신'로 보이는데 구역의 서품 제1에는 '혹작염라왕신'이기 때문에 의의와 용어로 판단하여, 그것도 같은 구역에 근거한 것이라 생각된다. 따라서 엮은이 경계가 독송한 것은 구역인 것 같고, 당시는 신역보다도 구역이 보다 널리 알려져 있었다고 생각된다. 그러면서도 후세에 와서는 현장의 신역 10권본이 유행했다고 생각되어, 평안조의 혜심승 도작으로 전승[563]되었던 것이다.

그런데 여기서 무엇보다 중요한 것은, 전술한『영이기』에서 삼계교의 소의경전인『십륜경』의 영향이 나타나고 있는 것이며, 특히『십륜경』의 파계한 비구를 옹호한다고 하는 논리를 인용하여 제삼계를 중요시하는 삼계교 사상을 문학 속으로 받아들였다는 것이다. 거기에는 필시 경계가 의식한 대승불교가 지향하는 이타의 정신, 즉 말법에 따른 혼돈에 의해서 아양승 내지 걸식승 옹호 등을 포함한 삼계교의

---

563 眞鍋廣濟,『지장보살의 연구』, pp.79~80.

396

사상이 일본 불교에도 필요하게 된 것을 직시하고 있었음에 틀림없다 하겠다.

5. 미술사에서 볼 수 있는 삼계교의 지옥변상도

그런데 전술한 바와 같이, 지옥을 순례한 체험기는 신앙의 역사, 혹은 소설사의 분야 속에서도 보이고 있는데, 또 한 군데 주목을 요하는 곳이 있다. 그것은 바로 미술사상美術史上에 나타나 있는 지옥변상도이다. 그 지옥변상도는 인도 이래에 작성됐던 것이라 생각되며 그 내용은 『정법염처경』 제48, 또는 『유부비나야잡사』 제17 등에 나온다.

특히 후자를 보면 "욕실화당火堂은 천사경의 법식에 의해서 그것을 그리고, 나란히 다소의 지옥변을 그린다"고 하는데, 이것은 아마도 천상의 쾌락에 대한 지옥의 고통을 나타낸[564] 것이라고 생각된다. 이 지옥변의 존재를 아잔타, 중앙아시아 지방, 키지르 및 돈황과 천불동 등에 단편이 있는 것을 지적[565]하나, 그것이 중국에서는 당대 이후 성행한 신앙이 되어 그림이 그려졌고, 특히 장고사張考師·오도현吳道玄의 두 사람은 지옥변의 그림으로 저명하다. 그 중에서 후자는 당단성식唐段成式의 『사탑기』 및 『불탑통기』 제40 등에 "당 개원 24년(736) 경공사景公寺 중문中門의 동쪽 뒷벽에 지옥변상을 그렸는데, 마을사람들이 그것을 보고 놀라서 모두가 고기를 먹지 않았고, 두 마을에서는 도살의 업을 바꾸었다"고 기술하고 있다. 이러한 지옥변은 처음에

---

564 『망월대사전』 권4, p.3580.
565 위와 같음.

누가 시작했는지는 잘 모르지만, 삼계교 사원에서 가장 많이 걸려 있는 것으로 보아[566] 삼계교도의 지장신앙의 영향으로 활발히 만들어졌던 것을 아닐까 추측해 본다.

그러나 이것은 삼계교도뿐만 아니라, 정토교에도 상당한 활동이 보인다. 그 상세한 것은 『역대명화기歷代名畵記』에 기술하고 있다.[567] 즉 대운경사(후에 광명사)의 조에 "삼계원 창 아래에는 광야의 잡수를 장효사가 그리고, 서남쪽 정토원 요전에는 승이 지극히 묘하였는데 이름은 실명이다(三階院窓下, 曠野雜獸, 似是張孝師, 西南淨土院, 遶殿僧至妙, 失人名)"라고 하여, 당 초 이후에는 삼계와 정토의 양종이 대치하여 지옥변의 불사가 행해졌던 것 같다. 이것으로 미루어 보면, 삼계교의 경사京師 다섯 곳으로 유명한 화도사, 자문사, 혜일사, 홍성사 등도 광명사와 같이 지옥변이 걸려 있었을 가능성을 무시할 수 없다. 이와 같이 당시의 지옥변이 삼계교만의 것이 아닌 삼계원이라는 이름으로 유명했던 것을, 상기한 광명사를 빼고 두세 군데 더 살펴보면 다음과 같다.

①정역사淨域寺: 삼계원 동벽에 장효사가 지옥변을, 그리고 두 회랑이 곁에 글을 썼다.[568]

②복선사福先寺: 삼계원등에도 지장변이 그려져 있다고 전한다.[569]

---

566 『역대명화기』에 기록되어 있는 것만 세 군데이며, 삼계원 이름 이외의 삼계교도의 처소인 화도사에도 지장변地藏變이 걸려 있는 것으로 보면, 그 수는 더욱 많아진다.

567 당 張彦遠 撰, 『역대명화기』 권제3, p.52.

568 위와 같음, p.46, "三階院東壁, 張考師畵地獄變, 杜懷亮書傍字."

③화도사化度寺: 여릉가廬稜伽가 지장변을 그렸는데, 지금 남은 것은 머리에 조금 있는 두 귀뿐이다.[570]

그런데 이들 중에서 삼계교도의 활동으로 이름이 알려져 있는 화도사에는 삼계원이라는 이름은 들고 있지 않지만, 여기의 지옥변을 삼계교도가 일으킨 지장신앙의 영향이라 생각해도 지장은 없을 것이다. 왜냐하면 비전사의 조성 당시의 상황, 즉 돈황사본 2,550쪽의 삼계 모선사의 행장을 나타낸 자료에서도 이해할 수가 있다. 즉 삼계사인 모某 선사의,

선원 벽 사이에 지옥변을 그릴 때 눈물 때문에 그릴 수가 없었다.[571]

라는 내용은, 지옥변을 삼계사가 직접 그렸음을 알려주는 귀중한 자료라 말할 수 있다. 어쨌든 이러한 지장신앙은 동북아불교에도 급속하게 전파되어 지옥변의 작성이 성행하였음을 보여주고 있다.
그러한 내용은 일본 평안 시대 이래 꾸준히 이어져 내려와 드디어 「반구고사편람성령원斑鳩古事便覽聖靈院」조에서는,

동어전에 세 분의 수승한 지장존의 입상은 그 높이가 2척 5촌이요,

---

569 동 52).

570 동 55), "廬稜伽畫地藏變, 今殘兩頭少許耳."

571 大谷勝眞, 「삼계교모선사 행장시말에 대해」(『경성제국대학문학회논찬』, 1938, pp.284~286), "其淚繞當薦蓆立皆濕徹, 其禪院之取, 慾畫地獄之變, 爲障不得作."

이상은 민달천황 6년 정유(577) 10월, 태자의 6세 때 백제국에서 가져온 것으로, 일본 지장존의 최초이다.[572]

라는 기술로 미루어 보아, 이미 천황 6년(577)에는 백제로부터 지장존의 수입까지 하기에 이르렀으며, 지옥변 최초의 글은『존의증승정전尊意贈僧正傳』에도 보이고 있다. 즉 "정관 18년(876) 7월 15일은 존의증 승정의 생년 11세로, 압하鴨河의 동길전사東吉田寺에 이르렀는데, 불의 후벽에 지옥변을 발견하고, 그 중에 죄인의 고통받는 상을 보고 몰록 즐기려는 마음을 버려 곧바로 입산의 뜻을 냈다"[573]라는 기록에서 보면, 지옥변의 영향은 일본에도 일찍부터 받아들였던 것이 확인되며, 이것이 뒤에 일본의 지장신앙의 최고의 전성기를 향한 시금석이 되고 있는 것은 두말할 필요도 없다 하겠다.

6. 결론

삼계교 사상이 어째서 이렇게 문학사 안에까지 나타나고 있는가를 폭넓게 조사했는데, 이러한 의문은 특히 삼계교의 수난사를 염두에 두지 않으면 이해하기 힘든 부분이라 할 수 있다. 여기서는 문학사 안이라고 하는 타이틀을 좇아서 당림의『명보기』에서부터 신행과의 관련을 조사해서, 저자 당림이 가지고 있던 의식으로부터 민중에게

---

572 동 52), p.3599, "東御殿三殊勝地藏尊立像, 二尺五寸, 此像, 敏達天皇六年丁酉 (577) 冬十月, 太子六歲時, 百濟國將來, 我朝地藏最初."

573 동 52).

400

어필하게 하려고 한 삼계교의 관계가 처음에는 은밀한 것으로 알려졌으나, 그것은 나중에 먼 훗날의 민중에게까지 삼계교의 의지를 전하려고 했던 것임이 밝혀졌다.

　이 『명보기』에서 저자가 전하고자 한 것은, 신앙 체험에 밀착한 설화와 선악의 응보를 승려와 재가신자들의 마음에 담게 하려는 목적과 함께 삼계교의 전승을 나타내고 있는 것이다. 그리하여 일본의 『영이기』에도 당시의 신불교 운동의 효시인 삼계교 등의 실천적인 새로운 불교 사상이 밀려들어오는 것은 자연스런 현상이라고 말할 수 있다. 그렇지만 이 점에 있어서는 고구려승인 도소 등을 통해서 삼계교적의 수용은 밝혀지고 있으나, 그 제자인 행기의 민중교화로 인한 사상사적인 이해는 아직 연구가 더 남아 있는 상태라 말할 수 있다.

　또한 이 장에서는 지장교라고까지 불렸던 삼계교의 폭넓은 영향으로, 미술사 안에서 보이고 있는 지옥변상도를 가지고 삼계사들의 구체적 활동을 살펴보았고, 지장신앙의 전래에 정토교 이상으로 힘을 쏟은 흔적을 살펴, 그것의 영향이 정토교보다 선구자적인 것을 고찰하였다. 다만, 삼계교로서는 이 벽화가 타 종교보다 발달한 것은 당연한 것임에도 불구하고, 삼계원의 작품이 남아 있지 않는 것은 유감이라 말하지 않을 수 없다.

결론

본서의 고찰은 신행의 전체적인 사상과 실제로 행해져 왔던 실천행동, 그리고 그 영향이 어디까지 어떻게 고려되어 왔는가에 대해서, 삼계교 전적 등을 이용해서 집중적으로 분석하고 그것을 사상사적으로 자리매김하는 것을 그 목적으로 한 것이다.

우선 신행의 삼계교에 의한 근본 사상의 형성 과정과 그 기반을 이해하기 위해, 삼계교 중심 사상인 '보경普敬·인악認惡', '대근기행법對根起行法' 및 '무진장원無盡藏院' 등의 개념이 타종他宗의 교류와 어떻게 대항하고 인식되었는가? 그리고 조정의 탄압을 물리치고 민중에게 접근한 문학적인 영향은 도대체 무엇을 명확히 하기 위한 것이었을까? 라는 의문을 철저히 추구했다.

지금까지의 연구에 의해 밝혀진 점을 간략하게 기술하면 다음과 같다.

제1장 「삼계교와 정토교」에서는 우선 신행과의 교류를 생각할 수 있는 도작道綽 시대의 배경을 고찰했다. 도작이 『안락집』이라고 하는 말법사상을 깊이 인식함과 더불어, 중생구제를 생각했던 것은 신행의 시대관에 있어서도 같은 것이라 말할 수 있을 것이다. 게다가 「도작전」 혹은 도선의 『속고승전』 권20, 가재의 『정토론』 하, 문심文諗·소강小康 공저의 『왕생서응산전往生瑞應刪傳』 등 이외에 『속고승전』 권19의 「지

만전智滿傳」 등에도 주의를 기울이고, 그 교의와 함께 스승인 혜찬慧瓚
과의 관계를 살펴보았다. 그 결과, 도작과 신행 두 사람은 혜찬이라는
같은 스승 밑에서의 교류 관계를 생각할 수 있고, 22년 아래인 도작이
신행의 명성을 들어 알고 있었다고 추측할 수 있어, 두 사람의 관계를
근거 있는 이론이라고 파악했다. 한편, 도작은 원래 열반, 화엄, 지론의
학자에서 정토의 길을 선택했는데, 그『안락집』에 나타난 약시피기約時
被機 사상은 교법의 가치보다 기機의 실천의 판단을 소중하게 생각하고,
오히려 삼계교의 열기劣機에 대한 하법下法이라고 생각하고 있었다는
관점을 확실히 했다.

　다음은 신행(삼계교)과 도작(정토교)의 대동소이한 기機에 대한 논리
로, 회감에게서는 이것이 표리일변하고 있는데, 그것은 주로『군의
론』을 자료로 하여 양자의 동이점과 '역방취제逆謗取除'의 관점에서
고찰했다. 그러한 상호 간 비판의 이유는, 삼계교와 정토교는 각각
'제삼계 불법'과 '제1, 제이계의 별불법別佛法' 등을 따로 따로 주장하여
그 '제삼계의 수선修善'에는『유마경』의 8종불법, 12두타행, 관형상불
觀形像佛, 공관空觀 등을 들고, 또 '제이계의 수선'에서는 관불觀佛,
사념처관, 공관 등을 탐구하는 것과 같이, 삼계교와 정토교는 수선관修
善觀이 달라서 서로 간에 논쟁은 당연한 결과였음으로 인식했다.

　제2장「삼계교와 지장신앙」에서는 왜 삼계교가 '지장교'로까지 불리
어졌던가를 개교 이래의 경전인『지장십륜경』과 관련지어 살펴보았다.
그 결과, 삼계교가 원하던 '말법관'에 의한 악중생을 구제한다고 하는
종치宗致가『십륜경』의 이념과 합치했던 것이 확인되었다. 특히 삼계사
三階師인 신라의 신방은『십륜경초』에 의한 말법의 가르침을 대변하고

있는데, 이것이 『자경록自鏡錄』에서는 가혹하게 비판받고 있으나, 그럼에도 불구하고 신방은 '지장신앙' 쪽으로 강력하게 포교를 실천했던 것을 증명하여 밝혔다.

또『점찰선악업보경』을 고찰하여 그것이 삼계교 신행의 편찬이라는 추측을 하면서, 그 출전과 구성 등을 조사하는 가운데 위경 등의 진위에 상관하지 않고, 이 경전이 가지고 있는 사상성의 가치를 충분히 인식시켰다. 특히 '점찰행법'으로써 삼계교의 신앙과 의례儀禮를 고취시키는 것이『점찰경』성립의 제일의 목적이라는 고찰과 그 고찰을 바르게 하기 위해 신라불교와의 관련설을 조사하여, 그 연원의 신라불교에는 원광이 있었음을 주장했다. 즉 신행과 같은 해에 장안에 들어간 원광에 의해 점찰 사상이 신라에 유입되었으며, 따라서『점찰경』과『대승기신론』과의 연관을 살펴서, 그것이 지장신앙에 관련한 내면적인 취지가 있음을 밝혔다. 또한「점찰보」와 '점찰행법'의 실천 기록(『삼국유사』)에 주목, 그 중에「점찰보」가 경제성을 띤 상설적인 기구였음을 밝혔다.

후반부에는 신라 때 진표의 '점찰행법'의 실천을 파악하여, 그것이 삼계사가 수행했던 참회, 예불, 발원, 회향을 요소로 하는 '주야육시예참'과 방불한 것임을 논증함과 동시에, 『점찰경』및 '점찰행법(禮懺)' 등이 신라불교사에 확실히 영향을 끼쳤음을 주장하였다.

제3장「『상법경』과 삼계교 사상의 전개」에서는 먼저『상법경』의 의의를 확인하기 위해, 제가諸家의『상법경』인식을 살펴보았다.『상법경』은 대표적인 삼계교전의 수난사에서도 알 수 있듯이 정경正經과 위경을 대체하고 있는 경전으로, 이것이 위경이라고 지적하고 있는 것은 목전체량牧田諦亮의 연구가 선두였음을 밝혔다. 또 제가의『상법

경』관을 천태종은 지의·담연, 삼론종은 길장, 화엄종은 지엄, 정토교는 선도·회감, 선종은 연수 등 각 종파로 나뉘어져, 이것이 삼계교와 더불어 수·당대의 사상사에 지대한 파문을 불러일으켰다고 이해했다. 또 삼계교의 『상법경』관과 『상법경』과 『수원왕생경』의 관계에 직면하여 전자에서는 경전의 제작 의의에 대해서 밝히고, 후자에서는 『상법경』이 지니고 있는 사상적인 허위성이 희박하고 진부한 불교 정신에 꽉 차 있는 것을 높이 평가하고 있는 것을 파악하여 그 비교를 거론했다. 끝으로는 『상법경』의 새로운 전개로서 『유가법경경』을 전후로 하는 제작 동기를 찾고 그 원인을 고찰해 보았다.

제4장 「삼계교와 『유마경』 사상」에서는 우선 신행에 의한 『유마경』 계보의 관계를 살펴보았다. 『유마경』에는 지의와 길장에게도 현저한 실적이 있지만, 여기서는 특히 혜광慧光 → 도빙道憑 → 영유 → 신행으로 연결되는 지론종 남도파와의 계보에서, 신행의 스승인 영유의 영향도 있었음을 확인했다.

다음은 삼계교 소의경전의 비중이, 보살의 설정과 올바른 법의 견해에 고심한 흔적이 보이는 곳으로부터 보살정신의 관계를 주목하였다. 『유마경』에는 『열반경』에 설해진 일천제라는 존재를 제삼계의 공견유견중생이라 파악하여, 여래장 불성에 대한 불신심不信心의 중생을 구한다는 사상이 있음을 밝혀, 이것이 삼계교에서 어떻게 활용되고 있는 지를 논했다. 또 『유마경』 「문수사리문질품」의 상악아정常樂我淨이라는 사바라밀의 뜻이 『신행유문』에서도 똑같은 개념으로 사용되고 있음을 들어, 그것이 실천적인 '무진장행' 사상을 불러일으킨 전제조건이 되고 있다는 것을 살펴보았다. 또한 삼계교에서는, 특히 병에 관한 원인의 하나로 마음속의 탐·진·치 삼독을 들고 있는데, 그것을 『유마경』「문질품」과의 비교에서 그 관계를 시도했다.

끝으로 삼계교의 정토를 「불국품」 사상과 관련지어, 정토의 종류로 3종이 있는 것에 논점을 두고, 그것들을 구체적으로 분류하는 중에 삼계교가 특히 관심을 가지고 있는 것은, 근기의 구별에서 '정토'를 해석했음을 이해시켰다. 게다가 제삼계에 대한 정토를 염두에 두어, 삼계교에서 『유마경』의 요설인 왕생정토에 관한 '팔법八法'을 주요 항목으로 채택하고 있는 것은, 그것으로서 정토의淨土義에 대한 진상규명의 단서로 간주했음을 논했다.

제5장 「삼계교와 무진장원」에서는 무진장원의 처음 출발이 삼계교에서 일어나지 않은 것을 들추어, 삼계교 무진장의 목적을 찾기 위해 신행의 출생 전후의 사회경제적 상황을 철저히 규명하여, 삼계교의 무진장원 생성의 중요 논점을 추측하고자 시도했다. 예컨대 남북조 시대의 사회 경제관은 끊임없는 전쟁과 토지 및 조세 제도에서 귀족의 착취에 의한 빈민의 경제적인 궁핍을 알리고, 북위北魏 농민의 생활상에서도 '계구수전법計口授田法'과 '균전제均田製' 등을 통한 귀족의 약탈 상황은 외적보다 내적이 더 냉혹했음을 지적했다. 게다가 관리의 고리대금 사업 등이 사원과의 밀접한 관계가 있었음을 들어 관리의 부패상황이 혹심했음을 확실히 들추어내면서, 그 점이 삼계교 무진장원 설립 기반의 전제 이유로 파악했다.

다음은 무진장원의 탄압에 따른 폐쇄의 원인과 과정을 고찰하고, 130여 년간 교단을 지탱해 온 것은 다름 아닌 이 무진장 활동이었음을 주장하였다.

그리고 무진장원의 폐쇄 연대에 대해서는, 『전당문全唐文』에 의거해서 양당서兩唐書나 『당대조려집唐代詔礪集』, 『당회요唐會要』를 원용하는것에 멈춰, 『전당문』 소수所收의 조칙문詔勅文의 자료원으로 가장 중요한 『책부원구冊府元龜』의 충분한 활용을 게을리 했음을 지적했다. 또한 야부키, 도단량수道端良秀 등에 의한 『전당문』, 『양경신기兩京新記』 개원 원년설을 깨고, 서송徐松의 『당양경성방교唐兩京城坊巧』 개원 9년설로 정정되었다는 여파호礪波護 및 평강무부平岡武夫의 지적이 옳았음을 주장했다. 마지막으로 무진장원 폐쇄는 삼계교의 전면 금지(725)를 넘어 『송고승전』의 세 사람의 기록과 경종敬宗대(825~826)에도 삼계교의 활약이 영향을 미치고 있는 것을 확인했다.

제6장 「불교의 성명과 삼계교의 칠계불명경」에는 먼저 인도불교의 범주 안에서, 석존에 의한 음악의 찬·반 논리의 이유를 검토하였다. 『증일아함경』, 『마하승기율』과 같이 그저 오락으로서의 음악 또는 수업의 방해가 되는 음악은 금지했지만, 『장아함경』 등의 많은 경전에는 불덕佛德을 찬탄하고 불·보살에 공양하기 위한 음악 예찬론이 거론되고 있는 것을 지적했다. 그리고 베단타학파에서의 의례 부정의 논리를, 음악선상音樂線上의 근거라고 하는 관점에서 논하며 크게 다를 것이 없다는 생각을 했다. 즉 그들은 행위의 실천적 가치를 인정하고 존재물의 활동 원인, 즉 고통의 원인을 궁극적으로는 아트만에 관한 무지에서 구하고, 윤회의 종자인 아토만의 일원성一元性에 관한 무지가 완전히 소멸했을 때 해탈의 완성이 있다고 말해, 의례를 해탈로 향한 사다리로 해서 적극적으로 항상과 임시의 양의례兩儀禮를 실행해야만 한다고 주장하고 있는 것을 밝혔다.

다음은 의례에 대한 인도의 근본자료가 없는 이유로, 현장·의정 등 천축국에 들어간 승려의 여행기를 주로 했는데, 중국 측의 사료에 의하면 의례가 몇 개로 나뉘어져 행해졌던 것이 확인되었다. 즉 '행향行香'·'독경讀經'·'행도行道'·'범패梵唄' 등에서 특히 삼계교와 관련이 깊은 것은 '범패'로 파악, 『왕오천축국전』에 나오는 안서(安西, 龜玆), 우전于闐, 소륵疎勒의 대운사大雲寺, 용흥사龍興寺에서 행해졌던 법회의 기록에서 의례를 중심으로 한 법회활동이 있었음을 살펴보았다.

중국의 의례수용과 정착에서는, 그것이 처음과 달리 점점 복잡해져 중국적 수용의 특색인 현실적 요구에 부응하여 행해졌던 관점을 논하고, 그것이 보살계의 전래와 공덕 부족을 역설하는 경전의 출현, 주술적인 경전의 전역傳譯이 있었던 점을 밝히고 지적했다.

또 불교의례의 특색의 하나로서 불경을 예송禮誦하고 자기 죄과를 불전에 고백하는 참회의 의식은 예참·회과悔過·제참齋懺 등의 명칭과 함께 승전僧傳을 비롯해 중국불교사를 통하여 항상 받아들여져 수·당에 있어서는 일정한 형식과 내용을 가지게 되었다. 이것이 후에 삼계교에 영향을 주었지만, 여기서는 특히 『칠계불명경』을 전후로 한 『법화삼매참의』, 『국청백록』, 『법화참법』, 『왕생예참』 등을 대조하면서 『칠계불명경』은 『법화삼매참의』와 『국청백록』 등을 충실히 따르고, 또 『법화참법』 등은 전후 양식의 그것이 『칠계불명경』을 계승한 것임을 고찰하였다. 『칠계불명경』과 『예시작법』의 관련에 대해서는 후자를 삼계교의 보불예참普佛禮懺에 관련 지어 천태의 상즉원융의 교의 중에 생맹설生盲說이 되는 것은 삼계교의 주장으로, 그것이 송宋의 사명지례四明智禮의 『관음현의기』에서 성악법문性惡法門을 낳은 계기가 된 것을 살펴보았다.

끝으로 『예시작법』과 『서방참회법』에서는 『서방참회법』의 제작 연대가 미확정적인 점이 있음에도 『법화삼매참의』를 모방하여, 미타 중심의 참회법을 만들었던 것으로 보고, 이는 선도善導의 염불 사상을 도입하고 있는 점에서 볼 때 원신源信의 『왕생요집』과 같은 입장으로, 예산叡山 정토교 전개 사상에서 매우 중요한 사상사적 의의를 가진 문헌인 것을 밝혔다. 게다가 '오회사상五悔思想'의 전파는 지의의 『마하지관』, 선도의 『왕생예찬』, 또 송대 지례知禮와 준식遵式 등 산가파山家派에도 명확히 볼 수 있는 것을 들어, 수에서 당초唐初에 걸쳐 성행한 불명예찬인 『진첨낭칭塵添囊稱』 권9에 의하면 범창·성명聲明의 기술로서, 중국의 음곡音曲을 동반한 법요의례法要儀禮가 일본불교에도 서로 전해졌음을 밝혔다.

제7장 「신라불교와 삼계교」에서는 원광, 의상, 원효, 경흥 등의 활동을 통해서 삼계교의 영향을 파악하고 그 관점을 평가했다. 먼저 원광에게 있어 신행과의 직접적인 영향을 생각할 수 있는 '점찰보'의 실천을 파악하고, 신라불교가 삼계교 교의의 실천장으로서 활약한 것을 사상사적으로 의미를 붙이려 노력하였다. 또 원안과 소우蕭瑀, 또 자장과 승옹僧邕에 대해서는 삼계교 사상의 교류로 그 성황盛況을 논했다. 의상과 삼계교에서는, 지론종 상주 남도파의 계보를 고찰하여, 지엄의 『화엄오십요문답』의 내용에 신행의 팔종 불법 전문이 그대로 대체 되어있는 것에서 많은 연관을 가지고 있음을 밝혔다.

원효의 영향에는, 우선 관계된 연구사를 들어 문제점을 밝혔다. 또한 전기 자료의 고찰, 즉 『삼국유사』·『금강삼매경』 등을 기준으로 삼계 선사들에서도 볼 수 있는 "계戒를 되돌려 속俗으로 환원한다"라는, 승속을 상관하지 않는 사상이 여래장 사상을 기초로 한 것임을 파악했다. 즉 빈부귀천(僧俗)은 원래 없는 것이라고 하여, 사문은 비승비속의 『금강삼매경』을 지닌 자를 예배해야 한다고 하는『금강삼매경』의 사상은 원효의 출가와 환속을 상관하지 않음과 더불어 삼계교의 보경설普敬說을 이해하기에 좋은 참고가 되는 것을 지적했다. 그리고 원효의 천제불성론과『열반경』군에 나타나 있는 위기 사상은 원효의『열반종요』에 표현되어, 거기에 따른 사구四句의 해석 중에 삼계교와의 관련성을 논구했다. 그 위에 원효의 작이라 일컬어지는 정토 계통의 교전인 『유심안락도』에 일천제의 왕생을 인정한다는 것에서 삼계교의 영향이 있었을 것이라는 주장을 소개했다.

마지막으로 원효의 복전 사상을 삼국통일이라고 하는 시대상황과 맞물려 정신적인 치료 방법으로 파악, 그것이 삼계교의 복전 사상으로부터 진일보한 점이 있다고 생각하고 그와의 연관점을 관찰했다. 또 경흥과 삼계교 관련에 대해서는, 그의 저작『연의술문찬』에서 삼계교의 비판 논리를 거론하여, 신라 때에는 삼계교 교학의 인식이 전부 긍정적이지만은 아니었음을 확실히 했다.

제8장 「불교문학사상에 나타나있는 삼계교 사상」에서는 『명보기』와『영이기』를 통하여 삼계교의 근본 사상인 '보경普敬·인악認惡' 사상 및 깊은 말법관에 의한 근기의 인식인 대근기행법과 함께, 인과응보 사상에 편승한 민중의 위기의식을 강조했던 것을 밝혔다. 먼저 『명보기』에서는 저자와 신행과의 관계에 직면하여, 양자가 삼계교를 매개로 하여 뿌리 깊은 근거를 가지고 있음을 확인했고, 내용 속에서

자주 신행과 삼계교도가 등장할 뿐만 아니라, 삼계교 근본 사상인 대근기행법의 내용이 그대로 나와 있는 것을 확인했다.

『영이기』와 삼계교에서는 행기와 관련한 연구사를 들어, 행기와 삼계교가 공통으로 가지고 있는 민중교화의 의의를 사상사적으로 이해가 되는 것이 문제의 핵심임을 지적했다. 또 그 연구 선상에서 수대의 실천적인 불교운동(삼계교 사상)이 얼마나 빨리 일본에 전파되었던가를 문학을 통해서 확인했다. 그것은 삼계교의 소의경전인 『십륜경』과 『상법결의경』을 빈번히 인용하여, 말세에 의해 파계한 비구를 변호하는 시대상황을 중요시하는 저자 경계景戒의 의식에서도 느낄 수 있었다.

또한 한 단계 더 나아간 고찰은, 미술사에서 생각할 수 있는 「지옥변상도」에 대해서인데, 이것은 삼계교가 '지장교'로까지 비판, 거론되면서 얼마나 지장신앙에 의한 실천을 중요시했던가를 알려주는 것으로, 그 흔적과 영향에 대해서 밝혔다.

그런데 본 연구에는 아직 다음과 같이 남은 과제가 있다.

우선, 삼계교가 다른 학문들과 관련이 있는(相對와 同質) 점을 보다 폭넓게 수집하고 그것들을 비교하는 것이다. 예를 들면 삼계교가 근기를 중요시하고 있는 점에서 볼 때, 불교에 의한 종교적 자각은 '기機의 사상사적 연구' 측면에서 요구되며, 교敎의 측면에서는 회감의 『군의론』과 그 주석서인 도충의 『탐요기』 등의 철저한 비교가 요구되는데, 그것은 삼계교의 교의를 가일층 명확히 하는 것이라 생각되기 때문이다.

특히 본서의 독창적인 부분은 한국불교사와의 관련으로, 신라불교가 삼계교와 관련된 것에 주목을 하여 관계 논문을 소개하였는데, 신라 때의 삼계교와의 관련성은 주지하는 바와 같이 기존의 어떤 교적에서도 인식하지 못했다. 때문에 신라불교를 연구하는 데 있어서도 보다 넓은 범위에서 삼계교와의 유사한 사상에 주안점을 두고 연구 관찰하는 방법이 요망된다고 하겠다.

참고문헌

단행본

야부키慶輝, 『三階敎之硏究』, 東京 岩波書店, 1927.

西本照眞, 『삼계교의 연구』, 東京 春鞦社, 1998.

_____, 「삼계교는 이단인가」, 시리즈 아시아佛敎 제3권, 『新佛敎의 興隆』(高崎直道·木村淸孝 편) 325-343, 東京 春鞦社, 1997.

_____, 『對根起行法』, 『佛敎漢文讀本』(木村淸孝 편저) 267-277, 東京 香秋社, 1990.

水谷幸正, 「大乘涅槃敎典群에 나타난 危機思想」, 「일천제巧」, 『佛敎思想과 淨土敎』 3-43, 448, 京都 思文閣, 1998.

石井公成, 『華嚴思想의 硏究』 30, 281, 京都 春秋社, 1996.

橫超慧日, 「佛敎에 의한 宗敎的 自覺 : 機思想의 歷史的 硏究」, 『中國佛敎의 硏究』 제2권 9-85, 京都 法藏館, 1971.

牧田諦亮, 「北魏의 庶民敎典에 대해」(橫超慧日 편, 『北魏佛敎의 硏究』), 375-406, 京都 平樂寺書店, 1970.

大屋德城, 『三階佛法』상,하 2권, 京都 便利堂印刷所, 1925.

鎌田茂雄, 「隋唐의 諸宗 삼계교」, 『中國佛敎史』 제6, 604-36, 三陽社, 1999.

_____, 『新羅佛敎史序說』 356-362, 東京 大藏出版, 1998.

_____, 『中國佛敎史』 199-203, 東京 岩波書店, 1978.

神田喜一郎, 「化度寺 塔銘에 대하여」, 「또 化度寺 塔銘에 대하여」, 「삼계교에 관한 隋唐의 古碑」, 「삼계교에 관한 隋唐의 古碑補遺」, 『神田喜一郎全集』 제1, 同朋社, 1986.

木村淸孝, 『中國佛敎思想史』 164-171, 世界聖典刊行協會刊, 1979.

_____, 「신행의 時機觀과 그意義」, 『佛敎에 의한 時機觀』 167-183, 京都 平樂寺書店, 1984.

_____, 『初期中國華嚴思想의 研究』 113-131, 406-409, 春秋社, 1977.

吳其昱, 「敦煌漢文寫本槪觀」 講座敦煌五, 『敦煌漢文文獻』 3-142, 東京 大藏出版社, 1979.

塚本善隆, 「신행의 三楷敎團과 無盡藏에 대해서」, 『宗敎硏究』 신34, 65-80(塚本善隆 著作集 3 『中國中世佛敎史論攷』 191-207, 東京 大東出版社에 再收), 「삼계교資料雜記」 209-231, 「續삼계교資料雜記」 231-250, 「敦煌本, 中國佛敎敎團의 製親-특히 行像의 祭典에 대하여」 285-315, 「日本에 遺存하는 原本「貞元新定釋數目錄」」 371-387(塚本善隆著作集 3, 191-387. 1926년 이래의 수집), 1975.

常盤大定, 『中國文化史蹟』 권상의 제5, 76-95, 京都 法藏館, 1975.

_____, 「「隋의 靈裕와 삼계교의 七階佛名」, 『支那佛敎의 研究』 권1, 179-198, 東京 春秋社, 1974.

_____, 「「삼계교의 母胎로서의 寶山寺」, 『宗敎研究』 4의 1, 35-56, 1927.

_____, 「「百塔寺」, 『支那佛敎史蹟評解一』(關野貞과의 共著) 106-114, 東京 佛敎 史蹟研究會, 1925.

中田勇次郎, 「化度寺塔銘의 諸本」, 「薛稷, 신행禪師碑」, 『中田勇次 郎著作集』 3, 4273, 107-124, 二玄社, 1984.

_____, 「「唐, 歐陽詢化度寺碑」, 『書跡名品叢刊』 67-68, 二玄社, 1961.

眞野正順, 『佛敎에 의한 宗觀念의 成立』, 東京 理想社, 1964.

道端良秀, 『中國佛敎社會經濟史의 研究』, 京都 平樂寺書店, 1983.

_____, 「道綽과 삼계교」, 『中國淨土敎史의 研究』, 京都 法藏館, 1980.

矢吹慶輝, 『三階敎之研究』, 京都 岩波書店, 1927.

_____, 『鳴沙餘韻解說―敦煌出土未傳古逸佛典開寶』, 岩波書店, 1933.

_____, 『마니교와 동양의 諸宗敎』(芹川博通校訂), 東京 佼成出版, 1988.

吉田靖雄, 「행기와 삼계교」, 『행기와 律令國家』 70-82, 吉川弘文館, 1986.

_____, 「행기와 삼계교의 관계」 및 「『영이기』와 삼계교 관계」, 『日本古代의 菩薩과 民衆』 42-71, 127-152(1982년), 1988.

郭明, 「一度出現的 삼계교」, 『隋唐佛敎』 233-270, 齊魯書社, 1980.

藍吉富, 「第五章 隋代重要僧人之歷史地位及影響, 第一節 신행與三階敎」, 『隋代佛 敎史述論』 157-172, 臺北 新文豊出版公司, 1974.

湯用彤, 『漢魏兩晉南北朝佛敎史』 하, 588-509, 北京 中華書局, 1983.

_____, 『隋唐佛教史稿』 196-200, 北京 中華書局, 1982.

顔尙文, 『隋唐佛教宗派研究』 227-231, 臺北 新文豊出版公司, 1980.

楊曾文, 「신행與삼계교典籍攷略」, 『世界宗教研究』 34-41, 1995.

方榮善, 「삼계교의 無盡藏院에 대한 고찰」 1-71, 東國大學校大學院碩士學位靖求論文, 1987.

李平來, 「삼계교運動의 現代的照明」, 『韓國佛教學』 20, 341-367, 1995.

季相鉉, 「隋, 신행의 思想에 관한 研究」 1-119, 『韓國佛教學關係學 位論文集』 5, 東國大學校大學院碩士學位靖求論文, 1983.

蔡印幻, 「新羅에 의한 占察懺悔戒法의 實踐」(關口眞大 編, 『佛教의 實原理』), 山喜房刊, 1977.

田村圓澄, 「행기와 新羅佛教」, 『朝鮮文化』 26, 54-66, 1975.

谷川道雄, 「高熲과 隋의 政界」, 『田村博士頌壽東洋史論叢』 391-406, 1968.

友松圓諦, 「無盡財과 部派」, 佐籐密雄 著, 『佛教思想論叢』 191-200, 山喜房刊, 1972.

岡部和雄, 「삼계교의 佛陀觀」, 『日本佛教學會季報』 53, 261-273, 1988.

鹽入良道, 「中國初期佛教에 의한 禮懺」那須政隆博士米壽記念 『佛教思想의 論集』 531-544(1964); 「慈覺大師改傳·相傳의 懺法에 대하여」, 『慈覺大師의 研究』 619-640, 天臺學報刊, 1984.

洪潤植, 「佛典에 나타난 佛教音樂의 序說」(金知見 編, 『新羅佛教研究』) 615-633, 1973.

前田慧學, 「不二元論學派에 의한 儀禮否定의 論理」(日本佛教學會 編, 『佛教儀禮』) 19-29, 1978.

大谷光照, 『唐代의 佛教儀禮』 84-86, 有光社, 1973.

大山公淳, 『佛教의 音樂과 聲明』 58-64, 東方出版, 1989.

多田孝正, 「五臺山佛教와 「列時作法」」 573-586, 鹽入良道先生追悼 論文集 『天臺思想과 東아시아文化의 研究』, 山喜房佛書林, 1991.

小野勝年, 「山東에서의 圓仁의 見聞」, 塚本善隆 編, 『佛教史學論集』 190-194, 角川書店, 1961.

礪波護, 「唐中期의 佛教와 國家」, 『唐代政治社會史研究』 397-477, 京都 同朋舍, 1986.

大野信三, 『佛教社會經濟學說研究』 222-262, 有斐閣, 1956.

西義雄,『菩薩思想』301-316, 東京 大東出版社, 1981.

大鹿實秋,『維摩經의 研究』308-331, 京都 平樂寺書店, 1978.

橋本芳契,『維摩經의 思想的研究』77-92, 京都 法藏館, 1966.

蔡印幻,『新羅佛教戒律思想研究』505-629, 東京 國書刊行會, 1977.

金知見,『원효聖師의 哲學世界』, 民族社, 1989.

家永三郎,『上代佛教思想史研究』291-318, 京都 法藏館(新訂版), 1966.

眞鍋廣濟,『地藏菩薩의 研究』73-107, 京都 三密党書店, 1960.

小南一郎,「六朝隨唐小說史의 展開와 佛教信仰」(福永光司 編『中國中 世의 宗教와 文化』) 415-500, 京都大學人文科學研究所, 1982.

愛宕 元,「隋末唐初에 의한 蘭陸簫氏의 佛教受容」(福永光司 編『中國中世의 宗教와 文化』) 539-573, 京都大學人文科學研究所, 1982.

논문류

河野法雲,「신행禪師의 三階佛法」,『無盡燈』14-4, 1-9, 1909.

佐佐木月樵,「삼계교와 淨土教」,『支那淨土教史』상권, 271-281 東京 無我山房, 1913.

今津洪嶽(1915)「신행禪師의 事蹟及 그 教義」,『宗教界』11-6, 8, 1915.

岩崎敲玄(1917)「신행禪師의 삼계교」,『宗教界』13-9, 1917.

龜川教信(1919)「신행禪師의 念佛에 대하여」,『六條學報』206, 49-55, 1919.

矢吹慶輝,「삼계교의 普法에 대해」,『哲學雜誌』369호 1-27, 373호 62-93, 374호 51-76, 東京 岩波書店, 1917~1918.

_____,「슈타인氏募集敦煌地方出古寫佛典로-토 그래프 解說目錄」,『宗教研究』5, 169-185, 同 6, 185-196, 同 8, 153-172, 1917~1918.

_____,「삼계교」,『마니教와 東洋의 諸宗教』271-347, 東京 佼成出版社, 1926~1988.

_____,「삼계교에 의한 全佛教의 改造運動과 그 經濟思想」,『佛教思想』3-3, 2-13, 1928.

_____,「삼계교에 대하여」,『日本思想大講座』12, 14, 1928.

_____,「삼계교와 日本佛教」,『마니教와 東洋의 諸宗教』348-392頁, 東京 佼成出版社, 1930~1988.

_____, 「삼계교와 現代思想」, 『再生』 14-2, 1930.

_____, 『鳴沙餘韻―敦煌出土未傳古逸佛典開寶』, 東京 岩波書店, 1930.

_____, 「時代의 現相과 삼계교」, 『宇宙』 7-7, 1932.

_____, 「삼계교의 研究를 둘러싸고」, 『佛敎思想』 7-1, 1932.

_____, 「삼계교義 내지 敎史之要綱」, 『大亞細亞』 3-5, 學大學院紀要』(文學研究料) 19, 77-96, 1935.

高雄義堅, 「龍大圖書館所藏 삼계교資料에 대해」, 『龍谷大學論叢』 255, 157-161, 1924.

_____, 「末法思想과 諸家의 態度」, 『支那佛敎史學』 1-1호, 1-20항 1-3호, 47-70, 1937.

_____, 「對根起行法斷簡解說」, 『西域文化研究』 1, 208-209, 京都 法藏館, 1958.

伊籐裕晃, 「신행禪師의 三階佛法에 대하여」, 「淨土宗史之研究」(『摩訶毆』 4-2再收), 1925.

大野法道, 「삼계교의 研究」, 『宗敎研究』 4-5, 796-804, 1927.

東光琢宗, 「삼계교瞥見」, 『駒澤實踐宗乘』 4, 1936.

大谷勝眞, 「三階某禪師行狀始末에 대하여」, 『京城帝國大學文學會論纂』 7, 247-302, 東京 岩波書店, 1938.

田島德音, 「例時作法과 삼계교와의 閑係」, 『大正大學學報』 30·31, 188-199, 1940.

八木惠, 「惠心敎學에 의한 삼계교의 考察(上)」, 『支那佛敎史學』 6-2, 38, 1942.

_____, 「惠心敎學에 의한 삼계교의 考察(下)」, 『支耶佛敎史學』 7-2, 10, 1943.

佐藤哲英(1950) 「西方懺法에 관한研究」, 『龍穀大學論集』 338, 1-28, 1950.

中田勇次郎(1952) 「化度寺謠禪師塔銘校字記」, 『大谷學報』 31-1, 1-19, 1952.

(1954) 「翁覃溪本末拓化度寺碑에 대하여」, 『大谷學報』 33-4, 1-19, 1954.

結城令聞, 「隋唐時代에 의한 中國的佛敎成立의 事情에 대한 考察」, 『日本佛敎學會年報』 19, 79-96, 1954.

鹿苑大慈, 「日本法相宗의 系譜」, 『龍谷穀大學論集』 357, 74-94, 1957.

兼子秀利, 「삼계교의 成立」, 『文化史學』 13, 64-80, 1957.

_____, 「삼계교의 布施觀」, 『佛敎史學』 7-4, 246-259, 1959.

山本佛骨, 「신행과 道綽의 交涉」, 『印佛研』 6-2, 229-231, 1958.

牧田諦亮, 「寶山寺靈裕에 대하여」, 『東方學報』 36,261

418

井ノ口泰淳,「敦煌本『佛名經』의 諸系譜」,『東方學報』35,「敦煌本禮懺文」,『中央아
　　시아의 言語와 佛教』352-360, 1964.

木村清孝,「像法決疑經의 思想的性格」,『南都佛教』33, 1-15, 1974.

＿＿＿＿,「智儼·法藏과 삼계교」,『印佛研』27-1, 100, 1978.

＿＿＿＿,「中國에 의한『個』의 存在性」,『中國—社會와 文化』6, 31-42, 1991.

西村冏紹,「列時作法成立考」,『天臺學法』20, 57-69, 1978.

奈良弘元,「列時作法과 西方懺法」,『精神科學』제17, 131-158, 1978.

福原隆善,「善導大師의 懺悔思想」,『淨土宗學研究』12, 45-70, 1979.

＿＿＿＿,「五悔思想의 展開」,『天臺學報』22, 117-124, 1979.

＿＿＿＿,「宋代에 의한 懺悔(五悔를 중심으로)」,『天臺學報』23, 81-85, 1980.

里道德雄,「敦煌文獻에 보이는 八關齋閑係文書에 대하여」,『東洋大학대학원기
　　요』19, 77-96, 1983.

粂原勇慈,「念佛鏡의 對三階門」,『佛教論叢』31, 48-51, 1987.

＿＿＿＿,「西方要決과 念佛鏡」,『宗教研究』271, 231-233, 1987.

＿＿＿＿,「『西方要決』의 對三階釋難」,『印佛研』36-2259-261, 1988.

＿＿＿＿,「善導敎學과 삼계교-『禮讚』無餘脩와의 關連에 대하여」,『佛教論叢』33,
　　41-44, 1989.

＿＿＿＿,「삼계교의 時代觀에 대하여」,『宗教研究』283, 129, 1990.

＿＿＿＿,「삼계교의 普行에 대하여」,『印佛研』39-2, 107, 1991.

西本照眞,「『釋淨土群疑論』에 의한 삼계교批判의 論理」,『印佛研』38-2, 250-252,
　　1990.

＿＿＿＿,「中國淨土敎와 삼계교에 의한 末法思想의 位置」,『宗教 研究』290, 47-65,
　　1991.

＿＿＿＿,「삼계교典籍에 의한『階』의 用法」,『印佛研』40-2, 86, 1992.

＿＿＿＿,「삼계교의 思想的틀의 權威에 대하여」,『印佛研』43-2, 225-229, 1995.

＿＿＿＿,「삼계교의 敎判에 대하여」,『宗教研究』303, 239-240, 1995.

＿＿＿＿,「삼계교의 敎團規律에 대하여-『制法』1권의 연구」,『인도철학불교학연
　　구』3, 61-75, 1995.

＿＿＿＿,「삼계교신출자료 P2849의 기초적 연구」,『南都佛教』72, 75-100, 1995.

＿＿＿＿,「삼계교신출자료 P2849에 대하여-신행선사 撰『受八戒法』을 중심으로」,

『印佛研』 44-1, 71-76, 1995.

_____, 「삼계교寫本의 재검토-新出寫本의 소개를 포함해서」, 『印佛研』 45-1, 51-55, 1996.

早川道雄, 「삼계교와 무진장원」, 『鴨台史論』 1, 1988.

_____, 「삼계교가 의미하는 것」(상), 『鴨台史論』 2, 1989.

_____, 「삼계교 연구의 역사와 이후의 과제」, 『豊山教學大會紀要』(이하 『豊山』) 17, 83-96, 1989.

_____, 「삼계교의 교의-보경인악에 대하여」, 『豊山』 18, 141, 1990.

_____, 「唐代삼계교徒의 신행崇拜에 대하여」, 『大正大學大學院研究論集』 15, 147-160, 1991.

_____, 「삼계교의 實踐」 豊山』 20, 97-109, 1992.

_____, 「삼계교 彈壓과 隋唐國家」, 『豊山』 22, 101-112, 1994.

_____, 「삼계교團의 性格」, 『豊山』 39, 73-103, 1996.

廣川堯敏, 「敦煌出土七階佛名經에 대하여」, 『宗教研究』 251, 71, 1982.

법공法空

1979년에 출가하여, 1980년 은사 임도문 화상에게 사미계를, 1983년 범어사에서 자운 화상에게 비구계를 수지하였다.

1984년에 해인사 승가대학을 졸업하고, 이후 1990년까지 해인사, 봉암사, 통도사, 용화선원, 용주사, 수도암, 칠불선원, 천왕사 등 제방선원을 참방하였다.

1991년 일본 임제종파의 대학인 화원대학花園大學에 입학, 1997년에 석사과정을 졸업하였다. 1997년에는 역시 일본의 불교대학 박사과정에 입학, 2002년 박사학위를 취득하였다. 2006년 동국대학교 사회복지학과 석사과정을 졸업하였다.

현재 동국대학교(경주) 선학과 겸임교수, 대한불교조계종 교수아사리를 역임하고 있다.

주요 논문으로「지장사상과 삼계교」,「『금강삼매경』과 삼계교」,「위앙종의 신라승 順之의 고찰」등이 있다.

삼계교 사상 연구

초판 1쇄 인쇄 2014년 12월 12일 | **초판 1쇄 발행** 2014년 12월 20일
지은이 법공 | **펴낸이** 김시열
펴낸곳 도서출판 운주사

    (136-034) 서울시 성북구 동소문로 67-1 성심빌딩 3층
    전화 (02) 926-8361 | 팩스 0505-115-8361
ISBN 978-89-5746-410-6 93220　값 23,000원
http://cafe.daum.net/unjubooks 〈다음카페: 도서출판 운주사〉